Elementi di diritto del lavoro

Una parte dei proventi della vendita di questo manuale destinati ai curatori e agli autori sono dedicati al finanziamento di attività di ricerca.

IUSTITIAM COLIMUS

Elementi di diritto del lavoro

a cura di
W. Chiaromonte, M.P. Monaco, M.L. Vallauri

TERZA EDIZIONE

Giappichelli

VIA PO, 21 - TEL. 011-81.53.111

http://www.giappichelli.it

ISBN/EAN 979-12-211-0263-5
ISBN/EAN 979-12-211-5242-5 (ebook - pdf)

G. Giappichelli Editore

MARCHIO STORICO

Questo libro è stato stampato su carta certificata, riciclabile al 100%

Stampa: Stampatre s.r.l. - Torino

Indice

pag.

Capitolo 2
Le fonti del diritto del lavoro
di Maria Paola Monaco

Capitolo 3
Elementi di diritto sindacale
di Maria Paola Monaco

Parte I

Parte II

pag.

Capitolo 5
Le politiche attive del lavoro
di Roberto Muller

Capitolo 6
Il contratto di lavoro e il ruolo dell'autonomia individuale
di Riccardo Diamanti

Capitolo 7
Gli obblighi del lavoratore
di Riccardo Diamanti

Capitolo 8
I poteri del datore di lavoro
di Alessandro Failla

pag.

Capitolo 10
L'obbligo di sicurezza
di Giulia Frosecchi

Capitolo 11
La tutela contro le discriminazioni sul lavoro
di Giulia Frosecchi

Capitolo 12
L'orario di lavoro
di Francesco Gadaleta

pag.

Capitolo 15
Contratti e modalità di lavoro non standard
di Antonio Riccio

Notizie sugli Autori

William Chiaromonte è professore associato di Diritto del lavoro presso il Dipartimento di Scienze giuridiche dell'Università di Firenze.

Riccardo Diamanti è avvocato giuslavorista del foro di Massa Carrara e docente a contratto di Diritto del lavoro presso l'Università di Pisa.

Alessandro Failla è avvocato giuslavorista del foro di Firenze e docente a contratto di Diritto del lavoro presso l'Università di Firenze.

Francesco Falso è avvocato presso l'Avvocatura regionale INPS della Toscana e docente a contratto di Diritto della sicurezza sociale presso l'Università di Firenze.

Paola Frigo è avvocata giuslavorista del foro di Firenze e docente a contratto di Diritto del lavoro presso l'Università di Firenze.

Giulia Frosecchi è ricercatrice di Diritto del lavoro presso il Dipartimento di Scienze giuridiche dell'Università di Firenze.

Francesco Gadaleta è funzionario nell'area Relazioni industriali di Confindustria Toscana Nord.

Maria Paola Monaco è professoressa associata di Diritto del lavoro presso il Dipartimento di Scienze giuridiche dell'Università di Firenze.

Roberto Muller è avvocato giuslavorista del foro di Firenze e docente a contratto di Diritto del lavoro presso l'Università di Firenze.

Danilo Papa è direttore della Direzione centrale vigilanza, affari legali e contenzioso dell'Ispettorato Nazionale del Lavoro.

Antonio Riccio è ricercatore di Diritto del lavoro presso il Dipartimento di Economia e Giurisprudenza dell'Università di Cassino e del Lazio Meridionale.

Maria Luisa Vallauri è professoressa associata di Diritto del lavoro presso il Dipartimento di Scienze giuridiche dell'Università di Firenze.

Prefazione alla terza edizione

Mentre chiudevamo la prefazione alla seconda edizione di questo manuale eravamo nel pieno della pandemia da SARS-CoV-2. Il progressivo superamento dell'emergenza sanitaria e l'avvicendarsi di tre governi ha determinato la necessità di rivedere e aggiornare il manuale per dar conto dei mutamenti intervenuti, a partire dal tramonto della normativa transitoria.

I governi che si sono succeduti hanno avviato una politica di ripresa, promossa e finanziata dall'Unione europea attraverso il *Recovery Fund – Next Generation EU*, volta a superare la crisi economica, aggravata dallo scoppio della guerra scatenata dall'invasione dell'Ucraina da parte della Russia nel febbraio 2022.

Nell'ambito di questa politica europea si collocano il PNRR, che tocca per certi aspetti anche la materia lavoristica, e gli interventi adottati più di recente: l'introduzione della certificazione di parità genere (l. 162/2021); la revisione della disciplina della cassa integrazione guadagni (l. 234/2021); l'entrata in vigore del Codice della crisi di impresa e dell'insolvenza (d.lgs. 14/2019) e del c.d. decreto trasparenza (d.lgs. 104/2022); la c.d. Riforma Cartabia (d.lgs. 149/2022), che – fra le altre cose – ha soppresso il c.d. Rito Fornero, che accelerava le cause in materia di licenziamento.

Da ultimo, è stato approvato il c.d. decreto lavoro (d.l. 48/2023 conv. l. 85/2023) che è intervenuto su più fronti della materia, in particolare abolendo il reddito di cittadinanza, sostituito con il più restrittivo assegno di inclusione, e ritoccando (per l'ennesima volta!) la disciplina del contratto a termine e quella della somministrazione di lavoro, i cui vincoli di accesso sono stati alleggeriti.

Di tutti questi provvedimenti si è tenuto conto nell'opera di aggiornamento dei singoli capitoli, che ancora una volta sono stati rivisti integralmente nell'intento di rendere il testo sempre più chiaro e fruibile.

Firenze, 13 luglio 2023

William Chiaromonte
Maria Paola Monaco
Maria Luisa Vallauri

Prefazione alla seconda edizione

Nei due anni che ci separano dalla pubblicazione della prima edizione di questo manuale il propagarsi della pandemia da SARS-CoV-2 ha sconvolto, assieme alle nostre vite, il nostro modo di lavorare e, di conseguenza, per certi versi, il diritto del lavoro.

Da qui la necessità di rivedere i contenuti di questo manuale per dar conto anzitutto del "diritto del lavoro dell'emergenza sanitaria", che, benché sia stato concepito con una valenza transitoria, verosimilmente lascerà una visibile traccia di sé nell'assetto della materia. Si pensi, solo per fare un esempio, all'importante ricorso che è stato fatto al lavoro agile e a come ne è mutata la fisionomia.

Alla normativa emergenziale si è accompagnato il fisiologico mutare della materia, principalmente in ragione di importanti interventi giurisprudenziali, dei quali non è possibile non dar conto. È il caso, ad esempio, delle recenti pronunce della Corte costituzionale in tema di licenziamenti e delle decisioni che ruotano intorno al tema del lavoro prestato tramite piattaforma.

L'esigenza di aggiornamento ha consentito agli autori dei singoli capitoli e a noi di rivedere per intero l'opera, ampliandone alcune parti e aggiungendone di nuove.

Siamo riconoscenti alle colleghe e ai colleghi che ci hanno generosamente offerto preziosi consigli per migliorare questo lavoro e ai nostri studenti per i loro riscontri sulla fruibilità del testo.

Firenze, 31 luglio 2021

William Chiaromonte
Maria Paola Monaco
Maria Luisa Vallauri

Prefazione alla prima edizione

L'esperienza maturata nell'insegnamento del diritto del lavoro all'interno nei nostri Corsi di studio triennali ci ha convinti ad accettare la sfida di provare a condensare in un testo di dimensioni relativamente contenute una materia complessa, in parte disorganica, frutto di successive stratificazioni, intrigante per le diverse e sovente dissonanti logiche ispiratrici che la percorrono.

Il nostro intento è quello di offrire a chi si avvicina per la prima volta alla materia un quadro quanto più possibile completo, esaustivo e aggiornato del diritto del lavoro alla luce della sua evoluzione. Per questo motivo, la struttura del volume è intenzionalmente agile e il suo contenuto essenziale, speriamo non a scapito di chiarezza e completezza.

I singoli capitoli che lo compongono sono frutto di un'impostazione condivisa e di una riflessione comune, pur essendo ciascuno attribuibile alle singole autrici e ai singoli autori. Essi ripercorrono il diritto sindacale nelle sue linee essenziali, attraversano la disciplina del rapporto di lavoro per giungere a fornire un quadro sintetico delle ispezioni sul lavoro e del sistema di sicurezza sociale.

Un ringraziamento sincero e sentito va alle collaboratrici e ai collaboratori delle cattedre fiorentine di diritto del lavoro che hanno partecipato con entusiasmo alla stesura di questa prima edizione del manuale, e che con noi condividono la gioia e la fatica dell'insegnamento, di cui restiamo i principali responsabili. Altrettanto grati siamo agli esperti che hanno generosamente accolto l'invito a collaborare a questo progetto.

Riconoscenza e affetto ci legano a coloro che ci hanno trasmesso l'amore per lo studio di questa disciplina.

Firenze, 5 novembre 2019

William Chiaromonte
Maria Paola Monaco
Maria Luisa Vallauri

Capitolo 1

Introduzione al diritto del lavoro

di William Chiaromonte e Maria Luisa Vallauri

1. *Definizione e partizioni del diritto del lavoro*

In prima approssimazione, il diritto del lavoro consiste nell'insieme delle regole che disciplinano lo svolgimento di un'attività lavorativa.

Se si osserva, tuttavia, come si è sviluppata la materia ci si rende conto che storicamente il diritto del lavoro ha avuto a oggetto principalmente i rapporti di lavoro subordinato, cioè quei rapporti di lavoro che – come si vedrà (cfr. *infra*, cap. 4, §§ 2-3) – si caratterizzano per la sottoposizione del lavoratore al potere direttivo di un datore di lavoro, sia esso pubblico o privato.

I rapporti di lavoro autonomo, viceversa, sono rimasti per lungo tempo estranei all'interesse della materia, e ciò in ragione della convinzione che il lavoratore autonomo non versasse, come il lavoratore subordinato, in una condizione di debolezza contrattuale, ma fosse capace di curare autonomamente i propri interessi.

Vedremo che, gradualmente e a più riprese, anche le diverse forme nelle quali si estrinseca il lavoro autonomo hanno ricevuto attenzione da parte del legislatore, il quale ha provveduto a corredarle di alcune delle tutele tipiche del lavoro subordinato (cfr. *infra*, cap. 4, § 4).

Cionondimeno, il cuore della materia è rappresentato ancora oggi dalla regolazione del lavoro subordinato, che di conseguenza occuperà in massima parte le pagine che seguono.

Da questa circostanza discende, com'è evidente, che definire chi è il lavoratore subordinato risulta decisivo nell'ottica di comprendere a chi si applica il complesso delle tutele che compongono il diritto del lavoro, la cui funzione principale consiste da sempre nella protezione del lavoratore in quanto soggetto debole all'interno della relazione contrattuale.

Fa parte del diritto del lavoro anche quel "sistema di norme strumentali, poste dallo Stato o dalle stesse organizzazioni dei lavoratori e degli imprenditori, che, nelle economie di mercato, disciplinano la dinamica del conflitto di interessi derivante dalla ineguale distribuzione del potere nei processi produttivi" (Giugni): si tratta del c.d. diritto sindacale (cfr. *infra*, cap. 3).

La condizione di debolezza connaturata al rapporto di lavoro subordinato ha determinato, prim'ancora della nascita della legislazione sociale, la spinta dei lavoratori ad aggregarsi per ottenere tutele che controbilanciassero il potere pressoché assoluto dei datori di lavoro. Ne è derivato un sistema a matrice collettiva, in cui soggetti collettivi, dotatisi di regole condivise, agiscono sia attraverso il conflitto, sia attraverso la negoziazione per ottenere tutele che, in fine, confluiscono nel contratto collettivo.

Oggetto del diritto sindacale sono, quindi, essenzialmente, i soggetti sindacali (sindacati dei lavoratori e associazioni di rappresentanza dei datori di lavoro), il contratto collettivo e le regole della contrattazione da cui esso deriva, lo sciopero quale principale forma di conflitto.

Nel diritto del lavoro si fa rientrare anche il c.d. diritto della previdenza sociale, vale a dire quel complesso di regole – in linea di massima pubblicistiche – che proteggono il lavoratore che abbia perduto la propria capacità reddituale (temporaneamente o in modo permanente, parzialmente o per intero) a causa del verificarsi di eventi che determinano l'insorgenza di una condizione di bisogno socialmente rilevante. Si pensi, ad esempio, ai casi dell'infortunio e della malattia, dell'invalidità, della vecchiaia e della disoccupazione involontaria (cfr. *infra*, cap. 18).

Completa il *corpus* della disciplina giuslavoristica il diritto amministrativo del lavoro, ossia quell'insieme di norme che regolano la struttura e le funzioni degli organismi pubblici che esercitano competenze di diversa natura in materia di lavoro (si pensi, per fare qualche esempio, al Ministero del lavoro e all'Ispettorato nazionale del lavoro).

L'appartenenza dell'Italia all'Unione europea, e gli obblighi che da tale adesione derivano, comportano che fanno parte del diritto del lavoro anche le regole prodotte dalle competenti istituzioni che ne sono espressione: si tratta del c.d. diritto sociale europeo, al quale nelle pagine che seguono sarà fatto riferimento solo per cenni (cfr. *infra*, cap. 2, § 1.2).

Analogamente, insiste sul nostro ordinamento anche il diritto internazionale del lavoro, che si compone delle norme frutto dell'adesione del nostro Paese a Trattati e/o Convenzioni internazionali (cfr. *infra*, cap. 2, § 1.1).

2. *Breve storia del diritto del lavoro*

2.1. *Dalla rivoluzione industriale al ventennio fascista*

Fin dagli albori della storia il lavoro ha impegnato la donna e l'uomo, e ogni società – a suo modo – ha regolato questa forma di attività.

Ciononostante, il diritto del lavoro – per come lo abbiamo definito nel precedente paragrafo – è un prodotto dell'epoca moderna. Si è soliti, infatti, ricondurre la nascita di questa disciplina alle rivoluzioni industriali che nei Paesi dell'Europa hanno avuto luogo in tempi diversi, approssimativamente tra la seconda metà del XVIII secolo e la fine del XIX.

In Italia il processo di evoluzione economica e di industrializzazione della società, realizzatosi nell'ultimo scorcio dell'Ottocento, determinò la nascita del movimento operaio, l'avvio delle prime lotte di rivendicazione collettiva di diritti per contrastare lo strapotere datoriale e il sorgere del sindacalismo.

In particolare, nel 1906 le prime aggregazioni operaie formatesi negli anni immediatamente precedenti si unirono dando vita alla CGIL (Confederazione generale italiana del lavoro) su impulso di quello che di lì a poco sarebbe divenuto il Partito socialista italiano. La connotazione politica del sindacato è rimasta una costante del sindacalismo italiano fino ai giorni nostri.

La c.d. "legge Berti" (l. 3657/1886) a protezione del lavoro dei minori, che tra le altre cose fissò a 9 anni (*sic!*) l'età minima per poter svolgere un'attività lavorativa, inaugurò la legislazione sociale dell'Italia postunitaria, colmando quel vuoto di regolazione che il Codice civile del 1865 aveva nella sostanza lasciato.

A quella legge fecero seguito altri interventi, per lo più protettivi delle categorie più deboli di lavoratori: ad esempio, è del 1898 la l. 80, che obbligò il datore di lavoro ad assicurare i lavoratori contro gli infortuni sul lavoro, mentre nel 1910 la l. 520 istituì le casse di maternità, introducendo una prima tutela delle lavoratrici madri.

In quegli anni si svilupparono anche la prima contrattazione collettiva – sia a livello nazionale, sia a livello di singole realtà produttive –, le prime esperienze di sindacalismo anche a livello di fabbrica (si pensi alle Commissioni interne), così come la giurisprudenza dei *probiviri* (arbitri ai quali i lavoratori potevano rivolgersi per la risoluzione delle controversie secondo equità), cui si deve l'elaborazione di importanti regole che hanno influenzato la costruzione successiva della materia.

Gli anni della grande guerra segnarono un forte rallentamento della produzione legislativa, che riprese durante il ventennio fascista con una serie di leggi in materia di lavoro e previdenza sociale, alcune delle quali sono sopravvissute quasi fino ai giorni nostri. Risale, ad esempio, al 1923 il r.d.l. 692, che ha disciplinato la materia dell'orario di lavoro fino alla sua riscrittura per mano del d.lgs. 66/2003 (cfr. *infra*, cap. 12).

In questo periodo subirono, invece, un forte arresto le libertà sindacali e lo sciopero, che furono sostanzialmente soppressi.

Lo sciopero, che nella vigenza del Codice penale Zanardelli del 1889 era considerato una libertà (era, cioè, penalmente tollerato, pur generando in capo al lavoratore una responsabilità civile per inadempimento contrattuale), fu qualificato come reato e sanzionato nelle sue diverse manifestazioni da svariati articoli del Codice penale del 1930 (c.d. Codice Rocco).

Sul fronte dei soggetti sindacali, invece, a seguito della firma del Patto di Palazzo Vidoni del 1925, il monopolio della rappresentanza fu assegnato alle sole associazioni di categoria legate al Partito nazionale fascista.

Il 25 luglio 1943 cadde il regime corporativo. Lo stesso anno, con l'Accordo Buozzi-Mazzini che ripristinò le Commissioni interne, fu ristabilita la libertà sindacale, rafforzata l'anno successivo dalla definitiva soppressione dei sindacati fascisti (ord. del Governo militare alleato 28/1944).

2.2. *L'avvento della Costituzione repubblicana e la stagione del garantismo*

L'entrata in vigore della Costituzione repubblicana il 1° gennaio 1948 segnò l'inizio di una nuova era anche per il diritto del lavoro, non foss'altro perché l'art. 1 afferma solennemente che "L'Italia è una Repubblica democratica, fondata sul lavoro".

Nei principi sanciti dalla Carta costituzionale trovano ancoraggio la disciplina giuslavoristica, ai quali essa è chiamata nel tempo a dare attuazione, nonché l'interpretazione delle precedenti disposizioni rimaste in vigore, prime fra tutte quelle contenute nel Codice civile del 1942.

Gli anni d'oro della materia furono quelli che andarono dai primi anni Sessanta fino alla fine degli anni Settanta.

Questo periodo si caratterizzò per un rinnovato protagonismo della contrattazione collettiva, sia a livello nazionale che aziendale, e per un intervento costante e incisivo del legislatore, che elevò ai massimi livelli l'apparato protettivo dei lavoratori anche grazie a una costante opera interpretativa in chiave garantistica della magistratura del lavoro.

Emblematiche sono, fra le altre, la l. 1369/1960 sul divieto di interposizione di manodopera (cfr. *infra*, cap. 15, § 5 e cap. 16, § 3), la l. 230/1962 che limitò il potere di stipulare contratti di lavoro a tempo determinato (cfr. *infra*, cap. 15, § 2 ss.), la l. 604/1966 che introdusse la regola della necessaria giustificazione del licenziamento (cfr. *infra*, cap.

14, § 4), la l. 1115/1968 istitutiva della cassa integrazione guadagni straordinaria, la l. 1204/1971 sulla tutela delle lavoratrici madri, la l. 533/1973 istitutiva dello speciale rito processuale per le controversie in materia di lavoro (cfr. *infra*, cap. 4, § 4.2), la l. 903/1977 sulla parità fra uomo e donna sul lavoro.

Una menzione a parte merita lo Statuto dei diritti dei lavoratori, l. 300/1970, che anche (o forse almeno) simbolicamente costituisce ancora il cuore della disciplina, quale frutto delle più importanti lotte sindacali che trovarono espressione nel c.d. autunno caldo del 1969, innescato dalla lotta per il rinnovo dei principali contratti collettivi di categoria condotta unitariamente dalle tre maggiori confederazioni che a tutt'oggi sono protagoniste della scena sindacale nazionale: CGIL, CISL (Confederazione italiana sindacati lavoratori) e UIL (Unione italiana dei lavoro).

La forza rivendicativa di questa unità produsse anche un sensibile incremento dei livelli retributivi, rafforzato dal meccanismo legale della c.d. scala mobile, in forza del quale le retribuzioni venivano automaticamente incrementate in funzione dell'aumento del costo della vita.

2.3. *Gli anni della crisi*

Gli anni Ottanta inaugurano un lungo periodo di crisi, innescato dallo *shock* petrolifero degli anni Settanta.

La grave crisi economica acuì il problema dell'inflazione, per contrastare la quale si rese necessario l'intervento del legislatore anche a governo delle dinamiche salariali. Tale intervento sfociò nella c.d. legislazione dell'emergenza, finalizzata a contenere il costo del lavoro, e nel progressivo percorso, conclusosi nel 1992, di abolizione dell'istituto della scala mobile.

D'altra parte, fu in quegli anni che prese avvio una tendenza, nella sostanza mai arrestatasi, ad ampliare il ventaglio di possibilità offerte al datore di lavoro per un impiego flessibile della manodopera. Risalgono, infatti, a quel periodo l'introduzione del contratto a tempo parziale e del contratto di formazione e lavoro, poi superato (l. 863/1984: cfr. *infra*, cap. 15, § 3 ss.) e l'estensione, con rinvio alla contrattazione collettiva, delle ipotesi nelle quali era possibile ricorre al contratto a tempo determinato (l. 56/1987: cfr. *infra*, cap. 15, § 2 ss.).

Non mancarono interventi che, in continuità con lo spirito garantista degli anni Settanta, consolidarono alcune tutele già riconosciute ai lavoratori. Su tutte, si pensi alla l. 108/1990, che estese l'ambito della protezione del lavoratore illegittimamente licenziato (cfr. *infra*, cap. 14).

Anche le relazioni sindacali attraversarono un tempo di crisi, manifestatosi con una perdita di forza rivendicativa e contrattuale. Emblematica di quel momento di difficoltà fu la c.d. "marcia dei quarantamila", che nel 1980 vide spaccarsi i lavoratori. Una marea d'impiegati della FIAT scese, infatti, per le strade di Torino manifestando contro il sindacato che aveva impedito loro di entrare in azienda, così mettendo a sua volta in moto una protesta contro l'indifferenza mostrata dalle organizzazioni di rappresentanza dei lavoratori nei confronti delle nuove figure professionali, figlie delle innovazioni tecnologiche.

La debolezza del sindacato si manifestò anche nelle trattative che ebbero a oggetto il costo del lavoro e che videro la partecipazione della compagine governativa in funzione del mantenimento di un equilibrio fra gli interessi pubblici, gli interessi delle imprese e la protezione dei lavoratori.

2.4. *L'impatto della globalizzazione sul diritto del lavoro*

Lo scenario di crisi appena descritto fu ulteriormente complicato nel decennio successivo dalla definitiva emersione del fenomeno della globalizzazione, caratterizzata – con particolare riferimento alla nostra materia – dall'intensificarsi dei rapporti commerciali fra Stati, dalla tendenza a esportare la produzione in Paesi caratterizzati da un più basso costo del lavoro e dalla propensione a importare prodotti esteri dal costo più competitivo a danno di importanti settori produttivi nazionali.

Determinante fu anche la rivoluzione tecnologica per le modifiche che essa comportò negli assetti produttivi e organizzativi delle imprese.

In particolare, il contesto della produzione cominciò a caratterizzarsi per una frammentazione dei cicli produttivi, attuata per lo più attraverso processi di esternalizzazione di segmenti dell'azienda. Ciò ebbe per le imprese l'effetto di alleggerire il rischio generato da un mercato molto fluttuante e, al contempo, di integrare il ciclo della produzione con fattori altamente specializzati. Fu così possibile concentrare tutte le energie sul cuore strategico della produzione e, quindi, sopravvivere in un mercato ormai globale.

La tenuta del sistema economico e produttivo fu messa a dura prova anche dalle conseguenze della scelta dell'Italia di conformarsi ai criteri stabiliti dal Trattato di Maastricht del 1992 in vista dell'adesione all'Unione monetaria e, poi, all'Euro. Una reazione fu anche quella di intervenire sulle dinamiche salariali con il coinvolgimento delle parti sociali, come emblematicamente rappresentato dalla sottoscrizione del c.d. Protocollo Ciampi del 23.7.1993, che si occupò altresì di regolare in modo compiuto il sistema della contrattazione collettiva (cfr. *infra*, cap. 3, parte II, § 1).

È facile comprendere come in questo scenario i lavoratori subirono un forte contraccolpo, scontando alti tassi di disoccupazione come conseguenza delle crisi aziendali e un progressivo deterioramento delle condizioni di lavoro.

Nel frattempo, infatti, in risposta alla sempre più pressante richiesta di liberalizzazione del mercato del lavoro, il nostro ordinamento reagì con un'ulteriore iniezione di flessibilità, dando di fatto vita a diversi gruppi di lavoratori destinatari di differenti livelli di tutela e sicurezza.

È sintomatica di questa tendenza la l. 196/1997, c.d. legge Treu, che introdusse nel nostro ordinamento il lavoro interinale (oggi lavoro somministrato: cfr. *infra*, cap. 15, § 5 ss.) ammettendo per la prima volta la possibilità di una dissociazione tra datore di lavoro e utilizzatore della prestazione lavorativa, consentendo a imprese autorizzate di assumere lavoratori da inviare in missione presso altri imprenditori, liberi, così, di modulare con facilità l'entità del proprio organico. In un'ottica di potenziamento della flessibilità in entrata questo istituto si aggiunse al già segnalato progressivo allentamento dei vincoli per assumere lavoratori a tempo determinato (cfr. *infra*, cap. 15, § 2), alla flessibilizzazione dell'utilizzazione del lavoro a tempo parziale (cfr. *infra*, cap. 15, § 3 ss.), all'intensificarsi del ricorso a forme di lavoro autonomo fortemente integrate nell'organizzazione dell'impresa quali le collaborazioni coordinate e continuative (cfr. *infra*, cap. 4, § 4.2).

Dello stesso anno è la l. 469, che riformò il sistema di incontro fra domanda e offerta di lavoro, in qualche modo anticipando la necessità di accompagnare la maggiore flessibilità con un più efficiente sistema di collocamento della manodopera (cfr. *infra*, cap. 5, § 1).

A fronte di questa tendenza, gli anni Novanta rappresentarono, tuttavia, anche una stagione di consolidamento di talune tutele del lavoratore nel rapporto di lavoro, per lo più attraverso il recepimento di alcune direttive dell'Unione europea. Si pensi, fra le altre, alla l. 125/1991 sulle azioni positive in favore delle donne lavoratrici (cfr. *infra*, cap. 11, § 5), alla l. 223/1991 sui licenziamenti collettivi (cfr. *infra*, cap. 14, § 10 ss.), al d.lgs. 626/1994 in materia di tutela della salute e sicurezza nei luoghi di lavoro (cfr. *infra*, cap. 10, § 1), alla l. 53/2000 in materia di congedi parentali, familiari e formativi (cfr. *infra*, cap. 13, §§ 3-4).

Il rivolgimento socioeconomico di quegli anni impose anche un recupero di efficienza della pubblica amministrazione, che portò all'avvio di un lungo e difficile processo di privatizzazione e contrattualizzazione del pubblico impiego, infine confluito nel vigente d.lgs. 165/2001.

2.5. *Il diritto del lavoro agli albori del nuovo millennio*

Il passaggio al nuovo millennio fu scandito da due barbare uccisioni, per mano armata delle nuove Brigate rosse, che sconvolsero il Paese e, in modo particolare, la comunità dei giuslavoristi.

Il 20 maggio 1999, giorno del ventinovesimo anniversario dello Statuto dei lavoratori, fu assassinato il professor Massimo D'Antona, acuto giuslavorista riformista, che – in qualità di consulente del Ministero del lavoro – aveva collaborato con il decisore politico nel processo di riforma del mercato del lavoro.

Lo stesso tragico destino toccò il 19 marzo 2002 al professor Marco Biagi, anch'egli illustre e generoso giuslavorista collaboratore del Ministero del lavoro.

Questi collaborò alla stesura del Libro Bianco sul mercato del lavoro presentato nell'ottobre 2001 dal Governo Berlusconi, che precedette l'ampia e importante riforma del mercato del lavoro confluita nel d.lgs. 276/2003, anche detto decreto Biagi, che in una certa misura anticipò nel nostro ordinamento le indicazioni europee in materia di *flexicurity*, alla luce delle quali i sistemi nazionali di diritto del lavoro avrebbero dovuto coniugare virtuosamente la flessibilità nell'impiego della forza lavoro (tanto in entrata, quanto in uscita) con il rafforzamento della sicurezza riconosciuta al lavoratore (non più solo nel rapporto ma soprattutto) nel mercato del lavoro.

Il decreto Biagi perseguì certamente l'obiettivo di incrementare la flessibilità nell'impiego della manodopera (introducendo nuove tipologie contrattuali come il lavoro intermittente, il lavoro ripartito, il lavoro accessorio, e rendendo più flessibile la disciplina di contratti non *standard* già disciplinati, come il lavoro a tempo parziale e quello somministrato: cfr. *infra*, cap. 15), ma fu del tutto inefficace nel riformare il sistema delle politiche per il lavoro. Tutto ciò, unitamente all'ulteriore liberalizzazione nel ricorso al contratto a tempo determinato (d.lgs. 368/2001: cfr. *infra*, cap. 15, § 2), e nonostante il tentativo di riequilibrare le tutele operato dal Governo Prodi (l. 247/2007), determinò la progressiva polarizzazione fra lavoratori assunti in modo stabile e lavoratori impiegati in modo flessibile. Questi ultimi, in ragione dell'inefficienza soprattutto delle politiche attive del lavoro, videro sovente la loro condizione tramutarsi da flessibile in precaria.

Sul versante del rapporto di lavoro non si registrarono, invece, particolari arretramenti nelle tutele riconosciute al lavoratore. Tuttavia, si è progressivamente assistito a un incremento delle ipotesi in cui la legge ha consentito alla contrattazione collettiva di introdurre deroghe anche in senso peggiorativo alle condizioni di lavoro da essa fissate. Tale tendenza si è dapprima concretizzata in interventi puntuali su specifiche materie (si pensi ai rinvii contenuti nel d.lgs. 66/2003 in materia di orario di lavoro: cfr. *infra*, cap. 12), per poi assumere un carattere più generale in una disposizione (art. 8 d.l. 138/2011 conv. l. 148/2011) che autorizza la contrattazione collettiva di livello aziendale a derogare non solo a quanto previsto dal contratto collettivo nazionale di lavoro, ma persino – sia pure a talune condizioni e con riguardo a determinate materie – alla legge (cfr. *infra*, cap. 3, parte II, § 10), infrangendo uno dei capisaldi del diritto del lavoro italiano: il principio di inderogabilità *in peius* della norma lavoristica.

Sul versante sindacale, nel primo scorcio degli anni Duemila si assistette a un processo di riforma del sistema della contrattazione collettiva disegnato dal ricordato Protocollo Ciampi. Attraverso un percorso che non sempre vide agire in consonanza le principali confederazioni sindacali, come nel caso dell'Accordo per la riforma degli assetti contrattuali del 2009, siglato nel dissenso della CGIL, si giunse alla sottoscrizione unitaria del T.U. sulla rappresentanza del 2014 (cfr. *infra*, cap. 3, parte II, § 1), "che si candida ad essere (...) il più importante documento sindacale dell'era repubblicana, giacché delinea per la prima volta le coordinate di una regolazione matura del sistema della contrattazione collettiva, sulla base di una logica democratica incentrata sulla misurazione della rappresentatività sindacale e sul principio di maggioranza" (Del Punta).

2.6. *Dalla Riforma Fornero all'emergenza pandemica*

Il tracollo dei mercati finanziari verificatosi nel 2008, con la conseguente crisi dell'economia mondiale, ha avuto inevitabili ripercussioni anche sul nostro Paese, determinando – per quanto qui interessa – un peggioramento della situazione occupazionale.

Per fronteggiare questa emergenza, e a fronte della pressione esercitata anche dalle istituzioni europee, si è avviato un nuovo processo di riforma del mercato del lavoro che, questa volta, ha interessato non solo gli strumenti contrattuali di impiego flessibile della manodopera, ma anche le stesse tutele nel rapporto di lavoro, che fino a quel momento erano rimaste pressoché intoccate.

La prima riforma in tal senso è la c.d. Riforma Fornero, contenuta nella l. 92/2012 e portata a compimento dal Governo Monti. Essa ha incrementato la flessibilità in uscita dal rapporto di lavoro, modificando per la prima volta, e dopo più di quarant'anni, la norma simbolo dello Statuto dei lavoratori (e forse dell'intera materia), ossia l'art. 18. Tale disposizione, che sanzionava l'illegittimo licenziamento con la reintegrazione nel posto di lavoro, è stata riscritta nel senso di limitare l'ambito di applicazione della tutela reintegratoria, che in parte è stata sostituita da una di tipo economico (cfr. *infra*, cap. 14, § 7).

Alla maggiore flessibilità in uscita, in controtendenza rispetto a quanto avvenuto sino a quel momento, la riforma ha tentato di affiancare il contenimento del ricorso alle tipologie contrattuali non *standard* – vale a dire diverse dal contratto di lavoro subordinato a tempo pieno e indeterminato – attraverso restrizioni normative e disincentivi economici, e d'altra parte è intervenuta sulle politiche passive del lavoro riformando l'assetto degli ammortizzatori sociali, in particolare adottando una nuova forma di tutela contro la disoccupazione involontaria.

La più incisiva e radicale riforma degli ultimi anni, però, è quella nota come *Jobs Act*, realizzata dal Governo Renzi. Dopo aver liberalizzato ulteriormente il ricorso al contratto a tempo determinato (d.l. 34/2014 conv. l. 78/2014: cfr. *infra*, cap. 15, § 2 ss.), in contrasto rispetto all'appena ricordata tendenza inaugurata dalla l. 92/2012, con la l. delega 183/2014 si è realizzato un disegno riformatore di ampia portata, incardinatosi attorno ai seguenti assi portanti: la riforma degli ammortizzatori sociali; la riforma del sistema dei servizi per l'impiego; la semplificazione e la razionalizzazione del sistema normativo e burocratico; la promozione del contratto a tempo indeterminato; la promozione di strumenti di conciliazione vita-lavoro.

Tali deleghe hanno trovato attuazione in otto decreti legislativi.

I primi interventi hanno riguardato il trattamento di disoccupazione, ribattezzato NASpI (Nuova Assicurazione Sociale Per l'Impiego, d.lgs. 22/2015: cfr. *infra*, cap. 18, § 6) e il nuovo e più flessibile regime di tutela contro il licenziamento illegittimo (il c.d. contratto a tutele crescenti) che, anche con riguardo alle imprese di medie e grandi dimensioni, ha previsto come regola – e non più come eccezione – la tutela economica (d.lgs. 23/2015: cfr. *infra*, cap. 14, § 8).

Ad essi hanno fatto seguito due decreti legislativi riguardanti le misure di conciliazione vita-lavoro (d.lgs. 80/2015), il riordino della disciplina dei contratti di lavoro non *standard* (cfr. *infra*, cap. 15) e l'estensione dell'ambito di applicazione delle tutele del lavoro subordinato anche a quei rapporti di collaborazione coordinata e continuativa caratterizzati dall'eterorganizzazione della prestazione di lavoro da parte del committente (d.lgs. 81/2015: cfr. *infra*, cap. 4, § 4.3). In quest'ultimo decreto è, altresì, contenuta una previsione che allenta i limiti al potere del datore di lavoro di modificare le mansioni del lavoratore (c.d. *ius variandi*), così aumentando la flessibilità consentita nell'utilizzo della manodopera (cfr. *infra*, cap. 8, § 2.2).

Gli ultimi quattro decreti hanno avuto a oggetto la riforma degli strumenti di sostegno al reddito (d.lgs. 148/2015), la riforma delle attività ispettive in materia di lavoro (d.lgs. 149/2015: cfr. *infra*, cap. 17), il riassetto del sistema di politiche attive per il lavoro (d.lgs. 150/2015: cfr. *infra*, cap. 5, §§ 2-3) e misure di razionalizzazione e semplificazione di procedure e adempimenti in materia di lavoro (d.lgs. 151/2015). Di quest'ultimo decreto si segnala, in particolare, la disposizione che, in modo simmetrico a quanto previsto a proposito dello *ius variandi*, ha allentato i vincoli al potere di controllo del datore di lavoro (cfr. *infra*, cap. 8, § 3.2), nonché l'introduzione di un regime protettivo del lavoratore dimissionario (cfr. *infra*, cap. 14, § 2).

Ha completato il disegno del *Jobs Act* la l. 81/2017, che ha introdotto alcune tutele per i lavoratori autonomi (cfr. *infra*, cap. 4, § 4.1) e una disciplina per il c.d. lavoro agile (cfr. *infra*, cap. 15, § 7).

Al Governo Renzi è succeduto il "Governo gialloverde" sostenuto da una maggioranza composta da Lega e Movimento 5 Stelle, il cui contributo alla materia si è sostanziato anzitutto nel c.d. decreto dignità (d.l. 87/2018 conv. l. 96/2018). Qui si è tentato di invertire la rotta rispetto all'impiego di lavoro non *standard*, restringendo le possibilità di ricorso al lavoro a termine e somministrato (cfr. *infra*, cap. 15, § 2); si è innalzato l'importo dell'indennità risarcitoria prevista in caso di licenziamento illegittimo (d.lgs. 23/2015), peraltro oggetto anche di un'importante sentenza della Corte costituzionale (194/2018, poi seguita dalla decisione 150/2020 di analogo tenore: cfr. *infra*, cap. 14, §§ 8.1.3-8.1.4); si è introdotto il reddito di cittadinanza con d.l. 4/2019 conv. l. 26/2019 (cfr. *infra*, cap. 18, § 2).

Il "Governo giallorosso", entrato in carica nel settembre 2019, guidato come il precedente da Giuseppe Conte, ma sostenuto da una diversa maggioranza politica (Movimento 5 Stelle e Partito Democratico), ha promosso l'adozione del d.l. 101/2019 conv. l. 128/2019, che – fra l'altro – attribuisce alcune tutele ai c.d. *rider*, ovvero ai lavoratori che – anche attraverso piattaforme digitali – svolgono per conto altrui attività di consegna di beni in ambito urbano con l'ausilio di velocipedi o di veicoli a motore (cfr. *infra*, cap. 4, § 4.3).

Dopo pochi mesi dal suo insediamento, il suddetto Governo ha dovuto investire tutte le sue energie per fronteggiare un'imprevista e del tutto inedita emergenza. Il 31.1.2020, infatti, il Consiglio dei ministri ha decretato lo stato di emergenza sanitaria nazionale a causa del diffondersi dell'infezione da SARS-CoV-2.

L'agenda politica sui temi del lavoro, che fra le altre cose prevedeva la possibile introduzione di un salario minimo legale (cfr. *infra*, cap. 9, § 1), è stata sospesa per fronteggiare le conseguenze della pandemia, che ha inevitabilmente interessato anche il mondo del lavoro.

Le misure relative alla disciplina dei rapporti di lavoro sono state principalmente tradotte in una serie di decreti legge. Esse hanno riguardato anzitutto la sicurezza dei luoghi di lavoro, messa a repentaglio dal nuovo rischio connesso al propagarsi del Coronavirus e oggetto di apposita valutazione. Un contributo essenziale per tutelare la salute dei lavoratori è stato offerto dalle parti sociali, firmatarie di un importante Protocollo per la gestione condivisa della sicurezza, aggiornato a più riprese.

L'esigenza di rallentare il propagarsi del virus ha imposto l'adozione di misure straordinarie, fra le quali quelle per assicurare il distanziamento sociale e la previsione di un obbligo vaccinale, inizialmente solo per i lavoratori addetti alle professioni sanitarie e poi esteso alla generalità dei lavoratori.

Sempre in tale logica è stata disposta per un certo periodo la sospensione delle attività produttive non ritenute indispensabili, con la conseguente sospensione delle prestazioni lavorative cui ha fatto seguito un impiego eccezionale degli ammortizzatori sociali, a beneficio anche dei lavoratori autonomi, e il divieto per le imprese di licenziare i propri dipendenti per ragioni economiche.

Con riguardo, invece, alle attività essenziali e indifferibili è stato previsto un massiccio ricorso al lavoro agile, specie nelle pubbliche amministrazioni, con regole semplificate che hanno modificato il volto dell'istituto.

Per coloro che hanno continuato a lavorare si è posto il tema della gestione delle assenze dovute alla contrazione del virus o allo stato di quarantena o di isolamento fiduciario disposto dall'autorità di pubblica sanità. Si è evidenziata, inoltre, la necessità di offrire strumenti per far fronte a inedite esigenze di cura, in particolare determinate dalla sospensione dei servizi educativi e di istruzione, esigenze soddisfatte attraverso la previsione di nuovi congedi, almeno in parte indennizzati e talora da combinare con il ricorso ad altre soluzioni organizzative (utilizzo delle ferie, ricorso al lavoro agile, etc.).

Per facilitare, poi, la prosecuzione di lavori temporanei si è assistito a un allentamento dei limiti ordinariamente applicabili al ricorso al lavoro a tempo determinato e al lavoro somministrato.

2.7. *Gli interventi più recenti*

A un anno dallo scoppio della pandemia, al Governo Conte II è subentrato il Governo presieduto da Mario Draghi.

Questo ha proseguito lo sforzo di gestione dell'emergenza pandemica e al contempo ha avviato una politica di ripresa, promossa e finanziata dall'Unione europea attraverso il *Recovery Fund – Next Generation EU*, volta a superare la grave (e inevitabile) crisi economica nel frattempo esplosa, e poi aggravata dallo scoppio del conflitto bellico scatenato dall'invasione dell'Ucraina da parte della Russia nel febbraio 2022.

Nell'ambito di questa politica europea, l'Italia ha approvato il Piano nazionale di ripresa e resilienza (PNRR), che tocca per certi aspetti anche la materia lavoristica (ad esempio, mira al potenziamento delle politiche attive del lavoro e al contrasto del lavoro sommerso).

In questo scenario, gli interventi adottati più di recente riguardano: l'introduzione di una certificazione di parità di genere per contrastare la persistente segregazione orizzontale e verticale delle donne nel lavoro (l. 162/2021); la revisione della disciplina della cassa integrazione guadagni, in un'ottica di estensione dell'ambito soggettivo di applicazione dell'ammortizzatore sociale (l. 234/2021); l'entrata in vigore del Codice della crisi di impresa e dell'insolvenza (d.lgs. 14/2019), che sostituisce la legge fallimentare; l'entrata in vigore del c.d. decreto trasparenza (d.lgs. n. 104/2022) che, in attuazione di una direttiva dell'Unione europea, rafforza gli obblighi di informazione che già gravano sul datore di lavoro; infine, la c.d. Riforma Cartabia (d.lgs. 149/2022), che interviene sui procedimenti giudiziari penali e civili, sopprimendo il c.d. Rito Fornero che – fra le altre cose – accelerava le cause in materia di licenziamento.

Il Governo Meloni, in carica dall'autunno del 2022 e sostenuto da una maggioranza di centro-destra, ha introdotto alcune modifiche alla disciplina del sistema pensionistico e, soprattutto, ha adottato il c.d. decreto lavoro (d.l. 48/2023 conv. l. 85/2023), che ha abolito il reddito di cittadinanza sostituendolo con il più restrittivo assegno di inclusione, affiancato dal supporto per la formazione e il lavoro. Lo stesso provvedimento ha anche ritoccato, in particolare e per l'ennesima volta, la disciplina del contratto a termine e della somministrazione di lavoro, alleggerendo i rispettivi vincoli di accesso.

Capitolo 2

Le fonti del diritto del lavoro

di Maria Paola Monaco

1. *Le fonti del diritto del lavoro*

Le fonti del diritto del lavoro sono quelle proprie del diritto in generale. A causa delle caratteristiche del fenomeno che vanno a regolare esse, tuttavia, a volte si atteggiano in modo peculiare.

1.1. *Le fonti internazionali*

Le fonti internazionali trovano la loro base giuridica, al pari di quelle dell'Unione europea, nell'art. 11 Cost., che "consente, in condizione di parità con gli altri Stati, alle limitazioni di sovranità necessarie ad un ordinamento che assicuri la pace e la giustizia fra le Nazioni; promuove e favorisce le organizzazioni internazionali rivolte a tale scopo".

Fra le fonti internazionali nel diritto del lavoro assumono rilievo, in primo luogo, quelle emanate dall'Organizzazione internazionale del lavoro (OIL), un organismo la cui finalità principale è proprio la redazione di testi in materia di diritto del lavoro.

L'OIL, la cui sede è a Ginevra, ha una struttura tripartita, essendo composta dai rappresentanti degli Stati membri che vi aderiscono e dalle rispettive organizzazioni dei datori di lavoro e dei lavoratori. Essa è dotata di una Conferenza internazionale del lavoro, di un Consiglio di Amministrazione e di un Ufficio internazionale del lavoro (BIT), che costituisce il segretariato permanente.

I membri dell'OIL hanno, fra i vari obblighi, quello di sottoporre le convezioni, che rappresentano la fonte normativa d'intervento più importante, agli organi interni degli Stati; di applicare le convenzioni; di controllarne l'attuazione, se del caso anche sottoponendosi a dei controlli nei casi in cui altri Stati ne lamentino la mancata applicazione.

La competenza regolativa è riservata alla Conferenza internazionale, che la svolge tramite le convenzioni e le raccomandazioni.

Le convenzioni hanno efficacia mediata e, per diventare vincolanti nel diritto interno, devono essere ratificate. Le convenzioni, essendo frutto di compromessi fra attori estremamente eterogenei, si limitano spesso all'enunciazione di principi e alla fissazione di criteri generali. L'interpretazione delle convenzioni è riservata alla Corte internazionale di giustizia, che ha sede a L'Aja.

Le raccomandazioni, diversamente dalle convenzioni, non hanno valore normativo e, pertanto, non sono destinate ad essere ratificate. Queste rappresentano, piuttosto, delle direttive generali che gli Stati membri aderenti devono tener presenti nell'elaborazione delle politiche del lavoro.

Un'altra istituzione internazionale che occupa un posto di assoluto rilievo nel diritto del lavoro è il Consiglio d'Europa. Anche questa istituzione è un'organizzazione internazionale, con sede a Strasburgo, che ha fra le sue finalità quella di promuovere i diritti dell'uomo e l'identità culturale europea. Anche il Consiglio d'Europa interviene tramite accordi e convenzioni con efficacia mediata, in quanto per essere vincolanti all'interno degli Stati membri devono essere sottoposti a ratifica.

Nel 1950 il Consiglio d'Europa ha dato vita alla Convenzione europea per la salvaguardia dei diritti dell'uomo e delle libertà fondamentali (CEDU) – fonte normativa alla quale l'Unione europea ha aderito col Trattato di Lisbona (cfr. *infra*, § 1.2) – nella quale si è prevista l'istituzione della Corte europea dei diritti dell'uomo, con sede a Strasburgo, che giudica sui ricorsi relativi alle violazioni della Convenzione.

Lo stesso Consiglio d'Europa nel 1961 ha adottato la Carta sociale europea, che menziona diversi diritti in materia di lavoro (al lavoro, alla retribuzione e a condizioni lavorative eque, alla contrattazione collettiva), in parte coincidenti con quelli recepiti dalla Carta dei diritti fondamentali dell'Unione europea (cfr. *infra*, § 1.2).

1.2. *Le fonti dell'Unione europea*

Le competenze normative dell'Unione europea, esclusive o concorrenti con quelle degli Stati che la compongono, sono rette dal principio di attribuzione. Le istituzioni europee, infatti, possono adottare atti giuridici solo ed entro i limiti in cui i Trattati istitutivi conferiscono loro la dovuta competenza (c.d. principio di attribuzione: art. 5.1 TUE). Sono, quindi, gli Stati membri coi Trattati istitutivi a stabilire quali sono le materie di intervento dell'Unione in funzione della finalità da perseguire.

Il TFUE precisa la portata delle competenze dell'Unione, suddividendole in tre categorie: competenze esclusive, che si esercitano su quei settori in cui solo l'Unione può legiferare e adottare atti vincolanti (art. 3), competenze concorrenti, che si esercitano su quei settori in cui l'Unione può legiferare e adottare atti vincolanti assieme agli Stati membri (art. 4) e competenze di sostegno, in base alle quali l'Unione adotta misure a sostegno o a complemento delle politiche degli Stati membri (art. 6).

In ipotesi di interventi su materie concorrenti, si prevede che questi siano esercitati nel rispetto dei principi di sussidiarietà verticale e di proporzionalità. L'intervento è ammesso solo qualora l'Unione sia più idonea a disciplinare una certa materia e solo nella misura in cui ciò sia strettamente necessario (art. 5.1 TUE).

Fra le fonti primarie, oltre ai Trattati (TUE – Trattato sull'Unione europea, e TFUE – Trattato sul funzionamento dell'Unione europea) c'è la Carta di Nizza, che elenca tutta una serie di diritti relativi alla dignità, alla libertà, all'uguaglianza, alla solidarietà, alla cittadinanza, alla giustizia. Il Trattato di Lisbona le ha riconosciuto "lo stesso valore giuridico dei trattati" (art. 6 TUE). La Carta enuncia i diritti e i principi che devono essere rispettati dall'Unione in sede di applicazione del diritto europeo. È di particolare rilievo il riconoscimento dei diritti economici e sociali, che sono collegati al diritto del lavoro.

I Trattati, così come i principi generali, si trovano al vertice della gerarchia delle fonti e sono considerati diritto primario dell'Unione. Il diritto derivato, o secondario, si colloca al livello immediatamente inferiore, ed è valido solo se è conforme ai Trattati.

Fra gli atti normativi di diritto secondario assumono, nell'ambito del diritto del lavoro, valore particolare i regolamenti e le direttive. Si tratta di atti a valenza diversa.

I regolamenti sono atti generali obbligatori nei confronti degli Stati membri e dei privati, con effetti giuridici immediati e simultanei in tutti gli ordinamenti giuridici nazionali. Proprio a causa del loro forte impatto sulla legislazione interna degli Stati, nella materia della politica sociale sono utilizzati raramente (si pensi al regolamento 492/2011 sulla libera circolazione dei lavoratori all'interno dell'Unione).

Le direttive, invece, impegnano gli Stati membri a recepirle entro un determinato termine secondo forme e metodi adeguati al raggiungimento dei risultati che esse stesse si prefiggono (si pensi alla direttiva 2003/88/CE sull'orario di lavoro: cfr. *infra*, cap. 12, § 1).

Una volta che il termine sia scaduto senza che lo Stato abbia recepito al proprio interno il contenuto della direttiva, lo Stato può essere citato dalla Commissione europea di fronte alla Corte di giustizia dell'Unione europea per inadempimento degli obblighi su esso incombenti in forza del diritto dell'Unione.

Parimenti, il mancato recepimento di una direttiva entro il termine, ovvero la sua recezione incompleta, determinano un'efficacia della direttiva fra Stati e privati (efficacia c.d. verticale), che implica che costoro, se il contenuto di alcune o tutte le disposizioni sia chiaro, preciso e incondizionato, possono azionare tali disposizioni in giudizio.

Le direttive sono, invece, prive di efficacia fra privati (c.d. efficacia orizzontale), tranne nel caso in cui si tratti di direttive dettagliate (c.d. direttive *self-executing*) che, pur non attuate, possono acquisire rilevanza nell'ordinamento grazie all'obbligo di interpretazione conforme posto in capo ai giudici nazionali. Per la Corte di giustizia, infatti, anche i principi giuridici ricavati dalle direttive sono vincolanti per il diritto interno, obbligando il giudice nazionale a disapplicare eventuali norme nazionali con essi incompatibili.

Le direttive possono essere recepite, oltre che per legge, anche per il tramite della contrattazione collettiva dello Stato membro, purché questa sia in grado di esplicare un'efficacia *erga omnes* (questo strumento non è utilizzabile dall'Italia data la perdurante mancata attuazione della seconda parte dell'art. 39 Cost.: cfr. *infra*, cap. 3, parte I, § 6).

1.3. *Le fonti interne*

In materia di diritto del lavoro le fonti interne sono:

a) la Costituzione, che si pone all'apice del sistema delle fonti;

b) le leggi ordinarie e gli altri atti aventi forza di legge (decreti legge e decreti legislativi), collocati in posizione subordinata rispetto alla Costituzione;

c) i regolamenti di attuazione o di esecuzione emanati dal Governo nella forma del decreto del Presidente della Repubblica, dai Ministri con proprio decreto ovvero da altre autorità, ove ciò sia espressamente previsto dalla legge ordinaria. I regolamenti non possono modificare o derogare né le leggi né gli altri atti aventi forza di legge.

Nell'ambito delle leggi ordinarie posizione preminente, quale fonte del diritto del lavoro, riveste il Codice civile e, in particolare, il libro V, che reca l'intestazione "Del lavoro".

Le norme relative alle controversie in materia di lavoro sono contenute nel Codice di procedura civile, che è stato integralmente riformato con la l. 533/1973 e sul quale ha, da ultimo, inciso il d.lgs. 10.10.2022 n. 151 (c.d. Riforma Cartabia).

Affiancano il Codice civile numerosissime leggi speciali, volte a tutelare il lavoratore quale soggetto che impegna la propria persona nel rapporto di lavoro, ricavandone un reddito che costituisce, nella maggior parte dei casi, la sua unica fonte di sostentamento.

Non tutta la disciplina relativa alla materia del lavoro è contenuta nel

Codice o nelle leggi speciali. Nel diritto del lavoro, infatti, e ciò ne rappresenta la maggiore peculiarità, la regolamentazione del contenuto del rapporto deriva anche dal contratto collettivo – definito come il contratto stipulato tra il sindacato dei lavoratori e l'associazione sindacale degli imprenditori, finalizzato a stabilire il trattamento minimo garantito e le condizioni di lavoro al quale dovranno uniformarsi i singoli contratti individuali: cfr. *infra*, cap. 3, parte II, § 6 – e dal contratto individuale, consistente nell'accordo raggiunto direttamente tra singolo lavoratore e singolo datore di lavoro (cfr. *infra*, cap. 6).

1.3.1. *Gli usi*

L'uso normativo è una fonte del diritto che si sostanzia in un comportamento costante e uniforme che si forma a seguito del ripetersi di un dato comportamento nel tempo, nella convinzione della sua conformità al diritto e della sua necessità giuridica (*opinio iuris ac necessitatis*).

Nel diritto del lavoro gli usi assumono una valenza peculiare. Di regola, infatti, si applicano solo in mancanza di legge o di contratto collettivo. L'art. 2078 c.c. precisa, infatti, che il rapporto di lavoro è regolato in primo luogo dalle norme di legge, quindi dal contratto collettivo e, solo in mancanza di entrambe queste fonti, dagli usi. Tuttavia, essi, se più favorevoli al prestatore, prevalgono – è questa la deroga, contenuta nell'art. 2078, c.c., alla regola generale sancita dall'art. 8 preleggi – sulle norme dispositive di legge.

Dagli usi normativi si distinguono gli usi aziendali, che esplicano la loro efficacia nell'ambito di una singola unità produttiva. Gli usi aziendali non hanno valore di norma inderogabile e, secondo la giurisprudenza, possono essere esclusi dalle parti, ancorché solo al momento della stipulazione del contratto individuale.

Capitolo 3

Elementi di diritto sindacale

di Maria Paola Monaco

Parte I

1. *Premessa*

Il diritto sindacale è quella parte del diritto del lavoro che studia ed analizza gli aspetti preminentemente collettivi dei rapporti di lavoro, in questo senso si parla di "diritto dei rapporti collettivi di lavoro" (Mazzoni). Nel diritto sindacale confluisce, infatti, tutto ciò che attiene alla disciplina delle organizzazioni sindacali, sia in relazione alla posizione che queste rivestono nell'ordinamento dello Stato, sia in relazione ai legami che si stabiliscono fra le organizzazioni in termini di regolamentazione collettiva dei rapporti di lavoro (contrattazione collettiva) ovvero di lotta (sciopero e serrata) finalizzata, nella maggior parte dei casi, proprio a pervenire a tale regolamentazione.

La dimensione pregiuridica del fenomeno sindacale, che nasce e si sviluppa sul piano dei rapporti socioeconomici e non in ragione di un intervento del legislatore, caratterizza anche le sue fonti di disciplina facendo assumere rilievo preminente più che alla legislazione di origine statale all'attività delle parti collettive svolta in termini di contrattazione (il contratto collettivo) ovvero alla loro attività unilaterale (statuto e regolamento di disciplina dei rapporti interni delle organizzazioni sindacali).

Oggetto di analisi del capitolo saranno, pertanto, le organizzazioni collettive dei lavoratori e dei datori di lavoro e le strutture di rappresentanza dei lavoratori nei luoghi di lavoro (parte I); il contratto collettivo di lavoro (parte II); il conflitto collettivo (parte III).

2. *Il sindacato e la sua organizzazione*

Nel nostro ordinamento, a differenza di quello che accade in Paesi a noi vicini come la Francia o il Regno Unito, non esiste un atto normativo che definisca la nozione di sindacato. A questa carenza ha posto rimedio, in parte, la dottrina, che lo ha definito come "una associazione libera e spontanea di singoli individui nel particolare *status* di prestatori di lavoro subordinato o in quello di datori di lavoro" (Giugni).

La struttura sindacale si basa su una duplice linea organizzativa: una c.d. verticale, determinata dall'appartenenza dei lavoratori e delle imprese dalle quali costoro dipendono ad uno stesso settore produttivo o merceologico (c.d. sindacato di categoria, ad esempio dei tessili, dei chimici, etc.); e una c.d. orizzontale, determinata da tutti i lavoratori e le imprese (nonché dagli organismi verticali) presenti in un dato ambito geografico (ad esempio, Camera provinciale del lavoro, Unione sindacale regionale, etc.). Le linee organizzative orizzontali e verticali coesistono e si intersecano in ciascun sindacato variandolo per dimensioni, luogo di lavoro, etc. In ragione di questi intrecci, la struttura del sindacato risulta notevolmente complessa. Attualmente essa è basata su quattro livelli:

1) alla base si trovano le strutture presenti nei luoghi di lavoro e composte dai delegati dei lavoratori. Nell'agricoltura e nell'edilizia, dove l'inserimento dei lavoratori nelle unità produttive non è stabile, la struttura di base tradizionale è la lega territoriale;

2) al gradino superiore si trova il livello provinciale o comprensoriale. Formano questo livello le strutture verticali – i sindacati provinciali

delle varie categorie – e quelle orizzontali variamente denominate (Camera del lavoro per la CGIL; Camera sindacale per la UIL; Unione sindacale per la CISL);

3) al gradino ancora superiore si trova il livello regionale – sia orizzontale sia di categoria –, che ha visto accrescere i suoi poteri a seguito del decentramento amministrativo regionale;

4) all'ultimo gradino, ossia quello nazionale, operano le strutture di vertice, ovvero le federazioni nazionali di categoria e la confederazione. Le confederazioni hanno sempre rivestito un'importanza decisiva nel sindacalismo italiano: quelle di maggior rilievo anche per numero di iscritti sono la CGIL, la CISL e la UIL.

La distinzione tra strutture orizzontali e verticali corrisponde a una fondamentale divisione dei compiti del sindacato. Alle strutture orizzontali, infatti, sono riservati compiti più propriamente politici, essendo prerogativa di costoro stabilire gli indirizzi di politica sindacale, economica e contrattuale per tutta l'organizzazione, portandoli all'attenzione dei poteri pubblici; a quelle verticali è, invece, riservata la conduzione dell'attività contrattuale delle iniziative di rilievo settoriale.

3. *Il pluralismo sindacale*

Una delle caratteristiche del sindacalismo italiano è la sua organizzazione su base pluralistica. In Italia, infatti, il sindacato si compone di organizzazioni distinte in base a diverse concezioni culturali, ideologiche e/o politiche. La contrapposizione più importante fra sindacati è quella che vede opposto il sindacalismo confederale al sindacalismo autonomo. All'indomani della fine della Seconda guerra mondiale, praticamente tutti i lavoratori trovavano riconoscimento nelle tre confederazioni CGIL, CISL e UIL, i cui rapporti hanno sempre avuto vicende alterne. Si è passati, infatti, dalle tensioni e contrapposizioni degli anni Cinquanta a un processo di unità di azione, in particolare nell'attività di contrattazione collettiva, che ha portato nel luglio del 1972 al raggiungimento di un Patto federativo. Il percorso di attuazione di questo Patto ha visto la sua fine nel 1984, in occasione della negoziane di un accordo sulle politiche salariali (la c.d. scala mobile) che ha portato allo scioglimento della federazione. Anche se da allora resta – seppur in modo ondivago – una certa unità di azione, lo sgretolamento dell'unitarietà ha avuto come riflesso ulteriore la nascita (soprattutto nel settore terziario, della scuola, dei trasporti, etc.) del sindacalismo autonomo. L'organizzazione dei sindacati autonomi si contraddistingue per la minore strutturazione e porta il sindacato ad identificarsi con dei semplici movimenti (Cobas, Cub) ovvero ad aggregarsi in relazione ad una specifica professionalità dando vita ai c.d. sindacati di mestiere (Gilda, SAM).

4. *L'organizzazione sindacale dei datori di lavoro*

Il sindacalismo imprenditoriale può essere considerato come un fenomeno indotto dalla presenza dei sindacati dei lavoratori. La posizione di supremazia che il datore di lavoro riveste all'interno dell'impresa, infatti, non obbliga il datore di lavoro ad organizzarsi sindacalmente, se non nei limiti in cui debba rispondere alle rivendicazioni del sindacato. Per questo motivo, dunque, il sindacato degli imprenditori si ispira, nei tratti organizzativi generali, a quello dei lavoratori prevedendo una doppia linea organizzativa gerarchicamente connotata dalla prevalenza delle strutture orizzontali su quelle verticali. Le organizzazioni imprenditoriali rappresentano gli imprenditori in funzione del settore economico nel quale essi operano. Così la Confindustria organizza in particolare gli imprenditori industriali e quelli del terziario avanzato (trasporti, comunicazioni, turismo); la Confcommercio quelli del commercio; la Confagricoltura quelli dell'agricoltura, etc. Fra queste organizzazioni imprenditoriali particolare rilevanza riveste la Confindustria.

Dal punto di vista organizzativo, il primo gradino è rappresentato dalle strutture territoriali, dislocate all'incirca nel territorio di ciascuna Provincia (associazioni provinciali) che, a loro volta, spesso aderiscono alla loro organizzazione verticale di categoria (le federazioni nazionali di categoria come Federmeccanica, Federchimica, etc.), che a loro volta aderiscono alla Confederazioni che operano a livello intercategoriale (Confindustria).

5. *La tutela costituzionale: l'art. 39 c. 1 della Costituzione*

Il principio di libertà e di pluralismo sindacale trova il suo fondamento nell'art. 39 c. 1 Cost. laddove si afferma che: "L'organizzazione sindacale è libera". Si tratta del riconoscimento di un diritto soggettivo assoluto diretto tanto ai singoli individui, quanto ai gruppi organizzati.

Entrambi questi soggetti, infatti, sono titolari di un complesso di situazioni giuridiche attraverso le quali trova espressione la libertà sindacale.

Sul piano individuale, si rileva, in primo luogo, una libertà sindacale positiva, che attribuisce ai singoli il potere di costituire un sindacato, di aderirvi, di fare opera di proselitismo, etc. Tale libertà positiva trova ulteriore rafforzamento nelle fonti internazionali – Convenzione OIL n. 87/1948 – e nella legislazione nazionale, in particolare negli artt. 14 e 15 dello Statuto dei lavoratori (l. 300/1970), che garantiscono le stesse prerogative all'interno dei luoghi di lavoro. In particolare, l'art. 15 dello Statuto dei lavoratori pone un generale divieto di atti discriminatori, decretando la nullità di tutti quegli atti o patti rivolti a colpire un lavoratore in ragione della sua adesione ad una associazione sindacale, dello svolgimento di attività sindacale o della partecipazione ad uno sciopero. L'art. 15 affianca a questa specifica espressione del principio di libertà positiva anche un principio di libertà negativa che si sostanzia nella libertà del lavoratore di non aderire ad alcun sindacato o di recedere dal sindacato. Il lavoratore, infatti, non può essere discriminato in relazione all'assunzione, al licenziamento o in qualsiasi altro momento del rapporto di lavoro in ragione della sua mancata affiliazione ad un sindacato.

Dal punto di vista collettivo, l'art. 39 c. 1 Cost. tutela la libertà di organizzazione dei sindacati, lasciandoli liberi di scegliere le forme concrete della loro organizzazione, la disciplina dell'assetto interno nonché gli obiettivi e gli strumenti dell'attività sindacale. In particolare, il collegamento fra l'art. 39 c. 1 Cost. e il successivo art. 40, che sancisce il diritto di sciopero (cfr. *infra*, parte III), estende il perimetro della libertà sindacale ricomprendendo al suo interno anche la libertà di azione sindacale a tutela degli interessi collettivi nella particolare forma dell'azione contrattuale. Ciò non vuol dire, tuttavia, che il legislatore costituzionale abbia voluto imporre al datore di lavoro anche un obbligo di negoziare. Nel nostro sistema, infatti, dottrina e giurisprudenza ritengono in modo unanime che non sia configurabile un diritto del sindacato a trattare per la stipulazione del contratto collettivo né che, correlativamente, sia configurabile un obbligo del datore di lavoro a ricevere la proposta negoziale. La garanzia costituzionale, quindi, non investe gli esiti dell'attività contrattuale, ma consente semplicemente che le parti elaborino liberamente le loro proposte negoziali.

Tale questione, che sembrava del tutto assodata, si è in parte riaperta a seguito dell'introduzione del T.U. sulla rappresentanza (cfr. *infra*, parte II, § 4), nella parte in cui stabilisce che possano essere ammesse alle trattative le sole organizzazioni che raggiungano la soglia di rappresentatività richiesta. Tale clausola rende legittimo ipotizzare l'esistenza di un vero e proprio diritto delle associazioni sindacali rappresentative a essere convocate al tavolo delle trattative. La questione è stata affrontata dalla dottrina, che ha escluso che tale clausola possa obbligare il datore di lavoro a trattare con i sindacati rappresentativi riconoscendo alla stessa un valore politico-sindacale di legittimazione reciproca tra le organizzazioni firmatarie, con effetti solo tra le stesse (Treu).

Il principio di libertà sindacale può essere inteso, oltre che in termini di libertà d'organizzazione e di azione, anche in termini di libertà di lotta. In questo senso l'art. 39 c. 1 Cost. legittima le azioni di autotutela che non rientrano nel paradigma tipico del diritto di sciopero coperto dalla garanzia costituzionale dell'art. 40 Cost. (cfr. *infra*, parte III).

Il riconoscimento costituzionale della libertà sindacale esplica i suoi effetti sia sul piano del diritto pubblico, garantendo l'immunità dell'organizzazione sindacale nei confronti dello Stato e dei pubblici poteri, sia sul piano dei rapporti fra privati, garantendone l'immunità dal datore di lavoro. I poteri pubblici, infatti, non possono agire per il controllo della sfera organizzativa dei sindacati ovvero sui criteri di elezione, sui procedimenti decisionali, sulle competenze o sulle gerarchie. Parimenti, essi non possono condizionare il sindacato in modo autoritativo dettando delle linee politiche. La questione diventa più complessa quando ad essere orientata dai poteri pubblici non sia l'organizzazione del sindacato ma lo svolgimento della sua attività contrattuale. Problema, questo, che si acuisce allorquando, in ipotesi di particolari congiunture economiche o crisi aziendali, il Governo ovvero il Parlamento impongano dei limiti alla contrattazione. La questione è stata rimessa più volte all'attenzione della Corte costituzionale. La Consulta nelle prime pronunce (C. Cost. 18.7.1980 n. 41; C. Cost. 6.2.1985 n. 34) ha rigettato le eccezioni di incostituzionalità ma, successivamente, ha cambiato atteggiamento, ritenendo che il legislatore possa stabilire criteri direttivi o vincoli di compatibilità della contrattazione con gli obiettivi generali di politica economica. In questi casi, la libertà delle parti sociali può riemergere esclusivamente se si muove entro le linee tracciate dal legislatore.

La libertà sindacale si impone anche nei rapporti interprivati, in particolare nei confronti del datore di lavoro che, quale detentore del potere economico, è in grado di condizionare eventuali iniziative dei sindacati nei luoghi di lavoro. Sul punto la "svolta" si è avuta con l'introduzione della già citata l. 300/1970 (c.d. Statuto dei lavoratori), che ha consentito l'ingresso dei sindacati all'interno dei luoghi di lavoro.

6. *Le strutture di rappresentanza sindacale*

Abbiamo ricordato come il primo comma dell'art. 39 Cost. sancisca la libertà di organizzazione sindacale. É proprio questo il principio sul quale poggia il pluralismo sindacale e che, al contempo, consente di darne effettività all'interno dei luoghi di lavoro attraverso le previsioni del titolo III dello Statuto dei lavoratori. Gli articoli dello Statuto che vanno dal 19 al 27 contengono una serie di misure di sostegno dell'attività sindacale, tra le quali il diritto di costituire, ad iniziativa dei lavoratori, rappresentanze sindacale aziendali (RSA) in ogni unità produttiva che occupi più di 15 dipendenti. L'iniziativa dei lavoratori, peraltro, si può esercitare esclusivamente "nell'ambito delle associazioni sindacali che siano firmatarie di contratti collettivi di lavoro applicati nell'unità produttiva". L'attuale testo supera le problematiche applicative collegate al testo originario. Nella versione previgente, infatti, la costituzione delle strutture di rappresentanza era consentita nell'ambito delle associazioni aderenti alle confederazioni maggiormente rappresentative sul piano nazionale; ovvero delle associazioni sindacali, non affiliate alle predette confederazioni, che fossero firmatarie di contratti collettivi nazionali o provinciali di lavoro applicati nell'unità produttiva.

Il testo originario finiva per privilegiare il sindacato confederale – CGIL, CISL e UIL – l'unico avente il requisito della "maggiore rappresentatività" in quanto dotato di strutture organizzative intercategoriali diffuse sull'intero territorio nazionale e, al contempo, per escludere le associazioni c.d. autonome che, per accedere alla legislazione promozionale, avrebbero dovuto necessariamente essere firmatarie di contratti collettivi nazionali o provinciali applicati nell'unità produttiva. Nel contempo, e sotto altro aspetto, la limitazione alla contrattazione collettiva nazionale o provinciale con esclusione di quella aziendale finiva per precludere l'accesso alla legislazione promozionale anche al sindacalismo "interno". Le difficoltà di tenuta di tale formulazione inziale a fronte di un contesto nel quale le organizzazioni sindacali autonome assumevano un peso sempre maggiore e le critiche, sempre più pressanti, a favore di una revisione hanno portato, nel 1995, alla sottoposizione dell'art. 19 dello Statuto ad un referendum.

In esito a tale consultazione, tramite i d.P.R. n. 312 e n. 313 del 28.7.1995, il testo è stato riformulato e, pertanto, attualmente possono essere costituite RSA nell'ambito di qualunque organizzazione sindacale, purché firmataria di un contratto collettivo – anche aziendale – che trovi applicazione nell'unità produttiva. In relazione a questo nuovo testo la Corte costituzionale ha dichiarato l'illegittimità costituzionale dell'art. 19 Stat. Lav. nella parte in cui non prevede che la RSA possa essere costituita anche nell'ambito di associazioni sindacali che, pur non avendo sottoscritto contratti collettivi applicati nell'azienda, abbiano partecipato alla trattativa (C. Cost. 3.7.2013 n. 231).

La risposta alle problematiche applicative del vecchio testo dell'art. 19 dello Statuto, peraltro, non è avvenuta solo a livello normativo ma è stata oggetto anche di un preciso intervento negoziale che si è concretizzato nell'Accordo interconfederale del 1993, stipulato fra le tre maggiori confederazioni (Cgil, Cisl e Uil) e le più importanti organizzazioni imprenditoriali. Con tale accordo le associazioni sindacali firmatarie hanno stabilito che un'associazione sindacale che abbia costituito una rappresentanza sindacale unitaria (RSU) – la cui disciplina di dettaglio veniva stabilita proprio dal testo dell'Accordo – avrebbe rinunciato alla costituzione di una RSA per il periodo di vigenza della RSU ma, al contempo, avrebbe fruito di tutte le prerogative che la normativa sia dello Statuto che delle altre leggi speciali riservano alle RSA.

La RSU si forma a seguito di elezioni alle quali possono partecipare tutti i lavoratori dell'azienda esprimendo le loro preferenze sulla base di liste presentate da associazioni sindacali che si trovino in una determinata condizione. In particolare, a seguito dell'Accordo interconfederale del 10.1.2014 in merito al T.U. sulla rappresentanza, attuativo di un precedente Accordo interconfederale del 2011 e del Protocollo d'intesa 31.5.2013, l'iniziativa per la costituzione di RSU e per la presentazione di liste elettorali spetta sia alle organizzazioni sindacali di categoria aderenti alle confederazioni firmatarie dell'Accordo interconfederale del 2011, del Protocollo 31.5.2013 e dello stesso T.U., sia alle organizzazioni sindacali di categoria firmatarie del CCNL applicato nell'unità produttiva interessata. In alternativa, le stesse facoltà sono riconosciute alle associazioni sindacali che abbiano aderito formalmente al contenuto di tali accordi la cui lista elettorale, nelle aziende con più di 60 dipendenti, sia sottoscritta da un numero di firme dei lavoratori impiegati in quell'unità produttiva pari al 5% degli aventi diritto al voto (almeno tre firme nelle imprese di dimensione comprese tra 16 e 59 dipendenti).

Alla costituzione della RSU si procede mediante elezione a suffragio universale tra liste concorrenti. Al fine della distribuzione dei seggi, le associazioni sindacali terranno conto delle categorie degli operai, impiegati e quadri di cui all'art. 2095 c.c. per garantire un'adeguata composizione della rappresentanza. Nella composizione delle liste si perseguirà un'adeguata rappresentanza di genere "attraverso una coerente applicazione delle norme antidiscriminatorie". Il numero dei componenti le RSU sarà pari almeno a 3 componenti per la RSU costituita nelle unità produttive che occupano fino a 200 dipendenti; 3 componenti ogni 300 o frazione di 300 dipendenti nelle unità produttive che occupano fino a 3000 dipendenti; 3 componenti ogni 500 o frazione di 500 dipendenti nelle unità produttive di maggiori dimensioni.

Le organizzazioni sindacali firmatarie del T.U. e degli accordi precedenti ovvero che vi abbiano aderito formalmente si impegnano a non costituire RSA nelle unità produttive ove vengano costituite RSU.

6.1. *Diritti e doveri delle strutture di rappresentanza sindacale*

Lo Statuto dei lavoratori nel suo Titolo III non si limita a sancire le modalità di costituzione delle RSA ma prevede altresì un sistema organico di sostegno all'attività sindacale in azienda. Peraltro, a partire dal 1993 con l'introduzione delle RSU, le prerogative riconosciute dallo Statuto alle RSA sono attribuite anche alle RSU, che, laddove costituite, subentrano ad esse nella titolarità dei loro poteri e nell'esercizio delle loro funzioni.

Vengono così in rilievo gli articoli successivi all'art. 19 dello Statuto, una parte dei quali attribuisce diritti e poteri alle strutture di rappresentanza; un'altra, invece, tutele particolari a chi riveste il ruolo di dirigente sindacale.

Rientrano nel primo gruppo il diritto di assemblea; il referendum; il diritto a spazi di affissione e a spazi per poter svolgere la propria attività (artt. 20-21 Statuto dei lavoratori).

L'art. 20 dello Statuto attribuisce a ciascuna RSA il potere di indire l'assemblea per discutere materie di interesse sindacale e del lavoro e, al contempo, ai singoli lavoratori il diritto di parteciparvi. L'assemblea può essere indetta sia fuori che durante l'orario di lavoro: in quest'ultimo caso il tetto massimo di ore stabilito dalla legge è pari a 10 ore annue – fatte salve le ipotesi in cui i contratti collettivi prevedano disposizioni di miglior favore – per le quali il datore di lavoro sarà tenuto a corrispondere la normale retribuzione.

L'art. 21 dello Statuto rimette all'iniziativa di tutte le RSA congiuntamente il diritto di indire il referendum. Il referendum, che deve svolgersi fuori dall'orario di lavoro e deve riguardare materie inerenti l'attività sindacale, implica la collaborazione del datore di lavoro, che deve mettere a disposizione i locali per il suo svolgimento.

All'art. 25 lo Statuto dei lavoratori attribuisce alle RSA il diritto di affiggere in appositi spazi, testi e comunicati inerenti materie di interesse sindacale e di lavoro. Anche in questa ipotesi il diritto si completa con la collaborazione del datore di lavoro, che deve rendere fruibili gli spazi per l'affissione astenendosi, al contempo, da ogni "intromissione" sul materiale affisso. Tale diritto ha conosciuto una recente evoluzione in considerazione dell'avvento delle nuove tecnologie: in diversi contratti collettivi, infatti, lo spazio fisico è stato sostituito dallo spazio "virtuale" delle c.d. "bacheche elettroniche".

Infine, le RSA hanno diritto – a fronte di una loro richiesta – ad avere a disposizione, per lo svolgimento delle loro riunioni, un locale idoneo collocato all'interno dell'unità produttiva o in luoghi ad essa adiacenti. Qualora un'unità produttiva occupi oltre 200 lavoratori il locale deve essere messo a disposizione in modo permanente.

Un secondo gruppo di norme attribuisce, invece, diritti e prerogative ai dirigenti sindacali.

In primo luogo, i dirigenti delle RSA hanno diritto ad ottenere permessi retribuiti per svolgere la propria attività sindacale (art. 23 Statuto dei lavoratori) entro un monte ore annuo proporzionale alla dimensione dell'azienda. A questi aggiungono permessi non retribuiti (art. 24 Statuto dei lavoratori) fruibili in misura non inferiore a otto ore annue, fatte salve, anche in questo caso, condizioni di miglior favore ad opera della contrattazione collettiva.

A questi diritti funzionali allo svolgimento del loro mandato si affiancano alcune disposizioni che attribuiscono ai dirigenti speciali tutele: così, ad esempio, il datore di lavoro deve richiedere un nulla osta alle associazioni sindacali di appartenenza in caso di trasferimento dei dirigenti sindacali da un'unità produttiva ad un'altra ovvero in caso di illegittimo licenziamento di un dirigente sindacale potrà essere utilizzato un particolare strumento di tutela ripristinatoria "urgente".

Questa speciale procedura, peraltro, ha avuto scarsa applicazione venendo ad essa preferito il procedimento per la repressione della condotta antisindacale di cui all'art. 28 dello Statuto. Più precisamente, tale articolo stabilisce che, qualora il datore di lavoro impedisca o limiti l'esercizio e la libertà dell'attività sindacale o del diritto di sciopero, gli organismi locali delle associazioni sindacali nazionali che vi abbiano interesse possano presentare ricorso al giudice del lavoro del luogo in cui si è verificata la condotta antisindacale; qualora il giudice accerti una effettiva lesione dei diritti sindacali, potrà ordinare al datore di lavoro la cessazione del comportamento e la rimozione degli effetti da questo prodotti.

L'attivazione del procedimento di repressione del comportamento antisindacale, peraltro, può essere effettuata sia nelle ipotesi in cui il datore di lavoro abbia violato il contenuto delle norme del Titolo III, sia in quelle in cui vi sia stata violazione di altri diritti contenuti in norme legali o contrattuali ovvero nelle ipotesi in cui il comportamento del datore di lavoro leda le prerogative del sindacato, danneggiandone l'immagine.

7. *Gli altri principi contenuti nell'art. 39 della Costituzione*

L'art. 39 Cost. non si limita ad enunciare il principio di libertà sindacale ma, nei commi successivi al primo, traccia un modello di sindacato "costituzionale". Ai sensi dell'art. 39 Cost. cc. 2-4, infatti, i sindacati si sarebbero dovuti registrare e, a seguito di questo riconoscimento, avrebbero acquistato personalità giuridica. Il riconoscimento della personalità giuridica rappresenta, nell'idea dei padri costituenti, il presupposto necessario ad acquisire la capacità di stipulare – per il tramite di una rappresentanza unitaria dei sindacati, composta in relazione al numero dei lavoratori iscritti a ciascun sindacato – contratti collettivi nazionali con un'efficacia generalizzata a tutti gli appartenenti alla categoria alla quale il contratto si riferisce (c.d. *erga omnes*).

Si tratta di un modello che a oggi non ha avuto attuazione per motivi di natura diversa. Il primo e più importante si ricollega all'incerta definizione della procedura che fa del sindacato un modello intermedio fra due diversi modelli storicamente esistiti. Da un lato, infatti, il dettato costituzionale, nella parte in cui impone la registrazione del sindacato ai fini della contrattazione, recepisce il modello corporativo, facendone un ente di diritto pubblico giuridicamente riconosciuto dallo Stato e, quindi, sottoposto al controllo della pubblica autorità. Dall'altro, il dettato costituzionale sembra sposare la concezione liberale del sindacato, evitando che questo abbia rapporti giuridici con la Stato e/o che riceva da questo sostegno sia al fine della sua costituzione, sia al fine dell'attività di negoziazione.

Il rifiuto di una legge applicativa dell'art. 39 Cost., motivato, come ricordato, dall'ambiguità del testo ma anche da precise ragioni politiche, ha avuto come conseguenza che l'ordinamento sindacale abbia fatto proprie le regole del diritto privato. L'organizzazione sindacale dei lavoratori (ma anche quella dei datori di lavoro) è giuridicamente qualificata in termini di associazione non riconosciuta, sottratta da qualsivoglia disciplina legislativa che vada aldilà di quella degli artt. 36, 37 e 38 c.c. Secondo l'art. 36 c. 1 c.c. l'ordinamento interno delle associazioni non riconosciute è regolato da accordi – statuti e regolamenti – ai quali i soci prestano il loro consenso. Ai sensi del dell'art. 36 c. 2 c.c. la rappresentanza esterna dell'associazione è attribuita a coloro ai quali, secondo gli accordi esterni, viene conferita la presidenza o la direzione.

Sebbene la mancata attuazione dell'art. 39 si possa considerare assodata, si ritiene, tuttavia, che il suo principio di "democraticità interna" trovi comunque applicazione nei confronti dei sindacati di fatto. Tale elemento viene considerato un prerequisito necessario all'applicazione all'associazione delle norme legali che attribuiscono determinati diritti ai sindacati.

Parte II

1. *La contrattazione collettiva*

La contrattazione collettiva consiste in quel complesso di attività, poste in essere dalle parti al fine di regolare i propri interessi, che confluiscono nella stipulazione del contratto collettivo, ossia di un atto di autonomia privata che detta le regole applicate nei confronti dei rapporti di lavoro (v. *infra*, §§ 6 ss.). L'azione contrattuale dei sindacati è un fenomeno in continua evoluzione strettamente connesso al più generale sistema delle relazioni industriali. La struttura e le materie sulle quali si appunta la contrattazione, pertanto, si collegano ai contesti produttivi, economici e sociali nel quale l'intervento si colloca nonché, in molte occasioni, anche alla linea politica dettata dal Governo. A seconda della diversa combinazione di tali fattori la contrattazione collettiva, nel corso degli anni, si è evoluta passando da fasi di centralizzazione, con un'assoluta prevalenza dei contratti nazionali sui contratti di livello territoriale inferiore, a fasi di decentramento contrattuale, con un'ampia libertà di negoziazione riservata al contratto collettivo aziendale.

Attualmente, le tre grandi confederazioni hanno sottoscritto un modello procedurale di coordinamento dei vari livelli contrattuali che ha trovato disciplina nell'Accordo interconfederale del 28.6.2011 e, successivamente, nel Protocollo d'intesa del 31.5.2013, i cui contenuti sono poi confluiti – seppure con riferimento da un lato al solo settore industriale, e dall'altro alle sole parti firmatarie – nel c.d. T.U. sulla rappresentanza del 10.1.2014 (dovendosi, peraltro, rilevare che "accordi fotocopia" del T.U. sulla rappresentanza sono stati successivamente stipulati, ad esempio, anche con riferimento al settore delle imprese pubbliche e a quello del commercio). Il sistema delineato da questo atto di autonomia negoziale ha trovato ulteriore specificazione e consolidamento nell'Accordo Confindustria CGIL, CISL e UIL del 28.2.2018 (c.d. Patto per la fabbrica) dove si è ribadita l'importanza della misura della rappresentatività anche di parte datoriale al fine di contrastare la stipulazione di contratti collettivi senza alcuna rappresentanza certificata. In particolare, tale accordo, ritenendo indispensabile conoscere l'effettivo livello di rappresentanza di entrambe le parti stipulanti un CCNL, al fine di "contrastare la proliferazione di contratti collettivi (...) finalizzati esclusivamente a dare copertura formare a situazioni di vero e proprio 'dumping contrattuale'" definisce il percorso necessario ad arrivare ad un modello di certificazione della rappresentanza datoriale capace di garantire una contrattazione collettiva con efficacia ed esigibilità generalizzata.

Un'operazione questa che si è ulteriormente consolidata con la firma della Convenzione del 19.9.2019 fra INPS, INL, Confindustria, CGIL, CISL, UIL.

A tal fine, tale Convenzione ha affidato all'INPS la rilevazione del dato associativo relativo ad ogni organizzazione sindacale di categoria firmataria del T.U. sulla rappresentanza o ad esso aderente, costituito dal rapporto tra il numero degli iscritti al sindacato e il numero complessivo degli iscritti alle organizzazioni sindacali. All'INPS viene inoltre affidata, in collaborazione con l'Ispettorato nazionale del lavoro, la raccolta del dato elettorale, costituito dal rapporto fra il numero di voti validi ottenuti nelle elezioni delle RSU e il numero totale dei voti validamente espressi.

Successivamente, l'INPS provvede alla ponderazione del dato associativo e di quello elettorale, sulla base della media semplice dei risultati dei due dati (v. INL nota 5331/2021).

2. *Soggetti, oggetto e livelli della contrattazione*

Nel settore privato attori e procedure della contrattazione collettiva operano tradizionalmente su due livelli: nazionale e aziendale. L'articolazione della contrattazione su due livelli attualmente trova conferma nelle disposizioni del T.U. sulla rappresentanza.

Il livello più importante è il livello nazionale, al quale corrisponde il contratto collettivo di categoria, detto anche contratto collettivo nazionale di lavoro (CCNL). La funzione del contratto di categoria, come esplicitata, da ultimo, anche nel T.U. sulla rappresentanza, è quella di "garantire la certezza dei trattamenti economici e normativi comuni per tutti i lavoratori del settore ovunque impiegati sul territorio nazionale".

I soggetti che stipulano questo contratto sono le associazioni nazionali di categoria dei lavoratori e delle imprese. Il T.U. sulla rappresentanza, tuttavia, disciplina i requisiti di rappresentatività sindacale ai fini della contrattazione nazionale, definendo le modalità di misurazione e certificazione della rappresentanza. Si introduce, così, anche nel settore privato una soglia numerico-percentuale idonea a misurare matematicamente il grado di rappresentatività delle associazioni sindacali al fine di selezionare quelle ammesse alla contrattazione collettiva nazionale. A tal fine, è richiesta una rappresentatività non inferiore al 5%, valore calcolato come media tra dato associativo (numero delle deleghe relative ai contributi sindacali conferite, rispetto al totale dei lavoratori sindacalizzati) e dato elettorale (consensi ottenuti nelle elezioni periodiche delle RSU, rappresentanze sindacali unitarie, rispetto al totale dei voti espressi).

Tale sistema, peraltro, non è ancora entrato pienamente a regime, essendo collegato ad alcuni passaggi di difficile realizzazione (v. *supra*, § 1).

3. *Le fasi della contrattazione*

Il processo di contrattazione ruota principalmente intorno alle procedure di rinnovo dei contratti collettivi in scadenza ovvero scaduti. Nel nostro sistema gli aspetti procedurali non sono formalizzati in norme di legge. In linea generale, il processo inizia dalla presentazione da parte dei sindacati delle c.d. piattaforme, dove vengono indicate le loro richieste ai fini del rinnovo del contratto collettivo. A seguito della presentazione della piattaforma, la parte datoriale si oppone alle rivendicazioni dei sindacati sia contrastando eventuali richieste (ad esempio, aumenti retributivi), sia avanzando proprie richieste (ad esempio, modifiche all'organizzazione dell'orario per aumentare i profitti). Qualora le parti sociali riescano, magari anche tramite la mediazione del Governo, a raggiungere un accordo, questo viene trasfuso nella c.d. ipotesi di accordo al fine di sottoporla – più facilmente in ipotesi di contratti collettivi aziendali – ai lavoratori interessati prima della definitiva sottoscrizione del contratto collettivo.

Il contratto collettivo, così come può non essere sottoscritto da tutti i soggetti che hanno partecipato alle trattative, può anche essere sottoscritto da organizzazioni sindacali che non vi abbiano partecipato (c.d. sottoscrizione "per adesione").

4. *La procedura di stipulazione del contratto collettivo nazionale ai fini della realizzazione dell'efficacia prevista dal T.U. sulla rappresentanza*

Il T.U. sulla rappresentanza formalizza la procedura di stipulazione del CCNL, collegando ad essa e al suo corretto svolgimento l'efficacia del contratto collettivo e la sua esigibilità nei confronti sia dei lavoratori, sia delle organizzazioni sindacali aderenti alle confederazioni firmatarie.

In primo luogo, il T.U. stabilisce che la definizione delle piattaforme sia effettuata dalle federazioni di categoria "nel rispetto della libertà e autonomia di ogni organizzazione sindacale", mediante realizzazione di un regolamento per ogni singolo CCNL. In secondo luogo, si prevede che, nell'ambito del suddetto regolamento, sia prevista una "corsia" di favore per la presentazione di piattaforme unitarie. Nel caso in cui non si riesca a raggiungere questo risultato, il datore di lavoro dovrà "favorire" l'avvio delle trattative sulla base della piattaforma presentata da quelle organizzazioni sindacali che abbiano una rappresentatività nel settore pari complessivamente al 50%+1 dei lavoratori ivi impiegati.

Qualora la procedura di negoziazione, così impostata, si chiuda positivamente, "i contratti collettivi nazionali di lavoro sottoscritti formalmente dalle Organizzazioni Sindacali che rappresentino almeno il 50% +1 della rappresentanza, come sopra determinata, previa consultazione certificata delle lavoratrici e dei lavoratori, a maggioranza semplice – le cui modalità saranno stabilite dalle categorie per ogni singolo contratto – saranno efficaci ed esigibili" (…) "per l'insieme dei lavoratori e delle lavoratrici nonché pienamente esigibili per tutte le organizzazioni aderenti alle parti firmatarie della presente intesa" (T.U. sulla rappresentanza).

La finalità della procedura è, quindi, di tutta evidenza volta a gestire a livello nazionale il "dissenso".

5. *La contrattazione collettiva di livello aziendale*

In relazione al contratto collettivo aziendale, il T.U. sulla rappresentanza delinea due distinte procedure di stipulazione, anche in questo caso nell'intento di gestire il dissenso in una sede, quale quella aziendale, dove questo tende a essere espresso maggiormente. Le procedure previste nel T.U. sulla rappresentanza differiscono in ragione del soggetto stipulante, sia esso una struttura di rappresentanza dei lavorati aziendale (RSA) ovvero una struttura di rappresentanza dei lavoratori unitaria (RSU).

Qualora, infatti, il soggetto che negozia sia una RSU, il contratto aziendale, se approvato dalla maggioranza dei componenti della stessa RSU, è efficace nei confronti di tutto il personale e di tutte le associazioni che siano espressione delle confederazioni firmatarie. Le RSU, infatti, diversamente dalle RSA, in quanto basate, per quello che riguarda la scelta dei loro componenti, sul principio elettivo, "sposano" già al loro interno il principio maggioritario escludendo, proprio in virtù di questo, ulteriori possibili coinvolgimenti dei lavoratori.

Qualora, invece, il contratto aziendale sia negoziato dalle RSA, esso produrrà efficacia generalizzata solo se approvato dalle RSA che risultino destinatarie della maggioranza delle deleghe relative ai contributi sindacali conferite dai lavoratori dell'azienda. La diversa configurazione di questo soggetto negoziale finisce, così, per riverberarsi sull'efficacia del contratto. Le RSA, infatti, non si costituiscono a seguito di una procedura elettiva, ma vengono sostanzialmente nominate dal sindacato esterno che abbia sottoscritto il contratto collettivo applicato nell'unità produttiva (o, secondo quanto affermato da C. Cost. 23.7.2013 n. 231, che abbia quantomeno partecipato alla negoziazione dello stesso). Questo spiega il motivo in base al quale, se il soggetto negoziale è una RSA, all'approvazione della piattaforma effettuata da parte delle RSA – che, singolarmente o insieme ad altre, risultino destinatarie della maggioranza delle deleghe relative ai contributi sindacali conferite dai lavoratori dell'azienda nell'anno precedente a quello nel quale avviene la stipulazione – possa far seguito, qualora ne faccia richiesta almeno un'organizzazione sindacale espressione di una delle confederazioni firmatarie o almeno il 30% dei lavoratori dell'impresa, un *referendum*. La consultazione è valida se al *referendum* partecipano almeno il 50%+1 dei lavoratori. La bozza di accordo è respinta o accolta con il voto espresso dalla maggioranza semplice dei votanti.

Le parti economiche e normative dei contratti collettivi aziendali stipulate secondo la procedura sopra descritta diventano efficaci per tutti i lavoratori e vincolano tutte le organizzazioni sindacali presenti in azienda che aderiscano agli accordi interconfederali.

Il T.U. sulla rappresentanza – riprendendo quanto previsto dalla clausola 7 dell'Accordo interconfederale del 2011 – si occupa anche delle intese aziendali modificative in senso peggiorativo del contenuto dei contratti collettivi nazionali. L'autonomia privata aggiunge così un tassello importante a quanto già stabilito dalla legge e, precisamente dall'art. 8 d.l. 138/2011 che, alla ricorrenza di determinati presupposti, consente la stipulazione di accordi aziendali in deroga (sul punto v. diffusamente *infra*, § 10).

Tali intese possono essere stipulate dalle rappresentanze sindacali operanti in azienda, senza distinzioni in relazione al soggetto che abbia la titolarità della negoziazione (sia esso una RSA o una RSU). L'atteggiamento "neutro" delle parti sociali in ordine agli organismi di rappresentanza è controbilanciato dalla necessaria "intesa" con le relative organizzazioni sindacali territoriali di categoria che siano espressione delle confederazioni firmatarie dell'accordo interconfederale. Le modalità di acquisizione dell'intesa non sono procedimentalizzate. Le "intese" modificative devono, comunque, essere finalizzate alla gestione di situazioni di crisi o allo sviluppo economico e occupazionale dell'impresa in presenza di investimenti significativi. In relazione al loro oggetto, si prevede che possano intervenire sugli istituti del contratto nazionale che disciplinano "la prestazione lavorativa, gli orari e l'organizzazione del lavoro". La genericità del testo dell'Accordo lascia grandi margini di discrezionalità alla contrattazione aziendale. Le nozioni di "prestazione lavorativa" e "organizzazione del lavoro" abbracciano, in definitiva, se non tutti sicuramente gran parte degli istituti regolati dal contratto nazionale.

6. *Il contratto collettivo*

Di ben diversa complessità è l'analisi del contratto collettivo, inteso come il contratto mediante il quale i soggetti collettivi – rappresentanti dei datori di lavoro e dei lavoratori – regolano i loro rapporti reciproci (c.d. parte obbligatoria) e predeterminano la disciplina dei rapporti individuali di lavoro (c.d. parte normativa). Per quanto il nostro ordinamento abbia conosciuto diversi tipi di contratto collettivo (corporativo, di diritto comune, normativo ai sensi della l. 741/1959 e C. Cost. 106/1962), l'unico presente oggi nel panorama delle relazioni sindacali è quello di diritto comune.

Al fine di comprendere la problematicità dell'attuale assetto occorre ripercorrere brevemente alcuni passaggi storici.

Durante il periodo corporativo, l'unico contratto ammesso era il contratto corporativo. Il Codice civile prevedeva per tale contratto una disciplina speciale, che ne determinava la tipicità rispetto ai contratti di diritto privato *tout court*. Gli artt. 2068-2081 c.c. dettano, infatti, disposizioni sui soggetti, sul contenuto, sulla durata, sui destinatari, sull'efficacia, etc. Secondo il Codice, inoltre, il contratto corporativo rappresentava una fonte di diritto in senso proprio, gerarchicamente subordinata alle leggi e ai regolamenti (artt. 1 e 7 disp. prel. c.c.).

Con il r.d.l. 721/1943 e con il d.l.lgt. 369/1944, di soppressione dell'ordinamento corporativo e delle organizzazioni sindacali fasciste, i contratti collettivi esistenti sono stati lasciati in vita "salvo le successive modifiche". Il legislatore post-corporativo non ha recepito tale suggerimento e, conseguentemente, non ha dettato una disciplina tipica del contratto collettivo sostitutiva di quella codicistica, rinviando all'intervento del costituente.

Sebbene, come ricordato, l'art. 39 Cost. preveda un modello di contratto collettivo, lo stesso non ha mai trovato attuazione. Il contratto collettivo post-corporativo stipulato da libere associazioni sindacali si configura, quindi, come un contratto atipico sfornito di specifica disciplina legale, i cui principi di regolazione sono, per lo più, rimessi all'intervento della giurisprudenza. Secondo la giurisprudenza, in assenza di una normativa specifica, si applicano al contratto collettivo le disposizioni della disciplina codicistica dei contratti in genere (art. 1321 ss. c.c.). Per questo motivo si parla di contratto collettivo di diritto comune.

7. *L'efficacia soggettiva del contratto collettivo di diritto comune*

La mancanza di una disciplina legislativa e della tipicità del contratto collettivo implica una serie di conseguenze. In primo luogo, il fatto che le associazioni sindacali siano libere di individuare l'ambito delle categorie che intendono rappresentare e, conseguentemente, l'ambito di efficacia del contratto collettivo, fa venir meno il loro potere di rappresentanza istituzionale degli appartenenti a tali categorie.

L'appartenenza del contratto collettivo al genere dei contratti di diritto comune, infatti, determina la necessità di individuare un meccanismo che consenta al contratto stipulato dai rappresentanti dei datori di lavoro e dei lavoratori di produrre effetti nella sfera giuridica altrui ovvero del singolo datore di lavoro e del singolo lavoratore, per poi diramarli sul piano del rapporto individuale di lavoro (c.d. efficacia soggettiva del contratto collettivo).

A tal fine, la giurisprudenza ha utilizzato l'istituto della rappresentanza.

L'applicazione di questo istituto implica che i singoli – lavoratori e datori di lavoro – conferiscano ai propri rappresentanti – sindacati e associazioni datoriali – il potere di stabilire le condizioni del rapporto di lavoro in nome e per conto loro. Ne consegue che solo il datore di lavoro iscritto all'organizzazione datoriale sarà tenuto all'applicazione del contratto collettivo nei confronti dei soli lavoratori iscritti ai sindacati. Come un qualsiasi contratto di diritto comune, infatti, anche il contratto collettivo, seppur mediato dalla regola della rappresentanza, non sembra potersi sottrarre al generale principio della c.d. bilateralità perfetta. Tuttavia, in relazione al contratto collettivo questa regola conosce un'eccezione, assumendo tale contratto valenza diversa a seconda che ci si riferisca alla posizione del datore di lavoro o a quella del lavoratore. L'iscrizione del solo lavoratore all'associazione sindacale, infatti, è condizione necessaria ma non sufficiente all'applicazione del contratto collettivo nel rapporto di lavoro. Tale iscrizione, infatti, è giuridicamente irrilevante qualora non sia accompagnata anche dall'iscrizione del datore di lavoro all'associazione stipulante e alla vincolatività del contratto collettivo anche nei confronti di costui.

Nel corso degli anni la giurisprudenza, pur rimanendo fedele alla ricostruzione del contratto collettivo di diritto comune secondo il modulo della rappresentanza, ha cercato di estenderne l'ambito di applicazione. Così, anche in mancanza del requisito dell'iscrizione del datore di lavoro all'organizzazione datoriale stipulante, si è ritenuto che il contratto collettivo trovi applicazione nei confronti di quei soggetti che ad esso abbiano aderito, in modo esplicito o implicito.

L'adesione viene definita esplicita allorché il contratto individuale rinvia alla disciplina collettiva attraverso una clausola del seguente tenore: "per tutto quanto non regolato dal presente contratto individuale, le parti si richiamano al contratto collettivo nazionale, etc.". Qualora il datore, dunque, abbia accettato il contratto collettivo quale fonte regolatrice del rapporto egli non potrà poi liberarsene unilateralmente.

L'adesione è, invece, implicita quando l'applicazione del contratto collettivo è fatta in modo spontaneo ovvero, secondo la giurisprudenza, allorquando vengano applicate numerose e significative clausole di un contratto collettivo. In questo caso il datore di lavoro è tenuto ad applicare il contratto nella sua interezza.

Le ipotesi appena descritte differiscono fra loro in relazione agli effetti. Mentre, infatti, nel rinvio contenuto nel contratto individuale la ricezione esplicita opera nei confronti di tutti i contratti collettivi successivi, nel caso di riferimento implicito la valenza del rinvio è limitata al contratto collettivo al quale il datore di lavoro ha inteso riferirsi. L'applicazione spontanea di un contratto collettivo anche protratta del tempo, infatti, non può dare vita a un uso suscettibile di fondare giuridicamente l'obbligo del datore di lavoro di applicare anche i successivi contratti collettivi.

Un altro tentativo della giurisprudenza volto ad allargare l'ambito di applicabilità del contratto collettivo si ha con riferimento ai meccanismi che estendono l'efficacia del contratto anche nei confronti dei lavoratori non iscritti al sindacato stipulante, o comunque che non si trovino nella posizione sopra rappresentata. La giurisprudenza ritiene che il datore di lavoro iscritto all'associazione datoriale stipulante almeno tendenzialmente non possa differenziare le posizioni fra lavoratori iscritti e non iscritti e che, pertanto, sia tenuto ad applicare indifferentemente il contratto sottoscritto dall'associazione datoriale alla quale è iscritto tanto ai lavoratori iscritti quanto a quelli non iscritti. Se, tuttavia, il datore di lavoro applica il contratto collettivo nei confronti di tutti i suoi dipendenti, la posizione dei lavoratori iscritti è diversa da quella dei lavoratori non iscritti. Il lavoratore iscritto al sindacato che abbia conferito a questo mandato a farsi rappresentare al tavolo negoziale è vincolato al contenuto del contratto collettivo e non può sottrarsi alla sua disciplina. Diversamente, il lavoratore non iscritto al sindacato si trova nella possibilità di contestare il contenuto del contratto collettivo e, quindi, di sottrarsi alla sua applicazione. Nei suoi confronti, infatti, l'applicazione del contratto collettivo non è basata sul rapporto di rappresentanza ma viene effettuata unilateralmente dal datore di lavoro in via presuntiva. Il contratto collettivo sarà applicabile, pertanto, nei suoi confronti entro i limiti del suo "dissenso".

7.1. *L'estensione dell'efficacia della parte economica del contratto collettivo*

Al di fuori delle operazioni interpretative effettuate dalla giurisprudenza sul vincolo associativo, il più rilevante meccanismo di estensione degli effetti del contratto collettivo, ideato ancora una volta dalla giurisprudenza, si collega alla tutela costituzionale del diritto alla retribuzione.

L'art. 36 Cost. garantisce al lavoratore il diritto ad una retribuzione "proporzionale alla quantità e qualità del suo lavoro" ed in ogni caso "sufficiente" ad assicurare a lui e alla sua famiglia "un'esistenza libera e dignitosa" (cfr. *infra*, cap. 9, §§ 1-2). La portata precettiva di tale disposizione ha fatto sì che i requisiti della proporzionalità e della sufficienza, identificati come parametri fondativi della retribuzione, fossero considerati immediatamente efficaci anche nei rapporti tra i privati e, quindi, suscettibili di essere utilizzati dal giudice anche in assenza di interventi legislativi di attuazione.

Il problema di fronte al quale si è trovata la giurisprudenza è stato, quindi, quello di rinvenire nel sistema un meccanismo idoneo a determinare, nell'ambito del contratto individuale di lavoro, la giusta retribuzione. La determinazione di tale concetto è avvenuta utilizzando l'art. 36 Cost. in connessione con l'art. 2099 c.c., ai sensi del quale la misura della retribuzione può essere determinata, seppure in via residuale, dal giudice tenendo conto della situazione generale e locale della mano d'opera. Nell'effettuare questa scelta interpretativa, i giudici hanno assunto come parametro di riferimento i minimi di trattamento retributivo fissati nelle clausole salariali dei contratti collettivi di categoria. Il giudice, pertanto, qualora accerti – su istanza del lavoratore – che la retribuzione non sia proporzionata alla quantità o qualità del lavoro svolto, oppure verifichi l'assoluta mancanza di accordo relativamente agli aspetti economici del rapporto, utilizza l'articolo 2099 c.c. e determina la retribuzione applicando il trattamento retributivo previsto dai contratti collettivi nazionali, che sono considerati l'unico strumento di applicazione dei principi detenuti dall'art. 36 Cost.

La dottrina ha pacificamente riconosciuto che, attraverso questa operazione interpretativa, si sia realizzata una forma parziale di estensione degli effetti del contratto collettivo *erga omnes*. I contratti collettivi, infatti, almeno limitatamente alla loro parte economica acquisiscono, tramite il combinato disposto degli artt. 36 Cost. e 2099 c.c., efficacia generale.

8. *I rapporti fra la disciplina di diritto comune e l'art. 2070 c.c.*

La giurisprudenza ha cercato di dare soluzione anche ad altri problemi lasciati aperti dalla diversa attuale collocazione del contratto collettivo nel sistema delle fonti. Per quanto, infatti, la maggior parte delle disposizioni del Codice civile (entrato in vigore nel 1942) relative al contratto collettivo siano state considerate abrogate per incompatibilità, in relazione ad alcune di esse si è posto il problema della loro perdurante vigenza.

Un primo ordine di problemi si è posto con le operazioni di recupero che hanno riguardato l'art. 2070 c.c. Tale articolo prevede che il datore di lavoro debba applicare il contratto corrispondente alla propria attività e, se svolge più attività distinte, purché autonome tra loro, contratti diversi per ognuna di queste, ovvero il contratto corrispondente all'attività principale se le altre siano accessorie o complementari. Secondo una prima interpretazione, l'art. 2070 c.c. sarebbe ancora operante in quanto non direttamente vincolato all'ordinamento corporativo essendo, piuttosto, collegato ad esigenze generali di disciplina della categoria. A questa posizione iniziale se ne sono aggiunte altre di segno contrario, fintanto che le Sezioni Unite della Cassazione (Cass. S.U. 26.3.1997 n. 2665) hanno dichiarato l'incompatibilità tra il principio costituzionale di libertà sindacale di cui al c. 1 dell'art. 39 Cost. e il criterio della appartenenza alla categoria imprenditoriale di cui all'art. 2070 c.c. Secondo i giudici, infatti, nell'applicare il contratto collettivo non si può prescindere dal dato dell'affiliazione sindacale positiva o negativa del datore di lavoro. L'art. 2070 c.c., pertanto, risulta compatibile con il regime privatistico del contratto collettivo a condizione di attribuirgli funzione suppletiva nell'orientare l'interprete allorquando il contratto individuale operi un generico rinvio al contratto collettivo, senza far comprendere quale contratto le parti abbiano inteso richiamare. Rientra, pertanto, nell'autonomia del datore di lavoro e del lavoratore la facoltà di accordarsi per applicare un contratto collettivo diverso da quello corrispondente all'attività svolta dal datore di lavoro con un unico limite. Qualora dall'applicazione di un contratto collettivo diverso rispetto a quello della categoria nella quale il datore di lavoro opera derivi un trattamento economico più sfavorevole al lavoratore, questo dovrà essere riparametrato a quello proprio della categoria di appartenenza del datore di lavoro (Cass. 10.6.2021 n. 16376). I giudici utilizzano, anche in questo caso, i minimi tariffari dei contratti collettivi come parametro della conformità del trattamento retributivo fissato dalle parti individuali alla regola costituzionale, considerando nulle le pattuizioni che comportino un trattamento economico inferiore ai minimi contenuti nel contratto collettivo proprio della categoria nella quale il datore di lavoro opera. Anche in questo caso, dunque, trova applicazione l'art. 36 Cost., sempre per il tramite di mediazione giudiziaria, per estendere *erga omnes* l'efficacia della parte economica del contratto collettivo.

9. *L'efficacia oggettiva del contratto collettivo: le problematiche dell'inderogabilità*

Quanto fin'ora approfondito in relazione alle complesse problematiche del contratto collettivo non chiarisce quale sia l'efficacia del contratto collettivo rispetto al contratto individuale (o, in altri termini, la sua efficacia c.d. oggettiva). In assenza di regole, infatti, essendo entrambi i contratti – sia quello collettivo che quello individuale – appartenenti al *genus* dei contratti di diritto comune, sarebbe consentito al singolo datore di lavoro e al singolo lavoratore pattuire una disciplina del rapporto individuale difforme non solo in senso migliorativo, ma anche in senso peggiorativo rispetto a quella predeterminata nel contratto collettivo. Una volta correlata l'efficacia del contratto collettivo all'istituto della rappresentanza è apparso problematico trovare un fondamento all'inderogabilità del contratto collettivo da parte del contratto individuale. La disciplina di diritto comune consente, infatti, ai rappresentati, in quanto diretti titolari dell'interesse in gioco, di modificare sempre di comune accordo la regolamentazione degli interessi disposta in nome e per conto loro dai rappresentanti.

Nel dare soluzione al problema, la giurisprudenza ha fatto ricorso alla disciplina tipica del contratto corporativo contenuto del Codice civile, considerando ancora vigente, e riferibile anche contratti collettivi privatistici, l'art. 2077 c.c. Ai sensi di tale disposizione, i contratti individuali devono conformarsi al contenuto del contratto collettivo, e le clausole eventualmente difformi vengono sostituite di diritto da quelle del contratto collettivo, salvo che contengano speciali condizioni più favorevoli al prestatore di lavoro.

Questa soluzione ha prestato il fianco a critiche soprattutto da parte della dottrina. Secondo gli interpreti, infatti, venivano riferite a un contratto privatistico regole dettate per il contratto corporativo, che in quel sistema era collocato all'interno delle fonti del diritto. Partendo dall'inapplicabilità dell'art. 2077 c.c. ai contratti di diritto comune, la dottrina ha cercato di raggiungere il risultato dell'inderogabilità (quantomeno *in peius*: cfr. *infra*) del contratto collettivo da parte del contratto individuale utilizzando argomenti tratti dal diritto comune.

Secondo una prima impostazione, la prevalenza del contratto collettivo sul contratto individuale deriverebbe dalla prevalenza dell'interesse collettivo sull'interesse individuale. I singoli, aderendo all'organizzazione sindacale, accetterebbero di subordinare il proprio interesse individuale a quello collettivo, dismettendo a favore dell'organizzazione il potere di regolare autonomamente il proprio rapporto di lavoro (Cataudella).

Secondo una diversa impostazione, il risultato dell'inderogabilità si otterrebbe utilizzando gli artt. 1723 e 1726 c.c. in tema di mandato (Santoro Passarelli). Questi articoli, infatti, stabiliscono che il mandante non può, senza giusta causa, revocare il mandato conferito anche nell'interesse del mandatario. Secondo tali norme, il mandato conferito collettivamente da una pluralità di soggetti è derogabile solo ad opera della collettività che lo ha conferito, con la conseguenza che la deroga operata da un singolo datore di lavoro non potrebbe avere l'effetto di disapplicare il contratto. Due sono i limiti più vistosi di tale teoria: il primo è che questa si basa su una finzione, ossia che il mandato conferito dai singoli datori di lavoro all'associazione di categoria sia un mandato collettivo; il secondo è che la deroga individuale non può essere produttiva di effetti rispetto al vincolo assunto con il mandato.

Le modifiche apportate al panorama normativo hanno permesso di superare le perplessità suscitate dall'applicazione della sola disciplina privatistica, consentendo di valorizzare il nuovo contenuto dell'art. 2113 c.c. A seguito la riforma del 1973, l'art. 2113 c.c. sancisce, infatti, l'invalidità delle rinunce e delle transazioni aventi per oggetto diritti del prestatore di lavoro derivanti da disposizioni inderogabili di legge o di contratto collettivo. Il legislatore attribuisce, così, al contratto collettivo efficacia costitutiva dei limiti all'autonomia individuale. Pertanto, in questo contesto, le clausole del contratto collettivo dichiarate inderogabili da parte dello stesso contratto collettivo concorrono a determinare la disciplina dei rapporti individuali di lavoro indipendentemente dalla volontà dei contraenti alla stregua delle norme imperative di legge. L'introduzione di questa disciplina ha indotto la giurisprudenza a discostarsi sempre più dal modello della rappresentanza letto in combinazione con la previsione dell'art. 2077 c.c.

Occorre precisare, peraltro, che l'inderogabilità del contratto collettivo non è assoluta, operando solo a vantaggio e non a danno del lavoratore. La caratteristica fondamentale della legislazione in materia di lavoro di disciplina minimale di protezione del lavoratore, che consente agli interpreti di considerare la legge – salvo eccezioni – inderogabile *in peius* ma derogabile *in melius*, viene, infatti, comunemente riconosciuta anche al contratto collettivo. L'assimilazione fra contratto collettivo e legge tende, però, negli interventi della giurisprudenza, ad arrestarsi sul piano dell'individuazione dei meccanismi di scelta della disciplina più favorevole al prestatore di lavoro.

Il raffronto tra la legge e il contratto individuale, infatti, è normalmente operato con riferimento a singole clausole. In applicazione del diritto dei contratti, e precisamente dell'art. 1418 c. 1 c.c., la clausola collettiva in contrasto con le norme imperative di legge è colpita dalla sanzione della nullità. Tale nullità, peraltro, non si estende all'intero contratto collettivo ma si focalizza sulla sola clausola contrattuale in contrasto con la legge, e comporta – per il combinato disposto gli artt. 1339 e 1419 c. 2 c.c. – la sostituzione di diritto della clausola con la norma legale con la quale si pone in contrasto. In questo ambito, pertanto, le clausole del contratto individuale di contenuto peggiorativo sono sostituite dalla disciplina legale e non trovano compensazione con il contenuto eventualmente migliorativo di altre clausole dello stesso contratto.

Il raffronto tra contratto collettivo e contratto individuale, invece, viene operato con riferimento all'insieme delle clausole che costituiscono un istituto anche in ragione del fatto che spesso nel contratto collettivo tali clausole sono legate da una dichiarazione di inscindibilità. La disciplina del rapporto individuale, quindi, in questo caso prescinde dalla volontà dei contraenti, alla stregua di quanto accade con riferimento alle norme imperative di legge (artt. 1374 e 1489 c. 2 c.c.).

10. *Il rapporto fra legge e contratto collettivo*

Con il passare degli anni e l'emergere di crisi economiche sempre più pesanti, il rapporto fra legge e contratto collettivo ha subito un'evoluzione, apparendo una priorità del sistema poter introdurre deroghe peggiorative, magari anche temporanee, alle norme di legge da parte del contratto collettivo. Accanto al classico rinvio finalizzato all'integrazione della norma legale, hanno acquisito, quindi, peso crescente quei rinvii che offrono alla fonte delegata la possibilità di prevedere una disciplina diversa non necessariamente più favorevole da quella stabilita nella legge (si pensi, ad esempio, a quanto previsto dal d.lgs. 66/2003 in tema di orario di lavoro: cfr. *infra*, cap. 12).

In particolare, l'art. 8 d.l. 138/2011 conv. l. 148/2011, al c. 2-*bis*, consente – analogamente a quanto previsto, come si è visto, dal T.U. sulla rappresentanza in relazione alle intese aziendali modificative in senso peggiorativo del contenuto dei contratti collettivi nazionali (cfr. *retro*, parte II, § 5) – che, fermo restando il rispetto della Costituzione, dei vincoli derivanti dalla normativa dell'Unione europea e dalle convenzioni internazionali sul lavoro, la contrattazione collettiva aziendale e territoriale – "se finalizzat[a] alla maggiore occupazione, alla qualità dei contratti di lavoro, all'adozione di forme di partecipazione dei lavoratori, alla emersione del lavoro irregolare, agli incrementi di competitività e di salario, alla gestione delle crisi aziendali e occupazionali, agli investimenti e all'avvio di nuove attività" – possa derogare anche in senso peggiorativo rispetto a quanto stabilito dal contratto collettivo nazionale e dalle stesse specifiche disposizioni di legge, relativamente alla disciplina dell'organizzazione del lavoro e della produzione (mansioni, inquadramento del personale, orario di lavoro, effetti del licenziamento, etc.). In questo caso è, dunque, la legge che attribuisce ai contratti aziendali, stipulati secondo le procedure di cui al T.U. sulla rappresentanza, poteri derogatori.

Nella stessa direzione si è mosso anche il d.lgs. 81/2015 il quale, nel riscrivere la disciplina dei contratti di lavoro non *standard* (cfr. *infra*, cap. 15), ha previsto la possibilità che la contrattazione collettiva introduca numerose deroghe peggiorative ai parametri normativi che regolano tali contratti.

11. *I rapporti fra contratti collettivi privatistici di diverso livello*

La questione relativa alla derogabilità o modificabilità *in peius* si pone anche con riguardo ai rapporti tra CCNL e contratti aziendali nel caso in cui questi contengano regolamentazioni divergenti in relazione al contenuto di uno stesso istituto o di uno stesso elemento di un istituto. Anche il conflitto tra contratti può essere sciolto tramite l'individuazione della norma prevalente applicabile ai rapporti individuali nei confronti dei quali trovino applicazione i contratti collettivi confliggenti.

I tentativi della dottrina e della giurisprudenza di estendere anche al rapporto fra contratti collettivi di diverso livello i principi applicabili al rapporto "confliggente" fra norme – principio di specialità, di successione delle leggi nel tempo, di gerarchia – sono stati superati dalla soluzione offerta dal T.U. sulla rappresentanza. Nel T.U., difatti, si prevede sia la possibilità di stipulare contratti collettivi aziendali autorizzati – entro limiti e procedure definite nel CCNL – alla modifica della regolamentazione del CCNL, sia, a prescindere dal regime autorizzatorio del CCNL, contratti aziendali modificativi del CCNL con riferimento alle previsioni di questo che disciplinano la "prestazione lavorativa, gli orari e l'organizzazione del lavoro (...) al fine di gestire situazioni di crisi o in presenza di investimenti significativi per favorire lo sviluppo economico e occupazionale dell'impresa".

Parte III

1. *Lo sciopero*

La più importante manifestazione del fenomeno sindacale è rappresentata dallo sciopero che, nell'ambito delle dinamiche industriali, rappresenta uno strumento di autotutela degli interessi collettivi dei lavoratori particolarmente incisivo.

Sotto questo aspetto, l'ordinamento lavoristico si contraddistingue dall'ordinamento statale in quanto ammette che l'autotutela degli interessi collettivi sia effettuata direttamente dai soggetti interessati mediante il ricorso a particolari forme di azione diretta, ossia azioni che costituiscono mezzi non giuridici di risoluzione delle controversie collettive.

Le forme di autotutela sindacale più tipiche sono rappresentate, con riferimento ai lavoratori, dallo sciopero, e, con riferimento ai datori di lavoro, dalla serrata. A queste si aggiungono altri mezzi di lotta sindacale "atipici" come il boicottaggio, l'occupazione di azienda, il picchettaggio non sempre, peraltro, ritenute forme illegittime di lotta (C. St. sez. III 6.11.2019 n. 7575).

Lo sciopero trova riconoscimento nell'art. 40 Cost., ai sensi del quale "il diritto di sciopero si esercita nell'ambito delle leggi che lo regolano". Esso si sostanzia nel "rifiuto della prestazione da parte di chi vi è obbligato, con lo scopo di premere sulla controparte per ottenere condizioni più favorevoli" (Mazzotta). La dottrina unanimemente ritiene che lo sciopero si connoti in termini di diritto soggettivo. Le conseguenze giuridiche della configurazione dello sciopero in termini di diritto soggettivo sono duplici: da un lato, infatti, questa qualificazione impedisce che lo Stato possa reprimerlo, se non in ipotesi residuali ed eccezionali; dall'altro, consente ai lavoratori di astenersi dalla prestazione senza che questo comportamento possa essere qualificato in termini di inadempimento contrattuale. Dal punto di vista del rapporto di lavoro, infatti, lo sciopero rientra nel novero delle sospensioni della prestazione producendo, seppur temporaneamente, quindi, per il lavoratore la sospensione dall'obbligo di prestare attività lavorativa; per il datore di lavoro la sospensione dall'obbligo della corresponsione della retribuzione. Permangono, invece, i diritti e gli obblighi non correlati all'interruzione della prestazione lavorativa come, per esempio, quelli sindacali. Appare perfettamente legittimo, pertanto, che durante uno sciopero i lavoratori si riuniscano in assemblea, se del caso anche ai sensi dell'art. 20 dello Statuto.

Per ridimensionare gli effetti dello sciopero il datore di lavoro può ricorrere alle prestazioni di lavoro offerte dai suoi dipendenti non scioperanti (c.d. "crumiraggio interno"). È, invece, vietato assumere lavoratori a tempo determinato o somministrati per la sostituzione degli scioperanti (c.d. "crumiraggio esterno", v. artt. 14, 20 e 32 d.lgs. 81/2015).

2. *La titolarità del diritto di sciopero*

Tradizionalmente il diritto di sciopero viene riconosciuto come un diritto individuale in relazione alla sua titolarità, ma collettivo in relazione al suo esercizio. Ciò implica che un abbandono del lavoro integri gli estremi dello sciopero solo se attuato da un numero più o meno consistente di lavoratori e se finalizzato al perseguimento di un fine comune (Giugni). Peraltro, si ritiene che la dimensione collettiva non si colleghi a un astratto ordine di grandezza numerico ma, piuttosto, alla categoria interessata e all'obiettivo che con l'azione si intende raggiungere.

Per esercitare il diritto di sciopero non è necessario che l'azione sia preceduta da un atto di proclamazione, concretandosi la fattispecie con il "fatto giuridico" dell'astensione collettiva dal lavoro per la tutela di un interesse collettivo.

La necessità di assicurare il godimento di diritti costituzionalmente garantiti ha comportato, tuttavia, non solo che alcune categorie di lavoratori siano sottoposte al rispetto di vincoli stringenti da rispettare sia al momento di proclamazione dell'azione di sciopero sia durante il suo svolgimento (v. *infra*, l. 146/1990), ma anche che alcune categorie di lavoratori siano escluse dalla titolarità del diritto di sciopero. In particolare, la legge esclude che possano esercitare il diritto di sciopero i militari (art. 1475 d.lgs. 66/2010) e le forze di polizia (art. 84 l. 121/81). La loro astensione dal lavoro verrebbe a ledere, infatti, altri beni costituzionalmente protetti come l'integrità fisica, la sicurezza della nazione, etc.

3. *Le modalità di attuazione dello sciopero*

Lo sciopero, se visto con riferimento alle modalità con le quali può essere realizzato, implica la messa in atto da parte dei lavoratori di un'astensione totale e continuativa dal lavoro per una determinata frazione di tempo.

In dottrina e in giurisprudenza si pone, pertanto, la questione se la messa in atto di forme di protesta che si svolgano con modalità diverse, articolate ovvero anomale – di qui l'espressione scioperi c.d. anomali – rispetto a quelle sopra descritte siano o meno riconducibili all'art. 40. In particolare, lo sciopero a scacchiera che consiste nell'astensione dal lavoro in reparti alternati e in tempi successivi; lo sciopero a singhiozzo che si caratterizza per i brevi periodi di tempo dell'astensione, che si alternano a brevi periodi in cui la prestazione di lavoro viene regolarmente effettuata; lo sciopero parziale che riguarda le astensioni dal lavoro in settori che implicano tempi lunghi nella ripresa dell'attività.

Tali forme di sciopero implicano, per i lavoratori, un sacrificio più contenuto in termini di perdita della retribuzione, dal momento che la sospensione del rapporto è, appunto, minima, a fronte di un maggior "costo" per il datore di lavoro in termini di disorganizzazione produttiva (Ghezzi).

In ragione di ciò, dottrina e giurisprudenza si sono interrogate circa la legittimità di tali forme anomale di sciopero.

La questione, dibattuta in giurisprudenza per molti anni, ha trovato soluzione in un intervento della Cassazione (Cass. 30.1.1980 n. 711) che, superando ogni argomentazione basata sulla definizione delle modalità dello sciopero, ha fatto coincidere il concetto legale di sciopero di cui all'art. 40 Cost. con ciò che si verifica nel contesto sociale, compreso, quindi, anche lo sciopero articolato. Il fatto che la sentenza della Cassazione abbia riportato gli scioperi articolati nell'alveo della legittimità è vincolato alla circostanza che tali azioni siano effettuate nel rispetto di precisi limiti esterni ricollegabili all'esigenza di salvaguardare un altro diritto costituzionale, ovvero il principio della libera iniziativa economica di cui all'art. 41 Cost., intesa come garanzia della libertà imprenditoriale. Nell'ambito degli scioperi articolati si potrà, pertanto, distinguere fra scioperi illegittimi, intendendosi per tali quelli che determinano un danno alla produttività, ovvero una lesione duratura alla capacità di produrre dell'imprenditore, e scioperi legittimi, intendendosi per tali quelli che determinano un danno alla produzione, ovvero che implicano semplicemente una sua temporanea sospensione.

La realizzazione di uno sciopero articolato dà luogo, tuttavia, anche a un'altra importante questione relativa alla retribuibilità della prestazione parziale offerta dal lavoratore ovvero della prestazione inutilizzabile resa da lavoratori che non scioperano. Il problema si pone, ad esempio, con riferimento agli scioperi a singhiozzo, in cui – come si ricordava – a periodi di astensione molto brevi seguono periodi di lavoro, ovvero con riferimento alla posizione dei lavoratori non scioperanti in caso alcuni tipi di sciopero articolato come, ad esempio, lo sciopero a scacchiera. Tale complessa questione è risolta dalla giurisprudenza richiamandosi al canone della proficuità della prestazione offerta dal lavoratore. In applicazione di questo canone, la prestazione sarà retribuibile solo se utilizzabile dal datore di lavoro. In questo caso, di conseguenza, il lavoratore avrà diritto a percepire la normale retribuzione per l'attività svolta.

4. *Le finalità dello sciopero*

Diverse sono le finalità per le quali i lavoratori, personalmente o per il tramite delle loro organizzazioni sindacali, realizzano un'azione di sciopero. Niente toglie, infatti, che alle finalità classiche dirette ad utilizzare questo mezzo di lotta per ottenere condizioni di lavoro migliori (finalità economico-professionali) se ne aggiungano altre. Così, ad esempio, può accadere che i lavoratori scioperino a sostegno della posizione di altri lavoratori (c.d. sciopero di solidarietà), ovvero che tramite l'azione di sciopero intendano influenzare le istituzioni (c.d. sciopero politico), ovvero ancora che indirizzino lo sciopero contro un provvedimento preso da uno o più datori di lavoro nei confronti di uno o più lavoratori diversi dagli scioperanti (c.d. sciopero di protesta).

Sebbene le finalità per le quali viene proclamato ed effettuato uno sciopero non dovrebbero essere poste al vaglio dei giudici, non sono mancati sul tema interventi della Corte costituzionale in relazione alla vigenza delle norme penali incriminatrici dello sciopero di cui agli artt. 502 ss. c.p. Dopo aver dichiarato l'incostituzionalità dell'art. 502 c.p., che sanzionava lo sciopero per fini contrattuali, i giudici della Consulta, nel dichiarare l'incostituzionalità delle altre norme, hanno colto l'occasione per definire meglio i contorni di alcune fattispecie.

Così, la dichiarazione d'illegittimità costituzionale dell'art. 505 c.p. (C. Cost. 13.12.1962 n. 123) ha dato la possibilità alla Corte di precisare i contorni del concetto di sciopero di solidarietà. Secondo i giudici costituzionali la legittimità dello sciopero di solidarietà si collega a quelle situazioni nelle quali vi sia un'affinità ovvero una qualche reale connessione fra gli interessi degli scioperanti e quelli della categoria "in solidarietà" (Trib. Monza 15.01.2020 n. 396).

Parimenti, la dichiarazione di illegittimità costituzionale dell'art. 503 c.p. (C. Cost. 19.12.1974 n. 290) ha consentito ai giudici di distinguere più fattispecie all'interno dell'area dello sciopero politico, graduandone le conseguenze.

Così, mentre lo sciopero diretto a sovvertire l'ordine costituzionale ovvero a impedire o ostacolare il regolare funzionamento delle istituzioni democratiche è ancora oggi perseguibile penalmente, lo sciopero politico puro, ovvero quello diretto a contrastare provvedimenti del Governo che non ricadono nella pretesa del datore di lavoro, è considerato non un diritto ma una mera libertà, con conseguente qualificazione dell'astensione del lavoratore in termini di inadempimento contrattuale.

Accanto alla fattispecie dello sciopero politico puro, che come si è ricordato è lecito penalmente ma non civilmente, la Corte menziona la fattispecie dello sciopero politico-economico, al quale riconosce la "dignità" di diritto dichiarandolo lecito sia penalmente che civilmente.

5. *Lo sciopero nei servizi pubblici essenziali*

L'art. 40 Cost. rinvia alla legge la regolazione dei limiti del diritto di sciopero. Questa disposizione è stata disattesa per molti anni, fino a quando con la l. 146/1990 è stata attuata, sebbene solo con riferimento allo sciopero nel settore dei servizi pubblici essenziali.

La finalità della l. 146/1990 è quella di contemperare "l'esercizio del diritto di sciopero nei servizi pubblici essenziali con il godimento dei diritti della persona costituzionalmente tutelati alla vita, alla salute, alla libertà e alla sicurezza, alla libertà di circolazione, all'assistenza e previdenza sociale, all'istruzione e alla libertà di comunicazione" (art. 1 c. 1). Il compito di garantire l'equo contemperamento dell'esercizio del diritto di sciopero con il godimento dei diritti costituzionali della persona, annoverati dall'art. 1 c. 1 della legge è affidato alla Commissione di garanzia dell'attuazione della legge sullo sciopero nei servizi pubblici essenziali. La Commissione, annoverabile fra le Autorità amministrative indipendenti, è composta da cinque membri, scelti, su designazione dei Presidenti della Camera dei deputati e del Senato della Repubblica, tra esperti in materia di diritto costituzionale, di diritto del lavoro e di relazioni industriali, e nominati con decreto del Presidente della Repubblica.

In questo contesto, in relazione al campo di applicazione della normativa, l'art. 1 al c. 2 precisa quali sono i servizi essenziali nei quali, con riferimento alle diverse tipologie di diritti indicate nel comma precedente, devono essere garantite le prestazioni indispensabili. Così, ad esempio, per quanto concerne la tutela della vita e della salute dei cittadini, i servizi considerati essenziali sono la sanità, l'igiene pubblica, la protezione civile, etc. L'elencazione dei servizi, peraltro, deve essere considerata meramente esemplificativa, potendo esservi inclusi anche altri servizi, se serventi rispetto al pieno godimento dei diritti di cui all'art. 1 c. 1.

L'art. 1 c. 1, chiarisce, inoltre, in maniera inequivoca che la qualificazione di "servizio pubblico essenziale" prescinde del tutto sia "dalla natura giuridica dei rapporti di lavoro" sia dalle modalità di svolgimento dei servizi, andando così a ricomprendere anche quelli "svolti in regime di concessione o mediante convenzione".

Il concetto di "servizio pubblico" non fa riferimento a un servizio erogato da un soggetto di natura pubblica, bensì a un servizio che consente la realizzazione di una "finalità pubblica", quale il godimento da parte dei cittadini di fondamentali diritti della persona.

6. *La definizione delle prestazioni indispensabili*

Ai sensi dell'art. 2 c. 2 l. 146/1990, "le amministrazioni e le imprese erogatrici dei servizi (...) concordano nei contratti collettivi e negli accordi (...) le prestazioni indispensabili che sono tenute ad assicurare nell'ambito dei servizi di cui all'articolo 1, le modalità e le procedure di erogazione e le altre misure dirette a consentire gli adempimenti di cui al comma 1 del presente articolo".

La tecnica utilizzata dal legislatore per realizzare il contemperamento fra diritti costituzionali è quella del rinvio alla fonte negoziale. Sono gli accordi collettivi che devono indicare quali prestazioni indispensabili debbano essere assicurate in occasione di uno sciopero in un determinato servizio essenziale, quali saranno le concrete modalità di erogazione delle prestazioni indispensabili nonché le "altre misure" che assicurino il contemperamento tra il diritto di sciopero dei lavoratori e i diritti dei cittadini utenti del servizio.

Sono ricomprese fra le "altre misure" l'eventuale indicazione della quota di personale che deve astenersi dallo sciopero, le "forme di erogazione periodica" del servizio nonché la definizione degli "intervalli minimi" che devono intercorrere tra uno sciopero e l'altro e delle procedure di raffreddamento e conciliazione che devono essere esperite prima della proclamazione dello sciopero.

Tali accordi devono essere "comunicati tempestivamente alla Commissione a cura delle parti interessate". Alla Commissione di garanzia (cfr. *infra*, parte III, § 11) è riservato il compito di valutarne il contenuto e, ove ne ravvisi l'adeguatezza, di dichiarare l'accordo "idoneo" ad assicurare il contemperamento del diritto di sciopero con i diritti costituzionali dei cittadini utenti del servizio.

Ai sensi dell'art. 2-*bis* della l. 146/1990 (introdotto dalla l. 83/2000, che ha esteso l'applicazione della legge ai lavoratori autonomi), "l'astensione collettiva dalle prestazioni (...) da parte di lavoratori autonomi, professionisti o piccoli imprenditori, che incida sulla funzionalità dei servizi pubblici di cui all'articolo 1, è esercitata nel rispetto di misure dirette a consentire l'erogazione delle prestazioni indispensabili di cui al medesimo articolo". A tal fine, le associazioni e gli organismi rappresentativi delle diverse categorie del lavoro autonomo, la cui attività incida sulla funzionalità di servizi essenziali, devono adottare "codici di autoregolamentazione che realizzino, in caso di astensione collettiva, il contemperamento con i diritti della persona costituzionalmente tutelati di cui all'articolo 1". Il contenuto dei codici di autoregolamentazione deve essere lo stesso di quello degli accordi, dovendo indicare le prestazioni indispensabili assicurate in caso di astensione dal lavoro, determinare gli intervalli minimi tra un'astensione e l'altra e individuare le "altre misure" idonee ad assicurare il pur parziale godimento dei diritti costituzionali dei cittadini. L'unica differenza concerne le procedure di raffreddamento e conciliazione, che non sono previste in caso di astensione collettiva dei lavoratori autonomi.

7. *Il potere della Commissione di garanzia di valutazione degli accordi*

All'accordo collettivo delle parti sociali, ovvero al codice autoregolamentazione, segue il giudizio valutativo della Commissione di garanzia "sulle prestazioni indispensabili, sulle procedure di raffreddamento e di conciliazione e sulle altre misure determinate dalle parti". Il procedimento di valutazione impone alla Commissione di ascoltare "le organizzazioni dei consumatori e degli utenti riconosciute ai fini dell'elenco di cui alla legge 30 luglio 1998, n. 281, che siano interessate ed operanti nel territorio" (art. 13 lett. *a*). Nel caso in cui non siano presenti sul territorio associazioni di tale tipo, il parere potrà essere sostituito da una dichiarazione del Prefetto o, per i servizi comunali, del Sindaco. Il parere ha natura obbligatoria ma non vincolante, essendo rimessa alla valutazione della Commissione la specificazione dei motivi in base ai quali non si intendono accogliere le richieste delle associazioni. Dal punto di vista sostanziale, il giudizio di idoneità deve poi verificare che le indicazioni inserite nella legge siano effettivamente recepite negli accordi.

In dottrina e in giurisprudenza ci si è interrogati sugli effetti connessi al giudizio di valutazione. Entrambe ritengono che solo la disciplina delle prestazioni indispensabili valutata positivamente possa essere trasfusa nel regolamento di servizio dotato di efficacia generale e che, quindi, solo a seguito di tale giudizio il contenuto del contratto trovi applicazione anche nei confronti delle organizzazioni sindacali escluse e dei lavoratori da queste rappresentati. Si finisce, così, per attribuire efficacia generalizzata al contratto collettivo raggiunto da un giudizio di idoneità.

8. *La regolamentazione "provvisoria"*

In assenza di accordi o di codici di autoregolamentazione, o nel caso in cui questi siano dichiarati non idonei dalla Commissione di garanzia, il contenuto delle prestazioni indispensabili è stabilito dalla Commissione stessa attraverso una regolamentazione provvisoria.

Viene così attribuito a un organismo terzo, rispetto alle istanze rivendicative delle parti sociali, il potere di dettare le regole dello sciopero. L'*iter* che conduce all'emanazione della regolamentazione provvisoria può essere scomposto in due fasi. Nella prima fase, che ha come presupposto il mancato raggiungimento o la mancata valutazione d'idoneità di un accordo, la Commissione sottopone alle parti una proposta sull'"insieme" delle prestazioni, procedure e misure da considerarsi indispensabili; nella seconda fase, peraltro meramente eventuale, la Commissione, verificata l'indisponibilità delle parti a concludere un accordo, comunica loro la delibera con la quale vengono regolamentate in via provvisoria le "prestazioni indispensabili", le "procedure di raffreddamento e di conciliazione" e le "altre misure di contemperamento".

Si tratta di una regolamentazione che interviene in via eteronoma provvisoriamente, essendo previsto che la regolamentazione adottata dalla Commissione resti in vigore solo "fino al raggiungimento di un accordo valutato idoneo". Gli accordi, infatti, dovrebbero rappresentare la modalità ordinaria di fissazione delle regole dello sciopero nei servizi pubblici essenziali, mentre la regolamentazione della Commissione dovrebbe rappresentare l'eccezione.

9. *La procedura di proclamazione dello sciopero*

Dopo l'approvazione della l. 146/1990 la proclamazione degli scioperi nei servizi essenziali non può più avvenire liberamente, così come accade negli altri settori, ma deve seguire un preciso e complesso *iter* procedurale. L'imposizione di una precisa procedura formale rappresenta, d'altra parte, un efficace antidoto contro iniziative estemporanee sia nelle modalità che nei contenuti che in quest'ambito penalizzerebbero più i cittadini utenti che le aziende erogatrici.

Proprio per questo le organizzazioni sindacali prima di proclamare uno sciopero devono obbligatoriamente esperire un tentativo di conciliazione della controversia che le oppone al datore di lavoro. Nella prospettiva del contemperamento tra diritti costituzionali lo sciopero rappresenta, per gli inevitabili disagi che produce agli utenti ovvero a soggetti estranei al conflitto, l'*extrema ratio*, alla quale ricorrere solo dopo avere sperimentato tutte le possibilità di composizione delle motivazioni che sono alla base del conflitto. Ai sensi della l. 146/1990, pertanto, le parti, ove non intendano adottare le procedure stabilite in sede collettiva, devono attivare il tentativo di conciliazione di fronte al Prefetto, in caso di vertenze locali, ovvero il Ministro del lavoro, in caso di vertenze nazionali. Sono ovviamente esclusi dall'obbligo del preventivo esperimento delle procedure gli scioperi per i quali l'art. 2 c. 7 l. 146/1990 prevede l'esenzione dal preavviso, considerato che l'immediatezza della reazione sindacale in ipotesi di tali fattispecie (eventi lesivi dell'ordine costituzionale o dell'incolumità dei lavoratori) è oggettivamente incompatibile con qualsivoglia "raffreddamento" del conflitto.

Una volta terminata la procedura, le parti sono obbligate al rispetto di un termine di preavviso che non può essere inferiore a 10 giorni. La *ratio* dell'istituto si ritrova nell'*incipit* del c. 5 dell'art. 2, che specifica che il preavviso di almeno 10 giorni è previsto "al fine di consentire all'amministrazione o all'impresa erogatrice del servizio di predisporre le misure di cui al comma 2" e, al contempo, "di consentire all'utenza di usufruire di servizi alternativi". L'art. 2 c. 7 prevede che "le disposizioni (...) in tema di preavviso minimo e di indicazione della durata non si applicano nei casi di astensione dal lavoro in difesa dell'ordine costituzionale, o di protesta per gravi eventi lesivi dell'incolumità e della sicurezza dei lavoratori". Si tratta di una disposizione a carattere tassativo non suscettibile di interpretazioni estensive (C. Cost. 28.5-10.6.1993 n. 276).

La proclamazione dello sciopero deve essere comunicata in forma scritta e inviata alle aziende erogatrici del servizio essenziale, alla Commissione di garanzia nonché all' "autorità competente ad adottare l'ordinanza di cui all'articolo 8".

Nel documento di proclamazione devono essere indicate la durata (inizio e cessazione), le motivazioni nonché le modalità di attuazione dello sciopero. Deve essere altresì indicata la garanzia delle prestazioni indispensabili.

In quasi tutte le discipline di settore è previsto che ogni proclamazione debba riguardare un'unica azione di sciopero. Il divieto di proclamazione contestuale di una pluralità di azioni di sciopero (c.d. "scioperi a pacchetto"), peraltro, discende direttamente dalla legge, considerato che l'art. 2 c. 2 l. 146/1990 prevede che nello stesso bacino di utenza non possa proclamarsi uno sciopero se prima non sia stato effettuato lo sciopero proclamato in precedenza.

10. *Le prestazioni indispensabili*

L'art. 2 c. 1 l. 146/1990 prevede che "nell'ambito dei servizi pubblici essenziali indicati nell'articolo 1, il diritto di sciopero è esercitato nel rispetto di misure dirette a consentire l'erogazione delle prestazioni indispensabili". In occasione di uno sciopero in un servizio essenziale i lavoratori sono comunque tenuti ad assicurare un minimo di prestazioni, al fine di consentire che i diritti dei cittadini utenti del servizio non siano completamente sacrificati dall'esercizio del diritto di sciopero. L'obbligo di garantire le prestazioni indispensabili, peraltro, ricade anche sul datore di lavoro, tenuto a disporre tutti i provvedimenti necessari alla loro erogazione, come ad esempio le "comandate", vale a dire l'ordine di astenersi dallo sciopero rivolto a lavoratori preventivamente individuati in base alle procedure delle diverse discipline.

Il concreto contenuto delle prestazioni indispensabili può essere diversificato in relazione alle peculiarità dei servizi. Le prestazioni indispensabili devono essere assicurate da "quote strettamente necessarie di lavoratori (...) non superiori mediamente a un terzo del personale normalmente utilizzato per la piena erogazione del servizio" (art. 2 c. 2), e "devono essere contenute in misura non eccedente mediamente il 50 per cento delle prestazioni normalmente erogate" (art. 13 c. 1, lett. *a*). Data la peculiarità di determinati servizi, alcuni accordi si limitano a individuare la cornice entro cui devono essere assicurate le prestazioni indispensabili, rinviando poi alla contrattazione decentrata, ovvero a uno specifico accordo/regolamento aziendale, da sottoporre sempre alla valutazione di idoneità della Commissione di garanzia, la concreta definizione di dette prestazioni.

Una particolare modalità di erogazione delle prestazioni indispensabili è quella delle cosiddette "fasce orarie". La legge, infatti, prevede che gli accordi sulle prestazioni indispensabili (e, dunque, anche i codici di autoregolamentazione e le regolamentazioni provvisorie) "possono disporre forme di erogazione periodica" del servizio in caso di sciopero. Tale possibilità viene utilizzata in modo particolare nel settore dei trasporti, dove gli accordi prevedono che nelle giornate di sciopero debba essere assicurato il servizio completo in particolari fasce orarie.

11. *La Commissione di garanzia*

La legge prevede che un essenziale ruolo di controllo sul corretto funzionamento della l. 146/1990 sia riservato ad un'autorità amministrativa indipendente, la Commissione di garanzia dell'attuazione della legge sullo sciopero nei servizi pubblici essenziali.

La Commissione di garanzia si compone di 9 membri, scelti tra esperti in materia di diritto costituzionale, diritto del lavoro e di relazioni industriali, nominati con d.P.R. su designazione dei Presidenti della Camera dei deputati e del Senato della Repubblica, che potranno tener conto delle indicazioni dei gruppi parlamentari. È, inoltre, prevista l'impossibilità, per qualsiasi persona che rivesta una carica pubblica elettiva, nonché soprattutto per coloro che abbiano rapporti continuativi di collaborazione o di consulenza con amministrazioni o imprese di erogazione di servizi pubblici, di fare parte della Commissione. I membri della Commissione di garanzia durano in carica 6 anni e possono essere confermati, alla scadenza del mandato, una sola volta.

12. *Le sanzioni e il potere sanzionatorio della Commissione*

Il principale compito della Commissione, come ricordato (cfr. *retro*, parte III, § 7), è quello di valutare l'idoneità delle misure stabilite dalle parti sociali negli accordi. La legge, tuttavia, attribuisce alla Commissione anche compiti ulteriori, fra i quali riveste particolare importanza il potere/dovere di valutare, di sua iniziativa o su domanda di parte e con la procedura prevista dall'art. 4 c. 4-*quater*, il comportamento di tutte le parti coinvolte nel conflitto (incluso, quindi, quello dei lavoratori autonomi, professionisti, piccoli imprenditori e loro associazioni o organismi rappresentativi, così come quello delle amministrazioni o imprese erogatrici dei servizi pubblici essenziali), nonché di deliberare nei confronti di costoro, qualora rilevi inadempienze o violazioni degli obblighi loro imposti, le sanzioni previste dall'art. 4 c. 4. In questo ambito, l'eventuale delibera di valutazione negativa del comportamento delle parti assunta dalla Commissione deve essere emanata nel rispetto di precisi parametri legislativi.

In primo luogo, in relazione al tipo di sanzioni applicabili, la legge individua in modo tassativo i tipi di sanzioni che possono essere deliberate, collegandole alla specificità dei soggetti nei cui confronti sono indirizzate, e cioè: sospensione dai permessi sindacali retribuiti ovvero dai contributi sindacali comunque trattenuti dalla retribuzione ovvero da entrambi; sanzioni individuali; sanzioni amministrative pecuniarie. La legge stabilisce, inoltre, dei limiti relativamente all'ammontare delle sanzioni – le sanzioni collettive debbono essere comprese fra un importo minimo pari a 2.500 euro e un importo massimo pari a 50.000 euro – nonché i criteri da adottare per muoversi fra il minimo e il massimo di ciascuna sanzione. La Commissione, pertanto, dovrà applicare la sanzione tenendo conto della gravità della violazione, dell'eventuale recidiva, dell'incidenza di essa sull'insorgenza o sull'aggravamento di conflitti e del pregiudizio eventualmente arrecato agli utenti nonché, se il soggetto nei cui confronti la sanzione è rivolta è un'organizzazione sindacale, della consistenza associativa.

13. *La precettazione*

Nell'ambito del diritto di sciopero è sempre stato ritenuto ammissibile l'intervento del potere pubblico finalizzato a evitare che dall'azione di sciopero potessero derivare pregiudizi ad altri diritti della persona costituzionalmente tutelati.

Fino alla promulgazione della l. 146/1990, in assenza di uno specifico istituto il riferimento normativo per l'effettuazione di tale azione era costituito dall'art. 2 del TULPS (Testo unico delle leggi di pubblica sicurezza, r.d. 773/1931), secondo il quale "il Prefetto, nel caso di urgenza o per grave necessità pubblica, ha facoltà di adottare i provvedimenti indispensabili per la tutela dell'ordine pubblico e della sicurezza pubblica". Tale disciplina generale – alla quale si è affiancata quella prevista dall'art. 54 del TUEL (Testo unico degli enti locali, d.lgs. 267/2000), che consente che "il sindaco, quale ufficiale del Governo" possa adottare "nel rispetto dei princìpi generali dell'ordinamento giuridico, provvedimenti contingibili e urgenti al fine di prevenire ed eliminare gravi pericoli che minacciano l'incolumità dei cittadini" – è andata perdendo importanza al momento dell'introduzione dell'art. 8 l. 146/1990. Ai sensi di tale articolo, "quando sussista il fondato pericolo di un pregiudizio grave e imminente ai diritti della persona costituzionalmente tutelati di cui all'articolo 1, comma 1, che potrebbe essere cagionato dall'interruzione o dalla alterazione del funzionamento dei servizi pubblici di cui all'art. 1, conseguente all'esercizio dello sciopero o a forme di astensione collettiva di lavoratori autonomi, professionisti o piccoli imprenditori", l'autorità di governo invita "le parti a desistere dai comportamenti che determinano la situazione di pericolo".

Gli artt. 8, 9 e 10 l. 146/1990 definiscono compiutamente la procedura per l'emanazione dell'ordinanza di precettazione, la regolazione delle conseguenze derivanti dall'eventuale inosservanza del provvedimento e le forme di impugnazione dello stesso. Dallo spirito complessivo della legge si comprende chiaramente come la pubblica autorità possa far ricorso a tale potere solo in via eccezionale e residuale: l'istituto della precettazione costituisce, infatti, l'ultima rete di protezione per i diritti costituzionali della persona, venendo a configurarsi come momento di chiusura, ove risulti evidente che non siano praticabili altre soluzioni idonee a tutelare i diritti della persona costituzionalmente garantiti. La precettazione può essere attivata solo in ipotesi di sussistenza di un fondato pericolo di un pregiudizio grave e imminente ai diritti della persona costituzionalmente garantiti "di cui all'articolo 1, comma 1", e i servizi nei quali il conflitto si manifesta devono essere i "sevizi pubblici di cui all'articolo 1". Tale probabile pregiudizio grave e imminente potrebbe essere cagionato tanto dall'interruzione completa del servizio, quanto da una sua semplice alterazione, dovuta o all'esercizio dello sciopero o a forme di astensione collettiva dal lavoro di lavoratori autonomi, professionisti e piccoli imprenditori.

La possibilità per l'autorità amministrativa di emanare l'ordinanza di precettazione, peraltro, viene subordinata dalla legge non solo alla ricorrenza di questo presupposto sostanziale ma anche all'esistenza di un presupposto formale, consistente nell'espletamento di una particolare procedura. Secondo l'art. 8 c. 1 l. 146/1990, infatti, l'autorità competente, rilevata l'esistenza del pregiudizio per i diritti degli utenti, deve invitare le parti a desistere dai comportamenti determinanti la situazione di pericolo e proporre loro un tentativo di conciliazione da esaurirsi nel più breve tempo possibile.

Tuttavia, particolari situazioni di urgenza e di tutela della collettività alla fruizione del servizio pubblico essenziale, possono escludere la necessità del rispetto della procedura e, quindi, consentire un'immediata emanazione di un provvedimento di precettazione al lavoro. Così, ad esempio, nel caso in cui tra il momento in cui viene proclamato lo sciopero e il momento in cui la misura di lotta ha effettivamente inizio non sussista in concreto alcuna soluzione di continuità (C. St. sez. III 24.4.2018 n. 2471).

L'ordinanza può avere contenuto vario potendo disporre: il differimento dell'astensione collettiva ad altra data, anche unificando astensioni collettive già proclamate; la riduzione della sua durata; l'osservanza, da parte dei soggetti che la proclamano, dei singoli che vi aderiscono e delle amministrazioni o imprese che erogano il servizio, di misure idonee ad assicurare livelli di funzionamento del servizio pubblico compatibili con la salvaguardia dei diritti della persona costituzionalmente tutelati di cui all'art. 1 c. 1 della l. 146/1990. Si riconosce così all'autorità precettante il potere di limitare il diritto allo sciopero dei lavoratori attraverso molteplici tipologie di provvedimenti aventi differente grado di incisività sull'iniziativa degli scioperanti.

L'ordinanza viene portata a conoscenza dei destinatari mediante comunicazione, da effettuarsi a cura dell'autorità che l'ha emanata, ai soggetti che promuovono l'azione, alle amministrazioni o aziende erogatrici del servizio e alle persone fisiche, nonché mediante affissione nei luoghi di lavoro. Il provvedimento può essere impugnato davanti al tribunale amministrativo regionale competente.

Capitolo 4

Subordinazione, autonomia e dintorni

di William Chiaromonte

1. *Le origini e la rilevanza della distinzione fra lavoro subordinato e lavoro autonomo*

Come si è visto (cfr. *retro*, cap. 1, § 1), il diritto del lavoro si è occupato, sin da quando la disciplina ha mosso i suoi primi passi, prevalentemente della figura sociale del lavoratore subordinato – nonostante che tale nozione sia comparsa, nell'ordinamento italiano, solo con il Codice civile del 1942 – dedicando un'attenzione decisamente più limitata all'"altra metà del cielo", vale a dire al lavoratore autonomo.

Questa caratterizzazione della materia, che si è sostanzialmente mantenuta sino a oggi, si fondava – e, in buona parte, ancora si fonda – sul presupposto che meritevole di tutela sia anzitutto il lavoratore subordinato che, in quanto soggetto debole della relazione contrattuale intessuta con il datore di lavoro, al quale sono riconosciuti una serie di poteri tipici (direttivo, di controllo, disciplinare: cfr. *infra*, cap. 8), non sarebbe in grado di determinare, in condizione di parità con la controparte, le condizioni del lavoro (basti pensare alla retribuzione, all'orario, etc.); il lavoratore autonomo sarebbe, invece, in grado di tutelare adeguatamente i propri interessi anche a prescindere da un intervento regolativo, sia esso di matrice legale o contrattual-collettiva.

Il lavoratore subordinato come soggetto economicamente, socialmente e giuridicamente debole, tanto all'interno del rapporto di lavoro quanto nel mercato del lavoro, rappresenta dunque l'idealtipo attorno al quale è stato costruito l'intero apparato protettivo in cui si sostanzia il diritto del lavoro (l'operaio dell'impresa industriale, uomo, impiegato a tempo pieno e indeterminato, tendenzialmente per tutto l'arco della vita lavorativa e presso un solo datore di lavoro); e ciò nonostante che oggi si riscontri da un lato l'esistenza di vaste aree del lavoro subordinato che non presentano la caratteristica della debolezza contrattuale (si pensi, ad esempio, alla figura del dirigente, sulla quale si tornerà *infra*, cap. 8, § 2.1), e, dall'altro, la presenza di ampie porzioni del lavoro autonomo che, viceversa, sono connotate da una marcata debolezza socio-economica, e che in buona parte sono escluse dall'apparato di tutela nel quale il diritto del lavoro consiste (si pensi, ad esempio, ai *rider*, o ciclofattorini, che quotidianamente sfrecciano per le strade delle nostre città per consegnare beni e prodotti a domicilio, sui quali si tornerà *infra*, §§ 4.1 e 4.3).

Sta di fatto che il diritto del lavoro, e quindi il complesso delle norme protettive che lo compongono, sulle quali ci soffermeremo nei capitoli successivi, si applica a tutt'oggi prevalentemente al lavoro subordinato.

Va, tuttavia, sottolineata una recente tendenza espansiva del campo di applicazione delle tutele anche a beneficio del lavoro autonomo attraverso la definizione di norme *ad hoc* quali, ad esempio, quelle contenute nella l. 81/2017, c.d. *Jobs Act* del lavoro autonomo (cfr. *infra*, § 4.1), o quelle introdotte dal d.l. 101/2019 conv. l. 128/2019 a beneficio dei lavoratori autonomi addetti alla consegna di beni a domicilio attraverso piattaforme anche digitali (cfr. *infra*, § 4.1).

È quindi facile intuire che, rappresentando in sostanza la subordinazione la chiave d'accesso alla normativa protettiva e inderogabile di matrice giuslavoristica, la definizione della linea di demarcazione fra lavoro subordinato e lavoro autonomo costituisce una questione particolarmente rilevante, dal momento che, in ultima istanza, dalla riconduzione, o meno, di una determinata prestazione di lavoro entro lo schema negoziale astratto del lavoro subordinato finisce per dipendere l'applicazione, o meno, di quel complesso di diritti, poteri e obblighi delle parti, contenuto principalmente in leggi e contratti collettivi, che chiamiamo diritto del lavoro.

2. *La nozione di lavoratore subordinato: l'art. 2094 c.c.*

Nonostante che, come si è visto, la condizione di debolezza contrattuale caratterizzi (spesso, se non sempre) il lavoratore subordinato, e determini di conseguenza l'intervento protettivo del diritto del lavoro, nel nostro ordinamento essa non entra direttamente all'interno della fattispecie giuridica della subordinazione: la condizione di dipendenza socioeconomica, dunque, non coincide con la nozione giuridica di subordinazione. L'elemento che consente di identificare il lavoro subordinato è, invece, riscontrabile nel tipo di relazione contrattuale intrattenuta con il datore di lavoro, e quindi nelle concrete modalità con cui l'attività lavorativa viene effettivamente prestata.

Il prestatore di lavoro subordinato è definito dall'art. 2094 c.c. come colui che "si obbliga mediante retribuzione a collaborare nell'impresa, prestando il proprio lavoro intellettuale o manuale alle dipendenze e sotto la direzione dell'imprenditore". Si tratta, ora, di analizzare i diversi elementi che compongono la fattispecie.

Secondo la maggioranza degli interpreti, l'elemento caratterizzante la subordinazione consiste nella c.d. *eterodirezione*, che corrisponde alla locuzione "sotto la direzione (...) dell'imprenditore". Il lavoratore è, dunque, subordinato quando si obbliga a prestare un'attività lavorativa eterodiretta, vale a dire diretta da qualcun altro (nella specie, dal datore di lavoro) attraverso l'esercizio del potere direttivo di cui all'art. 2104 c. 2 c.c. (cfr. *infra*, cap. 8, § 2).

Ciò significa che da una parte avremo un lavoratore che si obbliga a mettere in via continuativa – indipendentemente dal fatto che si tratti di un impiego a tempo indeterminato o della durata di pochi giorni – le proprie energie lavorative a disposizione di un datore di lavoro, e dall'altra un datore di lavoro che è tenuto, esercitando il proprio potere direttivo, a indicare al lavoratore cosa fare, come, dove e quando farlo; e ciò benché il potere di specificare la prestazione non debba necessariamente essere esercitato in modo continuo, dettagliato e strettamente vincolante, ed essendo d'altra parte variabile l'intensità della soggezione, che si manifesta in modo decisamente attenuato in relazione, ad esempio, alle figure dirigenziali.

È solo in questo modo che si consente al prestatore di lavoro di espletare concretamente l'attività lavorativa che si è contrattualmente impegnato a svolgere: in carenza di tali indicazioni datoriali, difatti, la messa a disposizione delle energie lavorative da parte del lavoratore rimarrebbe un atto meramente astratto.

Viceversa, come vedremo *infra* (cfr. § 4), il lavoratore autonomo non mette le proprie energie lavorative a disposizione di un datore di lavoro, ma – pur essendo un *facere* l'oggetto dell'obbligazione anche nel lavoro autonomo – si obbliga a rendere alla controparte un'opera o un servizio, cioè un risultato finale (ben potendo, chiaramente, il committente impartire al lavoratore alcune direttive generali in relazione all'opera o al servizio da realizzare, purché tali direttive non sfocino nell'eterodirezione né, come si vedrà, nell'eterorganizzazione: cfr. *infra*, § 4.3).

Una volta individuato nell'eterodirezione il cuore della subordinazione, possiamo passare ad analizzare gli ulteriori elementi che compongono la fattispecie di cui all'art. 2094 c.c., partendo da quello che compare per primo: la retribuzione. Si tratta, come esamineremo nel dettaglio più avanti (cfr. *infra*, cap. 9), del principale obbligo gravante sul datore di lavoro in conseguenza della stipulazione del contratto di lavoro subordinato, che è – come del resto anche quello di lavoro autonomo – un contratto di scambio a prestazioni corrispettive e a titolo oneroso (di conseguenza, restano fuori dall'ambito della subordinazione tutte le forme di lavoro gratuito, come quello volontario o quello familiare).

Ciò che contraddistingue la retribuzione nel lavoro subordinato è il fatto che essa è generalmente determinata in proporzione al tempo lavorato, mentre nel lavoro autonomo il corrispettivo dovuto al lavoratore è normalmente parametrato non al tempo, bensì al risultato realizzato (pur non avendo tale distinzione, sia chiaro, una valenza assoluta).

Neppure l'elemento della collaborazione nell'impresa e, quindi, in vista degli scopi di quest'ultima rappresenta un elemento esclusivo della subordinazione: come vedremo meglio a breve, la circostanza che il lavoratore operi assieme ad altri lavoratori, ed eventualmente allo stesso datore di lavoro, e quindi in collaborazione con altri soggetti, si rinviene anche nell'area del lavoro autonomo, rappresentando, in particolare, un connotato essenziale della fattispecie della collaborazione coordinata e continuativa (cfr. *infra*, § 4.2).

Allo stesso modo, il fatto che il lavoro prestato possa indifferentemente essere di natura intellettuale o manuale non rappresenta un elemento tipico del solo lavoro subordinato: anche la prestazione di lavoro autonomo, difatti, ben può consistere in un'attività lavorativa tanto intellettuale (si pensi, ad esempio, alla consulenza fornita al committente da parte di un legale), quanto manuale (si pensi, ad esempio, alla realizzazione di un abito per il committente da parte di un sarto).

Quel che, invece, è interessante rilevare è che, nell'ambito del lavoro subordinato, ciò implica una tendenziale omogeneità della disciplina applicabile agli operai – originariamente caratterizzati dalla natura prevalentemente manuale della prestazione di lavoro – e agli impiegati – inizialmente caratterizzati, invece, dalla non manualità –; è andata, difatti, progressivamente riducendosi la rilevanza giuridica della distinzione fra le categorie legali di lavoratori identificate dall'art. 2095 c.c., se si esclude l'importante eccezione dei dirigenti (ma su questi aspetti si tornerà trattando di inquadramento dei lavoratori e *ius variandi* del datore di lavoro: cfr. *infra*, cap. 8, § 2.1-2.2).

Una rilevanza definitoria decisamente limitata è fornita dalla locuzione "alle dipendenze": la giurisprudenza tende a non utilizzarla praticamente mai nell'ambito dei giudizi di qualificazione del rapporto di lavoro, dei quali si dirà a breve (cfr. *infra*, § 3), intendendola quale sinonimo di eterodirezione o, comunque, ritenendo che nell'inciso "alle dipendenze e sotto la direzione" debba ravvisarsi un'endiadi espressiva di un unico concetto.

È, infine, utile ricordare che il fatto che l'art. 2094 c.c. si riferisca esclusivamente all'imprenditore non implica che non possa essere genuinamente instaurato un rapporto di lavoro subordinato anche con un datore di lavoro che non eserciti un'attività imprenditoriale, al quale infatti l'art. 2094 c.c. si applica in virtù del rinvio espressamente operato dall'art. 2239 c.c.

3. *La subordinazione nell'interpretazione giurisprudenziale*

Si è detto che siamo in presenza di lavoro subordinato in tutte le ipotesi in cui – sulla base della definizione fornita dall'art. 2094 c.c. – si riscontri la prestazione, da parte del lavoratore, di un'attività lavorativa eterodiretta. Se, in astratto, l'individuazione dell'eterodirezione può apparire semplice e lineare, in concreto si rileva, invece, una certa difficoltà nel verificarne l'esistenza, in particolare ogniqualvolta il lavoratore o, in ipotesi particolari, gli enti previdenziali (INPS, INAIL) e/o ispettivi (INL) contestino in giudizio la qualificazione di un rapporto di lavoro non subordinato, chiedendo contestualmente al giudice di accertarne il carattere subordinato e, di conseguenza, di condannare il datore di lavoro all'applicazione dell'apparato protettivo nel quale il diritto del lavoro consiste (ivi compresa l'assicurazione pensionistica obbligatoria gestita dall'INPS e l'assicurazione contro gli infortuni sul lavoro e le malattie professionali gestita dall'INAIL).

È, quindi, ora necessario volgere lo sguardo proprio al diritto giurisprudenziale, che nel corso degli anni ha contribuito a dare corpo alla definizione fornita dall'art. 2094 c.c.

Anzitutto, nel giudizio sulla qualificazione del rapporto di lavoro il giudice è tenuto a valutare il *nomen iuris* che le parti hanno attribuito al contratto di cui trattasi ("contratto di collaborazione coordinata e continuativa", ad esempio), vale a dire le formali dichiarazioni di volontà delle parti che nel contratto hanno trovato espressione. Tali dichiarazioni hanno, tuttavia, uno scarso valore in vista della qualificazione del rapporto. Può accadere, difatti, che, pur essendovi un'esatta corrispondenza formale fra il *nomen iuris* e il contenuto del contratto sottoscritto dalle parti (e quindi trattandosi, per proseguire con l'esempio, di un contratto di collaborazione coordinata e continuativa che effettivamente è del tutto conforme, nel suo contenuto, alle disposizioni di legge che lo regolano), il rapporto di lavoro si svolga concretamente in maniera differente rispetto a quanto sulla carta pattuito. In tale ipotesi, se il giudice dovesse prendere per buono quanto riportato dalle parti nel contratto senza poter procedere a ulteriori indagini, si consentirebbe a queste ultime di derogare alla disciplina giuslavoristica semplicemente attribuendo al contratto una determinata denominazione giuridica, difforme dalle modalità con le quali il rapporto si svolge.

Ciò, invece, non è possibile in virtù del principio di indisponibilità del tipo contrattuale del lavoro subordinato, che discende dal carattere imperativo e inderogabile della disciplina giuslavoristica, per cui non è consentito alle parti negare l'applicazione della disciplina prevista a tutela dei lavoratori a rapporti che abbiano contenuto e modalità di esecuzione propri del lavoro subordinato (C. Cost. 29.3.1993 n. 121; C. Cost. 31.3.1994 n. 115). In altre parole, i princìpi, i diritti e le garanzie stabiliti dalla disciplina giuslavoristica a tutela del lavoro subordinato sono sottratti alla disponibilità delle parti, che perciò non possono qualificare come autonomo un rapporto che nei fatti si svolge con i caratteri propri del lavoro subordinato, pena l'elusione della normativa giuslavoristica.

In proposito, è un principio ormai consolidato quello espresso dalla Corte di Cassazione a proposito della rilevanza del *nomen iuris* attribuito dalle parti al rapporto, secondo il quale "la volontà negoziale non ha il potere di qualificare giuridicamente i rapporti posti in essere, trattandosi di compito riservato al giudice; nondimeno, con specifico riguardo al contratto di lavoro, poiché ogni attività umana economicamente valutabile può costituire oggetto sia di un rapporto di lavoro subordinato che di un rapporto di lavoro autonomo, le parti possono esprimere la volontà di stipulare un contratto di lavoro autonomo, mediante pattuizioni che precisino le modalità di attuazione del rapporto in modo che siano giuridicamente compatibili con l'autonomia e, in questo caso, la qualificazione del rapporto in termini di subordinazione sarà consentita ove le pattuizioni iniziali non siano state rispettate in sede di esecuzione, esprimendo, quindi, le parti la volontà di modificarle" (Cass. 21.10.2015 n. 21424).

Il giudice dovrà, quindi, tentare di ricostruire la comune intenzione delle parti desumendola non tanto (o non solo) dal *nomen iuris* indicato nel contratto, quanto piuttosto dal modo in cui il rapporto si è effettivamente svolto e, quindi, dal "comportamento complessivo" delle parti "anche posteriore alla conclusione del contratto" (come prescritto dall'art. 1362 c. 2 c.c.), eventualmente assumendo la volontà delle parti maggiore rilievo nel caso in cui il prestatore di lavoro non versi in una situazione di debolezza contrattuale.

In altre parole, "ai fini della qualificazione del rapporto di lavoro come subordinato o autonomo, poiché l'iniziale contratto dà vita ad un rapporto che si protrae nel tempo, la volontà che esso esprime ed il *nomen iuris* non costituiscono fattori assorbenti, diventando viceversa il comportamento delle parti posteriore alla conclusione del contratto elemento necessario non solo ai fini della sua interpretazione, ma anche utilizzabile per l'accertamento di una nuova diversa volontà eventualmente intervenuta nel corso dell'attuazione del rapporto e diretta a modificare singole clausole contrattuali e talora la stessa natura del rapporto inizialmente prevista" (Cass. 21.10.2014 n. 22289).

Per fare ciò, e quindi per verificare se effettivamente l'intenzione delle parti era quella di realizzare un rapporto in cui il lavoratore è subordinato al datore di lavoro, in quanto da quest'ultimo eterodiretto, il giudice dovrà anzitutto verificare la sussistenza o meno del "vincolo di soggezione del lavoratore subordinato al potere direttivo, organizzativo e disciplinare del datore di lavoro" (Cass. 23.1.2020 n. 1555), con conseguente limitazione della sua autonomia. L'indagine giudiziale, in altre parole, si concentrerà in prima battuta su quegli elementi che denotano la sussistenza della soggezione ai poteri datoriali e che possono essere considerati come diretta espressione dell'eterodirezione. Tale indagine sarà, quindi, condotta secondo i tradizionali canoni del metodo sussuntivo, vale a dire attraverso un giudizio sillogistico d'identità fra la fattispecie concreta e quella astratta.

Non sempre, tuttavia, gli elementi essenziali della subordinazione (l'assoggettamento del prestatore di lavoro ai poteri direttivo, di controllo e disciplinare del datore di lavoro, nonché – almeno secondo una parte della giurisprudenza – lo stabile inserimento del lavoratore nell'organizzazione aziendale) sussistono, o comunque emergono con chiarezza. In tutte le ipotesi in cui sia incerto il confine fra subordinazione e autonomia, la presenza di tali elementi deve essere ricostruita dal giudice guardando alle concrete modalità di svolgimento del rapporto.

Per giungere alla decisione, allora, i giudici sono soliti avvalersi di una serie di *indici sintomatici* ritenuti tipicamente caratterizzanti il modello sociale del lavoro subordinato, elaborati nel corso del tempo dalla stessa giurisprudenza, i quali consistono in ulteriori elementi del rapporto che "hanno carattere sussidiario e funzione meramente indiziaria" (Cass. 21.7.2017 n. 18018). Si tratta di circostanze di fatto che, operando quali presunzioni semplici, e apprezzate non singolarmente ma nel loro complesso (dal momento che ciascun indice, autonomamente considerato, non è idoneo a determinare la qualificazione del rapporto), possono fondare la decisione del giudice nel senso di ritenere che le modalità con le quali si è svolto il rapporto di lavoro siano riconducibili alla fattispecie di cui all'art. 2094 c.c.

I tradizionali canoni del metodo sussuntivo, quindi, sono frequentemente integrati, nelle situazioni di più incerta qualificazione, dall'impiego degli indici sintomatici di subordinazione (e, quindi, del metodo tipologico, il cui utilizzo postula che l'operazione qualificatoria sia compiuta attraverso un giudizio di approssimazione della fattispecie concreta al tipo normativo), ai quali è dunque riconosciuto un valore sussidiario nel contesto di una valutazione che resta essenzialmente ancorata a un giudizio di tipo sillogistico.

I principali indici sintomatici della subordinazione enucleati dalla ricca giurisprudenza in materia sono:

– l'inserimento in pianta stabile del lavoratore nell'organizzazione aziendale (desumibile, fra le altre cose, dalla possibilità di accedere ai locali aziendali e di usufruire di una postazione di lavoro ivi situata, dal possesso di un biglietto da visita o di un indirizzo di posta elettronica aziendale, etc.);

– l'utilizzo, da parte del lavoratore, di strumenti di lavoro di proprietà dell'azienda (si pensi, ad esempio, a uno *smartphone* o a un'automobile aziendale);

– la continuità nel tempo della prestazione di lavoro in funzione di collegamento tecnico-organizzativo e produttivo con le esigenze aziendali;

– l'assoggettamento a un orario di lavoro predeterminato, fisso e continuativo per l'intera durata del rapporto, e di conseguenza il dovere di giustificare le eventuali assenze dal lavoro;

– la corresponsione a cadenza regolare di una retribuzione parametrata sul tempo di lavoro;

– l'assenza di un rischio economico per il lavoratore;

– l'esclusività dell'impegno lavorativo a beneficio di un solo committente/datore di lavoro.

Come si ricordava, tali indici, considerati singolarmente, potrebbero risultare compatibili anche con il lavoro autonomo; è per questo motivo che il magistrato è tenuto a valutare i criteri in esame "globalmente, appunto, come indizi della subordinazione stessa, tutte le volte che non ne sia agevole l'apprezzamento diretto a causa di peculiarità delle mansioni, che incidano sull'atteggiarsi del rapporto" (Cass. 18.12.2018 n. 32696).

In sintesi, il contenuto dell'indagine giudiziale è complessivamente ben descritto della Cassazione nei seguenti termini: "L'elemento che contraddistingue il rapporto di lavoro subordinato rispetto al rapporto di lavoro autonomo è il vincolo di soggezione personale del lavoratore al potere organizzativo, direttivo e disciplinare del datore di lavoro, con conseguente limitazione della sua autonomia e inserimento nell'organizzazione aziendale, mentre altri elementi, quali l'assenza di rischio, la continuità della prestazione, l'osservanza di un orario e la forma della retribuzione, pur avendo natura meramente sussidiaria e non decisiva, possono costituire indici rivelatori della subordinazione, idonei anche a prevalere sull'eventuale volontà contraria manifestata dalle parti, ove incompatibili con l'assetto previsto dalle stesse" (Cass. 14.12.2018 n. 32503).

All'esito di tale articolata (e complicata) indagine, e quindi della verifica delle concrete modalità con cui si è svolto il rapporto di lavoro, qualora il giudice si convinca che il lavoratore è stato subordinato al datore di lavoro, in quanto da quest'ultimo eterodiretto, si pronuncerà riqualificando come subordinato il rapporto di lavoro di cui trattasi (e da ciò discenderà automaticamente la costituzione del rapporto giuridico obbligatorio di previdenza sociale, con l'obbligo per il datore di versare i contributi all'INPS: cfr. *infra*, cap. 18, § 4); di conseguenza, come si ricordava, il magistrato condannerà il datore di lavoro all'applicazione dell'apparato protettivo nel quale il diritto del lavoro consiste. In questo modo, in altre parole, si apriranno per il lavoratore le porte che conducono all'applicazione della normativa protettiva di matrice giuslavoristica.

È inutile sottolineare che le inevitabili ricadute di un'indagine come quella che si è descritta rischiano di essere l'esaltazione del soggettivismo giudiziario, da un lato, e l'incremento del tasso d'incertezza del diritto, dall'altro.

4. *Il lavoro non subordinato*

Si è già detto che, per lungo tempo, il diritto del lavoro si è occupato esclusivamente del lavoro subordinato, l'unico a essere reputato bisognoso e meritevole di tutela da parte dell'ordinamento. Quella prevista dal Codice civile allo scopo di regolare il contratto di lavoro autonomo, alla quale si dedicheranno alcune battute a breve, è difatti una mera disciplina di cornice, che le parti peraltro possono liberamente derogare (diversamente dalla disciplina del rapporto di lavoro subordinato, caratterizzata invece, come già si ricordava, dalla imperatività e dalla inderogabilità *in peius* da parte dell'autonomia individuale e, di massima, collettiva).

Della *ratio* di tale scelta si è già detto (cfr. *retro*, § 1): non si riteneva necessario un intervento regolativo in materia di lavoro autonomo, fatte salve le poche norme di cornice alle quali si è fatto cenno, dal momento che il lavoratore autonomo era ritenuto in grado di tutelare da solo e adeguatamente i propri interessi.

Da tempo, tuttavia, l'ordinamento ha iniziato a interessarsi anche a quei lavoratori che, pur non essendo subordinati, sono caratterizzati da una condizione di debolezza contrattuale. Nei dintorni della subordinazione gravitano, difatti, altre figure che, pur essendo formalmente autonome, sono altrettanto, se non addirittura maggiormente, meritevoli di protezione rispetto ai lavoratori subordinati, e che, per tale ragione, premono per fare ingresso nel raggio di applicazione della tutela giuslavoristica.

L'ordinamento ha così iniziato a interessarsi di quella "zona grigia" del lavoro autonomo che presenta talune caratteristiche simili a quelle tipiche della subordinazione, allo scopo di estendervi alcune (limitate) tutele del lavoro subordinato inerenti la regolazione del rapporto o in materia fiscale e previdenziale; si parla, a tale proposito, di tendenza espansiva del diritto del lavoro, intesa come l'attitudine della disciplina a oltrepassare i propri confini tradizionali per invadere territori nuovi, ma comunque caratterizzati dalla necessità di proteggere contraenti deboli.

Questo riconoscimento si è, anzitutto, sostanziato nell'identificazione di collaborazioni autonome c.d. parasubordinate, che hanno assunto, a partire dal 1973, la forma delle collaborazioni coordinate e continuative ("co.co.co.": cfr. *infra*, § 4.2). Tali collaborazioni non hanno, tuttavia, mai rappresentato un vero e proprio *tertium genus* fra lavoro subordinato e autonomo, essendo formalmente riconducibili nell'ambito del lavoro autonomo (pur presentando, come si diceva, caratteristiche in buona misura assimilabili a quelle del lavoro subordinato), anche se a esse sono state progressivamente estese alcune delle tutele tipiche del lavoro subordinato.

I diffusi abusi consistenti nel mascherare da collaborazioni coordinate e continuative quelli che, nella pratica, sono veri e propri rapporti di lavoro subordinato, allo scopo di beneficiare dei costi decisamente inferiori rispetto a quelli che discendono dalla stipulazione di un contratto di lavoro subordinato[1], hanno spinto il legislatore in un primo momento a dare alle co.co.co. la veste delle collaborazioni a progetto (d.lgs. 276/2003). In tal modo, la conclusione di tali tipologie contrattuali è stata sottoposta a maggiori vincoli (primo fra tutti la riconducibilità delle collaborazioni a un progetto determinato dal committente, gestito autonomamente dal collaboratore e funzionalmente collegato al raggiungimento di un certo risultato finale), il mancato rispetto dei quali avrebbe potuto determinarne la trasformazione in rapporto di lavoro subordinato a tempo indeterminato. Al contempo, i collaboratori a progetto sono stati dotati di uno specifico corredo di diritti.

Più di recente, sempre per contrastare l'utilizzo improprio e strumentale del lavoro non subordinato, da un lato si è prevista l'abolizione delle collaborazioni a progetto e il mantenimento in vita delle sole co.co.co., prevedendo al contempo che talune forme di collaborazione, c.d. eterorganizzate perché presentano caratteri di maggiore vicinanza alla subordinazione, pur restando autonome, siano assoggettate alla disciplina del lavoro subordinato (art. 2, d.lgs. 81/2015: cfr. *infra*, § 4.3); dall'altra, per la prima volta sono state previste specifiche misure per la tutela del lavoro autonomo non imprenditoriale (l. 81/2017: cfr. *infra*, § 4.1), alle quali si sono di recente affiancate – come si accennava – alcune disposizioni riguardanti i soli lavoratori autonomi addetti alla consegna di beni a domicilio attraverso piattaforme anche digitali, ovvero i *rider* (d.l. 101/2019 conv. l. 128/2019: cfr. *infra*, § 4.1). In tal modo è stato colmato, almeno in parte, quel vuoto di protezione che ha storicamente caratterizzato il lavoro autonomo.

---

[1] Si tratta di costi sia economici, quali anzitutto l'elevato importo dei contributi che il datore di lavoro è tenuto a versare all'INPS per i trattamenti pensionistici e dei premi che deve versare all'INAIL per l'assicurazione contro gli infortuni sul lavoro e le malattie professionali, sia normativi, vale a dire costi di tipo organizzativo e gestionale derivanti dall'applicazione della disciplina giuslavoristica.

Nell'ambito del lavoro autonomo rientra, infine, anche il lavoro occasionale, una forma contrattuale pensata per prestazioni lavorative di modesto impegno (dal punto di vista sia temporale, sia economico) che ha subìto nel corso del tempo alterne vicende (sulle quali si tornerà *infra*, § 4.4).

4.1. *Il contratto di lavoro autonomo*

Il contratto di lavoro autonomo (o "contratto d'opera") è definito dall'art. 2222 c.c. come quel contratto con cui "una persona si obbliga a compiere verso un corrispettivo un'opera o un servizio, con lavoro prevalentemente proprio e senza vincolo di subordinazione nei confronti del committente".

Si tratta, chiaramente, di una definizione costruita *a contrario* rispetto a quella di lavoro subordinato: potrebbe tautologicamente dirsi, in estrema sintesi, che è autonomo ciò che non è subordinato (e che quindi, come si è visto, non è eterodiretto). Già parlando di subordinazione, difatti, si ricordava che è lavoratore autonomo colui che si obbliga a rendere al committente – non si parla, in questo caso, di datore di lavoro – un'opera o un servizio (e non, quindi, a mettere le proprie energie lavorative a disposizione di altri), cioè un risultato finale, senza vincolo di subordinazione nei confronti del committente stesso.

Il contratto di lavoro autonomo si pone, nell'assetto del Codice civile, quale fattispecie residuale rispetto ai piccoli imprenditori (art. 2083 c.c.) e alle figure contrattuali che assolvono alla funzione di gestire affari nell'altrui interesse, normalmente nell'esercizio di un'attività professionale: appalto (artt. 1655 ss. c.c.), trasporto (artt. 1678 ss. c.c.), deposito (artt. 1766 ss. c.c.), mandato (artt. 1703 ss. c.c.).

Al contratto di lavoro autonomo si applica la scarna disciplina contenuta negli artt. 2223-2228 c.c., che riguardano le principali vicende dell'esecuzione del rapporto: l'esecuzione dell'opera, il corrispettivo, le difformità e i vizi dell'opera, il recesso unilaterale dal contratto e l'impossibilità sopravvenuta dell'esecuzione dell'opera.

Qualora, invece, si tratti di un contratto di lavoro autonomo avente a oggetto l'esercizio di una professione intellettuale (vale a dire una professione il cui esercizio è subordinato all'iscrizione in appositi albi o elenchi, come nel caso, ad esempio, degli avvocati o dei medici), le disposizioni applicabili sono quelle contenute negli artt. 2229-2238 c.c.

Una disciplina speciale (e inderogabile) relativa al compenso delle prestazioni professionali è stata introdotta dalla l. 49/2023. Quando l'attività professionale è svolta in favore di committenti di grandi dimensioni, come pubbliche amministrazioni o imprese bancarie, il compenso deve essere "equo", vale a dire proporzionato alla quantità e alla qualità del lavoro svolto, in conformità a quanto previsto da decreti ministeriali che fissano i parametri giudiziali utilizzati per la liquidazione dei compensi.

La disciplina codicistica, come si anticipava, ha carattere dispositivo e non imperativo, il che significa che le parti possono liberamente decidere di derogarvi (non potendo, invece, fare altrettanto le parti del rapporto di lavoro subordinato in relazione alle disposizioni che regolano quest'ultimo, che hanno invece, come già si ricordava, le caratteristiche della imperatività e dalla inderogabilità *in peius* da parte della contrattazione individuale).

Più di recente, la l. 81/2017 ha dettato alcune misure minimali di tutela a beneficio di tutti i rapporti di lavoro autonomo disciplinati dagli artt. 2222-2238 c.c., inclusi quelli che hanno una disciplina particolare ai sensi dell'art. 2222 c.c. ed esclusi gli imprenditori e i piccoli imprenditori. Si tratta, fra le altre cose: di norme di tutela in caso di maternità, malattia o infortunio del lavoratore, a garanzia della conservazione del posto di lavoro e dei relativi trattamenti economico-previdenziali; di norme che prevedono una velocizzazione dei pagamenti a beneficio del committente; di norme che dispongono l'inefficacia di alcune clausole contrattuali definite come abusive poiché sbilanciate a favore del committente; di norme che consentono l'accesso ai servizi personalizzati di orientamento, riqualificazione e ricollocazione professionale erogati dai Centri per l'impiego (cfr. *infra*, cap. 5, §§ 2-3); di norme di agevolazione fiscale.

Anche per i lavoratori autonomi è inoltre prevista, come pure per i lavoratori subordinati, una copertura previdenziale obbligatoria (che, in questo caso, è gestita dalla relativa Cassa di previdenza di categoria o dall'INPS nell'ambito della c.d. gestione separata).

Un'attenzione particolare è stata riservata dal legislatore ai lavoratori autonomi "che svolgono attività di consegna di beni per conto altrui, in ambito urbano e con l'ausilio di velocipedi o veicoli a motore (...) attraverso piattaforme anche digitali" (art. 47-*bis* d.lgs. 81/2015, introdotto dal già citato d.l. 101/2019 conv. l. 128/2019, che apre il nuovo Capo V-*bis* dedicato alla "Tutela del lavoro tramite piattaforme digitali"). Si tratta, come è noto, di lavoratori – i più volte citati *rider* ne sono l'emblema maggiormente visibile – che si coordinano direttamente con il cliente attraverso un'*app* collegata a una piattaforma digitale gestita dall'impresa; dopo essersi "loggati" alla piattaforma, essi ricevono tramite l'*app* la richiesta di intervento inviata dal cliente, la cui soddisfazione sono poi liberi di assecondare o meno (venendo, in caso di accettazione della richiesta, pagati una volta che l'intervento si è concluso).

A beneficio di tali lavoratori autonomi che rendono la propria prestazione tramite piattaforme digitali sono stati, dunque, previsti "livelli minimi di tutela" in relazione, fra l'altro: alle informazioni che devono essere necessariamente rese a proposito della tutela dei loro interessi, dei loro diritti e della loro sicurezza (a tale proposito, il d.lgs. 104/2022 ha previsto, all'art. 1-*bis*, uno specifico e ulteriore obbligo di informazione a carico delle aziende che utilizzano sistemi decisionali di monitoraggio automatizzati e che interessa anche i lavoratori autonomi tramite piattaforma); al compenso (rispetto al quale si prevede: il divieto di parametrarlo alle consegne effettuate; l'individuazione a opera della contrattazione collettiva dei criteri di determinazione; in carenza di questi, la garanzia di un minimo orario non inferiore a quello previsto dai CCNL di settori affini o equivalenti); alla protezione dei dati personali; all'applicazione dei divieti di discriminazione previsti per i lavoratori subordinati; alla copertura assicurativa obbligatoria contro gli infortuni sul lavoro e sulle malattie professionali.

Come si vedrà, a questo intervento volto a riconoscere alcune tutele minimali ai lavoratori autonomi tramite piattaforma, e in particolare ai *rider*, la stessa l. 128/2019 ha affiancato la precisazione secondo la quale le collaborazioni eterorganizzate (cfr. *infra*, § 4.3) possono ravvisarsi "anche qualora le modalità di esecuzione della prestazione siano organizzate mediante piattaforme digitali" (art. 2 c. 1 d.lgs. 81/2015), confermando in tal modo l'orientamento giurisprudenziale, sul quale pure ci soffermeremo, poi avallato dalla Cassazione (Cass. 24.1.2020 n. 1663).

4.2. *La collaborazione coordinata e continuativa*

La collaborazione coordinata e continuativa ha fatto il suo ingresso nell'ordinamento italiano con la l. 533/1973 che, istituendo uno speciale rito processuale per le controversie in materia di lavoro, ha previsto la possibilità che, oltre ai lavoratori subordinati, potessero ricorrervi anche i collaboratori operanti in "rapporti di agenzia, di rappresentanza commerciale ed altri rapporti di collaborazione che si concretino in una prestazione di opera continuativa e coordinata, prevalentemente personale, anche se a carattere non subordinato" (art. 409 n. 3 c.p.c.). La fattispecie della co.co.co., dunque, nasce per garantire ai collaboratori, che la norma definisce come coordinati e continuativi, un'equiparazione sul piano processuale rispetto ai lavoratori subordinati.

Premesso che si tratta, come chiarito dalla Corte costituzionale, di una fattispecie di lavoro autonomo (C. Cost. 13-24.7.1995 n. 365), l'art. 409 n. 3 c.p.c. indica i tre elementi che la compongono: il coordinamento funzionale fra l'opera o il servizio promessi e l'attività esercitata dal committente, il carattere continuativo della collaborazione (nel senso che la prestazione, indipendentemente dal fatto che sia ininterrotta o periodica, è diretta a soddisfare un interesse durevole del committente) e il fatto che la prestazione sia eseguita con lavoro prevalentemente personale del collaboratore (prevalente, quindi, non solo sul lavoro altrui eventualmente utilizzato, ma anche sugli altri fattori utilizzati per eseguire la prestazione).

A ben vedere, dei tre elementi che la norma enuclea ben due sono (almeno in parte) comuni al lavoro subordinato: il riferimento è al carattere continuativo della collaborazione, da un lato, e al fatto che essa deve essere resa con lavoro prevalentemente personale dal collaboratore, dall'altro (nel lavoro subordinato, invece, la prestazione deve essere resa dal lavoratore con lavoro esclusivamente personale).

Ciò che finisce per distinguere la co.co.co. dalla subordinazione è, quindi, principalmente il dato del coordinamento con l'organizzazione del committente; ed è allora chiaro, considerati i tratti di comunanza con il lavoro subordinato, perché si parli, in relazione alle co.co.co., di parasubordinazione.

Peraltro, come ha di recente precisato il legislatore, "La collaborazione si intende coordinata quando, nel rispetto delle modalità di coordinamento stabilite di comune accordo dalle parti, il collaboratore organizza autonomamente l'attività lavorativa" (art. 409 n. 3 c.p.c., come integrato dalla l. 81/2017). Ciò significa che la sottile linea di separazione fra la subordinazione e la co.co.co. corre lungo il confine fra l'eterodirezione, intesa come integrazione organizzativa forte, da un lato, e il coordinamento, inteso come integrazione organizzativa debole, dall'altro.

In breve, saremo di fronte a un'attività di lavoro subordinato qualora essa sia eterodiretta – sulla base delle caratteristiche di cui si è già detto (cfr. *retro*, §§ 2-3) – dal datore di lavoro, mentre saremo viceversa di fronte a un'attività di lavoro autonomo (e, nello specifico, di una genuina co.co.co.) qualora l'attività non sia eterodiretta ma "semplicemente" coordinata dal committente. Tale coordinamento, in particolare, può riguardare tanto il momento dell'identificazione del risultato atteso della collaborazione, quanto l'esecuzione della prestazione di lavoro (nei limiti, però, in cui residui in capo al collaboratore quella autonomia organizzativa di cui ora parla l'art. 409 n. 3 c.p.c.).

Come è facile intuire, è proprio questa labile linea di demarcazione che in buona parte ha dato, e dà tuttora, luogo al fitto contenzioso giudiziale finalizzato al riconoscimento della subordinazione quale chiave d'accesso al sistema delle tutele inderogabili nel rapporto e alla più favorevole disciplina previdenziale.

Venendo alla disciplina delle co.co.co., l'ordinamento ha cercato di estendere progressivamente alle collaborazioni una parte (alquanto limitata, a dire il vero) del trattamento protettivo riconosciuto al lavoro subordinato. In tal modo, le norme di tutela a esse applicabili sono andate moltiplicandosi e giustapponendosi con il passare del tempo.

Anzitutto è stata la stessa l. 533/1973 che, oltre alla già menzionata equiparazione sul piano processuale, ha anche previsto l'estensione, nei confronti dei collaboratori, della rivalutazione automatica dei crediti da lavoro in caso di ritardo nel pagamento da parte del committente (art. 429 c. 3 c.p.c.) e della disciplina delle rinunce e transazioni aventi a oggetto diritti derivanti da norme inderogabili di legge o di contratto collettivo (art. 2113 c.c.: cfr. *infra*, cap. 6, § 6).

A tali disposizioni si sono affiancate principalmente: la previsione, a partire dal 1996, di un'assicurazione pensionistica obbligatoria presso la gestione separata dell'INPS (l. 335/1995), che dà diritto a un trattamento pensionistico, calcolato in base al metodo contributivo, una volta maturato il requisito di età, finanziato attraverso una contribuzione previdenziale posta per 2/3 a carico del committente e per 1/3 a carico del collaboratore; l'iscrizione obbligatoria del collaboratore all'assicurazione contro gli infortuni sul lavoro e le malattie professionali gestita dall'INAIL; l'applicazione delle medesime modalità di corresponsione della retribuzione e di prelievo delle imposte previste per i lavoratori subordinati; la previsione di un'indennità, a carico dell'INPS, per i periodi di congedo obbligatorio di maternità e di congedo parentale; la previsione di un'indennità di disoccupazione (c.d. DIS-COLL) a carico dell'INPS.

Per quanto concerne, infine, le pubbliche amministrazioni, nell'ambito delle quali più che nel settore privato si è assistito negli anni a un vero e proprio *boom* nell'utilizzo delle co.co.co., anche a causa dei prolungati blocchi dei concorsi pubblici e, quindi, dell'impossibilità di procedere ad assunzioni con contratto di lavoro subordinato, le tendenze legislative più recenti hanno mirato a stabilizzare almeno una parte dei collaboratori in essere e, allo stesso tempo, a stringere le maglie dell'ulteriore ricorso a tali collaborazioni. A oggi, difatti, è consentito valersi delle collaborazioni – sia pure con alcune eccezioni – solo nel caso di esperti di comprovata specializzazione anche universitaria, e qualora, fra l'altro, ricorrano esigenze temporanee e sia impossibile fare ricorso alle risorse interne (art. 7 c. 6 d.lgs. 165/2001). Alle pubbliche amministrazioni, infine, è preclusa l'attivazione di collaborazioni eterorganizzate, delle quali si dirà nel paragrafo successivo (art. 7 c. 5-*bis* d.lgs. 165/2001).

4.3. *La collaborazione eterorganizzata*

Il d.lgs. 81/2015, muovendo presumibilmente dalla già sottolineata necessità di contenere il diffuso e improprio utilizzo delle co.co.co., che nei fatti sovente mascherano rapporti di lavoro subordinato, ha tentato di ricondurre le forme spurie di collaborazione parasubordinata alla disciplina del lavoro subordinato. Per fare ciò non è stato modificato l'art. 2094 c.c., come pure sarebbe stato astrattamente possibile fare, ma è stato previsto l'assoggettamento di tali collaborazioni spurie, definite come "organizzate dal committente" (o *eterorganizzate*), alla disciplina del lavoro subordinato, il cui ambito di applicazione è di conseguenza risultato ampliato.

In particolare, l'art. 2 c. 1 del d.lgs. 81/2015, come modificato dal d.l. 101/2019 conv. l. 128/2019, così dispone: "A far data dal 1° gennaio 2016, si applica la disciplina del rapporto di lavoro subordinato anche ai rapporti di collaborazione che si concretano in prestazioni di lavoro prevalentemente personali, continuative e le cui modalità di esecuzione sono organizzate dal committente", specificando – come si anticipava – che ciò vale "anche qualora le modalità di esecuzione della prestazione siano organizzate mediante piattaforme anche digitali".

La nozione di eterorganizzazione che la norma delinea – e che, è bene sottolinearlo, non introduce un nuovo tipo contrattuale – deve essere tenuta distinta sia da quella di coordinamento, che, come si è visto, caratterizza le co.co.co. genuine, sia da quella di eterodirezione, che invece caratterizza il lavoro subordinato.

Coordinamento, eterorganizzazione ed eterodirezione denotano, dunque, in un crescendo progressivo, un'incidenza sempre maggiore da parte del committente/datore di lavoro nell'organizzazione della prestazione di lavoro da parte del lavoratore.

Qualora, in particolare, si sia in presenza di una collaborazione che si concreti in una prestazione di lavoro da parte del collaboratore prevalentemente personale e continuativa (caratteristiche che, come abbiamo appena visto, sono proprie della co.co.co.), e il committente determini le principali modalità esecutive delle prestazioni di lavoro affidate al collaboratore (pur non facendo più la norma espresso riferimento, diversamente dalla sua formulazione originaria, a quelle che riguardano i tempi e il luogo in cui esse si svolgono), saremo di fronte non ad una "semplice" co.co.co. – in cui, come abbiamo visto, l'attività lavorativa è solo coordinata dal committente – ma a qualcosa di più, vale a dire a una collaborazione eterorganizzata.

L'eterorganizzazione è, dunque, "qualcosa di più" del semplice coordinamento che caratterizza la co.co.co. e, allo stesso tempo, "qualcosa di meno" dell'eterodirezione che caratterizza il lavoro subordinato: il committente, difatti, non esercita un vero e proprio potere direttivo, ma determina comunque le principali modalità di esecuzione del lavoro, in modo che al collaboratore non residui un apprezzabile margine di autonomia organizzativa su come, dove e quando svolgere la propria attività lavorativa.

Tali forme di collaborazione spurie, non essendo eterodirette, non potrebbero teoricamente rientrare nella nozione di subordinazione di cui all'art. 2094 c.c. Ed è qui che interviene l'art. 2 del d.lgs. 81/2015 che, fatte salve le eccezioni di cui si darà conto a breve, qualifica come eterorganizzate le collaborazioni dotate delle caratteristiche di cui si è detto, equiparandole, sotto il profilo del trattamento, al lavoro subordinato.

È in questo che – in estrema sintesi – consiste la riconduzione delle collaborazioni eterorganizzate, che restano pur sempre collaborazioni autonome, alla disciplina del lavoro subordinato (la cui nozione giuridica, si ribadisce, non viene allargata).

La portata applicativa dell'art. 2 è stata in parte chiarita dalla giurisprudenza intervenuta finora a verificare se una certa prestazione di lavoro autonomo sia genuina o se, viceversa, ricorrano gli elementi per considerarla una collaborazione eterorganizzata e, di conseguenza, applicare a essa la disciplina del lavoro subordinato.

A quest'ultima conclusione è giunta la prima pronuncia della Corte di Cassazione che ha dato applicazione alla disposizione (Cass. 24.1.2020 n. 1663), la quale ha ritenuto, dopo aver escluso che i *rider* di *Foodora* di cui si trattava potessero essere qualificati come lavoratori subordinati, che la collaborazione intercorsa fra i ciclofattorini e l'azienda fosse eterorganizzata, e che dunque a tale rapporto di lavoro, pur restando autonomo, dovesse applicarsi la disciplina del lavoro subordinato (lasciando intendere, a differenza di quanto sostenuto dalla Corte d'Appello di Torino – C. App. Torino 4.2.2019 n. 26 – che l'estensione riguardi tutta la disciplina, tanto legale quanto contrattual-collettiva, del lavoro subordinato, pur non potendosi escludere, a detta della Corte, "situazioni in cui l'applicazione integrale della disciplina della subordinazione sia ontologicamente incompatibile con le fattispecie da regolare").

Alcune sentenze di merito, intervenute successivamente a quella della Cassazione del 2020, hanno invece riconosciuto la sussistenza di un rapporto di lavoro di natura subordinata fra il *rider* ricorrente e l'azienda (Trib. Palermo 24.11.2020 n. 3570; più di recente, C. App. Milano 9.2.2023). E, a proposito del riconoscimento della natura subordinata del rapporto di lavoro dei *rider*, vale la pena ricordare anche l'accordo aziendale *Just Eat* del 29.3.2021, che ha previsto un percorso di inserimento dei *rider* nei ranghi del lavoro subordinato.

L'art. 2 c. 2 d.lgs. 81/2015 prevede, infine, che l'estensione della disciplina del lavoro subordinato non trovi applicazione a tutte le collaborazioni, dal momento che sono fatte salve: le collaborazioni per le quali gli accordi collettivi nazionali stipulati da associazioni sindacali comparativamente più rappresentative sul piano nazionale prevedono discipline specifiche riguardanti il trattamento economico e normativo, in ragione delle particolari esigenze produttive e organizzative del relativo settore; le collaborazioni prestate nell'esercizio di professioni intellettuali che necessitano dell'iscrizione in appositi albi professionali; le attività prestate nell'esercizio della loro funzione dai componenti degli organi di amministrazione e controllo delle società e dai partecipanti a collegi e commissioni; le collaborazioni rese a fini istituzionali in favore delle associazioni e società sportive dilettantistiche affiliate alle federazioni sportive nazionali, alle discipline sportive associate e agli enti di promozione sportiva riconosciuti dal CONI; le collaborazioni prestate nell'ambito della produzione e della realizzazione di spettacoli da parte delle fondazioni; le collaborazioni degli operatori che prestano le attività svolte dal Corpo nazionale soccorso alpino e speleologico. I casi elencati, dunque, non possono vedersi applicata la disciplina del lavoro subordinato neppure quando le prestazioni di lavoro siano eterorganizzate dal committente.

In relazione alla prima delle ipotesi cui rinvia l'art. 2 c. 2 è utile segnalare che il 15.9.2020 è stato siglato fra Assodelivery (un'associazione che riunisce alcune delle principali società che gestiscono le piattaforme di *food delivery*) e un sindacato di *rider* aderente a UGL il primo CCNL finalizzato a regolare le prestazioni di lavoro dei ciclofattorini. Tale contratto, considerato da alcuni un accordo "pirata", è stato oggetto di forti critiche sotto molteplici profili: per la presunta carenza di legittimazione a contrarre del sindacato per difetto del requisito della maggiore rappresentatività comparata (in questo senso si è pronunciato, fra gli altri, Trib. Bologna 12.1.2023 n. 15, che ha altresì riconosciuto come antisindacale *ex* art. 28 l. 300/1970 la condotta di Deliveroo, che avrebbe imposto ai suoi *rider* l'adesione a nuove condizioni contrattuali conformi alle previsioni di un CCNL ritenuto, però, inidoneo a dettare validamente una disciplina prevalente rispetto a quella legale); per la qualificazione come autonomi dei rapporti contrattuali che legano i *rider* alle piattaforme; per la cristallizzazione, dietro l'apparenza di un corrispettivo minimo orario, di un sistema di compenso parametrato alle sole consegne effettuate.

Per contrastare l'applicazione a livello nazionale di tale CCNL la CGIL ha depositato, nell'agosto del 2021, un ricorso collettivo presso il Tribunale di Milano; e ciò è particolarmente rilevante dal momento che si è trattato della prima *class action* dei lavoratori della *gig economy* in Europa, e della prima in Italia in materia di diritto del lavoro. Il ricorso, tuttavia, è stato rigettato da Trib Milano sez. XIV ord. 19.1.2023, che ha escluso per motivi formali la legittimazione attiva del sindacato all'esercizio dell'inibitoria collettiva.

4.4. *Il lavoro occasionale*

Lo strumento del lavoro occasionale è pensato per regolare attività lavorative di natura autonoma, occasionale e saltuaria, oltre che di ridotta entità, nel tentativo di evitare il rischio che tali prestazioni di lavoro ricadano nell'alveo dell'economia sommersa.

Il lavoro occasionale, nelle due varianti del "Libretto famiglia" e del "Contratto di prestazione occasionale – PrestO", è disciplinato dall'art.

54-*bis* del d.l. 50/2017 conv. l. 96/2017. Tale disposizione è intervenuta solo pochi mesi dopo che il d.l. 50/2017 conv. l. 49/2017 aveva abrogato l'istituto, introdotto dal d.lgs. 276/2003, del lavoro accessorio (o tramite *voucher*) – che del lavoro occasionale rappresenta il diretto predecessore – allo scopo di evitare lo svolgimento di un *referendum* abrogativo promosso dalla CGIL sulla base della constatazione dell'enorme crescita quantitativa del ricorso all'istituto, e avente anch'esso a oggetto l'istituto del lavoro accessorio.

Una parte della disciplina è comune alle due varianti.

Sul versante dei limiti massimi di compenso (lordo e per anno civile), è previsto (c. 1) che: ciascun prestatore non possa superare i 10.000 euro, in relazione alla totalità degli utilizzatori, elevati a 15.000 euro per gli utilizzatori che operano nei settori dei congressi, delle fiere, degli eventi, degli stabilimenti termali e dei parchi divertimento (d.l. 48/2023 conv. l 85/2023); ciascun utilizzatore non possa superare i 5.000 euro, in relazione alla totalità dei prestatori (con la precisazione, di cui al c. 8, che i compensi percepiti da pensionati, giovani studenti, disoccupati e percettori di prestazioni di sostegno del reddito sono computati per il 75%); per le prestazioni rese da ciascun prestatore in favore del medesimo utilizzatore non possano essere superati i 2.500 euro (limite elevato a 5.000 euro per gli *steward* impegnati negli stadi di calcio). È, inoltre, previsto anche un limite massimo di durata delle prestazioni occasionali, pari a 280 ore nell'arco dell'anno civile (c. 20). Peraltro, l'utilizzatore non può acquisire prestazioni di lavoro occasionale da soggetti con i quali abbia in corso, o abbia cessato da meno di 6 mesi, un rapporto di lavoro subordinato o di co.co.co. (c. 5).

Alle prestazioni di lavoro occasionale possono fare ricorso, *ex* c. 6: le persone fisiche, non nell'esercizio dell'attività professionale o d'impresa, mediante il "Libretto famiglia", utilizzabile per il pagamento di prestazioni occasionali consistenti in piccoli lavori domestici, compresi lavori di giardinaggio, di pulizia o di manutenzione, nell'assistenza domiciliare ai bambini e alle persone anziane, ammalate o con disabilità e nell'insegnamento privato supplementare (c. 10); gli altri utilizzatori – e quindi, ad esempio, imprese o professionisti, salvi i soggetti esclusi *ex* c. 14 – mediante il "Contratto di prestazione occasionale – PrestO", per acquisire "con modalità semplificate, prestazioni di lavoro occasionali o saltuarie di ridotta entità" (c. 14).

Anche le amministrazioni pubbliche possono fare ricorso, ma solo eccezionalmente nelle ipotesi indicate dal c. 7, al "Contratto di prestazione occasionale – PrestO". Tanto gli utilizzatori quanto i prestatori, per poter accedere alle prestazioni occasionali, sono tenuti a registrarsi previamente all'interno dell'apposita piattaforma informatica gestita dall'INPS (c. 9).

Oltre alla disciplina comune alle due varianti del lavoro occasionale, è prevista poi una regolazione specifica per ciascuna di esse.

Il "Libretto famiglia" (cc. 10-12) è un libretto nominativo prefinanziato, acquistabile sulla piattaforma INPS o negli uffici postali, contenente titoli per il pagamento delle prestazioni di cui si è detto, del valore nominale di 10 euro ciascuno, utilizzabili per compensare prestazioni di durata non superiore a un'ora. Sull'utilizzatore grava, per ciascun titolo, il pagamento della contribuzione previdenziale INPS (euro 1,65), del premio INAIL (euro 0,25) e di un contributo per la gestione della piattaforma (euro 0,10), oltre che l'onere di comunicare *ex post* all'INPS (entro il giorno 3 del mese successivo allo svolgimento della prestazione) le informazioni circa le prestazioni occasionali acquisite.

In relazione al "Contratto di prestazione occasionale – PrestO" (cc. 13-18), l'utilizzatore che intende attivarlo è tenuto a versare, attraverso la piattaforma informatica INPS, le somme necessarie a compensare le prestazioni concordate con il lavoratore. È previsto, salvo che per il settore agricolo, un compenso minimo orario pari a 9 euro (l'INPS trattiene l'1% dell'importo per il finanziamento degli oneri gestionali). Per ogni giornata di lavoro il lavoratore deve ricevere un compenso in misura non inferiore a 36 euro, per prestazioni di durata non superiore a 4 ore continuative, fatto salvo quanto stabilito per il settore agricolo. L'utilizzatore è tenuto a pagare sia una contribuzione previdenziale all'INPS, nella misura del 33% del compenso, sia un premio INAIL, nella misura del 3,5% del compenso, oltre che a comunicare *ex ante* all'INPS (almeno un'ora prima dell'inizio della prestazione) una serie di informazioni concernenti le prestazioni da acquisire. La violazione dell'obbligo di comunicazione (come pure di uno dei divieti di ricorso al medesimo contratto di cui al c. 14) determina il pagamento, da parte dell'utilizzatore, di una sanzione amministrativa pecuniaria.

Il pagamento del compenso al lavoratore, per entrambe le varianti del lavoro occasionale, avviene da parte dell'INPS tramite bonifico bancario entro il giorno 15 del mese successivo a quello di svolgimento delle prestazioni, potendo il lavoratore optare per una modalità di pagamento semplificata e anticipata presso uno sportello postale (c. 19). I redditi così percepiti sono esenti da IRPEF, non incidono sull'eventuale *status* di disoccupato e sono computabili ai fini della determinazione del reddito necessario per il rilascio o il rinnovo del permesso di soggiorno (c. 4).

Al lavoro occasionale non sono applicabili le norme poste a tutela del lavoro subordinato, a eccezione di quelle espressamente richiamate, vale a dire il d.lgs. 66/2003 in relazione al diritto al riposo giornaliero, alle pause e ai riposi (artt. 7-9: cfr. *infra*, cap. 12) e il d.lgs. 81/2008 ai fini della tutela della salute e della sicurezza del prestatore qualora l'utilizzatore sia un imprenditore o un libero professionista (art. 3 c. 8: cfr. *infra*, cap. 10), nonché del diritto all'assicurazione pensionistica e a quella antinfortunistica, di cui si è già detto.

In caso di superamento, da parte di un utilizzatore diverso da una pubblica amministrazione, del limite di importo di 2.500 euro di cui si è detto, o comunque del limite di durata della prestazione pari a 280 ore nell'arco dello stesso anno civile, il lavoratore può chiedere al giudice che il proprio rapporto con l'utilizzatore sia trasformato in un rapporto di lavoro subordinato a tempo pieno e indeterminato (c. 20).

La descritta regolazione del lavoro occasionale, che ha sicuramente reso più onerosa, complessa e limitata la gestione dell'istituto rispetto a quanto previsto in relazione al vecchio lavoro accessorio, spiega le ragioni dello scarso successo che ha registrato la prima applicazione del contratto (nelle sue due varianti).

5. *La certificazione dei contratti di lavoro: cenni*

Come si è detto, in relazione ai contratti di lavoro autonomo di cui si è trattato nel § 4 è sempre possibile che il lavoratore, o i terzi interessati, promuovano un'azione in giudizio allo scopo di contestarne la qualificazione, richiedendo al contempo il riconoscimento della natura subordinata o, in subordine, eterorganizzata degli stessi.

Le controversie in tema di qualificazione, che rappresentano una buona parte del contenzioso giudiziale in materia giuslavoristica, si fondano, come si è detto, generalmente proprio su una difformità fra il contratto (di lavoro autonomo) e l'effettiva esecuzione del rapporto di lavoro (che si assume avere le caratteristiche della subordinazione o, al limite, della eterorganizzazione). Ciò, come è facile immaginare, determina la conseguenza che, su tali contratti, pende perennemente la spada di Damocle dell'incertezza, dal momento che è sempre possibile che un provvedimento giudiziale intervenga travolgendo la qualificazione inizialmente data dalle parti al contratto di lavoro.

Anche per ovviare a tale incertezza (sia pure, come si dirà a breve, in modo solo parziale), il d.lgs. 276/2003 ha introdotto l'istituto della *certificazione dei contratti di lavoro* (artt. 75 ss.), che presenta dunque principalmente una finalità deflattiva del contenzioso giudiziale in tema di qualificazione del rapporto di lavoro.

La procedura di certificazione, che è volontaria (e dunque presume l'assenso di ambo le parti del contratto), è per l'appunto finalizzata a far sì che le parti possano richiedere congiuntamente, alle commissioni appositamente istituite (ad esempio presso le università, gli enti bilaterali, le sedi territoriali dell'Ispettorato del lavoro, i consigli provinciali dei consulenti del lavoro, etc.), la certificazione di qualunque contratto "in cui sia dedotta, direttamente o indirettamente, una prestazione di lavoro" (art. 75), sia esso in corso di esecuzione o non ancora sottoscritto dalle parti.

Attraverso l'atto amministrativo di certificazione, in sostanza, la commissione non fa altro che attestare la corrispondenza tra lo schema negoziale adottato e l'assetto di interessi voluto dalle parti (e quindi, ad esempio, che si tratta realmente di un contratto di co.co.co., dal momento che non si riscontrano i requisiti della subordinazione o della collaborazione eterorganizzata).

L'atto di certificazione, debitamente motivato, deve essere emesso entro 30 giorni dal ricevimento dell'istanza, sottoscritta da entrambe le parti, da parte della commissione. Esso attesta la veridicità della qualificazione del contratto, anche nei confronti dei terzi, fintanto che non sia eventualmente accolto un ricorso giurisdizionale presentato, *ex* art. 80 d.lgs. 276/2003, avverso tale atto, di fronte al giudice amministrativo (per violazione delle regole del procedimento di certificazione o per eccesso di potere) o al giudice del lavoro (per erronea qualificazione del contratto, vizi del consenso di una delle parti che hanno chiesto la certificazione o difformità fra il programma negoziale certificato e la sua successiva attuazione).

Ne deriva che, pur essendo il contratto certificato, il lavoratore potrà comunque sempre adire il giudice per far valere la difformità fra il contratto certificato e l'effettiva esecuzione del rapporto di lavoro (non prima, tuttavia, che sia stato esperito un tentativo obbligatorio di conciliazione di fronte alla commissione che ha adottato l'atto certificato).

Come si anticipava, tale possibilità mina l'effettiva capacità della certificazione di deflazionare il contenzioso giudiziale, dal momento che quest'ultima non assicura la piena e definitiva stabilità della qualificazione del contratto, che viceversa ha effetto solo fintanto che il giudice, eventualmente adito, smentisca, pronunciandosi nel merito, la qualificazione operata dalla commissione. La certificazione, in altre parole, non può spingersi fino al punto di garantire la qualificazione data dalle parti, quando questa si dimostri in contrasto con l'effettivo svolgimento del rapporto in forma diversa, né vincolare il giudice che procede, su istanza delle parti o di un terzo, alla riqualificazione del rapporto di lavoro.

Gli effetti della certificazione sono, invece, preclusivi nei confronti dei terzi, e in particolare degli enti previdenziali (INPS, INAIL) e ispettivi (INL), i quali non possono adottare provvedimenti amministrativi che presuppongano una qualificazione del contratto diversa da quella certificata (a meno che tali enti non propongano, e vedano accolta, un'azione giudiziale *ex* art. 80 d.lgs. 276/2003).

Capitolo 5

Le politiche attive del lavoro

di Roberto Muller

SOMMARIO: 1. Il collocamento della manodopera: cenni storici. – 2. Il sistema delle politiche attive del lavoro: soggetti e funzioni. – 3. Il sistema delle politiche attive del lavoro: servizi e misure. – 4. Il collocamento mirato delle persone con disabilità. – 5. L'accesso al lavoro degli stranieri.

1. *Il collocamento della manodopera: cenni storici*

Il collocamento, ossia il sistema volto a consentire e ad agevolare l'incontro tra la domanda e l'offerta di lavoro, è stato a lungo concepito come una funzione pubblica.

L'impronta pubblicistica, impressa dal legislatore corporativo con la previsione del divieto di intermediazione privata, è stata recepita anche dall'ordinamento repubblicano che, con la l. 264/1949, ha conservato per molto tempo il monopolio pubblico del collocamento. La l. 264/1949 affidava al Ministero del lavoro, attraverso i suoi organi territoriali costituiti dagli Uffici di collocamento, la relativa funzione, imponendo ai datori di lavoro di procedere alle assunzioni tramite richiesta all'ufficio territorialmente competente; proibiva l'esercizio della mediazione privata tra domanda e offerta di lavoro, anche se effettuata a titolo gratuito; prevedeva sanzioni penali in caso di violazioni del divieto. Per garantire un'equa distribuzione delle occasioni di lavoro veniva posta, inoltre, la regola della richiesta numerica da parte dei datori di lavoro, che dovevano inoltrare agli Uffici di collocamento una richiesta generica senza identificare nominativamente i lavoratori che avrebbero voluto assumere, bensì indicandone unicamente il numero.

Il sistema, così organizzato, non è mai riuscito a soddisfare né le esigenze dei datori di lavoro nella ricerca e nella selezione del personale, né le esigenze dei lavoratori nel reperire un'occupazione. Nel corso del tempo, pertanto, la disciplina ha subìto un complesso processo di riforma, nella acquisita consapevolezza dell'accresciuta necessità di avere, in un mercato del lavoro sempre più segmentato e individualizzato, un servizio di collocamento in grado di realizzare, in maniera efficiente, l'incontro tra domanda e offerta di lavoro.

Così, al fine di rendere il sistema meno rigido, il legislatore ha semplificato la procedura di assunzione dei lavoratori sopprimendo la regola della richiesta numerica a favore di quella nominativa (l. 56/1987 e l. 223/1991) e dell'assunzione diretta (l. 608/1996).

Una radicale riforma del sistema di collocamento, tuttavia, è stata realizzata solo col d.lgs. 469/1997, sotto la spinta dell'Unione europea che, attraverso una sentenza della Corte di giustizia (CGCE 11.12.1997 C-55/96), ha dichiarato il monopolio pubblico del collocamento italiano in contrasto con il Trattato istitutivo della Comunità e, precisamente, con il principio di libera concorrenza e con il divieto di abuso di posizione dominante.

È stato così abolito il divieto di intermediazione privata e liberalizzata la mediazione privata, con piena legittimazione delle agenzie private di collocamento a svolgere attività di mediazione tra domanda e offerta di lavoro. Sul versante pubblico, la riforma ha attuato il decentramento dei servizi per l'impiego riconoscendo allo Stato un ruolo generale di indirizzo, promozione e coordinamento e, al contempo, attribuendo alle Regioni i compiti relativi al collocamento e alle politiche attive.

L'apertura dell'ordinamento nei confronti dei privati è stata portata a compimento con il d.lgs. 276/2003 che ha consentito alle agenzie per il lavoro, in possesso di determinati requisiti e previa autorizzazione del Ministero del lavoro, di svolgere attività di intermediazione, ricerca e selezione del personale, somministrazione di lavoro a tempo determinato e a tempo indeterminato (cfr., *infra*, cap. 15, § 5), supporto alla ricollocazione professionale. Il d.lgs. 276/2003 ha poi notevolmente ampliato il numero dei soggetti abilitati allo svolgimento dell'attività di intermediazione tra domanda e offerta di lavoro, annoverando fra questi anche le università pubbliche e private, i Comuni, le Camere di commercio, gli istituti di scuola secondaria di secondo grado, le associazioni dei datori di lavoro e lavoratori comparativamente più rappresentative sul piano nazionale, gli enti bilaterali.

2. *Il sistema delle politiche attive del lavoro: soggetti e funzioni*

Con il d.lgs. 150/2015, emanato in attuazione della l. delega 183/2014, la struttura dei servizi per il lavoro e delle politiche attive è stata globalmente ridefinita allo scopo "di garantire la fruizione di servizi essenziali in materia di politica attiva del lavoro su tutto il territorio nazionale, nonché di assicurare l'esercizio unitario delle relative funzioni amministrative" (art. 1 c. 3). Il decreto opera un riordino della materia dei servizi per il lavoro, confermando un sistema misto pubblico-privato di mediazione e di collocamento dei lavoratori. Agli operatori pubblici e agli operatori privati è affidato, infatti, il compito sia di intermediare domanda e offerta di lavoro, sia di promuovere l'occupazione dei lavoratori attraverso un insieme di strategie, interventi e azioni che vanno sotto il nome di politiche attive del lavoro. La finalità dell'intervento normativo è, in sostanza, quella di realizzare un moderno ed efficiente modello organizzativo, mettendo in grado le strutture pubbliche, anche in cooperazione con le strutture private, da un lato di esercitare validamente la tradizionale funzione di intermediazione tra domanda e offerta di lavoro; dall'altro di offrire il supporto necessario per la ricollocazione dei lavoratori.

A tale scopo è stata creata la rete dei servizi per le politiche del lavoro (art. 1 c. 4), che ha il fine dichiarato di promuovere "l'effettività dei diritti al lavoro, alla formazione e all'elevazione professionale previsti dagli articoli 1, 4, 35 e 37 della Costituzione ed il diritto di ogni individuo di accedere a servizi di collocamento gratuito, di cui all'art. 29 della Carta dei diritti fondamentali dell'Unione europea". Tale scopo si realizza mediante interventi e servizi volti a migliorare l'efficienza del mercato del lavoro, assicurando ai datori di lavoro il soddisfacimento dei bisogni di competenze e ai lavoratori il sostegno nell'inserimento o nel reinserimento al lavoro (art. 1 c. 3).

La rete è costituita da soggetti pubblici e privati, ossia dall'Agenzia nazionale per le politiche attive del lavoro (ANPAL), istituita dallo stesso decreto, dagli uffici territoriali, denominati Centri per l'impiego, istituti dalle Regioni e dalle Province autonome, dall'INPS, dall'INAIL, dalle agenzie per il lavoro private, dai soggetti autorizzati all'attività di intermediazione e da quelli accreditati ai servizi per il lavoro, dai fondi interprofessionali per la formazione continua, dai fondi bilaterali per la formazione e l'integrazione del reddito, dall'INAPP – Istituto nazionale per l'analisi delle politiche pubbliche –, da Italia lavoro S.p.A., dalle Camere di commercio, industria, artigianato e agricoltura, dalle università e dagli istituti secondari di secondo grado (art. 1 c. 2).

Il coordinamento delle funzioni proprie della rete è affidato all'ANPAL, un organismo autonomo e indipendente che opera sotto la vigilanza del Ministero del lavoro e delle politiche sociali ed è sottoposto al controllo contabile della Corte dei Conti (art. 4 c. 3). L'art. 9 del d.lgs. 150/2015 assegna, infatti, all'ANPAL compiti di coordinamento, consulenza e gestione, la profilazione degli utenti, la determinazione dei costi *standard* e i criteri di accreditamento degli operatori privati. Queste competenze si affiancano a quelle delle Regioni, che mantengono i propri sistemi di accreditamento e di relazione con gli operatori privati e la programmazione delle politiche attive per il lavoro.

Tra i compiti dell'ANPAL rientra anche la realizzazione del portale unico per la registrazione alla rete dei servizi per le politiche del lavoro, nonché di un sistema informativo unitario delle politiche del lavoro che raggruppi il patrimonio informativo comune in possesso dell'INPS, dell'INAIL, delle Regioni, etc., per lo svolgimento dei rispettivi compiti istituzionali (art. 13). Tali informazioni costituiscono il materiale per la formazione e il rilascio del fascicolo elettronico del lavoratore, contenente tutti i dati relativi ai percorsi educativi e formativi, ai periodi lavorativi, alla fruizione di provvidenze pubbliche e ai versamenti contributivi, ai fini della fruizione di ammortizzatori sociali o di altri servizi. Il fascicolo è liberamente accessibile, a titolo gratuito, mediante metodi di lettura telematica, da parte dei singoli soggetti interessati, secondo modalità stabilite dall'ANPAL (art. 14).

È necessario, peraltro, segnalare che l'art. 3 d.l. 75/2023 ha avviato un'importante riorganizzazione del Ministero del lavoro e delle politiche sociali. Fra le altre cose, è stato previsto l'assorbimento, da parte del Ministero, di tutte le competenze attribuite all'ANPAL. Sarà un d.P.C.M., da emanarsi entro il 30.10.2023, a disciplinare tale passaggio di competenze, con la conseguente soppressione dell'agenzia.

Nella riorganizzazione del mercato del lavoro operata dal d.lgs. 150/2015 lo Stato, le Regioni e le Province autonome hanno il fondamentale ruolo di indirizzo politico e di coordinamento; l'art. 1 del decreto affida l'indirizzo politico in materia di politiche attive per il lavoro al Ministro del lavoro e delle politiche sociali, alle Regioni e alle Province autonome, per le parti di rispettiva competenza. Stato, Regioni e Province autonome, previa intesa in sede di Conferenza permanente per i rapporti tra lo Stato, le Regioni e le Province autonome, hanno il compito di individuare le strategie, gli obiettivi e le priorità della strategia nazionale in materia di politiche del lavoro, nonché in materia di collocamento delle persone disabili, mediante la fissazione di linee di indirizzo triennali e di obiettivi annuali.

In conformità con l'attuale assetto costituzionale (art. 117 Cost.), al Ministero del lavoro e delle politiche sociali è riservata l'individuazione dei livelli essenziali delle prestazioni che devono essere erogate su tutto il territorio nazionale. Il decreto individua come livelli essenziali delle prestazioni l'organizzazione dei Centri per l'impiego e le misure di politica attiva, il patto di servizio personalizzato e l'erogazione dell'assegno di ricollocazione (art. 28). Al Ministero compete, inoltre, la verifica e il controllo che i livelli essenziali di tali prestazioni siano rispettati, l'effettuazione del monitoraggio delle politiche occupazionali e del lavoro e il potere di indirizzo e vigilanza sull'ANPAL (art. 3 c. 1).

Alle Regioni e alle Province autonome sono demandate concretamente l'erogazione dei servizi per il lavoro e l'attuazione delle misure di politica attiva del lavoro mediante uffici territoriali denominati Centri per l'impiego (art. 11).

Allo scopo di garantire i livelli essenziali di prestazione su tutto il territorio nazionale è previsto che il Ministero del lavoro e delle politiche sociali stipuli, con ogni Regione e con le Province autonome di Trento e Bolzano, una convenzione finalizzata a regolare i rapporti e gli obblighi reciproci in materia di servizi per il lavoro. In particolare, le convenzioni devono prevedere l'attribuzione alle Regioni e alle Province autonome delle funzioni e dei compiti amministrativi in materia di politiche attive del lavoro, tramite i Centri per l'impiego; l'individuazione, da parte delle strutture regionali, di misure di attivazione dei beneficiari di ammortizzatori sociali residenti nel territorio della Regione o Provincia autonoma; la disponibilità di servizi e misure di politica attiva del lavoro a tutti i residenti sul territorio italiano; l'attribuzione alle Regioni dei servizi per il collocamento dei disabili di cui alla l. 68/1999 (cfr. *infra*, § 4). Tali attività possono essere garantite con affidamento a soggetti privati accreditati o direttamente all'ANPAL, quando sia previsto dalla convenzione.

Alle Regioni e alle Province autonome restano, inoltre, affidate le competenze in materia di programmazione delle politiche attive del lavoro e, in particolare, il compito di identificare la strategia regionale per l'occupazione e di accreditare gli enti di formazione, nell'ambito dei criteri definiti con intesa in sede di Conferenza permanente per i rapporti tra lo Stato, le Regioni e le Provincie autonome (art. 3 c. 4 e art. 11 c. 3).

3. *Il sistema delle politiche attive del lavoro: servizi e misure*

Ai Centri per l'impiego costituiti, come detto, dalle Regioni e dalle Province autonome è demandato il compito di svolgere "servizi e misure di politica attiva del lavoro" allo scopo di costruire i percorsi più adeguati all'inserimento e al reinserimento nel mercato del lavoro (art. 18). Tali servizi sono individuati, in via esemplificativa e non esaustiva: nell'orientamento di base; nell'orientamento specialistico e individualizzato mediante l'analisi degli eventuali fabbisogni in termini di formazione, esperienza di lavoro e altre misure di politica attiva del lavoro; nell'avviamento ad attività di formazione ai fini della qualificazione e riqualificazione professionale; nell'accompagnamento al lavoro e nella promozione di esperienze lavorative; nella gestione di incentivi al lavoro autonomo e alla mobilità territoriale; nella gestione di strumenti finalizzati alla conciliazione dei tempi di lavoro con gli obblighi di cura nei confronti di minori o di soggetti non autosufficienti; nella promozione di prestazioni di lavoro socialmente utili. Il percorso disegnato dalla norma in esame prevede l'orientamento anche per l'autoimpiego e l'autoimprenditorialità, nonché la gestione di incentivi all'attività di lavoro autonomo.

Detti servizi possono essere erogati anche in forma integrata, mediante il coinvolgimento di soggetti privati accreditati; l'utente, pertanto, può scegliere di rivolgersi o al soggetto pubblico o al soggetto privato accreditato, essendo entrambi questi soggetti tenuti a erogare i servizi minimi obbligatori garantiti dalla norma di legge secondo costi *standard* indicati dall'ANPAL. Tali servizi costituiscono, infatti, livelli essenziali di prestazioni, e sono oggetto di specifici diritti in favore degli utenti. Gli stessi servizi possono essere erogati dall'ANPAL mediante la stipula di apposite convenzioni con le Regioni.

I destinatari dei servizi e delle misure di politica attiva del lavoro sono i lavoratori disoccupati (art. 19 c. 1), i lavoratori a rischio di disoccupazione (art. 19 c. 4) e i beneficiari di sostegno al reddito anche in costanza di rapporto di lavoro (artt. 21 e 22).

Sono considerati disoccupati i lavoratori privi d'impiego che dichiarano, in forma telematica al sistema informativo unitario delle politiche del lavoro, la propria immediata disponibilità non soltanto allo svolgimento di un'attività lavorativa, ma anche alla partecipazione alle misure di politica attiva del lavoro concordate con i Centri per l'impiego. Alla dichiarazione di immediata disponibilità è equiparata, *ex* art. 21 c. 1, la presentazione della domanda di corresponsione della Nuova Assicurazione Sociale per l'Impiego (NASpI), dell'indennità di disoccupazione per i lavoratori con rapporto di collaborazione (DIS-COLL) o della domanda di indennità di mobilità.

Sono considerati lavoratori a rischio di disoccupazione i lavoratori che ricevono la comunicazione di licenziamento e che, allo scopo di accelerare la presa in carico da parte dei servizi, possono effettuare la dichiarazione di immediata disponibilità dal momento della ricezione della detta comunicazione anche in pendenza del periodo di preavviso.

I beneficiari di strumenti di sostegno al reddito in costanza di rapporto di lavoro sono i lavoratori il cui orario di lavoro sia stato ridotto in misura superiore al 50% nell'arco di un periodo di 12 mesi per effetto dell'attuazione di una procedura di sospensione o riduzione dell'attività lavorativa per integrazione salariale, contratto di solidarietà o intervento dei fondi di solidarietà bilaterali.

Lo stato di disoccupazione deve essere confermato con la stipulazione con il Centro per l'impiego del patto di servizio personalizzato, in cui sono indicati i diritti e gli obblighi delle parti stipulanti. Il patto deve contenere quantomeno gli elementi individuati dall'art. 20 del decreto, ossia l'indicazione di un responsabile delle attività, la definizione del profilo personale di occupabilità, la definizione degli atti di ricerca attiva che devono essere compiuti, la frequenza dei contatti con il responsabile delle attività, le modalità con cui la ricerca attiva di lavoro è dimostrata al responsabile delle attività. Nel patto il lavoratore disoccupato deve, inoltre, dichiarare di essere disponibile a partecipare a iniziative per il rafforzamento delle competenze nella ricerca attiva di lavoro, a iniziative di carattere formativo e di riqualificazione nonché ad accettare offerte di lavoro congrue.

L'offerta di lavoro congrua viene determinata con decreto del Ministro del lavoro sulla base dei principi stabiliti dall'art. 25 d.lgs. 150/2015; ai sensi di tale disposizione, la definizione di congrua offerta di lavoro deve tener contro dei seguenti elementi: "coerenza con le esperienze e le competenze maturate; distanza dal domicilio e tempi di trasferimento mediante mezzi di trasporto pubblico; durata della disoccupazione; retribuzione superiore di almeno il 20% rispetto al trattamento di disoccupazione percepito nell'ultimo mese precedente".

Stipulato il patto, il Centro per l'impiego deve verificare il comportamento attivo del disoccupato e deve erogare le prestazioni essenziali all'attivazione in esso indicate.

Nel caso in cui il disoccupato benefici di una prestazione di sostegno al reddito sono previsti ulteriori obblighi a suo carico, dato che egli può essere convocato nei giorni feriali dai competenti servizi per il lavoro con preavviso di almeno 24 ore e non più di 72 ore.

L'inosservanza degli obblighi assunti col patto determina l'applicazione di sanzioni che vanno dalla decurtazione di parte del trattamento economico, nel caso in cui il beneficiario senza giustificato motivo ometta di presentarsi alle convocazioni o agli appuntamenti fissati o alle iniziative di orientamento, fino alla decadenza dello stato di disoccupazione e alla conseguente perdita dell'intera prestazione nel caso di recidiva. In caso di mancata partecipazione, in assenza di giustificato motivo, alle iniziative di carattere formativo o di riqualificazione o ad altra misura di politica attiva del lavoro, ovvero in caso di mancata accettazione di un'offerta di lavoro congrua, è prevista la decadenza dalla prestazione e dallo stato di disoccupazione.

Anche per i lavoratori beneficiari di strumenti di sostegno al reddito in costanza di rapporto di lavoro è prevista la possibilità (e non l'obbligo) di stipulare un patto di servizio personalizzato che, in questo caso, ha l'obiettivo di mantenere o sviluppare le competenze in vista della conclusione della procedura di sospensione o riduzione dell'attività lavorativa (art. 22 cc. 1, 2 e 3).

4. *Il collocamento mirato delle persone con disabilità*

Particolare rilevanza etica e sociale è rivestita dal collocamento mirato dei disabili, con cui viene data attuazione al precetto dell'art. 38 c. 3 Cost., che stabilisce che "gli inabili e i minorati hanno diritto all'educazione e all'avviamento professionale". Inoltre, la Convenzione delle Nazioni Unite sui diritti delle persone con disabilità, ratificata con l. 18/2009, riconosce il diritto al lavoro come uno dei diritti fondamentali che deve essere garantito alle persone con disabilità, in condizioni di parità (art. 27); a sua volta, la direttiva 2000/78/CE del Consiglio dell'Unione europea del 27.11.2000, sulla parità di trattamento in materia di occupazione e di condizioni di lavoro, attuata con d.lgs. 216/2003, stabilisce che "per garantire il rispetto del principio della parità di trattamento dei disabili, sono previste soluzioni ragionevoli. Ciò significa che il datore di lavoro prende i provvedimenti appropriati, in funzione delle esigenze delle situazioni concrete, per consentire ai disabili di accedere ad un lavoro, di svolgerlo o di avere una promozione o perché possano ricevere una formazione, a meno che tali provvedimenti richiedano da parte del datore di lavoro un onere finanziario sproporzionato. Tale soluzione non è sproporzionata allorché l'onere è compensato in modo sufficiente da misure esistenti nel quadro della politica dello Stato membro a favore dei disabili" (art. 5).

La materia, dopo essere stata a lungo regolamentata dalla l. 482/1968, è stata rivisitata dalla l. 68/1999, che ha sostituito le disposizioni "cardine" della precedente normativa che obbligavano i datori di lavoro ad assumere e mantenere in servizio un numero di soggetti protetti in proporzione al numero dei lavoratori occupati (sulla legittimità di tale obbligo v. C. Cost. 15.6.1960 n. 38; C. Cost. 29.9.1983 n. 279), e che resta la fonte di regolamentazione della materia, nell'ambito di un intervento di semplificazione e di razionalizzazione.

La l. 68/1999, ulteriormente modificata da un intervento di razionalizzazione a opera del d.lgs. 151/2015, promuove l'inserimento e l'integrazione lavorativa delle persone disabili nel mondo del lavoro attraverso servizi di sostegno e collocamento mirato. Per collocamento mirato si intende l'insieme "di strumenti tecnici e di supporto che permettono di valutare adeguatamente le persone con disabilità nelle loro capacità lavorative e di inserirle nel posto adatto, attraverso analisi di posti di lavoro, forme di sostegno, azioni positive e soluzione dei problemi connessi con gli ambienti, gli strumenti e le relazioni interpersonali sui luoghi quotidiani di lavoro e di relazione" (art. 2). A tal fine, l'art. 1 del d.lgs. 151/2015 rinvia la definizione delle linee guida del collocamento mirato all'emanazione di uno o più decreti del Ministro del lavoro, fissando tuttavia alcuni principi generali quali la promozione di una rete con i servizi sociali, sanitari, educativi e formativi del territorio; la promozione di accordi territoriali con le organizzazioni sindacali dei lavoratori e dei datori di lavoro e le cooperative sociali; l'individuazione di modalità di valutazione della disabilità; l'analisi delle caratteristiche dei posti di lavoro da assegnare alle persone con disabilità.

Sono considerati disabili e possono, quindi, essere iscritti nelle apposite liste del collocamento mirato le persone in età lavorativa affette da minorazioni fisiche, psichiche o sensoriali e i portatori di handicap intellettivo con riduzione della capacità lavorativa superiore al 45% accertata dalle competenti commissioni sanitarie; le persone invalide del lavoro con un grado di invalidità superiore al 33%; le persone non vedenti e sordomute; le persone invalide di guerra, militari e civili, con minorazioni ascritte dalla prima all'ottava categoria di cui alle tabelle annesse al testo unico delle norme in materia di pensioni di guerra; le persone la cui capacità di lavoro in occupazione confacenti alle attitudini sia ridotta a meno di un terzo.

L'obbligo di assunzione è imposto a tutti i datori di lavoro pubblici e privati che occupino più di 15 dipendenti nelle seguenti misure: a) un lavoratore per i datori di lavoro che occupano da 15 a 35 dipendenti; b); 2 lavoratori per i datori di lavoro che impiegano da 36 a 50 dipendenti; c) il 7% dei lavoratori occupati per i datori di lavoro che occupano più di 50 dipendenti. In relazione a specifiche situazioni sono previsti casi di esclusione o di esonero parziale dell'obbligo di assunzione; inoltre, l'obbligo di assunzione è temporaneamente sospeso nei confronti delle imprese che abbiano ottenuto interventi di integrazione salariale o che abbiano avviato una procedura di mobilità.

Ai fini dell'assolvimento dell'obbligo possono essere computati nella quota di riserva anche i lavoratori già disabili prima della costituzione del rapporto di lavoro, anche se non assunti tramite il collocamento obbligatorio, a condizione che la riduzione della loro capacità lavorativa sia pari o superiore al 60% o soffrano di minorazioni specificatamente individuate o di una disabilità intellettiva e psichica con riduzione della capacità lavorativa superiore al 45% (art. 4 c. 3-*bis* l. 68/1999, introdotto dal d.lgs. 151/2015 e modificato dal d.lgs. 185/2016).

Non sono, invece, computabili nella quota di riserva i lavoratori che diventino inabili allo svolgimento delle proprie mansioni in conseguenza di infortunio o malattia, nel caso in cui abbiano subìto una riduzione della capacità lavorativa inferiore al 60% e in tutti i casi in cui l'inabilità sia stata causata dall'inosservanza da parte del datore di lavoro delle norme in materia di igiene e sicurezza sul lavoro.

Nel caso in cui il datore di lavoro abbia più unità produttive, o qualora l'impresa faccia parte di un gruppo, è ammessa la compensazione tra il numero dei disabili assunti in ciascuna unità produttiva o impresa, cosicché il datore di lavoro è ammesso a portare eventuali eccedenze a compensazione del minor numero di lavoratori disabili assunti presso altra unità produttiva o altra impresa dello stesso gruppo (art. 9 cc. 8, 8-*bis* e 8-*ter*, come sostituito dal d.lgs. 151/2015).

Le persone disabili che risultino disoccupate e aspirino a un'occupazione conforme alle loro capacità lavorative devono iscriversi nelle apposite liste tenute dai Centri per l'impiego; per ciascuna persona iscritta viene definito un profilo funzionale, con le capacità lavorative, le abilità, le competenze e le inclinazioni, nonché la natura e il grado della minorazione.

Per quanto riguarda le modalità di assunzione, è prevista la facoltà per il datore di lavoro della richiesta nominativa per tutte le assunzioni da effettuare (art. 6 d.lgs. 151/2015). Tale richiesta può essere preceduta dalla domanda agli uffici competenti di effettuare una preselezione tra i soggetti aventi diritto che aderiscano alla specifica occasione di lavoro, sulla base delle qualifiche e secondo le modalità concordate dagli uffici con il datore di lavoro.

Soltanto nel caso di mancata assunzione entro il termine di 60 giorni dal momento in cui è sorto l'obbligo di assunzione gli uffici competenti avviano al lavoro un disabile in possesso della qualifica richiesta o di altra qualifica concordata con il datore di lavoro. A tal fine, è fatto obbligo al datore di lavoro di inviare, con cadenza annuale, un prospetto dal quale risultino il numero dei lavoratori occupati, il numero e i nominativi dei lavoratori computabili nella quota e i posti e le mansioni disponibili per l'assunzione obbligatoria.

In alternativa, il datore di lavoro può ricorrere allo strumento della convenzione, ossia concordare con gli uffici competenti un programma mirato al compimento degli obiettivi occupazionali stabiliti dalla legge definendo tempi e modalità delle assunzioni che egli si impegna ad effettuare. Tra le modalità convenute vi possono essere anche lo svolgimento di tirocini con finalità formative o di orientamento, l'assunzione con contratto di lavoro a termine, lo svolgimento di periodi di prova più ampi di quelli previsti dal contratto collettivo.

La violazione degli obblighi di assunzione è punita con l'applicazione di sanzioni amministrative.

Al lavoratore disabile è riconosciuto il diritto all'applicazione del normale trattamento economico e normativo previsto dalla legge e dai contratti collettivi (art. 10 c. 1). Il datore di lavoro, comunque, non può chiedere al disabile una prestazione non compatibile con le sue minorazioni. Nel caso di aggravamento delle condizioni di salute o di significative modificazioni dell'organizzazione del lavoro, il disabile ha diritto alla sospensione non retribuita del rapporto di lavoro finché l'incompatibilità persiste. Soltanto se l'apposita commissione prevista dalla legge accerti che, pur attuando i possibili adattamenti dell'organizzazione di lavoro, vi è la definitiva impossibilità di reinserire il disabile all'interno dell'impresa, il rapporto di lavoro può essere risolto. Inoltre, al datore di lavoro non è consentito il licenziamento del disabile per riduzione di personale o per giustificato motivo oggettivo qualora il numero dei rimanenti dipendenti, occupati obbligatoriamente, sia inferiore alla quota di riserva.

5. *L'accesso al lavoro degli stranieri*

Una specifica disciplina è prevista per l'ingresso e il soggiorno in Italia per motivi di lavoro dei cittadini degli Stati che non fanno parte dell'Unione europea.

Per i cittadini dell'Unione, infatti, vige il principio della libera circolazione, che implica il diritto di rispondere a offerte di lavoro, di spostarsi a tal fine liberamente all'interno dell'Unione e di stabilirsi nel territorio degli Stati membri al fine di svolgervi un'attività lavorativa (art. 45 TFUE; direttiva 2004/38/CE; regolamento 492/2011). Il principio di libera circolazione dei lavoratori soffre le limitazioni giustificate da motivi di ordine pubblico, pubblica sicurezza e sanità pubblica; inoltre, non trova applicazione per gli impieghi alle dipendenze della pubblica amministrazione che implicano la partecipazione, diretta o indiretta, all'esercizio dei pubblici poteri e alle mansioni che hanno a oggetto la tutela degli interessi generali dello Stato o delle altre collettività pubbliche (art. 45 c. 4 TFUE; CGUE 17.12.1980 C-149/79).

Per quanto attiene, invece, agli stranieri, intesi come cittadini di Paesi terzi, la speciale normativa che ne regola l'accesso al lavoro è contenuta nel d.lgs. 286/1998, c.d. Testo unico sull'immigrazione, più volte modificato nel corso degli anni (su tutte, dalla l. 189/2002, c.d. Bossi-Fini).

Il T.U. prevede anzitutto l'emanazione, ogni anno, da parte del Presidente del Consiglio dei ministri, e sulla base dei criteri generali indicati nel documento programmatico triennale (emanato con d.P.C.M., l'ultimo dei quali risale peraltro al triennio 2004-2006), di uno o più decreti con i quali vengono definite le quote d'ingresso (i c.d. decreti flussi), ossia il numero massimo di lavoratori stranieri che possono entrare in Italia per motivi di lavoro subordinato, anche stagionale, o autonomo (art. 3). All'interno delle quote sono generalmente previste delle quote di riserva per i cittadini dei Paesi con i quali l'Italia abbia sottoscritto appositi accordi bilaterali.

Il d.l. 20/2023 conv. l. 50/2023 ha previsto, fra le altre cose, per il triennio 2023-2025, in via sperimentale e in deroga a quanto disposto dall'art. 3 T.U., una programmazione triennale dei flussi di ingresso per motivi di lavoro, attraverso l'emanazione di un apposito d.P.C.M., con possibilità di adottare ulteriori decreti nel triennio (pur non discostandosi sensibilmente il nuovo meccanismo dall'attuale assetto della programmazione dei flussi di ingresso di cui al T.U.).

L'ingresso in Italia e l'accesso al lavoro (nello specifico, subordinato) dello straniero sono regolati da una precisa procedura (artt. 21 ss.).

Il datore di lavoro che vuole assumere uno straniero deve anzitutto verificare, presso il competente Centro per l'impiego, l'indisponibilità, adeguatamente documentata, di un lavoratore già presente sul territorio nazionale a occupare il posto di lavoro offerto e, all'esito negativo di tale verifica, può inoltrare allo Sportello unico sull'immigrazione, istituito presso la Prefettura, una richiesta nominativa o, eventualmente, anche numerica, di assunzione, al fine di ottenere il rilascio del nulla-osta all'assunzione.

La richiesta deve essere corredata, oltre che dalla documentazione attestante l'idoneità della sistemazione alloggiativa per il lavoratore straniero e dall'impegno da parte del datore di lavoro al pagamento delle spese di ritorno dello straniero nel Paese di provenienza, nel momento in cui l'impiego sarà cessato, dalla proposta di contratto di soggiorno per lavoro subordinato (art. 5-*bis*). Inoltre, la richiesta deve anche contenere l'asseverazione di cui all'art. 24-*bis*, che attesta l'osservanza delle prescrizioni del contratto collettivo applicabile e la congruità del numero di richieste di assunzione presentate.

Lo Sportello unico, nel termine complessivo di 60 giorni dalla presentazione dell'istanza, deve verificare la sussistenza dei requisiti previsti per l'ingresso. In caso positivo viene rilasciato il nulla-osta al lavoro, che deve essere inviato alla rappresentanza consolare italiana del Paese dove si trova ancora lo straniero al fine di consentirgli di chiedere il visto d'ingresso in Italia per lavoro subordinato. Nelle more della sottoscrizione del contratto di soggiorno per lavoro subordinato, l'autorizzazione al lavoro consente lo svolgimento dell'attività lavorativa nel territorio nazionale (art. 22 c. 6-*bis*).

Ottenuto il visto d'ingresso, lo straniero può entrare nel territorio italiano ed è tenuto a presentarsi insieme al datore di lavoro, entro 8 giorni, presso lo Sportello unico sull'immigrazione per la stipula del contratto di soggiorno, il quale è condizione per il rilascio, da parte della competente Questura, del permesso di soggiorno per motivi di lavoro subordinato, che ha durata non superiore a 9 mesi, per uno o più lavori stagionali, a un anno, se il contratto di lavoro è a tempo determinato, o a 2 anni, se il contratto di lavoro è a tempo indeterminato.

Per il lavoratore straniero già regolarmente presente sul territorio italiano in virtù di un titolo di soggiorno che consente l'esercizio di un'attività lavorativa non sono previste differenziazioni, riguardo alle modalità di assunzione, rispetto ai lavoratori italiani e dell'Unione europea.

Ai lavoratori stranieri, regolarmente soggiornanti, viene garantita la parità di trattamento e la piena uguaglianza dei diritti rispetto ai lavoratori italiani e dell'Unione europea.

La perdita del posto di lavoro, anche per dimissioni, non costituisce motivo di revoca del permesso di soggiorno, e il lavoratore straniero può iscriversi negli elenchi anagrafici dei Centri per l'impiego per il periodo di residua validità del permesso di soggiorno.

Per favorire l'emersione del lavoro irregolare nei soli settori dell'agricoltura, dell'assistenza alla persona con limitata autosufficienza e del lavoro domestico, il d.l. 34/2020 conv. l. 77/2020 (c.d. decreto rilancio) ha introdotto – nel contesto della crisi sanitaria ed economica dovuta alla pandemia da Covid-19 – un'ennesima procedura di sanatoria (l'ottava nel corso degli ultimi 25 anni) a beneficio dei cittadini stranieri irregolari, presenti sul territorio italiano alla data dell'8.3.2020, già impiegati in attività di lavoro in tali settori. L'art. 103 di tale decreto ha previsto la possibilità che i datori di lavoro presentino, nel periodo dal 1.6.2020 al 15.8.2020, un'istanza per la stipulazione di un contratto di lavoro subordinato con cittadini stranieri presenti sul territorio nazionale ovvero per dichiarare la sussistenza di un rapporto di lavoro irregolare in corso in uno dei settori individuati, indicando la durata del contratto di lavoro e la retribuzione convenuta, non inferiore a quella prevista dal CCNL di riferimento stipulato dalle organizzazioni sindacali comparativamente più rappresentative sul piano nazionale.

Dai dati ufficiali relativi allo stato di avanzamento dell'esame delle domande di regolarizzazione emergono gravi ritardi e lunghi tempi di finalizzazione, principalmente dovuti alle numerose criticità della disposizione e alle molteplici difficoltà emerse a livello amministrativo.

Capitolo 6

Il contratto di lavoro e il ruolo dell'autonomia individuale

di Riccardo Diamanti

SOMMARIO: 1. La causa e l'oggetto del contratto. – 2. Le parti. – 3. La forma e il contenuto. – 4. Il patto di prova. – 5. I vizi. – 6. Il ruolo dell'autonomia individuale e il regime delle rinunce e transazioni aventi ad oggetto diritti del lavoratore.

1. *La causa e l'oggetto del contratto*

Il contratto di lavoro è un contratto a prestazioni corrispettive e a titolo oneroso, per mezzo del quale un lavoratore e un datore di lavoro si obbligano reciprocamente, nella sostanza, a scambiare lavoro contro retribuzione.

La causa del contratto di lavoro consiste proprio in questo scambio, che ha ad oggetto più precisamente un'obbligazione di fare (la messa a disposizione delle proprie energie lavorative da parte del prestatore di lavoro: cfr. *infra*, cap. 4, § 2) e una di dare (la corresponsione della retribuzione da parte del datore di lavoro: cfr. *infra*, cap. 9).

Le suddette prestazioni, pertanto, rappresentano l'oggetto essenziale del contratto di lavoro. Affinché il contratto sia valido, esse devono essere possibili, determinate (o determinabili) e lecite.

L'obbligazione che sorge in capo al lavoratore, in particolare, ha ad oggetto le mansioni che il datore di lavoro assegna al proprio dipendente in fase di stipula del contratto di lavoro o successivamente durante lo svolgimento del rapporto tramite l'esercizio del potere direttivo (cfr. *infra*, cap. 8, § 2). I compiti assegnati determinano la qualifica professionale del lavoratore, da cui dipende il suo inquadramento nelle categorie legali (art. 2095 c.c.) e dei contratti collettivi (cfr. *infra*, cap. 8, § 2.1). Dall'inquadramento discende, poi, il trattamento economico e normativo applicabile al prestatore di lavoro e, dunque, in definitiva, il contenuto dell'obbligazione retributiva che contestualmente sorge in capo al datore di lavoro.

Posto che quelli indicati costituiscono gli obblighi essenziali del contratto, che ne identificano l'oggetto, vi sono poi tutta un'altra serie di obblighi reciproci discendenti dal contratto stesso (ad esempio, l'obbligo di sicurezza, che è posto in capo al datore di lavoro).

Il contratto di lavoro è un contratto di durata poiché l'esecuzione delle due prestazioni principali è continuata nel tempo, a prescindere dalla circostanza che esso sia stipulato a tempo indeterminato o determinato.

2. *Le parti*

Le parti del contratto di lavoro sono: il datore di lavoro e il lavoratore.

Il datore di lavoro può essere sia una persona fisica, sia una persona giuridica. Esso può essere un imprenditore o un non imprenditore secondo quanto previsto dall'art. 2239 c.c. (cfr. *retro*, cap. 4, § 2). Esso può avere, infine, natura pubblica o privata.

Talune caratteristiche del datore di lavoro influiscono sulla regolazione dei rapporti di lavoro che su di lui insistono; a titolo di esempio, sono determinanti le dimensioni dell'organico aziendale per stabilire il regime di tutela applicabile al lavoratore in caso di licenziamento illegittimo o perché trovi applicazione la normativa di sostegno all'attività sindacale, ma anche perché il datore di lavoro possa godere di alcuni benefici come l'intervento della cassa integrazione guadagni o, ancora, perché esso sia obbligato a confrontarsi con i soggetti sindacali nella gestione di vicende particolari come un licenziamento collettivo o un trasferimento d'azienda.

Vi sono, poi, alcune categorie di datori di lavoro che, in ragione della peculiare attività che svolgono, sono destinatari di regole speciali. È il caso, ad esempio, dei datori di lavoro che operano nel settore agricolo o degli esercenti servizi pubblici di trasporto.

La successione di un datore di lavoro a un altro nell'esercizio dell'impresa, per atto tra vivi o *mortis causa*, non determina l'interruzione del rapporto di lavoro, che si trasferisce in modo automatico dall'uno all'altro.

Al lavoratore si applicano le regole generali in materia di capacità giuridica e di capacità di agire, sia pure con alcune particolarità dettate dalla specificità della materia.

Così, in relazione alla capacità di agire, l'art. 2 c. 1 c.c. stabilisce che la stessa si acquisti alla maggiore età, vale a dire al compimento dei 18 anni, fatte salve le "leggi speciali che stabiliscono un'età inferiore in materia di capacità a prestare il proprio lavoro" e ammettendo il minore a esercitare i "diritti e le azioni che dipendono dal contratto di lavoro" (art. 2 cc. 2 e 3, introdotti dalla l. 39/1975).

Con l. 977/1967 l'età minima per l'accesso al lavoro è fissata *per relationem* al momento della conclusione del periodo di istruzione obbligatoria (e quindi, a oggi, al compimento dei 16 anni), e comunque essa non può essere inferiore ai 15 anni compiuti. Quest'ultimo limite di età si ritrova anche nella Convenzione OIL 138/1973, resa esecutiva in Italia con l. 157/1981.

Al compimento dei 16 anni si ritiene che il minore acquisisca la capacità giuridica c.d. secondaria, che si identifica con la possibilità di esercitare azioni collegate al rapporto di lavoro, nonché quella primaria, cioè la possibilità di stipulare contratti di lavoro che non devono essere siglati dal tutore.

L'Ispettorato territoriale del lavoro, con il consenso scritto dei titolari della potestà genitoriale, può tuttavia autorizzare l'impiego di minori in attività lavorative di natura artistica, culturale, sportiva, pubblicitaria e dello spettacolo, "purché si tratti di attività che non pregiudicano la sicurezza, l'integrità psicofisica e lo sviluppo del minore, la frequenza scolastica o la partecipazione a programmi di orientamento o di formazione professionale" (art. 4 c. 2 l. 977/1967).

Il lavoratore è tenuto a svolgere personalmente la prestazione lavorativa, secondo quanto si ricava – come si è visto – dall'art. 2094 c.c. (cfr. *retro*, cap. 4, § 2), e non può farsi sostituire da altri, a meno di accordi in tal senso con il datore di lavoro. Ciò in ragione della particolare rilevanza che la persona del lavoratore assume nella relazione contrattuale (c.d. *intuitus personae*), che si traduce nel rilievo assegnato all'elemento fiduciario. La fiducia è direttamente proporzionale alla posizione che il lavoratore assume nella scala gerarchica aziendale, crescendo esponenzialmente con l'importanza delle mansioni a esso assegnate.

Con il decesso del lavoratore il rapporto cessa, fermi restando i diritti successori per le competenze non corrisposte e quelli direttamente attribuibili ad alcuni familiari *iure proprio*.

3. *La forma e il contenuto*

Il contratto di lavoro ha forma libera, e ciò in dottrina è riconosciuto unanimemente.

Tuttavia, esistono molte eccezioni alla regola della libertà della forma. In particolare, molti contratti di lavoro non *standard* richiedono la forma scritta *ad substantiam* con riguardo alla clausola che contiene l'elemento caratterizzante il contratto stesso: si pensi, ad esempio, al caso del contratto a termine e di somministrazione, o a quello del contratto di apprendistato (cfr. *infra*, cap. 15, §§ 2, 5 e 6). Parimenti, è richiesta la forma scritta *ad substantiam* in relazione ad alcune clausole accessorie che, tendenzialmente, risultano peggiorative delle condizioni del lavoratore (ad esempio, il patto di prova di cui all'art. 2096 c.c. o il patto di non concorrenza di cui all'art. 2125 c.c.: cfr. *infra*, § 4 e cap. 7, § 4). In altri casi, invece, la forma scritta è richiesta solo *ad probationem*, ad esempio nel contratto a tempo parziale e nel contratto di lavoro intermittente (cfr. *infra*, cap. 15, §§ 3-4).

Il datore di lavoro è tenuto a informare il lavoratore del contenuto del contratto (d.lgs. 152/1997, che attua la direttiva 91/533/CE; ma v. anche l'art. 4-*bis* d.lgs. 181/2000, modificato dalla l. 133/2008).

Tali informazioni riguardano: l'identità delle parti, il luogo di lavoro (o, in alternativa, l'indicazione che il lavoratore è occupato in luoghi diversi), la sede o il domicilio del datore di lavoro, la data di inizio del rapporto, la durata del rapporto (con l'indicazione se è a tempo indeterminato o determinato), l'esistenza di un periodo di prova (ove previsto), l'orario di lavoro, l'inquadramento del lavoratore, il livello retributivo, la qualifica o, in ogni caso, la descrizione sommaria del lavoro, la periodicità dei pagamenti e l'indicazione della retribuzione iniziale, la durata delle ferie e le modalità di determinazione e fruizione delle stesse, il termine di preavviso in caso di recesso.

Sul punto è nuovamente intervenuto il legislatore che, con il d.lgs. 104/2022 (in attuazione della direttiva 2019/1152/UE), ha dettato una nuova disciplina in materia di obblighi informativi e condizioni trasparenti e prevedibili. Pertanto, alle informazioni sopra indicate se ne aggiungono delle altre e il datore di lavoro ha l'obbligo di comunicare anche i contenuti della formazione destinata al lavoratore, la durata delle ferie e dei congedi retribuiti, le condizioni per modificare i turni lavorativi e gli istituti previdenziali e assicurativi cui sono versati i contributi. Ulteriori obblighi informativi sono previsti, poi, nel caso di prestazioni lavorative rese all'estero (dovranno essere precisati: la retribuzione, la valuta, le condizioni per il rimpatrio e il sito istituzionale dello stato ospitante dal quale attingere le informazioni) o per i rapporti in cui la prestazione si svolga con modalità organizzative non prevedibili (dovranno essere indicati: la variabilità della programmazione, i giorni e le ore di lavoro, il preavviso spettante prima dell'inizio della prestazione e il termine entro cui la richiesta di lavoro può essere annullata). La normativa, inoltre, introduce obblighi specifici di informazione nel caso in cui il datore di lavoro utilizzi sistemi decisionali o di monitoraggio automatizzati. Con riguardo ai sistemi decisionali, il datore di lavoro è tenuto a informare il lavoratore quando la disciplina della vita lavorativa del dipendente, o suoi particolari aspetti rilevanti, siano interamente rimessi all'attività decisionale di sistemi automatizzati, mediante l'utilizzo di algoritmi o di intelligenza artificiale. Con riguardo alla sorveglianza, fermo restando il rispetto della disciplina in tema di controlli a distanza (cfr. *infra*, cap. 8, § 3.2), il datore deve informare il lavoratore anche circa gli scopi dei sistemi, il loro funzionamento e il relativo livello di sicurezza.

Da ultimo, il d.l. 48/2023 conv. l. 85/2023 ha stabilito che le informazioni relative a orario di lavoro, periodo di prova, congedi, ferie e retribuzione, formazione, preavviso, programmazione del lavoro, e quelle destinate agli enti che ricevono i contributi previdenziali e assicurativi, possono essere indicate facendo riferimento alla normativa specifica o al CCNL.

Le informazioni devono essere fornite al lavoratore per iscritto in formato cartaceo o elettronico, prima dell'inizio della prestazione lavorativa o, al massimo, entro i sette giorni successivi.

Quest'obbligo può essere assolto con la consegna del contratto di lavoro redatto in forma scritta, di una lettera di assunzione (da considerarsi sinonimi nel linguaggio comune) o di ogni altro documento scritto quale, ad esempio, la copia della comunicazione di assunzione preventiva (c.d. comunicazione UniLav) che il datore di lavoro è tenuto a inviare al Ministero del lavoro in via telematica entro le ore 24 del giorno che precede quello di instaurazione del rapporto di lavoro. La violazione degli obblighi di informazione è punita con una sanzione amministrativa pecuniaria di importo variabile a seconda del tipo di violazione (art. 19 c. 2 d.lgs. 276/2003).

Qualora gli elementi del contratto vengano modificati dopo l'assunzione e non si tratti di un effetto automatico delle disposizioni legislative o della contrattazione collettiva, il lavoratore ha diritto a esserne informato entro il primo giorno di decorrenza degli effetti della modifica.

Il datore di lavoro deve anche tenere il "libro unico del lavoro", iscrivendovi i lavoratori subordinati (e i collaboratori coordinati e continuativi) e annotandovi le retribuzioni nette, le presenze, per i lavoratori subordinati l'orario di lavoro svolto con le ore di lavoro ordinario e straordinario, etc. (artt. 39-40 l. 133/2008 e art. 15 l. 151/2015, che ne prevede la tenuta con modalità telematica). Anche l'inosservanza di questi obblighi è sanzionata in via amministrativa.

4. *Il patto di prova*

Al contratto di lavoro può essere apposto un patto di prova (art. 2096 c.c.).

La funzione del patto di prova è quella di consentire da un lato al datore di lavoro di valutare le qualità professionali del lavoratore, e dall'altro al lavoratore di sperimentare la tipologia di lavoro che è chiamato a svolgere e l'ambiente in cui esso viene a inserirsi.

Affinché questa funzione sia soddisfatta, "l'imprenditore ed il prestatore di lavoro sono rispettivamente tenuti a consentire e fare l'esperimento che forma oggetto del patto di prova" (art. 2096 c. 2 c.c.).

Il lavoratore, pertanto, deve essere messo nella condizione di dimostrare le proprie capacità e la prova deve avere esecuzione secondo i princìpi di buona fede e correttezza.

Questi princìpi possono essere violati nel caso in cui, ad esempio, sia disposto un periodo di prova troppo breve, qualora il lavoratore sia adibito a mansioni diverse rispetto a quelle indicate nel contratto o, ancora, qualora le mansioni indicate nel contratto siano troppo generiche e non consentano in concreto l'esperimento della prova.

Il patto di prova è illegittimo, altresì, qualora il lavoratore abbia già svolto le mansioni per le quali è stato assunto in un rapporto intercorso tra le stesse parti per un periodo di tempo sufficiente a consentire di valutarne le capacità. Le stesse considerazioni valgono in caso di patto viziato da illiceità dei motivi o qualora possa accertarsi attraverso parametri obiettivi l'effettivo superamento della prova da parte del lavoratore.

Se la prova non va a buon fine, le parti sono libere di recedere dal contratto e non sono tenute a dare il preavviso. In particolare, il datore di lavoro è libero di intimare il licenziamento senza doverlo motivare (c.d. licenziamento *ad nutum*: cfr. *infra*, cap. 14, § 4).

Al termine del periodo di prova, "l'assunzione diventa definitiva ed il servizio prestato si computa nell'anzianità del prestatore di lavoro" (art. 2096 c. 3 c.c.), e trovano applicazione le ordinarie limitazioni alla facoltà di licenziare.

Per il resto, durante il periodo di prova il lavoratore ha gli stessi diritti dei lavoratori assunti in via definitiva, pur con alcune possibili differenze statuite dai contratti collettivi. Ad esempio, il lavoratore avrà sì diritto alla conservazione del posto di lavoro in caso di malattia, ma per un periodo (c.d. di comporto) che la contrattazione collettiva può quantificare in misura inferiore rispetto a quello in generale previsto per i lavoratori non in prova (cfr. *infra*, cap. 13, § 2).

Considerato il regime di libera recedibilità che vige durante il periodo di prova, il relativo patto deve risultare da atto scritto, antecedente alla costituzione del rapporto. Il mancato rispetto del requisito formale, in quanto richiesto *ad substantiam*, determina la nullità della clausola, con ciò che ne consegue in termini di applicazione al rapporto di lavoro della piena disciplina di tutela.

La durata della prova è determinata dalla contrattazione collettiva di categoria. Un limite legale di durata massima del periodo di prova è stato previsto espressamente dall'art. 7 d.lgs. 104/2022 ed è stabilito in sei mesi; in precedenza, il limite di sei mesi si ricavava indirettamente dall'art. 10 l. 604/66, che dispone l'applicabilità della disciplina limitativa dei licenziamenti al massimo dopo sei mesi dall'inizio del rapporto. Nei contratti a termine (cfr. *infra*, cap. 15, § 2), la durata del periodo di prova deve essere stabilita in misura proporzionale alla durata del contratto e alle mansioni da svolgere (art. 7 c. 2 d.lgs. 104/2022).

5. *I vizi*

Il contratto può presentare alcuni vizi, a partire dal mancato rispetto della forma scritta laddove questa sia prevista *ad substantiam* (cfr. *retro*, § 4).

Esso può essere nullo se stipulato in violazione di norme imperative di legge, o annullabile per carenza di capacità o vizio della volontà di uno dei contraenti. Spesso, tuttavia, le conseguenze derivanti dall'applicazione del regime generale dell'invalidità del contratto vengono regolate in modo peculiare da disposizioni *ad hoc* in ragione della necessità di proteggere il lavoratore. Si pensi, solo per fare un esempio, all'art. 20 d.lgs. 81/2015, che stabilisce che il contratto a tempo determinato stipulato in violazione dei divieti ivi indicati si trasforma in contratto a tempo indeterminato (cfr. *infra*, cap. 15, § 2.4).

Qualora non vi siano tali disposizioni speciali, le stesse finalità di protezione vengono garantite dall'art. 2126 c. 1 c.c., che dispone che "la nullità o l'annullamento del contratto di lavoro non produce effetto per il periodo in cui il rapporto di lavoro ha avuto esecuzione" (c.d. prestazione di fatto).

I vizi, pertanto, non producono effetti per il periodo in cui il rapporto ha avuto esecuzione, con la conseguenza che il lavoratore potrà pretendere dal datore di lavoro lo stesso trattamento che gli sarebbe spettato in caso di contratto valido, non solo in riferimento al trattamento retributivo e al trattamento di fine rapporto, ma anche in ordine a ogni altro emolumento previsto dalla contrattazione collettiva, oltre al versamento dei contributi previdenziali.

L'equiparazione del contratto di lavoro invalido a quello valido non è idonea, invece, a fondare pretese conservative del rapporto da parte del lavoratore; pertanto, terminata l'esecuzione della prestazione, non trovano applicazione le norme che regolano i licenziamenti illegittimi.

Fa eccezione a questa regola protettiva del lavoratore il caso del contratto nullo per illiceità dell'oggetto o della causa (ad esempio, il contratto che abbia ad oggetto la commissione di un crimine), ipotesi nella quale al lavoratore non spetta alcuna tutela.

Il concetto di illiceità dell'oggetto o della causa non si identifica nella violazione di norma imperativa, ma nella lesione dei principi di ordine pubblico e dei valori fondamentali dell'ordinamento.

A titolo di esempio: nel rapporto di lavoro giornalistico, la mancata iscrizione all'albo comporta la nullità del contratto per violazione di legge; tuttavia, poiché tale nullità non deriva da illiceità dell'oggetto o della causa, il lavoratore ha diritto al trattamento economico e previdenziale (Cass. 7031/2023).

Se, infine, il lavoro è stato prestato con violazione di norme poste a tutela del prestatore di lavoro, questi ha in ogni caso diritto alla retribuzione (2126 c. 2 c.c.); è il caso, ad esempio, del lavoro prestato dal minore.

6. *Il ruolo dell'autonomia individuale e il regime delle rinunce e transazioni aventi ad oggetto diritti del lavoratore*

Il tema delle fonti è stato trattato nella parte iniziale di questo manuale (cfr. *retro*, cap. 2). Preme qui ricordare come l'accordo individuale di lavoro abbia sempre avuto un ruolo marginale nella regolazione del rapporto, in ragione della diversa forza contrattuale delle parti. Per questa ragione, le norme inderogabili di legge e di contrattazione collettiva definiscono, normalmente, la quasi totalità della disciplina.

Il principio di inderogabilità delle fonti legali e contrattuali collettive attribuisce, di regola, alla contrattazione individuale il ruolo di prevedere solo trattamenti migliorativi, mentre i limiti all'autonomia individuale sono stati ben definiti all'interno della disciplina delle rinunce e transazioni aventi ad oggetto diritti del lavoratore, di cui si dirà a breve.

Ciononostante, si è registrata progressivamente, in alcuni ambiti, una maggior attenzione al ruolo dell'autonomia individuale. Una importante e recente valorizzazione dell'accordo individuale è presente, ad esempio, nella disciplina del lavoro agile (l. 81/2017). È, infatti, affidata all'accordo individuale la determinazione delle modalità di esecuzione della prestazione, degli strumenti utilizzati per lo svolgimento della prestazione, dei tempi di riposo, dei tempi di disconnessione dalle strumentazioni tecnologiche, delle modalità di esercizio del potere di controllo e del potere disciplinare (v. meglio *infra*, cap. 15, § 7).

Un allentamento (benché controllato) della rigidità conseguente all'inderogabilità della norma lavoristica passa, come accennato, dall'art. 2113 c.c., che disciplina il regime delle rinunce e delle transazioni da parte del lavoratore.

Ivi si prevede, infatti, che le eventuali rinunce e transazioni che abbiano ad oggetto diritti del prestatore di lavoro, derivanti da disposizioni inderogabili di legge e dei contratti o accordi collettivi concernenti i rapporti di cui all'art. 409 c.p.c., siano invalide e possano essere impugnate dal lavoratore nel termine prescritto.

L'invalidità è intesa, tuttavia, in termini di annullabilità e deve essere eccepita dal lavoratore nel termine di decadenza di sei mesi dalla cessazione del rapporto, ovvero dalla data della rinuncia o transazione, se intervenuta successivamente, mediante un atto di impugnazione scritto, anche stragiudiziale, che deve essere portato a conoscenza del datore di lavoro. In carenza di impugnazione entro il termine prescritto, l'atto di rinuncia o transazione diviene definitivo.

L'invalidità così inquadrata riguarda solo la dismissione dei diritti del lavoratore che trovano la propria fonte nella legge, ovvero nel contratto collettivo, ovvero negli accordi collettivi, con la conseguenza che permane la piena autonomia del lavoratore di rinunciare o stipulare liberamente atti di transazione che abbiano ad oggetto diritti riconosciuti dal contratto individuale di lavoro, ovvero da accordi individuali che siano intervenuti successivamente con il datore di lavoro (ad esempio, il lavoratore potrà rinunciare al superminimo, che viene concordato in sede individuale, così come potrà stipulare un accordo che preveda il pagamento rateizzato della retribuzione o di altri emolumenti).

Non è, invece, mai ammessa la rinuncia o la transazione di diritti indisponibili, quali, ad esempio, il diritto alle ferie annuali. E sono, altresì, nulle per violazione di norma inderogabile incidente sul regolamento contrattuale del rapporto le rinunce a diritti futuri. La rinuncia o la transazione, infatti, possono essere validamente effettuate solo in relazione a diritti che sono già entrati a far parte del patrimonio giuridico del lavoratore, ancorché la loro liquidazione possa essere posticipata a un momento successivo.

Nell'esperienza concreta accade, non raramente, che il datore di lavoro nel consegnare la busta paga faccia sottoscrivere al lavoratore una dichiarazione di aver percepito tutto quanto di sua spettanza e di non avere altro da pretendere. Un simile atto, che evidentemente non è frutto di una reale trattativa e viene detto "quietanza liberatoria", non è qualificabile né come rinuncia, né come transazione, costituendo una mera dichiarazione di scienza, di per sé improduttiva di effetti senza dover essere impugnata.

L'art. 2113 c. 4 c.c. riconosce, invece, la libertà del lavoratore di disporre dei propri diritti nelle c.d. sedi protette, ossia in sede amministrativa di fronte alle Commissioni di conciliazione presso la sede territoriale dell'Ispettorato nazionale del lavoro, in sede arbitrale di fronte alle Commissioni di certificazione dei contratti di lavoro (cfr. *retro*, cap. 4, § 5), in sede sindacale con l'assistenza di un sindacalista delegato dal lavoratore, in sede giudiziale nell'ambito di un giudizio in corso (artt. 185, 410, 411, 412-*ter*, 412-*quater* c.p.c.). In questi casi le rinunce e le transazioni sono pienamente valide perché si ritiene che in tali sedi il lavoratore sia in grado di esprimere liberamente la propria volontà, a condizione però che l'assistenza prestata, tanto nella fase di formazione dell'accordo, quanto nella fase della determinazione della volontà del lavoratore, sia effettiva e non meramente ratificatoria.

Capitolo 7

Gli obblighi del lavoratore

di Riccardo Diamanti

SOMMARIO: 1. L'obbligo di diligenza. – 2. Il dovere di obbedienza. – 3. Gli obblighi di fedeltà, non concorrenza e riservatezza. – 4. Il patto di non concorrenza.

1. *L'obbligo di diligenza*

Gli obblighi del lavoratore subordinato sono costituiti, principalmente, dall'obbligo di diligenza e dal dovere di obbedienza, entrambi disciplinati dall'art. 2104 c.c., e dal c.d. "obbligo di fedeltà", richiamato nella rubrica dell'art. 2105 c.c.

L'obbligo di diligenza si sostanzia nell'obbligo, gravante sul lavoratore, di eseguire con diligenza la prestazione di lavoro dovuta. Esso rappresenta, in altre parole, la misura della prestazione minima che il lavoratore è tenuto a rendere al datore di lavoro per adempiere correttamente all'obbligazione assunta con la stipulazione del contratto di lavoro.

Il grado di diligenza richiesto al lavoratore è quello che risulta dai tre parametri indicati nell'art. 2104 c. 1 c.c.: la natura della prestazione dovuta, l'interesse dell'impresa e, si legge ancora nell'art. 2104 c.c., l'interesse superiore della produzione nazionale.

Il primo parametro, che fa riferimento alla natura della prestazione dovuta, impone al lavoratore di usare la diligenza richiesta per il corretto svolgimento di quelle particolari mansioni che esso è tenuto a svolgere. La diligenza richiesta sarà, quindi, diversa a seconda del tipo e del grado di complessità delle mansioni attribuite al lavoratore (si parla, in questo caso, di diligenza professionale, facendo riferimento al canone di cui all'art. 1176 c. 2 c.c.).

Ad esempio: lo svolgimento di funzioni dirigenziali richiederà una diligenza qualificata e più intensa; lo svolgimento di mansioni connotate da un alto grado di fiducia potrà presupporre una diligenza riferibile anche a comportamenti tenuti dal lavoratore nella propria vita privata. Se poi la prestazione lavorativa si svolge nel contesto di un'organizzazione di tendenza, la diligenza potrà essere misurata anche in riferimento al grado di adesione del lavoratore all'ideologia su cui si fonda l'organizzazione stessa.

Il secondo parametro, relativo all'interesse dell'impresa, tende a esser fatto coincidere, come è peraltro ovvio che sia, con l'interesse del creditore di lavoro, e quindi del titolare dell'impresa stessa, al proficuo svolgimento dell'attività produttiva. La prestazione del lavoratore per essere diligente deve, dunque, coordinarsi e inserirsi nell'organizzazione produttiva predisposta dal datore di lavoro. In altre parole, nell'esecuzione della propria prestazione il lavoratore, considerando l'organizzazione imprenditoriale nel suo complesso, deve fare in modo di perseguire l'interesse dell'imprenditore; non è, dunque, sufficiente che la prestazione sia svolta correttamente in sé, ma è necessario che sia utilmente coordinata con il lavoro degli altri dipendenti.

Il terzo parametro, che riguarda l'interesse superiore della produzione nazionale, infine, è un elemento che, rappresentando un prodotto della cultura corporativa che lo ha elaborato, è considerato non più attuale.

Ne discende, perciò, che, ad oggi, la valutazione della misura minima della prestazione dovuta dal lavoratore deve essere parametrata da un lato alla diligenza richiesta dalla natura di tale prestazione, e dall'altro al perseguimento dell'interesse dell'imprenditore.

L'inosservanza da parte del lavoratore dell'obbligo di diligenza, come pure degli altri obblighi di cui si dirà nei paragrafi successivi, costituisce inadempimento contrattuale, e rappresenta il presupposto sostanziale di esercizio, da parte del datore di lavoro, del potere disciplinare (cfr. *infra*, cap. 8, § 4).

Nell'ambito del concetto di colpa, che dà luogo a responsabilità contrattuale, rientra anche l'imperizia, cioè l'incapacità tecnica del lavoratore. La giurisprudenza tende a ricollegare tale ipotesi alla sussistenza di un profilo di colpa intesa nel senso di negligenza. In questa prospettiva l'imperizia per assumere rilevanza deve derivare da negligenza. Sempre secondo la giurisprudenza, anche la colpa lieve del lavoratore può essere sufficiente a integrare la negligenza.

È utile, infine, ricordare che tra gli obblighi posti in capo al lavoratore rientrano anche quelli preparatori all'adempimento della prestazione di lavoro, e che consistono nel mettersi nella condizione di adempiere correttamente alla stessa. Ad esempio, la giurisprudenza ha ritenuto passibile di sanzione disciplinare il comportamento del lavoratore che, durante l'assenza dal lavoro per malattia, svolga un'attività che sia tale da pregiudicarne o ritardarne, anche potenzialmente, la guarigione e il rientro al lavoro (ma v. *funditus* cap. 13, § 2.1).

2. *Il dovere di obbedienza*

L'articolo 2104 c.c., al c. 2, prevede che "Il lavoratore deve inoltre osservare le disposizioni per l'esecuzione e per la disciplina del lavoro impartite dall'imprenditore e dai collaboratori di questo dai quali gerarchicamente dipende". Viene così configurato un vero e proprio obbligo di obbedienza del lavoratore nei confronti del datore di lavoro, che si affianca a quello di diligenza del quale abbiamo parlato nel paragrafo precedente. Ciò implica il riconoscimento, in capo al datore di lavoro, del potere direttivo, cui corrisponde, per l'appunto, il dovere di obbedienza da parte del lavoratore.

Il potere direttivo, come si è visto, si caratterizza per essere da un lato un effetto giuridico della stipulazione del contratto di lavoro subordinato e, dall'altro, l'elemento distintivo per eccellenza della subordinazione (cfr. *retro*, cap. 4, § 2). Anzitutto, attraverso l'esercizio del potere direttivo il datore di lavoro indica in concreto o specifica le modalità di attuazione della prestazione cui il lavoratore deve attenersi nel rispetto del principio gerarchico, rendendo così possibile l'esecuzione della prestazione di lavoro. L'obbligo del lavoratore di rendere la prestazione, difatti, non può essere attuato fintanto che il datore di lavoro non ne abbia concretamente determinato il contenuto assegnando al prestatore le mansioni da svolgere.

L'obbligo di obbedienza si estende anche a tutte le disposizioni che, pur non attenendo alle modalità di esecuzione della prestazione lavorativa, sono necessarie per disciplinare il lavoro, cioè per adeguare la condotta del lavoratore alle regole che presiedono all'organizzazione e al buon funzionamento dell'impresa (si pensi, ad esempio, alle norme in materia antinfortunistica: cfr. *infra*, cap. 10). È possibile, quindi, che il datore di lavoro racchiuda le disposizioni per l'esecuzione della prestazione e per la disciplina del lavoro, all'interno di un regolamento aziendale, ovvero che utilizzi delle circolari interne, o ordini di servizio, etc.

La stretta relazione che esiste tra l'uso corretto del potere direttivo e il dovere di obbedienza comporta che il lavoratore possa legittimamente rifiutare l'esecuzione di un ordine datoriale illegittimo, ad esempio in materia di adibizione a certe mansioni, assumendosi in tal caso il rischio di incorrere in provvedimenti disciplinari qualora risulti, viceversa, che l'ordine era stato legittimamente impartito (eccezione di inadempimento). In particolare, è considerato legittimo il rifiuto del lavoratore di svolgere la prestazione lavorativa in condizioni di nocività o di elevato rischio.

L'estensione del potere direttivo e dell'obbligo di diligenza va valutata non solo in relazione ai limiti espressamente previsti dalla legge ma, più in generale, anche ai principi di buona fede (art. 1375 c.c.) e correttezza (art. 1175 c.c.) che informano l'attuazione di qualunque rapporto contrattuale, sia in relazione ai diritti creditori che ai connessi obblighi debitori.

Così, ad esempio – considerato che le prescrizioni datoriali concernenti tanto le modalità di esecuzione della prestazione lavorativa, quanto la disciplina del lavoro non possono avere a oggetto condotte estranee all'interesse creditorio dedotto in contratto – il datore di lavoro può imporre al lavoratore un certo abbigliamento solo se la richiesta appare conforme a una valutazione di buona fede e correttezza in relazione alle specifiche caratteristiche della prestazione (ad esempio, contatto con il pubblico, necessità di riconoscimento del dipendente, etc.).

In sostanza, sono le stesse modalità dell'organizzazione datoriale a guidare la valutazione del giudice in caso di contrasto, essendo stata talvolta utilizzata in materia anche la figura dell'abuso del diritto, inteso come un uso sproporzionato del diritto, con modalità non necessarie e irrispettose del dovere di correttezza e buona fede, che causa uno sproporzionato e ingiustificato sacrificio della controparte al fine di conseguire risultati diversi e ulteriori rispetto a quelli per i quali poteri e facoltà sono attribuiti.

Anche la violazione del dovere di obbedienza (o, come è definita spesso dai contratti collettivi, l'insubordinazione), come si accennava, è passibile di sanzioni disciplinari che possono giungere, nei casi più gravi, sino all'irrogazione del licenziamento.

3. *Gli obblighi di fedeltà, non concorrenza e riservatezza*

L'art. 2105 c.c. è rubricato "obbligo di fedeltà". L'esistenza di un vero e proprio obbligo di fedeltà all'interno della relazione contrattuale, tuttavia, è sempre stata messa in discussione.

La dottrina prevalente tende a escludere la sussistenza di tale obbligo: secondo la maggioranza degli interpreti, difatti, nonostante la rubrica della disposizione, nel rapporto di lavoro non sarebbe ravvisabile un obbligo di fedeltà in senso stretto, inteso come vincolo fiduciario di tipo personale del lavoratore nei confronti del datore di lavoro, potendosi viceversa leggere tale obbligo, in prima approssimazione, come un equivalente dei già citati principi di correttezza e buona fede nell'esecuzione del contratto.

La giurisprudenza maggioritaria, invece, tende a riconoscere tale obbligo in collegamento con la natura fiduciaria del rapporto di lavoro. Così, ad esempio, è stata ravvisata una violazione dell'obbligo di fedeltà, in concorso con altre specifiche forme di inadempimento, in relazione ad attività ludico-ricreative poste in essere dal lavoratore in costanza di malattia, o ancora in collegamento ai limiti all'esercizio del diritto di critica, ravvisandosi talvolta una violazione dell'obbligo di fedeltà in presenza di diffusione, ad esempio tramite *social network*, di notizie non veritiere ed esposte in modo scorretto e non misurato. Sempre a titolo di esempio, la Corte di Cassazione (Cass. n. 30558/2019) ha ravvisato una violazione dell'obbligo di fedeltà nel caso di un lavoratore che aveva omesso di segnalare al datore di lavoro irregolarità o illeciti commessi da superiori o colleghi.

Peraltro, come si accennava, tali fattispecie possono essere valutate anche sulla base dei principi generali di correttezza e buona fede nell'esecuzione del contratto, o ancora utilizzando la categoria dell'abuso del diritto, senza necessità di far riferimento a un generico obbligo di fedeltà.

Occorre precisare che l'obbligo di fedeltà permane per tutta la durata del contratto e, pertanto, anche quando la prestazione lavorativa è sospesa o durante il periodo di preavviso.

Ciò detto, l'art. 2105 c.c. pone in capo al lavoratore due obblighi specifici.

Il primo è quello di non concorrenza, ravvisabile nel divieto per il lavoratore di trattare affari, per conto proprio o di terzi, insistenti nel medesimo settore di attività dell'impresa da cui esso dipende e ciò, indipendentemente dall'esistenza di un profitto per il lavoratore o di un danno per il datore di lavoro. La giurisprudenza è uniforme nel ritenere che la costituzione, da parte del lavoratore dipendente, di una società per lo svolgimento della medesima attività economica svolta dal datore di lavoro, ad esempio, vìola il dovere di fedeltà.

Incorre, peraltro, in responsabilità contrattuale grave il lavoratore che tratti affari in concorrenza con l'imprenditore anche allorquando l'attività concorrenziale appaia formalmente intestata ad altri attraverso schermi meramente formali (ad esempio, se la titolarità dell'attività è posta in capo al coniuge o ad altri parenti).

La dottrina è sempre stata divisa sulla legittimità delle c.d. clausole di esclusiva inserite nel contratto di lavoro. Oggi, il decreto trasparenza (d.lgs. 104/2022) vieta espressamente le c.d. clausole di esclusiva e il datore di lavoro, fermo il necessario rispetto dell'obbligo di fedeltà, può vietare lo svolgimento da parte del lavoratore di un altro rapporto di lavoro solo quando vi sia il rischio di un pregiudizio per la salute o per la sicurezza o la necessità di garantire l'integrità del servizio pubblico, o nel caso in cui la diversa attività sia in conflitto di interessi con la principale.

Il secondo obbligo menzionato dalla disposizione è quello di riservatezza, inteso come divieto di divulgare notizie riservate, che sono quelle attinenti all'organizzazione e ai metodi di produzione dell'impresa, o di farne uso in modo da poter recare a essa pregiudizio. Nei casi più gravi, il comportamento del lavoratore può integrare anche una violazione di rilevanza penale *ex* artt. 621 c.p. (rivelazione del contenuto di documenti segreti), 622 c.p. (rivelazione di segreto professionale) o 623 c.p. (rivelazione di segreti scientifici o industriali).

4. *Il patto di non concorrenza*

Talvolta, specie in determinati settori economici, il datore di lavoro può essere interessato a far sì che l'obbligo di non concorrenza del quale si è detto nel precedente paragrafo, e che vincola il lavoratore fintanto che il rapporto di lavoro è in essere, possa venire esteso anche alla fase successiva alla cessazione del rapporto di lavoro. Ciò, al fine di evitare che il lavoratore, successivamente alla cessazione del rapporto, possa utilizzare le competenze acquisite in concorrenza con il datore di lavoro di provenienza.

Per venire incontro a tale esigenza, l'art. 2125 c.c. prevede la possibilità che al contratto di lavoro possa essere annesso un apposito patto, il c.d. patto di non concorrenza, stipulato (contestualmente al contratto di lavoro o in un momento successivo) consensualmente da lavoratore e datore di lavoro.

Tale patto deve anzitutto risultare, a pena di nullità, da un atto scritto (c. 1).

Inoltre, per compensare il sacrificio richiesto all'*ex* lavoratore, è previsto che debba necessariamente essere pattuito un corrispettivo a beneficio di quest'ultimo, che può indifferentemente essere corrisposto con cadenza regolare o con un'erogazione *una tantum*, purché (come è solita sottolineare la giurisprudenza) si tratti di un corrispettivo adeguato al vincolo concordato. Qualora il corrispettivo non sia pattuito, il patto è nullo.

È ugualmente nullo il patto nel caso in cui il vincolo non sia contenuto entro determinati limiti di oggetto, tempo e luogo. Il patto di non concorrenza, infatti, non può comportare vincoli così stringenti da inibire ogni concreta possibilità del prestatore di poter svolgere la propria attività lavorativa. Con riguardo al vincolo temporale, in particolare, il c. 2 dispone che il patto non possa eccedere i 5 anni per i dirigenti e i 3 anni per gli altri lavoratori.

Quando i limiti sono rispettati, il patto è valido e la giurisprudenza esclude che esso possa essere considerato una clausola vessatoria.

La violazione del patto di non concorrenza comporta una responsabilità *ex* art. 1218 c.c. del lavoratore, il quale sarà dunque tenuto a rispondere dei danni causati all'imprenditore. In ogni caso, nel patto stesso può essere espressamente prevista una penale, dal carattere sanzionatorio e/o risarcitorio, che determini preventivamente la somma che deve essere corrisposta in caso di inadempimento.

Capitolo 8

I poteri del datore di lavoro

di Alessandro Failla

SOMMARIO: 1. Profili generali. – 2. Il potere direttivo. – 2.1. L'inquadramento dei lavoratori: le mansioni, le qualifiche e le categorie. L'esempio del CCNL dei metalmeccanici. – 2.2. Lo *ius variandi* del datore di lavoro. – 2.3. Il mutamento del luogo della prestazione lavorativa: la trasferta, il trasferimento e il distacco del lavoratore. – 3. Il potere di controllo. – 3.1. I soggetti abilitati al controllo: il personale di vigilanza e le guardie giurate. – 3.2. Il controllo a distanza. – 3.3. Gli ulteriori limiti al potere di controllo: gli accertamenti sanitari, le visite personali di controllo e il divieto di indagini sulle opinioni personali dei lavoratori. – 3.4. La normativa in materia di tutela della *privacy* nel rapporto di lavoro. – 4. Il potere disciplinare. – 4.1. Il codice disciplinare. – 4.2. La modalità di conoscenza del codice disciplinare: l'affissione. – 4.3. Il procedimento disciplinare. – 4.4. L'impugnazione delle sanzioni disciplinari.

1. *Profili generali*

Il rapporto di lavoro subordinato si caratterizza, come abbiamo visto, per lo squilibrio tra la posizione del datore di lavoro e quella del soggetto a lui sottoposto (cfr. *retro*, cap. 4, §§ 1-2). Si tratta di una condizione di soggezione di una parte nei confronti dell'altra che emerge dalla stessa definizione di datore di lavoro ricavabile dall'art. 2086 c.c. – quale "capo dell'impresa" da cui "dipendono gerarchicamente i suoi collaboratori" –, speculare a quella di prestatore di lavoro subordinato offerta dall'art. 2094 c.c. Il diritto del lavoro, come si è più volte rimarcato, è stato originariamente concepito proprio al fine di riequilibrare questa debolezza contrattuale del lavoratore rispetto alla supremazia del datore di lavoro.

Del resto, la nostra Carta costituzionale, sancendo all'art. 41 il principio secondo cui l'iniziativa economica privata è libera, non ne ha riconosciuto il carattere di diritto inviolabile, come ha fatto per le libertà civili, ma ha previsto espressamente al c. 2 che la stessa non possa svolgersi "in contrasto con l'utilità sociale" o in modo da recare danno "alla sicurezza, alla libertà, alla dignità umana".

In altri termini, l'esercizio della libertà di iniziativa economica privata, inserito nell'ambito strettamente contrattual-lavoristico, consente al datore di lavoro di compiere atti che producono effetti giuridici nei confronti del lavoratore, e ciò sulla base di ben precisi poteri. Ne deriva che alla supremazia socioeconomica dell'imprenditore in quanto tale si affianca la titolarità, come datore di lavoro, di prerogative nei confronti del lavoratore, che si sostanziano essenzialmente nella triade dei poteri dei quali ci occuperemo in questo capitolo: direttivo, di controllo e disciplinare.

E proprio all'esplicazione di questi tre poteri, come è stato anticipato (cfr. *retro*, cap. 4, §§ 2-3), si è data rilevanza per poter cogliere, in relazione alla prestazione di un'attività lavorativa da parte di un lavoratore, la distinzione tra il rapporto di lavoro autonomo e quello di lavoro subordinato (nel senso che solo con riferimento a quest'ultima tipologia si presume l'esistenza di uno squilibrio nella posizione delle due parti, dovuto proprio all'attribuzione in capo solo a una di esse, ovvero a quella più forte, di tali poteri).

Resta inteso, come si diceva, che l'ordinamento ha il compito di regolare e limitare l'esercizio dei poteri datoriali affinché gli atti che ne scaturiscono siano legittimi.

Per fare questo, da un lato sono stati espressamente previsti limiti negativi, ovvero divieti assoluti di utilizzo del potere unilaterale per finalità lesive della persona del lavoratore (si pensi, ad esempio, alla previsione del divieto di porre in essere atti discriminatori o di indagine sulle opinioni personali del lavoratore o, ancora, del divieto di compiere atti che mettano in pericolo il diritto alla salute del lavoratore); dall'altro, vi sono norme, anche di rango contrattual-collettivo, che dispongono specifiche modalità di esercizio di tali poteri. Non a caso si fa riferimento, per tali tipologie di norme, a una "procedimentalizzazione" dei poteri del datore di lavoro, nel senso che il loro esercizio viene vincolato da adempimenti esterni che ne condizionano la validità.

2. *Il potere direttivo*

Il potere direttivo trova il proprio riconoscimento normativo anzitutto nell'art. 2094 c.c. che, per circoscrivere la nozione di lavoratore subordinato, fa proprio riferimento al concetto di eterodirezione (cfr. *retro*, cap. 4, § 2).

Nel rapporto di lavoro subordinato, infatti, le due posizioni giuridiche, del datore di lavoro e del lavoratore, sono strettamente interdipendenti ed entrambe derivano dal contratto sottoscritto tra le parti. Ne consegue che all'obbligazione del lavoratore è collegato il potere direttivo datoriale o, meglio, quell'insieme di poteri che sono finalizzati a indirizzare l'adempimento dell'obbligazione del lavoratore al raggiungimento degli scopi dell'impresa, connaturati all'esistenza stessa dell'organizzazione produttiva. Pertanto, non solo la posizione di direzione del datore di lavoro non esiste se non vi è una corrispondente posizione di subordinazione del lavoratore, ma tale direzione ha un significato solo se viene realizzata mediante l'esercizio di un potere giuridico: il potere direttivo.

A rafforzare il concetto di potere direttivo è l'art. 2104 c. 2 c.c., a mente del quale il datore può dettare "le disposizioni per l'esecuzione e la disciplina del lavoro" (cfr. *retro*, cap. 7, § 2). Si tratta di uno dei contenuti tipici di tale potere, attraverso il quale si determina in concreto la specifica attività che il dipendente è tenuto a eseguire per realizzare le esigenze dell'organizzazione del lavoro. Del resto, se è vero che l'obbligazione del lavoratore nasce dall'accordo contrattuale sottoscritto tra le parti, è anche vero che l'oggetto del contratto è, il più delle volte, "determinabile", come è previsto dall'art. 1346 c.c. (cfr. *retro*, cap. 6, § 1); ed è proprio nel momento in cui il datore determina il modo in cui deve essere eseguita l'attività lavorativa, coordinandola con gli altri fattori produttivi, che esso viene concretizzato attraverso l'esplicazione del potere direttivo.

In altri termini, poiché il datore di lavoro è creditore della prestazione lavorativa in senso lato, egli ha il diritto-potere di adattare o, più precisamente, di conformare con le sue direttive – di volta in volta, a seconda delle esigenze – la singola prestazione di ogni lavoratore, anche in relazione alle prestazioni svolte dagli altri dipendenti, nell'ottica di un coordinamento con il contesto organizzativo, al fine di garantirne l'efficienza per perseguire l'interesse produttivo connesso all'esistenza stessa dell'impresa.

Ed è proprio nella valenza di coordinamento e di tutela dell'organizzazione aziendale che il potere direttivo legittima anche la prescrizione, nei confronti del lavoratore, di regole di condotta complementari alla prestazione lavorativa – come, ad esempio, l'imposizione dell'obbligo di indossare dispositivi antinfortunistici – che comunque non possono attenere a comportamenti relativi alla sfera personale del lavoratore o che esulano dall'oggetto, dedotto o deducibile, del contratto. In tal senso, il potere direttivo può estendersi alla sfera privata del lavoratore imponendo, ad esempio, l'obbligo di indossare un determinato abbigliamento nel caso in cui si tratti di un dipendente che ha contatti con il pubblico degli utenti e/o dei consumatori (cfr. *retro*, cap. 7, § 2).

Diversamente, un esercizio distorto del potere direttivo – ma il discorso può essere allargato a ogni potere datoriale – comporterebbe la violazione dei princìpi di correttezza e buona fede, di cui agli artt. 1175 e 1375 c.c., che devono informare l'esecuzione di qualsiasi rapporto contrattuale, o sfocerebbe, come parte della dottrina ha sostenuto, nell'abuso del diritto.

Vi sono tre ulteriori importanti specificazioni da fare.

La prima è che, come prescrive espressamente il c. 2 dell'art. 2104 c.c., il potere direttivo può anche essere esercitato dai collaboratori del datore di lavoro che dipendono da quest'ultimo e che sono posti in posizione sovraordinata rispetto a colui che deve eseguire l'obbligazione (in un'ottica di organizzazione gerarchica dell'impresa, di cui si farà cenno nel paragrafo successivo). Ovviamente, tali collaboratori non saranno portatori di un interesse proprio e, quindi, anche in questo caso il potere direttivo nei confronti del lavoratore sarà esercitato dal datore, ancorché in maniera mediata.

La seconda è che non sempre il titolare del rapporto di lavoro è colui che esercita il potere direttivo. Si pensi, ad esempio, alla fattispecie del distacco (cfr. *infra*, § 2.3) o a quella del rapporto di lavoro somministrato (cfr. *infra*, cap. 15, § 5), nelle quali vi è una scissione delle due figure (tra datore distaccante e datore distaccatario, nel primo caso, e tra titolare dell'agenzia somministratrice e titolare dell'impresa utilizzatrice, nel secondo caso). Il che, peraltro, non si ripercuote su una diversa intensità e qualità di tale potere nei confronti del lavoratore.

La terza è che, con l'introduzione nel nostro ordinamento degli istituti della codatorialità e dell'assunzione congiunta, ancorché relativi ai rapporti di lavoro ricompresi nell'ambito delle c.d. reti di impresa, di cui *infra*, vi può essere una plurisoggettività nell'esercizio del potere direttivo.

Non si può, infine, dimenticare che esistono sistemi di organizzazione del lavoro automatizzati o comunque rimessi ad apparati informatici, nei quali i poteri di direzione, come quelli di controllo, pur essendo gestiti da *hardware* e *software*, sono riconducibili alla persona che gestisce i sistemi stessi, che, quindi, è il titolare del rapporto.

In ogni caso, dal combinato disposto delle norme sopra citate – lette anche alla luce dell'art. 2086 c.c., che sottolinea la preminenza gerarchica datoriale, e del contributo offerto dalla giurisprudenza e dalla dottrina che si sono formate negli anni in relazione alle modalità di attuazione del potere direttivo – si può, sinteticamente, individuare tale potere, nell'esercizio:

– del potere gerarchico, connesso alla posizione di supremazia del datore di lavoro quale capo dell'impresa e che deve essere svolto solo in quanto funzionalmente collegato alla prestazione lavorativa, senza invasioni nella sfera privata del lavoratore e nel rispetto della sua libertà e dignità;

– del potere direttivo in senso stretto, che consiste nell'emanazione delle prescrizioni concernenti l'organizzazione del lavoro mediante l'adozione delle disposizioni tecniche, come i turni di servizio o gli orari, necessarie per il buon funzionamento dell'impresa;

– del potere conformativo, che si incarna nella specificazione dell'attività lavorativa mediante la determinazione, tra quelle pattuite, delle modalità per l'esecuzione della prestazione lavorativa.

2.1. *L'inquadramento dei lavoratori: le mansioni, le qualifiche e le categorie. L'esempio del CCNL dei metalmeccanici*

Dalla circostanza che il potere direttivo, nell'accezione conformativa del termine sopra illustrata, consiste nel potere di specificare e disporre le variazioni dei compiti che il lavoratore deve eseguire, sempre nell'ambito dell'attività convenuta tra le parti al momento della sottoscrizione del contratto, conseguono due corollari.

In primo luogo, tale potere non attiene alla fase di "incontro" delle due volontà dei contraenti, quella prodromica alla stipulazione del contratto – e, quindi, precedente all'*incipit* della prestazione lavorativa – quando il lavoratore, pur nell'ovvio disequilibrio fra domanda e offerta di lavoro, è posto sullo stesso piano del datore di lavoro e, pertanto, è libero di convenire l'attività che dovrà essere svolta, oltre alle altre clausole contrattuali.

In secondo luogo, tale potere si espande fino alla più invasiva modifica da parte del datore di lavoro del contenuto della prestazione oggetto dell'obbligazione dedotta nel contratto, attraverso la variazione delle mansioni pattuite (il che avviene con l'esercizio del c.d. *ius variandi*: cfr. *infra*, § 2.2).

Ciò premesso, non si può illustrare lo *ius variandi*, o potere del datore di lavoro di modificare le mansioni alle quali il lavoratore è addetto, senza definire preliminarmente il rapporto tra l'oggetto della prestazione, determinato con la sottoscrizione del contratto (e, quindi, la pattuizione delle mansioni), e l'inquadramento del lavoratore.

Le parti, infatti, devono pattuire all'inizio del rapporto il "tipo" di lavoro che deve essere svolto dal lavoratore in quanto, come abbiamo anticipato, l'oggetto dello stesso può essere determinato o determinabile, ma non certo indeterminato (il che comporterebbe, come è noto, la nullità dello stesso contratto ai sensi dell'art. 1418 c.c.).

Queste pattuizioni costituiscono le mansioni per le quali il lavoratore è stato assunto, che attengono a uno o più compiti concreti tra loro omogenei individuati, appunto, in maniera unitaria nelle declaratorie della contrattazione collettiva. Si può dire, in definitiva, che le mansioni contrattuali costituiscono la fattispecie astratta nella quale sussumere i compiti concordati tra datore e lavoratore.

L'insieme delle mansioni pattuite nel contratto di lavoro sono identificate nelle qualifiche professionali che, appunto, provvedono, con espressioni sintetiche, a riassumere le mansioni assegnate al lavoratore (ad esempio, la qualifica di operaio specializzato o di operaio qualificato, quella di impiegato con funzioni direttive o di impiegato d'ordine o, ancora, quella di impiegato di concetto). Tali qualifiche sono definite "contrattuali" perché sono individuate dai singoli contratti collettivi che, a ognuna di esse, fanno corrispondere un determinato trattamento economico (i c.d. livelli retributivi).

Le qualifiche, con le mansioni, determinano anche la posizione del prestatore di lavoro nell'organizzazione gerarchica aziendale, come espressamente previsto dall'art. 96 c. 2 disp. att. c.c.

Alla luce delle mansioni attribuite al lavoratore e della qualifica professionale si procede, quindi, all'inquadramento del lavoratore nelle categorie, legali e contrattuali, che consistono in macrogruppi all'interno dei quali sono riunite, per gli elementi di omogeneità che le caratterizzano, le diverse qualifiche.

Vi sono le categorie legali, ovvero di stretta emanazione legislativa, secondo l'elencazione fornita dall'art. 2095 c.c. ove, alle iniziali categorie degli operai, impiegati e dirigenti, con la modifica apportata dalla l. 190/1985, si è aggiunta quella dei quadri (intermedia tra gli impiegati e i dirigenti). Per i requisiti di appartenenza alle varie categorie la norma dispone un rinvio alle leggi speciali e alle norme contrattual-collettive.

Alle categorie legali si aggiungono le ulteriori categorie individuate dalla contrattazione collettiva (come quella dei funzionari, nel settore creditizio, categoria intermedia tra gli impiegati e i dirigenti, o quella degli intermedi nel settore industriale, posizionata, per il ruolo di controllo degli altri operai a loro sottordinati, tra gli operai e gli impiegati). Del resto, lo stesso art. 2095 c.c. attribuisce alla contrattazione collettiva il compito di stabilire i requisiti di appartenenza alle varie categorie in relazione alla tipologia produttiva e alla particolare struttura dell'impresa.

Nella *ratio* legislativa iniziale, la distinzione tra gli operai e gli impiegati, sancita già dal r.d.l. 1825/1924, era data dalla tipologia dell'attività lavorativa (prevalentemente manuale, per i primi, e non manuale, per i secondi), e dall'applicazione di diverse discipline. Tale netta separazione tra le categorie degli impiegati (con funzioni d'ordine, di concetto e direttive) e degli operai (comuni, qualificati e specializzati) si è avuta sino alla contrattazione di diritto comune degli anni Settanta del secolo scorso. Da quel momento, non solo le modifiche dei processi produttivi che hanno ridotto l'area del lavoro esclusivamente manuale, ma anche la progressiva rimozione delle disparità tra le categorie degli operai e degli impiegati, operata dagli interventi legislativi e dalle pronunce della Corte costituzionale, hanno portato a un riassorbimento della formale separazione fra le due categorie.

La categoria dei quadri ha ottenuto riconoscimento legale in virtù della citata l. 190/1985, dopo essere apparsa sulla scena sindacale agli inizi degli anni Ottanta del secolo scorso con la c.d. "marcia dei quarantamila", alla quale abbiamo già fatto cenno (cfr. *retro*, cap. 1, § 2.3), a seguito della quale i quadri della FIAT ottennero la cessazione di un lungo sciopero proclamato dai sindacati degli altri lavoratori. Tale categoria è costituita da quelle figure di impiegati di alto profilo che svolgono funzioni di rilevante importanza con potere gestionale (ma non decisionale), alle quali già la legge istitutiva riconosceva, salvo deroghe previste dalla contrattazione collettiva, l'applicazione delle norme riguardanti la categoria degli impiegati.

I dirigenti, infine, erano, e sono, considerati le figure gerarchicamente più vicine al datore di lavoro (in qualche modo, il suo *alter ego*); essi, pur essendo sottoposti alle direttive datoriali, hanno, per i poteri a loro attribuiti, ampie competenze e responsabilità decisionali.

A oggi, solo i dirigenti mantengono un regime giuridico sostanzialmente, ancorché non completamente, diverso rispetto a quello applicabile alle restanti categorie di lavoratori (ci riferiamo, in particolare, alla disciplina dell'orario di lavoro, dei riposi settimanali, del contratto a termine e dei licenziamenti); fatta salva, peraltro, l'applicazione, anche nei loro confronti, di norme di garanzia (si pensi all'applicazione anche a tale categoria della procedura disciplinare di cui all'art. 7 dello Statuto dei lavoratori, come vedremo nel prosieguo del capitolo).

Con il tempo, l'autonomia collettiva ha assunto un ruolo sempre più importante in materia di inquadramento dei lavoratori, tanto che il concetto di categoria è stato in parte sostituito dal sistema del c.d. *inquadramento unico*, per mezzo del quale i contratti collettivi hanno introdotto un regime classificatorio dei lavoratori suddiviso in livelli di inquadramento professionale (e, quindi, di retribuzione), in ciascuno dei quali sono ricompresi anche lavoratori appartenenti a categorie diverse, ma che svolgono mansioni considerate equivalenti. In base a tale sistema, i lavoratori sono inquadrati in un'unica scala classificatoria composta da un determinato numero di categorie o, meglio, di livelli, e l'appartenenza a tali livelli è determinata sulla base delle declaratorie generali (che indicano i requisiti minimi di inquadramento nel livello) e, nell'ambito di ciascuna declaratoria, dei profili professionali (che individuano il contenuto professionale delle mansioni in essi ricomprese). Ed è proprio dalla descrizione dei profili professionali – che consentono di inserire nella medesima categoria sia profili impiegatizi che profili operai, con conseguente parificazione salariale – che emerge la *ratio* dell'inquadramento unico.

Il primo esempio, nel settore privato, di passaggio dall'inquadramento per mestiere a quello basato sulla professionalità è rappresentato dal

CCNL dei metalmeccanici dell'aprile del 1973. Per la prima volta, infatti, venne previsto l'inquadramento dei lavoratori in una *classificazione unica* articolata su determinate categorie professionali – 7, per la precisione – che avrebbero dovuto dar conto, valorizzandole, delle capacità professionali e dell'esperienza lavorativa acquisite nel tempo dai lavoratori, sulla base di determinati criteri di valutazione. Ed è proprio da questo nuovo concetto di professionalità, unico per i lavoratori di una determinata categoria, che sarebbe derivata la commistione tra la figura degli operai e quella degli impiegati, per la quale alcuni operai sarebbero stati parificati agli impiegati d'ordine mentre altri, particolarmente specializzati, si sarebbero allineati ai profili impiegatizi di livello più elevato.

Come l'accordo del 1973 aveva l'obiettivo di interpretare le evoluzioni sociali in essere tra la fine degli anni Sessanta e gli inizi degli anni Settanta del secolo scorso, così i mutamenti tecnologici, professionali e organizzativi che si sono registrati nel secondo decennio del nostro secolo, anche con riferimento all'Industria 4.0, hanno comportato l'esigenza di un adeguamento dell'inquadramento professionale del settore metalmeccanico – che oggi interessa oltre un milione e mezzo di lavoratori – rimasto sostanzialmente immutato in questi – quasi – cinquant'anni. A tal fine, il 5.2.2021, dopo una serie di tentativi svolti negli anni precedenti, è stato raggiunto un accordo per il rinnovo del CCNL che, per quanto qui maggiormente rileva, ha inciso proprio sulla classificazione professionale dei lavoratori.

A tal proposito, l'accordo di febbraio 2021, che è stato valutato positivamente dalle assemblee dei lavoratori indette nei mesi successivi, e che ha valenza sino al 30.6.2024, ha introdotto, dal primo giugno di quell'anno, un nuovo sistema di classificazione professionale che, pur lasciando invariata l'unicità di inquadramento per operai, impiegati e quadri, ha definito il passaggio automatico dalle categorie, con soppressione della prima categoria, ai nuovi 9 livelli di professionalità, sulla base di un preciso schema di conversione fornito dall'accordo.

I nuovi livelli sono raggruppati in "campi di professionalità" che, sulla scorta di determinati criteri (autonomia, responsabilità gerarchico-funzionale, competenza tecnica specifica, competenze trasversali e partecipazione al miglioramento, polivalenza, polifunzionalità, miglioramento continuo e innovazione) applicabili nel contesto organizzativo aziendale, individuano i diversi ruoli dei lavoratori, con responsabilità crescente dalla lettera D alla lettera A, ovvero, i ruoli operativi (D1 e D2), quelli tecnici specifici (C1, C2 e C3), quelli specialistici e gestionali (B1, B2 e B3) e quelli di gestione del cambiamento e innovazione (A1).

Tale è l'importanza che le parti hanno riconosciuto a questo nuovo sistema di inquadramento, che è stata istituita una nuova Commissione nazionale sull'inquadramento professionale avente il compito, dapprima, di verificare la corretta applicazione dei princìpi di adeguamento previsti dall'accordo, e poi, nel corso del triennio di vigenza contrattuale, di monitorare il sistema, elaborare proposte, fornire valutazioni ed attualizzare i criteri, alla luce delle dinamiche aziendali che si verificheranno negli anni, anche con il supporto tecnico-scientifico dei Centri di competenza guidati da politecnici e università che saranno appositamente individuati.

Chiusa la parentesi sul nuovo inquadramento unico previsto dal CCNL per i lavoratori metalmeccanici del 2021, è necessario, infine, sottolineare che, se il controllo giudiziale sul corretto inquadramento non può riguardare i criteri di individuazione delle qualifiche così come individuati dall'autonomia collettiva, lo stesso ben può scrutinare l'esatta attribuzione datoriale di una qualifica sulla scorta delle mansioni assegnate inizialmente al lavoratore o attribuitegli nel corso del rapporto.

2.2. *Lo* ius variandi *del datore di lavoro*

Una tipica esplicazione del potere direttivo è il potere del datore di lavoro di modificare il contenuto delle mansioni affidate al lavoratore: il c.d. *ius variandi*.

Occorre premettere che si tratta di un potere che, pur essendo funzionale all'organizzazione del lavoro, non ne costituisce condizione essenziale di realizzazione (come lo è, ad esempio, il potere di conformazione), ben potendo essere solo eventualmente esercitato.

La disciplina dello *ius variandi* è contenuta nell'art. 2103 c.c. il cui testo, dopo le prime modifiche apportate dall'art. 13 dello Statuto dei lavoratori, ha visto una sostanziale ridefinizione, nell'ottica di una maggiore flessibilità nell'assegnazione delle mansioni, sia pur mantenendo ferma la posizione economica raggiunta dal lavoratore, in seguito all'approvazione dell'art. 3 d.lgs. 81/2015.

Esaminiamo, innanzitutto, il quadro legale precedente alla riforma del 2015.

Dalla riformulazione dell'art. 2103 c.c. operata dallo Statuto dei lavoratori emergeva la chiara volontà del legislatore di contemperare l'esercizio dello *ius variandi* con la tutela della posizione professionale del lavoratore. In tal senso, era stato posto un limite all'esercizio di tale potere: il dipendente, oltre, ovviamente, alle mansioni per le quali era stato assunto, o alle mansioni corrispondenti alla nuova qualifica superiore che avesse successivamente acquisito, e fermo restando il divieto di svolgere mansioni inferiori alle precedenti, poteva essere adibito solo a mansioni "equivalenti alle ultime effettivamente svolte" e senza, come statuito dalla giurisprudenza, che necessitasse il suo consenso (tant'è che si parlava, anche in questo caso, di potere unilaterale del datore di lavoro).

Per determinare la nozione di "equivalenza" delle mansioni, la giurisprudenza faceva anzitutto riferimento a un criterio oggettivo, ovvero alla classificazione contrattuale, per cui, se la nuova mansione era inserita nel CCNL di riferimento in un livello inferiore rispetto a quello della mansione di provenienza, il principio di equivalenza era violato e si determinava, di conseguenza, il c.d. demansionamento del lavoratore. Quest'ultimo, pertanto, poteva agire in giudizio per far accertare la nullità dell'atto datoriale e chiedere, fra l'altro, il risarcimento del c.d. danno alla professionalità.

Peraltro, tale criterio non è stato ritenuto sempre esaustivo. Infatti, è stato preso in considerazione, in via concorrente, anche un criterio soggettivo; ovvero la giurisprudenza, muovendo dalla disamina del patrimonio professionale – costituito dall'insieme di conoscenze, capacità ed esperienze acquisite nel tempo dal lavoratore, di cui si doveva tener conto al momento della decisione di modificare le mansioni – è giunta a ritenere non equivalente alla precedente la nuova mansione allorché, pur appartenendo al medesimo livello di inquadramento, essa fosse attinente a una competenza professionale del tutto estranea rispetto a quella acquisita nel tempo dal lavoratore, per il che quest'ultima sarebbe stata depauperata.

Ne consegue che, sotto la previgente disciplina, la valutazione giudiziale non poteva ritenere equivalenti due mansioni per la sola circostanza di appartenere al medesimo livello contrattuale, dovendo esserne verificato il contenuto anche in rapporto alla storia professionale del lavoratore, oltre che al contesto aziendale. Ciò al fine di salvaguardare il patrimonio professionale del prestatore, anche in un'ottica di arricchimento del bagaglio di conoscenze ed esperienze.

Inoltre, la normativa statutaria aveva formulato altri tre princìpi che avevano costituito uno *ius novum* rispetto alla previgente disciplina del Codice civile.

In primo luogo, il trattamento economico dovuto al lavoratore, in caso di adibizione a mansioni equivalenti, doveva essere il medesimo di quello precedente. In altre parole, era sancito un principio di irriducibilità del trattamento retributivo, fermo restando che tale trattamento, come statuito dalla giurisprudenza, non poteva tener conto delle componenti retributive accessorie (cfr. *infra*, cap. 9, § 1) e connesse con profili estrinseci della precedente prestazione (come l'indennità di trasferta o l'indennità di cassa, che potevano, quindi, essere legittimamente non corrisposte nel caso di mancata effettuazione della mansione cui esse afferivano).

In secondo luogo, l'adibizione a mansioni appartenenti a una categoria superiore, oltre a comportare immediatamente la spettanza della corrispondente retribuzione, determinava l'acquisizione definitiva del livello superiore di inquadramento allorché si fosse protratta per un periodo di tempo fissato dalla contrattazione collettiva, che comunque non poteva essere superiore a 3 mesi, con la facoltà, per i contratti collettivi, di prevedere un periodo inferiore per l'acquisizione del livello più alto, e ciò con l'eccezione dell'accesso alle categorie dei quadri e dei dirigenti (per le quali l'art. 6 l. 190/1985 aveva legittimato la previsione di un termine più lungo rispetto a quello legale, sul presupposto che, trattandosi di categorie gerarchicamente più elevate, per avere la definitività del livello occorresse un periodo di tempo maggiore di svolgimento delle nuove mansioni).

Un'eccezione all'operatività del limite dei 3 mesi per poter maturare il diritto alla definitività dell'assegnazione era stata prevista in caso di sostituzione di un lavoratore assente con diritto alla conservazione del posto di lavoro – si pensi alla sostituzione della lavoratrice in gravidanza o in maternità (cfr. *infra*, cap. 13, §§ 3.1-3.2) – nel qual caso, quindi, non operava alcun termine massimo di adibizione alle mansioni superiori (fermo restando, ovviamente, il diritto del lavoratore, per tutto il periodo di sostituzione, a vedersi riconosciuta la corrispondente retribuzione).

In terzo luogo, la norma prevedeva espressamente la nullità "di ogni patto contrario". Sul punto, peraltro, l'interpretazione giurisprudenziale è stata piuttosto flessibile rispetto alla – forse presunta – inderogabilità del divieto, allorché, ad esempio, il declassamento fosse stato concordato tra le parti, secondo le modalità previste dall'art. 2113 c.c., per tutelare un interesse del lavoratore (ad esempio, in caso di mutate condizioni di salute o per evitare, con il c.d. patto di demansionamento, un licenziamento individuale per giustificato motivo oggettivo).

In alcuni casi è stato lo stesso legislatore a introdurre esplicitamente la possibilità di pattuire deroghe *in peius* all'art. 2103 c.c., legittimando l'adibizione del lavoratore a mansioni inferiori. Ciò è avvenuto, per citare le norme più significative in ordine di tempo, con l'art. 3 l. 1204/1971, per le lavoratrici in stato di gravidanza; con l'art. 4 c. 11 l. 223/1991, nell'ambito della procedura collettiva di riduzione di personale; con l'art. 4 c. 4 l. 68/1999, in relazione al lavoratore divenuto disabile nel corso del rapporto di lavoro; con l'art. 10 c. 3 della medesima legge, in relazione al lavoratore disabile il cui stato di disabilità si sia aggravato nel corso del rapporto; con l'art. 42 d.lgs. 81/2008, in relazione ai lavoratori per i quali il medico competente abbia accertato l'inidoneità alla mansione specifica.

L'art. 2103 c.c. è stato sostanzialmente modificato dall'art. 3 d.lgs. 81/2015, che ha dato attuazione alla l. 183/2014 di delega al Governo per la disciplina del principio di equivalenza delle mansioni e delle qualifiche in caso di processi di riorganizzazione o ristrutturazione aziendale, sulla base di canoni oggettivi, bilanciando l'interesse dell'impresa all'utile impiego dei lavoratori con l'interesse di questi ultimi al mantenimento del posto di lavoro e alla tutela della loro professionalità e delle loro condizioni economiche e di vita. In altri termini, come già si ricordava, il "mandato" legislativo era nel senso di una maggiore flessibilità nell'assegnazione delle mansioni, ferma restando la conservazione della posizione economica del lavoratore.

Occorre ricordare, peraltro, che già l'art. 8 d.l. 138/2011 conv. l. 148/2011 aveva previsto, per i contratti collettivi c.d. di prossimità (ovvero di secondo livello), la possibilità di derogare alla legge e alla contrattazione collettiva anche in merito alle mansioni dei lavoratori, alla classificazione e all'inquadramento del personale (cfr. *retro*, cap. 3, parte II, § 10).

Con riferimento all'attuale formulazione dell'art. 2103 c.c., anzitutto è stato eliminato il principio di equivalenza delle mansioni introdotto dallo Statuto dei lavoratori e, al contempo, è stato ampliato il raggio d'azione del datore di lavoro nell'esercizio del suo potere. Infatti, la norma prescrive, al c. 1, che il prestatore di lavoro può essere adibito, oltre che alle mansioni per le quali è stato assunto (e, come vedremo, a quelle superiori), anche a quelle che siano "riconducibili allo stesso livello e categoria legale di inquadramento delle ultime effettivamente svolte". Ne consegue che la c.d. mobilità orizzontale del lavoratore, già consentita, non deve più avere, come parametro, la stretta equivalenza delle mansioni, ma è ora sufficiente che le nuove mansioni siano ricomprese nello stesso livello e nella stessa categoria legale di inquadramento contrattuale delle ultime effettivamente svolte, anche se coinvolgono una professionalità molto diversa rispetto a quella acquisita dal lavoratore.

In tal senso il ruolo della contrattazione collettiva diventa fondamentale in relazione alla comparazione tra le varie mansioni, dal momento che a essa è riconosciuto il potere di determinare, ad esempio con il passaggio dai livelli a un numero inferiore di aree professionali, o con l'ampliamento del contenuto di queste ultime in relazione alle mansioni di pari valore, un'estensione dell'ambito di esercizio del potere datoriale.

Peraltro, dalla formulazione della norma emerge che, affinché il mutamento di mansioni sia validamente disposto, non solo vi deve essere identità del livello di inquadramento, ma le mansioni devono appartenere anche alla stessa categoria legale *ex* art. 2095 c.c. Ad esempio, un lavoratore inquadrato nella categoria degli impiegati non può essere adibito a mansioni dello stesso livello ma che si collocano nella categoria degli operai, pena l'invalidità del mutamento.

Resta illegittimo il demansionamento, ovvero l'assegnazione del lavoratore a mansioni riconducibili a un livello di inquadramento contrattuale inferiore (con la conseguenza che il giudice potrà dichiarare, *ex* art. 2103 c. 9 c.c., la nullità dell'atto o del patto che lo hanno determinato, nonché il diritto del lavoratore a essere reintegrato nelle mansioni precedentemente svolte, o comunque in mansioni equivalenti, e al risarcimento dei danni, patrimoniali e non patrimoniali, eventualmente patiti). Tale regola conosce, tuttavia, due eccezioni.

La prima eccezione è relativa al caso in cui, come prevede il nuovo art. 2103 c. 2 c.c., il mutamento *in peius* sia determinato da una "modifica degli assetti organizzativi aziendali che incide sulla posizione del lavoratore". In tali ipotesi (si pensi, ad esempio, a una riorganizzazione aziendale) è legittima l'assegnazione al lavoratore di una mansione riconducibile al livello di inquadramento immediatamente inferiore, purché sempre all'interno della medesima categoria legale, salvo l'onere della prova, interamente a carico del datore, in caso di richiesta di verifica giudiziale, della reale esistenza del presupposto organizzativo, oltre che del nesso di causalità fra tale operazione e il demansionamento del dipendente.

La seconda eccezione, invece, attiene al caso in cui, come indicato dall'art. 2103 c. 4 c.c., l'assegnazione a mansioni appartenenti al livello di inquadramento inferiore, sempre con il limite della medesima categoria legale, sia prevista dai contratti collettivi di qualsiasi livello, e dunque anche aziendale, come si ricava dall'art. 51 d.lgs. 81/2015.

Per tali due ipotesi la norma impone, al c. 5, a pena di nullità della comunicazione di variazione, l'adozione della forma scritta, pur senza imporre alcun obbligo di indicazione della motivazione del provvedimento (che, comunque, sarebbe dovuto quantomeno per il rispetto dei princìpi di correttezza e buona fede nei rapporti tra le parti).

Inoltre, l'art. 2103 c. 5 c.c. prescrive che, nei casi di modifica *in peius* delle mansioni, il lavoratore ha diritto alla "conservazione del livello di inquadramento" e del correlato trattamento retributivo, a esclusione – in tal modo normando quella che, come abbiamo visto, era stata l'interpretazione giurisprudenziale che si era sviluppata negli anni – degli elementi retributivi collegati a particolari modalità di svolgimento della precedente prestazione lavorativa e non più collegati alla nuova mansione.

Si aggiunga che, ove sia ritenuto necessario per lo svolgimento della nuova mansione, sia che si tratti di mobilità orizzontale che di mutamento *in peius* delle mansioni, vi è l'obbligo per il datore di lavoro, *ex* art. 2103 c. 3 c.c., di impartire al lavoratore la necessaria formazione (anche se ciò non condiziona la legittimità dell'esercizio dello *ius variandi*).

Infine, l'art. 2103 c. 6 c.c. consente la stipulazione di accordi tra le parti, opportunamente assistite nelle sedi c.d. protette di cui all'art. 2113 c. 4 c.c. (ovvero dinanzi all'Ispettorato del lavoro, al giudice del lavoro o in sede sindacale) o davanti alle Commissioni di certificazione dei contratti di lavoro (cfr. *retro*, cap. 4, § 5), aventi a oggetto la "modifica delle mansioni, della categoria legale e del livello di inquadramento e della relativa retribuzione", purché tali patti siano conclusi "nell'interesse del lavoratore alla conservazione dell'occupazione, all'acquisizione di una diversa professionalità o al miglioramento delle condizioni di vita". Si tratta dei c.d. patti di demansionamento, che si pongono sostanzialmente in linea di continuità con la già citata giurisprudenza che, nella vigenza della precedente versione dell'art. 2103 c.c., aveva ammesso la stipulazione di patti individuali comportanti il demansionamento del lavoratore come alternativa al licenziamento.

La novella del 2015 ha apportato modifiche anche alla disciplina prevista per la c.d. mobilità ascendente, vale a dire all'adibizione del lavoratore a mansioni superiori alle ultime effettivamente svolte, di cui al c. 7 dell'art. 2103 c.c. Fermi restando il diritto al più elevato trattamento retributivo corrispondente alla mansione superiore, e la non applicabilità della disposizione in caso di assegnazione alla mansione superiore in sostituzione un lavoratore assente con diritto alla conservazione del posto, le innovazioni attengono: alla definitività dell'acquisizione del livello superiore di inquadramento, che avviene ora dopo 6 (e non più 3) mesi continuativi di svolgimento della nuova mansione (e salvo il diverso, e anche più lungo, periodo previsto dalla contrattazione collettiva); e alla necessità del consenso del lavoratore al nuovo inquadramento, che ben potrebbe, in alcuni casi, non averne interesse – ad esempio, per la complessità delle mansioni – chiedendo quindi di essere riassegnato alle mansioni precedenti o ad altre appartenenti al medesimo livello.

Infine, non possiamo non rilevare come una così particolare e stringente normativa non lasci molto spazio di applicazione alla previsione di cui al c. 9 (già c. 2, nella disciplina previgente) dell'art. 2103 c.c., che sanziona con la nullità "ogni patto contrario"; a meno di non pensare, ad esempio, a un accordo che preveda l'assegnazione a una mansione inferiore ma che appartenga a una diversa categoria legale, o ancora a un accordo che preveda che l'adibizione a mansioni inferiori possa prescindere da una comunicazione scritta.

Da ultimo va ricordato che, limitatamente al periodo dell'emergenza sanitaria conseguente all'infezione da Sars-CoV-2, era stata prevista un'ulteriore ipotesi di legittima adibizione a mansioni inferiori: in particolare, la l. 76/2021, di conversione del d.l. 44/2021, nel disporre per coloro che esercitano le professioni sanitarie e per gli operatori di interesse sanitario l'obbligo di vaccinazione per poter svolgere la prestazione lavorativa, in funzione della prevenzione dell'infezione stessa, aveva previsto che l'eventuale rifiuto comportasse la sospensione dalle mansioni che implicavano contatti interpersonali e l'adibizione a diverse mansioni, anche inferiori, con eventuale conseguente riduzione della retribuzione (fatto salvo il caso di rifiuto per accertato e documentato pericolo per la salute del lavoratore, nel qual caso lo *ius variandi* avrebbe potuto attuarsi solo in via orizzontale, con il mantenimento del trattamento retributivo integrale). La *ratio* sottesa alla previsione era evidentemente quella di consentire al datore di lavoro di assolvere efficacemente all'obbligo di tutelare la salute e la sicurezza dell'ambiente di lavoro, secondo quanto disposto dall'art. 2087 c.c. (cfr. *infra*, cap. 10).

2.3. *Il mutamento del luogo della prestazione lavorativa: la trasferta, il trasferimento e il distacco del lavoratore*

Il contratto di lavoro, attraverso l'indicazione iniziale del datore di lavoro sottoscritta dal lavoratore, determina il luogo in cui deve essere svolta la prestazione lavorativa (e lo svolgimento della stessa all'interno dell'azienda rappresenta, di norma, come abbiamo visto, una delle circostanze che individuano l'esistenza di un rapporto di lavoro subordinato: cfr. *retro*, cap. 4, § 3). Peraltro, nell'ambito del proprio potere direttivo, il datore di lavoro può intervenire unilateralmente, e quindi senza ottenere il consenso del lavoratore, nel corso del rapporto, per modificare tale luogo, pur se entro limiti ben precisi e in maniera più o meno "invasiva", in relazione anche ai riflessi sulle dinamiche di vita del proprio dipendente.

La prima ipotesi, di minore impatto per il suo carattere di occasionalità, è la possibilità di inviare in trasferta il lavoratore. Tale fattispecie si verifica allorché vi sia una temporanea assegnazione del lavoratore a una sede diversa da quella abituale, dovuta a motivazioni organizzative e contingenti dell'azienda. In tali casi, oltre alla normale retribuzione vi è l'obbligo datoriale di corrispondere al lavoratore la c.d. "indennità di trasferta", in aggiunta al rimborso delle spese sostenute, sulla scorta di quanto previsto dalla contrattazione collettiva.

Occorre, peraltro, non confondere la trasferta con il c.d. trasfertismo, che ricorre nei casi in cui il lavoratore abbia contrattualmente pattuito, sin dall'inizio del rapporto di lavoro, di rendere la propria prestazione in luoghi diversi, per il tipo e per le caratteristiche dell'impresa nella cui organizzazione egli è inserito.

Ricorrono, invece, ipotesi di modifiche ben più incisive nei casi del trasferimento e del distacco, che determinano implicazioni sostanziali sulla vita del lavoratore per il venir meno del legame funzionale di quest'ultimo con la sede di lavoro contrattualmente pattuita.

Per quanto attiene al trasferimento, l'art. 2103 c. 8 c.c., premettendo che tale può essere considerato lo spostamento che avviene "da un'unità produttiva ad un'altra", ne condiziona la legittimità all'esistenza di "comprovate ragioni tecniche, organizzative e produttive", ovvero di motivazioni connesse con l'esercizio dell'attività d'impresa.

Quello che emerge dalla lettura della norma, in combinato con l'esame della giurisprudenza che si è formata negli anni, è, innanzitutto, che il concetto di unità produttiva dovrebbe essere inquadrato, pur se nel suo significato di "articolazione funzionalmente autonoma dell'impresa", nel contesto geografico in cui è svolta la prestazione (in coerenza, del resto, con quanto può dirsi negli altri casi di mutamento del luogo della prestazione). Ne consegue che la nozione di trasferimento viene normalmente collegata a un disagio del lavoratore che deriva anche da un significativo mutamento geografico del luogo di lavoro.

Inoltre, la legge non prescrive il rispetto di una particolare forma della relativa comunicazione, che tuttavia può essere prevista dalla contrattazione collettiva unitamente a un termine di preavviso. Neppure è previsto un obbligo di comunicare le ragioni del trasferimento, la cui sussistenza dovrà essere comunque provata in sede giudiziale dal datore di lavoro, a fronte di una contestazione da parte del lavoratore circa la legittimità dell'avvenuto trasferimento.

Da ultimo, va ricordata l'importante eccezione che riguarda il trasferimento dei dirigenti delle RSA per i quali, ai sensi dell'art. 22 dello Statuto dei lavoratori, occorre il preventivo nulla osta da parte delle associazioni sindacali di appartenenza affinché il trasferimento, pur disposto nel rispetto di quanto previsto dall'art. 2103 c.c., sia legittimo.

La terza ipotesi attinente alla modificazione del luogo di lavoro da parte del datore è relativa al distacco, disciplinato dall'art. 30 d.lgs. 276/2003. A differenza della trasferta e del trasferimento, nei quali la prestazione lavorativa continua a svolgersi a favore del medesimo datore, in questo caso il lavoratore è temporaneamente assegnato ad un diverso "soggetto per l'esecuzione di una determinata attività lavorativa", purché ciò sia motivato per "soddisfare" un interesse giuridicamente rilevante del datore di lavoro distaccante.

La norma prescrive la temporaneità del distacco, ma tale requisito è stato interpretato dalla giurisprudenza come attinente alla motivazione e non al periodo di durata del distacco che, pertanto, può ben prolungarsi anche nel tempo, purché l'interesse datoriale allo svolgimento dell'attività lavorativa a favore di un altro soggetto permanga per tutta la sua durata. Inoltre, il Ministero del lavoro ha precisato che può trattarsi di qualsiasi interesse produttivo del distaccante, anche di carattere non economico, purché esso non coincida con l'interesse lucrativo connesso alla mera somministrazione di lavoro (circ. 28/2005).

Resta inteso che con il distacco non sorge un nuovo rapporto di lavoro con il datore che beneficia della prestazione, il quale peraltro eserciterà sul lavoratore il potere direttivo e di controllo, e quindi non si ha alcuna novazione soggettiva del rapporto, restando il datore di lavoro distaccante l'unico obbligato agli adempimenti retributivi e contributivi a favore del lavoratore.

Poiché anche la decisione iniziale del distacco costituisce un legittimo utilizzo del potere direttivo del datore di lavoro, non occorre acquisire il consenso del lavoratore, a eccezione del caso in cui il distacco dia luogo a un "mutamento sostanziale" delle mansioni svolte.

Inoltre, laddove il distacco implichi il trasferimento a una unità produttiva posta a più di 50 chilometri da quella originaria, non è sufficiente qualsiasi ragione giustificatrice, ma occorre che, in applicazione del principio già illustrato espresso dall'art. 2103 c. 8 c.c., vi siano "comprovate ragioni tecniche, organizzative, produttive o sostitutive".

Anche nel caso del distacco, il giudice, chiamato a pronunciarsi sulla legittimità del provvedimento datoriale, non può entrare nel merito della decisione, ma può solo accertare l'esistenza delle cause che l'hanno determinata. Fa eccezione l'ipotesi, disciplinata dalla l. 99/2013, di un distacco tra imprese che hanno sottoscritto un "contratto di rete" (ovvero che abbiano pattuito di esercitare in comune una o più attività economiche rientranti nei rispettivi oggetti sociali, per rendersi maggiormente competitive sul mercato). In questo caso non solo la norma ammette la codatorialità dei dipendenti, secondo le regole stabilite nel contratto di rete, ma l'interesse del datore distaccante si presume, senza dover essere accertato, per il solo effetto dell'esistenza della rete.

Occorre, infine, precisare che, in applicazione del d.lgs. 136/2016, come da ultimo riformato dal d.lgs. 122/2020, i medesimi princìpi che operano in relazione al distacco nazionale si applicano ai casi di distacco transnazionale, in cui l'impresa con sede in un altro Stato membro dell'Unione europea assegna in Italia uno o più lavoratori in favore di un'altra impresa, anche se quest'ultima appartiene allo stesso gruppo, o in favore di una propria unità produttiva.

3. *Il potere di controllo*

Il potere di controllo – o, meglio, di vigilanza e controllo – consiste nel diritto del datore di lavoro di verificare l'esatta esecuzione della prestazione lavorativa svolta dal lavoratore. Si tratta di un potere che discende da quello direttivo, del quale costituisce, in un certo qual modo, una componente essenziale.

Il datore di lavoro, infatti, dopo aver dettato le disposizioni attinenti l'esercizio dell'attività lavorativa, deve poter accertare se queste sono osservate dal dipendente con la prescritta diligenza (art. 2104 c.c.; cfr. *retro*, cap. 7, § 1); egli deve, inoltre, poter verificare l'osservanza del regolamento aziendale, il rispetto degli obblighi di fedeltà gravanti sul lavoratore (art. 2105 c.c.: cfr. *retro*, cap. 7, § 3) e, più in generale, l'ottemperanza alle regole che disciplinano la condotta dei dipendenti all'interno dell'impresa (cfr. *retro*, cap. 7, § 2). Non ultimo, deve poter controllare l'integrità del patrimonio aziendale. E, nel caso in cui accerti violazioni o inadempimenti posti in essere dai soggetti a lui sottoposti, il datore potrà procedere con l'esercizio del terzo – eventuale – potere, ovvero quello disciplinare (art. 2106 c.c. e art. 7 Statuto dei lavoratori), di cui si dirà nel prosieguo, irrogando nei loro confronti le prescritte sanzioni disciplinari.

In ogni caso, come abbiamo già precisato, i poteri datoriali non sono assoluti, ma devono essere esercitati in modo da non ledere i diritti fondamentali dei dipendenti. Sulla scorta di tale principio, si rinvengono, anche per quanto attiene al potere di controllo, alcune norme specifiche redatte al fine di bilanciare l'esercizio di tale diritto datoriale con la tutela dei contrapposti diritti del lavoratore.

Il primo nucleo di disposizioni rilevanti in tal senso è contenuto nello Statuto dei lavoratori, in particolare nel Titolo I, che ha introdotto una disciplina a tutela del lavoratore in rapporto alla sua dignità, libertà e riservatezza, individuando, oltre ai soggetti legittimati a effettuare i controlli, due distinte forme di controllo – quella diretta e quella c.d. a distanza, quest'ultima recentemente modificata dal d.lgs. 151/2015 – nonché le modalità di esercizio di tale potere datoriale, come verrà esaminato nei paragrafi a seguire (cfr. *infra*, §§ 3.1 ss.).

Tali disposizioni si integrano con la normativa in materia di tutela della *privacy* e protezione dei dati personali, che riguarda anche il cittadino-lavoratore, alla quale si dedicherà attenzione *infra*, § 3.4.

3.1. *I soggetti abilitati al controllo: il personale di vigilanza e le guardie giurate*

Il potere di controllo, così come quello direttivo, è di norma esercitato dal datore di lavoro ai sensi degli artt. 2086 e 2104 c.c. L'art. 3 dello Statuto dei lavoratori, peraltro, legittima l'individuazione anche di altri soggetti ai quali può essere delegato il potere di controllo, fatta salva la preventiva comunicazione del loro nominativo e delle loro mansioni ai dipendenti sottoposti a tale potere: si tratta del personale di vigilanza. Tale norma non si applica, invece, ai superiori gerarchici (ad esempio, i capireparto di un settore aziendale o i dirigenti), i cui nominativi e le cui mansioni sono ben note ai lavoratori a loro sottoposti e che, pertanto, non necessitano di alcuna investitura ufficiale. In altri termini, la *ratio* della norma è quella di non consentire controlli occulti dei lavoratori, intendendosi per tali quelli svolti da persone non previamente identificate come esercenti tale potere.

La giurisprudenza sul punto in più casi ha ritenuto lecito anche il controllo occulto effettuato da soggetti terzi, come ad esempio gli investigatori privati, non rientranti quindi nel novero di quelli indicati nell'art.

3, in funzione difensiva, laddove attraverso tale controllo sia stata accertata la commissione, da parte dei lavoratori, di illeciti che integrano violazioni penalmente rilevanti, o comunque di particolare gravità, e che esulano dalla normale attività lavorativa, ancorché commessi durante lo svolgimento della stessa. Si tratta, a ben vedere, di legittimare solo a posteriori, ovvero al momento dell'accertamento del comportamento fraudolento, un controllo che, *ex ante,* sarebbe occulto; e per tale motivo, ovvero per evitare che il ricorso a tali soggetti possa dar luogo a un arbitrio, occorre che esista almeno un indizio di condotta illecita del lavoratore che legittimi il datore ad avvalersi di tali controlli al fine di tutelare i beni aziendali.

In ogni caso, gli addetti alla vigilanza previsti dall'art. 3 non possono verificare comportamenti dei lavoratori estranei all'attività lavorativa, ancorché svoltisi nei luoghi aziendali; tant'è che non è loro consentito l'accesso ai locali frequentati dai lavoratori per scopi diversi dallo svolgimento della prestazione (come, ad esempio, la mensa o i luoghi di svolgimento di un'assemblea).

Nonostante l'importanza dei diritti tutelati dalla norma, la sua violazione da parte del datore di lavoro non determina alcuna sanzione penale, ma unicamente l'inutilizzabilità dell'accertamento a fini probatori e, quindi, disciplinari (con conseguente annullamento dell'eventuale sanzione disciplinare fondata su tale controllo).

Al fine di tutelare il patrimonio aziendale (e non anche per controllare i lavoratori) l'art. 2 dello Statuto dei lavoratori ha dettato precise regole per l'utilizzo di guardie giurate, ovvero di figure professionali in possesso di una specifica licenza. A costoro non è pertanto consentito un controllo, neppure in via incidentale, della prestazione lavorativa, dovendosi limitare ad accertare che il patrimonio aziendale non sia danneggiato. La norma, difatti, prevede espressamente che in nessun caso essi possano contestare ai lavoratori azioni o fatti diversi da quelli che attengono alla tutela del patrimonio aziendale. A tal fine, a essi è interdetto l'accesso nei locali dove si svolge l'attività lavorativa, salvo casi eccezionali dovuti a specifiche e motivate esigenze attinenti, peraltro, sempre alle funzioni di tutela del patrimonio a loro assegnate.

Resta inteso che l'intervento delle guardie giurate è legittimo ove esse individuino una condotta inadempiente del lavoratore, tendenzialmente di rilevanza penale, che crei un pregiudizio all'integrità del patrimonio aziendale (si pensi, ad esempio, a un furto o al danneggiamento di un bene aziendale). In tale ipotesi, le informazioni raccolte dalle guardie giurate divengono utilizzabili, principalmente a fini disciplinari.

In caso di violazione di tale norma, l'art. 2 c. 4 dello Statuto dei lavoratori prevede una sanzione amministrativa per la guardia giurata, che consiste nella sospensione dal servizio a opera del Questore competente su richiesta dell'Ispettorato territoriale del lavoro o, nei casi più gravi, nella revoca della licenza; e l'art. 38 dello Statuto dei lavoratori prevede una sanzione penale a carico sia della guardia giurata, sia del datore di lavoro.

3.2. *Il controllo a distanza*

I limiti al potere di controllo datoriale sull'attività dei dipendenti non attengono solo ai soggetti legittimati a effettuarlo, come abbiamo visto nel paragrafo precedente, ma anche ai mezzi che possono essere utilizzati a tal fine nei luoghi di lavoro. Il legislatore, infatti, sempre allo scopo di tutelare la dignità e la riservatezza del lavoratore, per evitare che il datore possa fare uso, in maniera indiscriminata, di strumenti di controllo del lavoratore, occulti o comunque invasivi, durante lo svolgimento delle sue mansioni – come, ad esempio, gli impianti audiovisivi a circuito chiuso che possono riprendere un'ampia porzione dei luoghi di lavoro – ha ritenuto di dover dettare una disciplina specifica per disciplinarne l'utilizzo. La materia è stata, quindi, regolata dall'art. 4 dello Statuto dei lavoratori, anch'esso modificato nel 2015 dal *Jobs Act*.

Nella versione originaria dell'art. 4 era stabilito, al c. 1, il divieto di "utilizzo di impianti audiovisivi o di altre apparecchiature per finalità di controllo a distanza" dell'attività lavorativa; mentre il c. 2 legittimava la possibilità di un loro utilizzo allorché ciò fosse motivato da "esigenze organizzative, produttive o dalla sicurezza del lavoro". Alcuni interpreti avevano individuato in questa eccezione una sorta di legittimazione del controllo preterintenzionale, ovvero del controllo non direttamente voluto ma solo conseguente all'utilizzo dell'apparecchiatura.

In ogni caso, a livello procedurale, l'installazione e l'utilizzo degli impianti e delle altre apparecchiature erano condizionati all'esistenza di uno specifico accordo preventivo con le RSA – o, in mancanza, con la commissione interna – oppure di un preventivo provvedimento autorizzatorio dell'Ispettorato del lavoro. La funzione dell'accordo sindacale o dell'autorizzazione amministrativa era quella di verificare e validare l'esistenza delle esigenze aziendali che giustificassero l'installazione degli impianti.

L'evoluzione tecnologica che si è avuta quantomeno dall'inizio di questo secolo ha reso necessario un nuovo e diverso contemperamento fra le esigenze produttive e di controllo dell'impresa, da un lato, e la tutela della dignità e della riservatezza del lavoratore, dall'altro. A tal fine, l'esigenza di riscrittura dell'art. 4 dello Statuto dei lavoratori è stata inserita nell'ambito della già citata l. delega 183/2014, la quale all'art. 1 c. 7 prevedeva, appunto, come ulteriore criterio direttivo al quale avrebbe dovuto attenersi il legislatore delegato, la "revisione della disciplina dei controlli a distanza sugli impianti e sugli strumenti di lavoro". E così l'art.

23 d.lgs. 151/2015 ha sostituito il vecchio testo dell'art. 4 sin dalla sua rubrica, laddove al titolo originario "Impianti audiovisivi" ha aggiunto l'inciso "e altri strumenti di controllo".

Anzitutto, è rimasto invariato il limite sostanziale rinvenibile nel principio della necessaria sussistenza delle ragioni giustificatrici del controllo a distanza sul lavoro, salvo l'importante previsione dell'ulteriore esigenza, rispetto a quelle organizzative e produttive e di sicurezza sul lavoro già indicate dal legislatore statutario, della "tutela del patrimonio aziendale", per la quale, negli anni precedenti, una parte della giurisprudenza aveva elaborato la categoria dei c.d. controlli difensivi del datore di lavoro, al di fuori dei divieti imposti dall'art. 4, al fine di accertare condotte illecite dei lavoratori.

Così come è rimasto impregiudicato il limite procedurale consistente nel previo accordo sindacale (con individuazione dell'interlocutore datoriale nella RSU o, in assenza, nella RSA) o, in mancanza, nell'autorizzazione amministrativa rilasciata dalla sede territoriale dell'Ispettorato del lavoro (art. 4 c. 1). Peraltro, sul punto, la disposizione del 2015 ha previsto che, in caso di imprese con unità produttive ubicate in diverse Province della stessa Regione o in più Regioni, l'accordo possa essere stipulato anche a livello nazionale, purché con le associazioni sindacali comparativamente più rappresentative sul piano nazionale; mentre, in caso di imprese con unità produttive dislocate negli ambiti di più sedi territoriali dell'Ispettorato nazionale del lavoro, che l'autorizzazione possa essere concessa dalla sede centrale di tale Ispettorato. Tale provvedimento, a differenza di quanto accadeva nel regime previgente, è ora espressamente qualificato come definitivo, e quindi non soggetto a impugnazione.

Resta fermo in ogni caso il principio, ribadito dall'Ispettorato nazionale del lavoro anche con nota 2572/2023, che in nessun caso il consenso individuale del lavoratore, ancorché informato, possa supplire alla mancanza dell'accordo sindacale o del provvedimento autorizzativo, stante la natura collettiva del bene giuridico tutelato dalla norma.

Ciò premesso, l'impianto normativo del 2015 ha apportato due ulteriori, e rilevanti, novità rispetto al testo originario dell'art. 4.

In primo luogo, è stato previsto che l'accordo sindacale o l'autorizzazione amministrativa non siano richiesti per gli "strumenti utilizzati dal lavoratore per rendere la prestazione lavorativa" e per gli "strumenti di registrazione degli accessi e delle presenze" (art. 4 c. 2). Ne consegue che ora è legittimo, senza che sia necessario passare previamente per un accordo sindacale o un'autorizzazione amministrativa, l'utilizzo di strumenti aziendali in dotazione del lavoratore e che servono per rendere la prestazione lavorativa – quali, ad esempio, i *tablet* o gli *smartphone* – o che registrano gli ingressi o le uscite dei lavoratori – come i *badge* – anche se da questi può derivare la possibilità di un controllo a distanza sull'attività dei lavoratori. Resta inteso che, per applicarsi l'esenzione dall'accordo sindacale o dall'autorizzazione amministrativa, occorre che tali strumenti rispondano alle loro naturali finalità, ovvero, rispettivamente, quella di consentire l'espletamento della prestazione di lavoro e quella di rilevare le presenze sul luogo di lavoro; e che realizzino solo indirettamente l'effetto di controllo dell'attività lavorativa. Così, ad esempio, non potrebbe considerarsi legittima un'applicazione installata sul *computer* portatile aziendale assegnato in dotazione al lavoratore al solo fine di monitorarne le azioni; né sarebbe ammissibile uno strumento che abbia unicamente lo scopo di geolocalizzare il dipendente.

In secondo luogo, è stata prevista la possibilità di utilizzare le informazioni raccolte tramite qualsiasi strumento di controllo, e quindi sia attraverso gli strumenti che necessitano di preventiva autorizzazione o controllo (di cui all'art. 4 c. 1), sia attraverso quelli che ne sono dispensati (di cui all'art. 4 c. 2).

Sul punto, l'art. 4 c. 3 da un lato detta una previsione che amplia la libertà di azione datoriale, e quindi i suoi stessi poteri, autorizzando l'utilizzo delle informazioni raccolte per "tutti i fini connessi al rapporto di lavoro" (e, quindi, anche per quelli disciplinari); dall'altro, opera un bilanciamento di interessi, condizionando la legittimità di tale utilizzo alla preventiva e adeguata informazione del lavoratore circa le modalità d'uso degli strumenti e di effettuazione dei controlli, e a condizione che siano rispettate le garanzie e le tutele di cui al d.lgs. 196/2003 (Codice in materia di protezione dei dati personali: cfr. *infra*, § 3.4).

Nel mutato contesto normativo restava, peraltro, da verificare la sopravvivenza o meno della summenzionata categoria dei controlli difensivi, dal momento che l'esplicito riferimento della novella alla tutela del patrimonio aziendale tra le esigenze legittimanti l'installazione dei sistemi di controllo sembrava, per alcuni, aver ricompreso tali controlli nell'alveo dell'art 4. Di conseguenza, anche i controlli diretti a reprimere o accertare illeciti avrebbero dovuto soggiacere alle condizioni imposte dalla norma riformata.

La *querelle* interpretativa ha consentito, successivamente, alla giurisprudenza (cfr. Cass. 25732/2021 e Cass. 34092/2021) di pronunciarsi sul punto, introducendo la distinzione tra controlli difensivi "in senso lato" e controlli difensivi "in senso stretto".

Mentre i primi, effettuati a difesa del patrimonio nei confronti di tutti i lavoratori durante lo svolgimento dell'attività, ricadono nell'art. 4, i secondi, diretti ad accertare condotte illecite imputabili a un lavoratore a fronte di un fondato sospetto, non sono soggetti ai limiti di tale previsione.

Da ultimo, occorre ricordare che nel novero delle disposizioni in materia di protezione dei dati personali vanno ricompresi anche i provvedimenti adottati dal Garante per la protezione dei dati personali, in relazione alle varie tipologie di strumenti utilizzati dal lavoratore, che si sono susseguiti negli anni, prima e dopo l'entrata in vigore del Regolamento europeo 2016/279 sulla protezione dei dati personali (*General Data Protection Regulation*, GDPR: cfr. *infra*, § 3.4), acquistando ulteriore importanza proprio con le modifiche apportate dal d.lgs. 151/2015. Tra gli altri, assumono particolare rilevanza: la delibera dell'1.3.2007, che contiene le linee guida per l'utilizzo di *internet* e della posta elettronica; il provvedimento dell'8.4.2010, in materia di videosorveglianza; la delibera del 22.12.2016, relativa agli accessi alla posta elettronica dei dipendenti (cui ha fatto seguito, sempre in materia di accesso all'*account* di posta elettronica, l'ordinanza dell'11.1.2023); il provvedimento del 28.2.2019, relativo all'impiego dei braccialetti GPS da parte degli operatori ecologici; la delibera del 10.6.2021, avente a oggetto le linee guida sull'utilizzo degli strumenti di tracciamento.

A corollario della normativa sulla *privacy* si richiama la previsione della c.d. valutazione d'impatto sulla protezione dei dati (*Data Protection Impact Assessment*, DPIA), disciplinata dall'art. 35 del GDPR, che è posta a carico dei titolari del trattamento, nell'ottica di una loro ulteriore responsabilizzazione, in tutti i casi in cui lo stesso presenti un profilo di rischio elevato per i diritti e le libertà della persona. In attuazione della norma, con delibera n. 467 dell'11.10.2018, il Garante ha predisposto un primo elenco, non esaustivo, che, in riferimento al rapporto di lavoro, individua come necessitanti la prescritta valutazione i trattamenti effettuati mediante sistemi tecnologici, anche con riguardo ai sistemi di videosorveglianza e di geolocalizzazione dai quali derivi la possibilità di effettuare un controllo a distanza dell'attività dei dipendenti.

L'impatto dell'emergenza pandemica sulla prestazione lavorativa ha indotto il Garante e l'Ispettorato nazionale del lavoro ad attivare, anche in previsione dell'"accelerazione dei processi di digitalizzazione dei sistemi di gestione dell'organizzazione del lavoro", una sinergia dei rispettivi apparati volta ad adottare orientamenti condivisi su questioni specifiche. Tant'è vero che nella primavera del 2021 è stato sottoscritto un Protocollo d'intesa allo scopo di concentrare la collaborazione tra i due enti e la loro congiunta assistenza alle imprese, al di là dei pareri formali, proprio in merito all'adozione di strumenti tecnologici preordinati a contenere il rischio di contagio negli ambienti lavorativi, anche mediante applicativi da installare sugli strumenti di lavoro (come i dispositivi mobili indossabili o gli *smartphone*). Ciò proprio per superare le questioni interpretative emerse nel periodo emergenziale e creare un'uniformità di azione nel prevenire trattamenti dei dati personali non conformi alla disciplina vigente e, in particolare, all'art. 4 dello Statuto lavoratori, cui fa espresso riferimento lo stesso Protocollo.

Infine, si precisa che anche la violazione della normativa sui controlli a distanza, oltre a rendere illegittimo l'utilizzo delle informazioni raccolte attraverso il controllo – con la conseguente inutilizzabilità delle stesse anche ai fini disciplinari – è sanzionata penalmente, come espressamente indicato dall'art. 38 dello Statuto dei lavoratori (oltre che con una sanzione amministrativa, in caso di omessa o errata effettuazione della valutazione di impatto di cui alla c.d. DPIA).

3.3. *Gli ulteriori limiti al potere di controllo: gli accertamenti sanitari, le visite personali di controllo e il divieto di indagini sulle opinioni personali dei lavoratori*

Ulteriori limiti al potere di controllo si rinvengono sempre nel Titolo I dello Statuto dei lavoratori.

L'art. 5, in particolare, vieta al datore di lavoro di effettuare accertamenti sanitari sull'idoneità e sull'infermità per malattia o infortunio dei propri dipendenti, e ciò proprio a tutela della loro riservatezza. La norma, peraltro, non nega il diritto del datore di lavoro di controllare l'effettiva sussistenza di un evento traumatico o morboso che interessa la salute del lavoratore (evento che, come è noto, sospende la prestazione lavorativa: cfr. *infra*, cap. 13, § 2) o di accertare l'idoneità fisica del prestatore di lavoro al fine di valutare la compatibilità con le mansioni da svolgere, e quindi la capacità di proseguire il rapporto di lavoro.

Occorre in ogni caso ricordare che la c.d. sorveglianza sanitaria di cui al d.lgs. 81/2008, svolta dal medico competente e finalizzata alla tutela dello stato di salute del lavoratore nell'ambito della valutazione dei rischi (cfr. *infra*, cap. 10, §§ 4-6), costituendo una deroga all'art. 5 opera solo nei casi espressamente previsti dalla legge. Anche se, sul punto, il recente d.l. 48/2023 conv l. 85/2023 – che prevede l'obbligo di nomina del medico competente anche "qualora richiesto dalla valutazione dei rischi di cui all'art. 28 del d.lgs. 81/2008" – lascia intendere la volontà del legislatore di estendere l'ambito della sorveglianza sanitaria oltre il perimetro legislativo.

A differenza di quanto previsto per i controlli sull'attività lavorativa – che, come si è detto, possono essere effettuati direttamente dal datore o dai soggetti da lui stesso preposti o nominativamente individuati – in questo caso la norma in esame prevede che le verifiche sanitarie sono consentite purché svolte da enti pubblici o istituti specializzati di diritto pubblico (che, al contrario dei "medici di fabbrica" operanti in passato, garantiscono, con la loro posizione di terzietà, una neutralità di giudizio).

Sempre a soggetti terzi, nella fattispecie ai servizi ispettivi degli istituti previdenziali, sono affidati i controlli delle assenze per malattia, che vengono effettuati su richiesta del datore di lavoro (cfr. *infra*, cap. 13, §

2). Resta inteso che il lavoratore non può sottrarsi a queste visite – anche se tale tipo di controllo, come affermato dalla sentenza 23/1975 della Corte costituzionale, stante la sua invasività, non gli può essere imposto coattivamente – dovendone, in caso di rifiuto, rispondere a livello disciplinare.

La giurisprudenza, peraltro, ha sancito la legittimità del controllo datoriale diretto, o per il tramite di personale investigativo, che non attenga ovviamente a un accertamento sanitario, per verificare, nei casi in cui il lavoratore sia assente per malattia, l'insussistenza dello stato morboso o la non idoneità della malattia a determinare l'impossibilità di rendere la prestazione o, ancora, il compimento di una diversa attività che pregiudica la ripresa lavorativa. Tale controllo è necessario al fine del successivo eventuale esercizio del potere disciplinare.

Inoltre sempre la giurisprudenza, dopo un primo risalente orientamento contrario, ha ritenuto leciti anche i c.d. accertamenti preassuntivi che, pur non rientrando nell'alveo del potere di controllo (dal momento che il rapporto non è ancora in essere), sono considerati ricompresi nel più generale potere datoriale di verificare l'idoneità di un soggetto a svolgere determinate mansioni (beninteso, laddove tali controlli non si sostanzino in un'indebita violazione della sfera personale del candidato all'assunzione).

L'art. 6 dello Statuto dei lavoratori, richiamando i princìpi espressi dall'art. 4 in tema di ammissibilità condizionata dei controlli a distanza, prevede che anche in relazione alle visite personali di controllo, ovvero le perquisizioni sulla persona del lavoratore, vige un generale divieto di effettuazione o, seguendo la dizione "positiva" introdotta dalla nuova formulazione dell'art. 4, una ammissibilità condizionata all'essere "indispensabili ai fini della tutela del patrimonio aziendale, in relazione alla qualità degli strumenti di lavoro o delle materie prime o dei prodotti".

Se ne deduce, anzitutto, che le visite personali di controllo costituiscono il rimedio estremo di salvaguardia del patrimonio aziendale, nel senso che devono essere stati previamente valutati come inidonei tutti gli alternativi mezzi di controllo del patrimonio consentiti dalla legge.

Pertanto, nei casi di accertata indispensabilità delle visite – che sono previamente individuati, unitamente alle modalità di svolgimento delle stesse, di concerto tra il datore di lavoro e le RSA o, in loro assenza, con le commissioni interne (solo in caso di disaccordo interviene l'Ispettorato del lavoro su richiesta datoriale) – la norma prevede che queste possano essere svolte unicamente all'uscita dei luoghi di lavoro, nel rispetto della dignità e della riservatezza dei lavoratori e mediante sistemi di selezione automatica dei lavoratori da perquisire riferiti alla collettività o a gruppi di lavoratori.

Occorre precisare che questo complesso di garanzie sostanziali e procedurali ha consentito a tale norma di superare indenne il vaglio di legittimità costituzionale in riferimento agli artt. 2, 3, 13 e 41 c. 2 Cost. La Consulta, infatti, con la sentenza 99/1980 ha affermato che la perquisizione, ancorché lecita, può svolgersi solo con il consenso del lavoratore e non gli può essere imposta; con la conseguenza che, in caso di rifiuto, egli ne potrà rispondere solo disciplinarmente.

Infine, il limite più stringente al potere di controllo, che ne determina sul punto una pressoché totale impossibilità di esplicazione, è dato dall'art. 8 dello Statuto dei lavoratori, che pone il divieto di effettuare, direttamente o indirettamente, indagini da parte del datore di lavoro sulle opinioni politiche, religiose o sindacali del lavoratore, ai fini dell'assunzione o nel corso del rapporto di lavoro. Tale divieto si estende anche a indagini su "fatti non rilevanti ai fini della valutazione" della sua "attitudine professionale".

Tale divieto attiene alla protezione del diritto alla riservatezza del lavoratore ed è motivato dal fatto che un soggetto, soprattutto nella fase preliminare all'assunzione, potrebbe essere discriminato, ad esempio, proprio a causa delle sue opinioni politiche o per un'indebita valutazione di fatti che non attengono alla prestazione lavorativa.

Ne consegue, al contrario, che sono scriminati i fatti, e solo questi, che possono avere un legame intrinseco con l'obbligazione lavorativa e che, pertanto, possono essere oggetto di indagine datoriale. Ad esempio, la richiesta al lavoratore del certificato del casellario giudiziario, se di regola non è consentita perché vìola la disposizione normativa in oggetto, diviene lecita in caso di attività lavorativa comportante il maneggio o il trasporto di danaro o di oggetti preziosi. Analogamente, il divieto di indagini sulla sieropositività del lavoratore, sancito dalla l. 135/1990, si arresta laddove tale indagine sia necessaria per l'accertamento dell'idoneità professionale del dipendente a fronte del rischio di contagio connesso al tipo di mansione a lui assegnata (e proprio in tal senso si è espressa la Corte costituzionale con sentenza 28/1994, che ha dichiarato l'illegittimità costituzionale dell'art. 6 l. 135/1990 laddove non prevedeva una tale deroga).

Ovviamente, la norma estende la protezione garantita al lavoratore nel corso del rapporto anche alla fase preassuntiva, nella quale è forse maggiore l'interesse del datore di lavoro a poter avere contezza delle opinioni del lavoratore prima di inserirlo nel proprio contesto lavorativo.

L'inosservanza dell'art. 8, come pure degli artt. 5 e 6, è sanzionata penalmente *ex* art. 38 dello Statuto dei lavoratori e determina, sul piano civilistico, oltre all'inutilizzabilità delle prove acquisite attraverso i controlli, le ispezioni o le indagini, anche la possibile richiesta di risarcimento dei danni subìti da parte del lavoratore.

3.4. *La normativa in materia di tutela della* privacy *nel rapporto di lavoro*

Occorre, a questo punto, fare riferimento alla relazione fra l'esercizio del potere di controllo da parte del datore di lavoro e i princìpi dettati dalla normativa in materia di tutela della *privacy*. Tale normativa, che riguarda anche il cittadino-lavoratore, è principalmente contenuta nel già menzionato d.lgs. 196/2003 (Codice in materia di protezione dei dati personali, anche noto come Testo unico sulla *privacy*), che dedica il Titolo VIII al trattamento dei dati nel rapporto di lavoro, e che è stato recentemente modificato dal d.lgs. 101/2018, con cui il Governo italiano ha armonizzato la normativa interna al GDPR.

A ben vedere, la regolamentazione posta a protezione della *privacy* e a tutela dei dati personali del cittadino-lavoratore non è connessa solo all'esercizio del potere di controllo in senso stretto, ma si affianca a quella prevista dall'art. 4 dello Statuto dei lavoratori, essendo immanente allo stesso svolgimento del rapporto di lavoro e al potere datoriale la necessità di venire in possesso di informazioni attinenti alla persona del lavoratore. In altri termini, il datore di lavoro, sin dall'accordo contrattuale – ma, a ben vedere, già in fase preassuntiva (si pensi alla valutazione dei *curricula* dei candidati selezionati) – e, di seguito, in corso di rapporto, viene a conoscenza di una serie di dati che deve utilizzare nel rispetto dei diritti e delle garanzie del lavoratore (per il che si può parlare di un controllo rovesciato, essendo il prestatore ad avere il potere di verificare, mediante il diritto di accesso ai dati di sua pertinenza, espressamente riconosciutogli, la corretta acquisizione degli stessi e il loro utilizzo in conformità alle norme da parte del datore).

Ecco perché, a prescindere dall'ambito di valutazione e di utilizzazione di tali dati personali, la normativa sulla *privacy*, di per sé, risponde al primario scopo di regolarne il trattamento, intendendosi per tale, secondo la nozione dettata dall'art 4 c. 1 n. 2 GDPR, "qualunque operazione o insieme di operazioni, compiute con o senza l'ausilio di processi automatizzati e applicate a dati personali o insiemi di dati personali, come la raccolta, la registrazione, l'organizzazione, la strutturazione, la conservazione, l'adattamento, l'estrazione, la consultazione, l'uso, la comunicazione mediante trasmissione, diffusione, o qualsiasi altra forma di messa a disposizione, il raffronto, l'interconnessione la limitazione, la cancellazione e la distruzione".

Ed ecco anche il motivo per cui, a fronte di pronunce adottate all'indomani dell'approvazione del d.lgs. 196/2003 e delle istanze formulate dai lavoratori e dagli imprenditori anche per il tramite delle loro organizzazioni rappresentative, il Garante per la protezione dei dati personali aveva ritenuto di adottare le "Linee guida di trattamento dei dati personali applicabili per le finalità di gestione del rapporto di lavoro alle dipendenze di datori di lavoro privati", che sono riassunte nella deliberazione n. 53 del 23.11.2006 (e che comunque, per espressa previsione, non interferiscono sulle disposizioni di legge o di regolamento esistenti e anche più restrittive).

Inoltre, come già anticipato, del tutto recentemente, la normativa italiana in materia di *privacy* è stata modificata sulla base delle nuove previsioni del GDPR, in vigore dal settembre 2018, che contengono princìpi generali – riprendendone alcuni già precedentemente previsti – e, in quanto tali, applicabili anche al rapporto di lavoro.

In estrema sintesi, i princìpi enunciati attengono alla necessità, tra le altre: che i dati personali siano acquisiti e utilizzati in modo lecito e trasparente, al solo fine di dare corretta esecuzione al rapporto di lavoro e limitatamente a quanto necessario per le finalità richieste; che degli stessi, nonché delle finalità del trattamento e dei destinatari dei dati, oltre che del periodo di conservazione e del diritto di accesso agli stessi, sia fornita un'informativa personalizzata, concisa e chiara, e sia ottenuto il previo libero, specifico e inequivocabile consenso da parte del lavoratore (tranne che per i dati utilizzati dal datore per la gestione quotidiana del rapporto) al loro trattamento, salvo il diritto di revoca successiva senza addurre alcuna motivazione; che dei dati sia verificata l'esattezza e che siano adottate le misure per aggiornarli o per cancellare e rettificare le eventuali inesattezze; che, salvo le finalità di archiviazione, i dati siano conservati per un periodo di tempo congruo al conseguimento delle finalità per le quali devono essere trattati e in maniera tale da garantire la sicurezza e la loro protezione da illeciti o interferenze estranee o, ancora, da perdite accidentali.

Inoltre, nel novero dei dati personali, il cui ambito è stato ampliato anche in forza delle evoluzioni tecnologiche (si pensi ai dati relativi alle comunicazioni elettroniche e a quelli che consentono di geolocalizzare le persone), un rilievo del tutto autonomo assumono i dati sensibili, ovvero quei dati che per loro natura sono, per così dire, "molto" personali, tanto che l'art. 9 GDPR li ha rinominati, appunto, "particolari", individuandoli: in quelli che rivelano l'origine razziale o etnica, le opinioni politiche, le convinzioni religiose o filosofiche, o l'appartenenza sindacale; in quelli relativi alla salute o alla vita sessuale o all'orientamento sessuale della persona; nonché in quelli genetici e in quelli biometrici, che ai sensi dell'art. 4 GDPR sono "i dati personali ottenuti da un trattamento tecnico specifico relativi alle caratteristiche fisiche, fisiologiche o comportamentali di una persona fisica che ne consentono o confermano l'identificazione univoca, quale l'immagine facciale o i dati dattiloscopici". A proposito di questi ultimi, il Garante nell'ordinanza del 22.11.2022 ha affermato che l'introduzione di un sistema di timbratura atto a rilevare le presenze, con terminale biometrico (nella fattispecie, si trattava di rilevamento delle impronte digitali) al fine di registrare accesso e presenza in azienda, costituisce un trattamento illegittimo di dati, a prescindere in questo caso dall'eventuale ottenimento del preventivo consenso del lavoratore; ciò non solo in quanto non vi è alcuna disposizione normativa che lo prevede, ma anche perché sarebbe contrario ai principi di liceità, necessità e anche di proporzionalità rispetto alle finalità che si intendono perseguire.

Fatti salvi i casi di illegittimità, *ab origine*, del trattamento, come sopra evidenziato, ricordiamo che per l'utilizzo di tali dati, come espressamente previsto dal citato art. 9, occorre sempre il consenso esplicito preventivo del soggetto interessato, a eccezione, per quanto attiene al rapporto di lavoro, dei casi in cui il trattamento sia richiesto dall'adempimento di obblighi (o dall'esercizio di diritti) di legge o discendenti dal contratto collettivo, oppure per finalità di medicina preventiva o di medicina del lavoro e di valutazione della capacità lavorativa del dipendente (salvo, in questi casi, l'obbligo di previsione, quale titolare o responsabile del trattamento, di un professionista soggetto per legge al segreto professionale).

Su tale profilo si ricorda il provvedimento del Garante (n. 198 del 13.5.2021) attinente al trattamento dei dati a seguito della somministrazione del vaccino per la prevenzione dell'infezione da SARS-CoV-2 sul luogo di lavoro. Tale atto conteneva indicazioni affinché fossero adottate le misure idonee per rendere il trattamento conforme alla disciplina in materia di protezione dei dati personali. Ma la rilevanza della decisione stava nel fatto che, ribadendo il principio secondo cui il lavoratore era libero nella scelta di sottoporsi o meno alla somministrazione del vaccino – e, a ben vedere, anche la previsione di un regime particolare per le categorie sanitarie, contenuto, come abbiamo accennato (cfr. *retro*, § 2.2) nel d.l. 44/2021, intendeva incidere sul regime delle mansioni più che sulla volontarietà della vaccinazione – confermava il divieto, per il datore, di trattare i dati personali relativi a tutti gli aspetti connessi alla vaccinazione dei propri dipendenti; per cui qualsiasi loro consenso "tenuto conto dello squilibrio del rapporto tra titolare e interessato nel particolare contesto lavorativo [...] non avrebbe potuto costituire un valido presupposto di liceità".

Un cenno a parte merita, infine, il coordinamento con la normativa in materia di protezione dei dati personali della disciplina di cui al d.lgs. 104/2022 di attuazione della direttiva 2019/1152/UE (c.d. "decreto trasparenza"), entrato in vigore il 13.8.2022, nella parte in cui prevede nuovi obblighi informativi a carico del datore di lavoro qualora utilizzi "sistemi decisionali o di monitoraggio automatizzati deputati a fornire indicazioni rilevanti ai fini dell'assunzione o del conferimento dell'incarico, della gestione o della cessazione del rapporto di lavoro, dell'assegnazione di compiti o mansioni nonché indicazioni incidenti sulla sorveglianza, la valutazione, le prestazioni e l'adempimento delle obbligazioni contrattuali dei lavoratori".

Tale coordinamento si è reso necessario anche in considerazione del richiamo, indicato all'art. 5 c. 4 della norma in esame, di "configurabilità di eventuali violazioni in materia di protezione dei dati personali ove sussistano i presupposti di cui agli articoli 83 del Regolamento (UE) 2016/679 e 166 del d.lgs. 196/2003 e successive modificazioni".

Per quanto qui di interesse, si rileva che il d.lgs. 104/2022, che si applica anche ai rapporti di lavoro già in essere e a quelli alle dipendenze delle pubbliche amministrazioni, ha introdotto nel d.lgs. 152/1997, concernente l'obbligo del datore di lavoro di informare il lavoratore della condizioni applicabili al contratto o al rapporto di lavoro, l'art. 1-*bis* che obbliga il datore di lavoro, in qualità di titolare del trattamento, a fornire al lavoratore, prima dell'inizio della prestazione lavorativa, a integrazione di quanto previsto dagli artt. 13 e 14 del Regolamento, una specifica informativa nei casi in cui si utilizzano "sistemi decisionali o di monitoraggio automatizzati", per ottenere "indicazioni rilevanti ai fini dell'assunzione o del conferimento di incarico, della gestione o della cessazione del rapporto di lavoro, dell'assegnazione di compiti o mansioni nonché indicazioni incidenti sulla sorveglianza, la valutazione, le prestazioni e l'adempimento delle obbligazioni contrattuali".

Peraltro, il recente d.l. 48/2023 conv. l. 85/2023 ha ridimensionato il campo di applicazione dell'obbligo informativo dell'utilizzo di tali strumenti, limitandolo esclusivamente all'ipotesi in cui i sistemi decisionali o di monitoraggio siano "integralmente", e quindi non anche solo parzialmente, automatizzati.

In ogni caso, è evidente che, laddove utilizzati, gli strumenti informatici hanno necessità di raccogliere ed elaborare una serie di dati personali dei lavoratori. Di conseguenza, in data 24.1.2023 il Garante è intervenuto dando puntuali indicazioni anche in funzione del coordinamento tra il decreto trasparenza, da un lato, e il GDPR e il codice *privacy*, dall'altro. In quest'occasione, tra l'altro, il Garante ha sottolineato la necessità di una verifica preliminare datoriale sulla sussistenza dei presupposti di liceità previsti dalla normativa sui controlli a distanza e sulla valutazione dei possibili rischi derivanti da un loro utilizzo, nonché sulla possibile compressione dei diritti e delle libertà degli interessati.

4. *Il potere disciplinare*

Il potere disciplinare consiste nella possibilità concessa al datore di lavoro di reagire nei confronti del lavoratore, a fronte dell'inosservanza, da parte di quest'ultimo, principalmente degli obblighi di diligenza, obbedienza e fedeltà imposti dagli artt. 2104 e 2105 c.c. e scaturenti dal contratto di lavoro (cfr. *retro*, cap. 7).

In tal modo, alla responsabilità di natura contrattuale – in forza della quale il datore di lavoro, creditore della prestazione lavorativa, può esperire nei confronti del lavoratore un'azione giudiziale *ex* art. 1218 c.c. – il legislatore ha affiancato quella disciplinare, legittimando così l'autotutela datoriale, ovvero l'irrogazione di pene private a seguito di un accertamento, anch'esso privato, dell'inadempimento contrattuale del lavoratore.

Nel fare questo, peraltro, al fine di perimetrare la legittimità del potere datoriale, anche nel rispetto dei valori di dignità della persona del lavoratore, la legge ha dettato dei princìpi in relazione alle modalità di esercizio di tale potere e alle fattispecie sanzionatorie a esso conseguenti, ferma restando, ovviamente, la possibilità di un intervento giudiziale, a posteriori, in caso di contestazione circa il corretto utilizzo del potere disciplinare.

I princìpi che, a livello normativo, regolano l'esercizio del potere disciplinare si rinvengono nell'art. 2106 c.c. e nell'art. 7 dello Statuto dei lavoratori. Da una lettura combinata delle due disposizioni emerge che il datore di lavoro, in caso di accertamento della violazione di uno o più degli obblighi sopracitati, può applicare le sanzioni disciplinari graduandole rispetto alla gravità dell'infrazione commessa (art. 2106 c.c.), e ciò sempre in conformità con quanto previsto dal contratto collettivo applicabile al rapporto di lavoro in ordine all'individuazione sia delle infrazioni (ovvero dei comportamenti che il lavoratore non deve tenere), sia delle sanzioni (ovvero dei rischi ai quali va concretamente incontro il lavoratore che tenga tali comportamenti).

A ben vedere, si tratta dell'applicazione, entro i confini del rapporto di lavoro, del principio garantistico di tassatività previsto dall'art. 1 del Codice penale e riassumibile nei due brocardi *nullum crimen sine lege* (nessuno può essere punito per un fatto che non è stato previsto come illegittimo dalla legge) e *nulla poena sine lege* (nessuna sanzione può essere inflitta se non è stata preventivamente stabilita dalla legge).

Inoltre, sempre l'art. 7 enuclea le regole e i limiti procedurali relativi all'esercizio del potere disciplinare, al fine di evitarne un uso arbitrario e di garantire, al contempo, al lavoratore la possibilità di esercitare in maniera effettiva il proprio diritto di difesa.

Per i dipendenti delle pubbliche amministrazioni, ferma restando l'applicabilità dell'art. 2106 c.c., esiste una disciplina specifica dettata dagli artt. 55-55-*sexies* d.lgs. 165/2001, come modificati, oltre che dal d.lgs. 150/2009, dalla "riforma Madia", di cui ai d.lgs. 116/2016, 75/2017 e 118/2017, che costituiscono norme imperative. Si darà conto di volta in volta, nei paragrafi che seguono, dei più significativi elementi di difformità nella regolazione del potere in esame, la prima delle quali riguarda l'obbligatorietà dell'azione disciplinare per il datore di lavoro pubblico, nella fattispecie ad opera del dirigente competente, che in difetto è esso passibile di conseguenze disciplinari e anche retributive.

4.1. *Il codice disciplinare*

Abbiamo già detto che i comportamenti dei lavoratori, affinché possano essere valutati disciplinarmente, devono essere previsti, unitamente alle corrispondenti sanzioni, dalla contrattazione collettiva, nella parte, appunto, relativa alla normativa disciplinare (art. 7 c. 1).

Va aggiunto che, sulla scorta dei princìpi contenuti nei CCNL (integrati eventualmente da quelli previsti dalla contrattazione di secondo livello), il datore di lavoro, facendo applicazione del proprio potere direttivo, può indicare ulteriori comportamenti sanzionabili al fine di garantire il corretto svolgimento dell'attività lavorativa.

L'insieme di tali condotte, e delle conseguenti sanzioni, costituisce il contenuto del codice disciplinare.

Occorre precisare che il principio della preventiva individuazione dei comportamenti sanzionabili – che rappresenta una delle condizioni di validità dell'esercizio del potere datoriale – è sottoposto, anche alla luce della giurisprudenza maggioritaria che si è formata negli anni, ad alcuni contemperamenti.

Anzitutto, è stata ormai acquisita la tesi della non obbligatorietà della predeterminazione analitica da parte del codice disciplinare di tutte le infrazioni e delle corrispondenti, graduate, sanzioni. È stato, infatti, ritenuto sufficiente che dal contenuto del codice disciplinare emerga un'indicazione schematica delle varie possibili infrazioni – e, in relazione alle stesse, delle previsioni sanzionatorie – ancorché suscettibile di poter essere adattata e integrata alla luce delle condotte inadempienti poste in essere dal lavoratore. Riprova ne è che gli stessi contratti collettivi, allorché enucleano i comportamenti valutabili disciplinarmente, hanno cura di precisarne il carattere esemplificativo e non tassativo. Peraltro, come è stato ulteriormente affermato dalla giurisprudenza, ciò non potrà in alcun caso legittimare un grado di insufficiente specificità del codice, che possa indirettamente avallare una valutazione discrezionale – se non addirittura arbitraria – del datore di lavoro in merito alla condotta del lavoratore.

Il secondo contemperamento attiene alla non obbligatorietà dell'inserimento, nel codice disciplinare, di tutti quei comportamenti che sono facilmente percepibili come illeciti, in quanto contrari a norme di rilevanza penale o contrastanti con il c.d. minimo etico o con le regole fondamentali del vivere civile. È evidente infatti che, stante l'immediata percezione della gravità, di per sé, di tali comportamenti – che possono anche non avere alcun collegamento con il rapporto di lavoro – gli stessi sono punibili a prescindere da una loro tassativa elencazione.

Si segnala che la questione della gravità del comportamento era stata inizialmente posta, ma successivamente esclusa, anche all'indomani dell'avvio del piano vaccinale anti SARS-CoV-2 in relazione alla possibilità di ravvisare un illecito disciplinare – in violazione dell'art. 20 d.lgs. 81/2008 – nella condotta dell'operatore sanitario che rifiutava la inoculazione del vaccino.

Nel pubblico impiego, invece, è anche la legge che individua alcune condotte disciplinarmente rilevanti, rispetto alle quali la contrattazione collettiva non può intervenire, neppure in favore del lavoratore (si pensi, per fare un esempio, all'ipotesi della falsa attestazione della presenza in servizio, introdotta dal d.lgs. 116/2016, per la quale la legge prevede come unica sanzione il licenziamento).

Esaminato il concetto di condotte disciplinarmente rilevanti, occorre ora chiarire che a ogni infrazione disciplinare il codice disciplinare, sulla scorta di quanto previsto dal contratto collettivo, fa corrispondere una sanzione, che viene graduata a seconda della gravità della condotta, affinché sia rispettato il già ricordato principio di proporzionalità, in base al quale il datore di lavoro deve applicare la sanzione commisurata alla gravità del comportamento del proprio dipendente (art. 2106 c.c.).

In relazione alla tipologia delle sanzioni occorre premettere che l'art. 7 dello Statuto dei lavoratori non ne propone un elenco tassativo, limitandosi a prevedere che – fermo restando il licenziamento disciplinare, ove consentito (cfr. *infra*, cap. 14, § 4) – non sono possibili sanzioni che "comportino mutamenti definitivi del rapporto di lavoro". Ovvero, non possono essere irrogate sanzioni che hanno effetti negativi che si estendono al prosieguo della carriera del lavoratore, assumendo pertanto i caratteri della definitività.

È evidente, ad esempio, che, nel rispetto di tale principio, non possa essere adottata, da parte del datore, una modifica definitiva delle mansioni a fini disciplinari.

Le uniche sanzioni citate dallo Statuto, oltre al rimprovero verbale, sono la multa e la sospensione, e per queste ultime viene data rilevanza alla soglia temporale massima di applicabilità. In particolare, l'art. 7 fissa, al c. 4, il limite sanzionatorio della multa "in quattro ore della retribuzione base" e, al c. 5, quello della sospensione dal servizio e dalla retribuzione in "dieci giorni".

La non esaustività della previsione statutaria ha autorizzato la disciplina collettiva a introdurre, fatto salvo il rispetto del limite dei mutamenti definitivi, ulteriori tipologie sanzionatorie sia di minore gravità – quali, ad esempio, l'ammonizione scritta o il biasimo scritto –, sia maggiormente afflittive – quale, ad esempio, il trasferimento per motivi disciplinari, che è, appunto, ritenuto ammissibile solo ove ciò sia indicato nel contratto collettivo.

Complessivamente, dunque, le sanzioni disciplinari si suddividono in due categorie: quelle conservative e quella espulsiva.

Nel primo ambito sono ricomprese le sanzioni che non incidono sulla prosecuzione del rapporto di lavoro; tra queste, in via crescente rispetto alla gravità della condotta, troviamo il rimprovero verbale, il rimprovero scritto, la multa, la sospensione dal lavoro e dalla retribuzione.

Per le condotte di maggiore rilevanza disciplinare è, invece, prevista la sanzione espulsiva, vale a dire il licenziamento per giustificato motivo soggettivo o per giusta causa (cfr. *infra*, cap. 14, § 4.1). Anche a tali ipotesi si applica l'art. 7, come espressamente previsto oggi – dopo l'intervento della Corte costituzionale con la sentenza 204/1982 e delle Sezioni Unite della Cassazione con le decisioni 4823/1987 e 9302/1987 – dall'art. 7 l. 604/1966, come modificato dall'art. 1 c. 40 l. 92/2012.

Inoltre, l'art. 7 c. 8 prescrive che non possa essere valutata la recidiva disciplinare in relazione a sanzioni comminate anteriormente all'ultimo biennio. Ovvero, in caso di reiterazione nel tempo di un comportamento disciplinarmente illecito, il datore di lavoro non può adottare un provvedimento più grave motivandolo con una sanzione irrogata più di 2 anni prima.

Va detto, altresì, che ove un comportamento del lavoratore non sia stato contestato, oppure nei casi in cui sia stato contestato ma non sanzionato al termine del procedimento disciplinare, esso potrà comunque sempre assumere rilievo nel giudizio complessivo che il datore di lavoro effettuerà in occasione, appunto, del successivo evento disciplinarmente rilevante.

4.2. *La modalità di conoscenza del codice disciplinare: l'affissione*

Dalla necessità che il lavoratore abbia chiaro il perimetro delle azioni che hanno implicazioni disciplinari – al netto dei comportamenti giuridicamente illeciti o percepiti ontologicamente come tali, di cui si è detto nel precedente paragrafo – e delle conseguenti sanzioni cui andrebbe incontro con la sua condotta si desume l'ulteriore principio della necessaria pubblicità del codice disciplinare, al fine di garantirne la conoscibilità. Sul punto è lo stesso art. 7 che, sempre al c. 1, prevede espressamente l'inequivoca modalità della "affissione in luogo accessibile a tutti" i lavoratori.

Dalla chiara dicitura della norma emerge, anzitutto, che il legislatore ha operato una scelta di carattere tassativo della forma di pubblicizzazione, il che è stato confermato anche dalla giurisprudenza (per tutte, cfr. Cass. S.U. 1208/1988). Si è precisato, infatti, che l'affissione cartacea del codice nel luogo in cui si svolge la prestazione lavorativa rappresenta l'unica modalità per mezzo della quale il dipendente può avere permanente contezza delle norme disciplinari nel corso dello svolgimento del rapporto di lavoro.

Sono state, di conseguenza, ritenute illegittime le forme ulteriori di conoscibilità, quali la consegna a mano al lavoratore del codice o dell'intero contratto collettivo, così come la loro spedizione, ancorché in forma raccomandata, o l'invio telematico a un indirizzo di posta certificata, o, ancora, la pubblicazione nel sito *web* dell'azienda (quest'ultima è, invece, proprio la forma ordinaria di pubblicità nelle amministrazioni pubbliche).

Ovviamente, nulla osta alla consegna o all'invio del codice disciplinare, anche unitamente al contratto di lavoro (necessaria, ad esempio, nel caso di un lavoratore che, per le modalità di svolgimento della prestazione lavorativa, non sia addetto ad alcuna sede), ma tale forma non potrà mai essere considerata sostitutiva dell'affissione.

Inoltre, il richiamo a un luogo "accessibile a tutti" è un'ulteriore riprova dell'attenzione posta dal legislatore alla concreta, e non altrimenti sostituibile, conoscenza della normativa disciplinare da parte del lavoratore. Fra gli altri, possono essere considerati luoghi accessibili a tutti, come affermato dalla giurisprudenza: la zona in corrispondenza dell'entrata e dell'uscita dell'azienda, o quella nella quale si effettua la registrazione degli orari di svolgimento della prestazione lavorativa; la zona destinata all'effettuazione della pausa lavorativa; o, ancora, il punto di accesso ai locali adibiti all'assunzione e alla dismissione della divisa di servizio aziendale in corrispondenza dell'inizio e della fine dei turni di lavoro.

Resta inteso che, sempre per il rispetto del principio della conoscibilità effettiva da parte della totalità dei lavoratori, nei casi in cui l'azienda sia articolata in più unità produttive, in ognuna di esse occorrerà reperire luoghi accessibili ai dipendenti per l'affissione del codice disciplinare.

Un'eccezione alla obbligatorietà dell'affissione nella sede di lavoro è prevista, per i dipendenti delle pubbliche amministrazioni, dal d.lgs. 165/2001, che all'art. 55 espressamente rende equivalente la pubblicazione sul sito istituzionale dell'amministrazione del codice disciplinare contenente l'indicazione della tipologia delle infrazioni e delle relative sanzioni previste dalla contrattazione collettiva.

4.3. *Il procedimento disciplinare*

L'art. 7 dello Statuto dei lavoratori condiziona la legittimità del provvedimento disciplinare assunto dal datore di lavoro al rispetto di un'analitica procedura, che deve essere osservata nei confronti di tutte le categorie dei lavoratori (ivi compresi i dirigenti, come statuito, dopo ampio dibattito, da Cass. S.U. 880/2007).

Nel settore pubblico, il procedimento disciplinare è di competenza del responsabile della struttura in cui opera il dipendente, nei casi di infrazioni di minore gravità per i quali è previsto il rimprovero verbale. Negli altri casi, la titolarità del procedimento spetta all'Ufficio competente per i procedimenti disciplinari, che deve essere individuato da ciascuna amministrazione, e al quale il responsabile della struttura segnala i fatti aventi rilevanza disciplinare.

Il procedimento disciplinare, in generale, si compone di 3 fasi, che precedono quella (eventuale) dell'impugnazione della sanzione da parte del lavoratore, di cui si dirà nel paragrafo successivo. Tali fasi sono:

– la contestazione dell'addebito;
– la difesa del lavoratore;
– l'irrogazione della sanzione, ove non si proceda con l'archiviazione della contestazione.

Anzitutto, il datore di lavoro deve contestare l'addebito al lavoratore, portando preventivamente a conoscenza di quest'ultimo la condotta che egli ritiene disciplinarmente rilevante (art. 7 c. 2). Per tale adempimento, a eccezione dei casi di rimprovero verbale, è obbligatorio l'utilizzo della forma scritta (art. 7 c. 5).

Ciò, peraltro, non è sufficiente. Infatti, la giurisprudenza che si è formata in materia ha affermato che la contestazione deve essere specifica, ovvero esplicitata in modo tale da consentire al lavoratore di avere piena contezza del fatto addebitato. In altri termini, il datore deve indicare, nel modo più dettagliato possibile, le circostanze materiali, di luogo e di tempo della condotta contestata; è evidente che ciò risponde alla finalità di rendere effettiva la fase successiva, vale a dire quella della difesa del lavoratore.

Un ulteriore presupposto di legittimità della sanzione è dato dalla tempestività della contestazione, nel senso che, ancorché non sia stato legislativamente previsto un termine tassativo per la comunicazione del fatto addebitato, tra il momento in cui il datore di lavoro ha avuto conoscenza del comportamento (che, come accade spesso, può legittimamente essere diverso e anche non temporalmente vicino a quello in cui il comportamento è stato posto in essere) e il momento in cui avviene il rilievo disciplinare nei confronti del lavoratore deve intercorrere uno spazio temporale che non ecceda il tempo necessario per acquisire ogni informazione utile per la decisione datoriale in merito alla proposizione o meno della contestazione disciplinare.

Pertanto, la determinazione, a posteriori, da parte del giudice chiamato a pronunciarsi sulla tempestività della contestazione, sarà effettuata caso per caso, in rapporto alla complessità della struttura dell'azienda e della fattispecie concreta che doveva essere valutata dal datore di lavoro.

Infine, il contenuto della contestazione non può essere modificato nel corso del procedimento (né, come vedremo, nella eventuale fase di impugnazione della sanzione), ancorché vi sia la possibilità di ulteriori contestazioni integrative da effettuarsi, in ogni caso, con le medesime modalità formali sopradescritte.

Sempre in relazione alla fase della contestazione dell'addebito, occorre precisare che non è prescritta una determinata modalità di consegna della relativa lettera, la quale, pertanto, può essere spedita all'indirizzo del lavoratore o anche consegnata a mano, salva la prova dell'avvenuta percezione (trattandosi di atto recettizio) posta a carico del datore di lavoro.

Inoltre, sin da questa prima fase, il datore di lavoro, soprattutto in casi di particolare gravità, può decidere di sospendere provvisoriamente dal servizio il lavoratore – ovviamente non a fini sanzionatori ma solo cautelari – sino alla conclusione del procedimento. Resta inteso che, salvo diversa previsione del contratto collettivo, la sospensione non priva il lavoratore del diritto di percepire la retribuzione.

La seconda fase è costituita dalla difesa del lavoratore. Quest'ultimo non ha l'obbligo di rispondere al datore di lavoro ma, se intende difendersi, deve farlo, a mente dell'art. 7 c. 5, nel termine di 5 giorni (o nel diverso, ove maggiore, termine previsto dalla contrattazione collettiva), decorrenti dal ricevimento della lettera di contestazione.

La procedura prevede – *ex* art. 7 cc. 2 e 3 – che il lavoratore possa, congiuntamente o alternativamente alla difesa scritta, chiedere di essere sentito a sua difesa dal datore di lavoro (che in questo caso sarà obbligato a dar seguito alla richiesta, pena l'illegittimità della successiva sanzione), e che possa farlo anche facendosi assistere da un "rappresentante dell'associazione sindacale cui aderisce o conferisce mandato".

L'ultima fase è quella della decisione, da parte del datore di lavoro, circa l'adozione o meno del provvedimento disciplinare.

Alcuni contratti collettivi prevedono un termine massimo entro il quale il provvedimento disciplinare deve essere adottato. Il mancato rispetto di tale termine, che decorre dalla scadenza di quello assegnato al lavoratore per esercitare il diritto di difesa e si sospende qualora sia stata richiesta l'audizione, determina l'illegittimità della sanzione.

Ove, invece, nel contratto collettivo sia omessa una previsione in tal senso, il provvedimento deve essere adottato in un termine comunque congruo e ragionevole rispetto alla conclusione della fase di difesa, e ciò nel rispetto dei princìpi di correttezza e buona fede, al fine di non far presumere al lavoratore la volontà datoriale di archiviazione, posto che quest'ultima non deve essere manifestata in altro modo se non con il silenzio datoriale, non occorrendo, in tal caso, alcuna comunicazione scritta di avvenuta archiviazione del procedimento.

Se il datore di lavoro ritiene di non dover accogliere le giustificazioni presentate dal lavoratore – o se, in assenza delle stesse, egli considera sanzionabile la condotta del proprio dipendente –, questi dovrà comunicargli per scritto il provvedimento adottato, richiamando nuovamente il fatto contestato, senza, peraltro, alcun obbligo, nel primo caso, di motivare le ragioni per le quali non ha ritenuto di accogliere le giustificazioni addotte, potendosi, pertanto, limitare a dichiararle infondate o non esaustive.

Nel settore pubblico il procedimento deve concludersi in ogni caso, con un atto formale, entro 120 giorni dalla contestazione dell'addebito, mentre una particolare procedura, caratterizzata da maggiore celerità, è stata prevista dal d.lgs. 116/2016 per la già ricordata fattispecie della falsa attestazione della presenza in servizio.

4.4. *L'impugnazione delle sanzioni disciplinari*

E veniamo alla fase (eventuale) di impugnazione della sanzione da parte del lavoratore.

Come è stato precisato, la procedura dettata dall'art. 7 deve essere rispettata in ogni caso, a prescindere dal tipo di sanzione, conservativa o espulsiva, prevista dal codice disciplinare in relazione al comportamento del lavoratore. La distinzione, invece, viene in rilievo nella fase, eventuale e successiva, di opposizione al provvedimento sanzionatorio. Infatti, come vedremo (cfr. *infra*, cap. 14, § 4.2), per l'impugnazione del licenziamento disciplinare è previsto un procedimento specifico soggetto al rispetto di termini perentori.

Ci occupiamo ora, invece, del procedimento di impugnazione stragiudiziale delle sanzioni conservative disciplinato dall'art. 7 cc. 6 e 7.

Premesso che la sanzione disciplinare è immediatamente applicabile, la norma riconosce al lavoratore, ove decida di non avvalersi della procedura di opposizione prevista dal contratto collettivo, di chiedere l'attivazione, anche per il tramite di un'associazione sindacale, dinanzi all'Ispettorato del lavoro, ed entro 20 giorni dalla comunicazione della sanzione, di una procedura di conciliazione arbitrale (si tratta di un arbitrato irrituale), indicando il nominativo del proprio rappresentante.

Il datore di lavoro, per evitare la decadenza della sanzione, può decidere se scegliere la via giudiziale di accertamento della legittimità del provvedimento, oppure se aderire alla richiesta del lavoratore, comunicatagli dall'Ispettorato, e nominare a sua volta, nel termine di 10 giorni, il proprio arbitro. In tale ultimo caso si darà corso alla procedura conciliativa, che prevede la nomina di un terzo arbitro su accordo di entrambe le parti o, in difetto, a opera del Direttore dell'Ispettorato. In entrambi i casi, gli effetti della sanzione restano sospesi sino alla decisione arbitrale finale.

Anche il lavoratore può rivolgersi, come ulteriore alternativa (che, peraltro, è l'unica consentita nel settore pubblico), al giudice del lavoro territorialmente competente, ma in questo caso gli effetti della sanzione non si sospendono durante il giudizio. Si precisa che la norma non prevede (diversamente, come vedremo, dall'ipotesi di licenziamento) alcun termine di impugnazione della sanzione conservativa; per cui l'azione deve essere esperita, ove non diversamente previsto dalla contrattazione collettiva, entro due anni dalla comunicazione, come ha avuto modo di affermare la giurisprudenza, anche in considerazione della perdita di efficacia della sanzione stabilita dall'art. 7 c. 8 Statuto, salvo dover ritenere che il diritto di impugnazione debba essere fatto valere nel diverso termine di prescrizione di legge.

Con l'impugnazione il lavoratore può chiedere una pronuncia di nullità della sanzione per violazione dell'art. 2106 c.c., dell'art. 7 dello Statuto dei lavoratori e delle norme poste dalla contrattazione collettiva, adducendo motivi sostanziali (ad esempio, l'insussistenza del fatto contestato, la mancata tempestività della contestazione, la sproporzione tra il comportamento tenuto e la sanzione comminata) o ragioni procedurali (ad esempio, l'omessa affissione del codice disciplinare, l'impedimento a esercitare il proprio diritto di difesa, il mancato ricevimento delle lettera di contestazione).

A prescindere dalla sede – conciliativa o giudiziale – dell'impugnazione, o dalla parte che agisce, grava sul datore di lavoro l'onere di dimostrare, a livello formale/procedurale e/o a livello sostanziale – a seconda delle eccezioni svolte dal lavoratore – la legittimità del procedimento disciplinare e della relativa sanzione.

Capitolo 9

La retribuzione

di Francesco Gadaleta

1. *La retribuzione tra corrispettività e funzione sociale: la retribuzione sufficiente*

La retribuzione costituisce il corrispettivo che spetta al lavoratore per l'attività svolta nonché il principale obbligo gravante sul datore di lavoro. Ai sensi dell'art. 2094 c.c., il diritto a ricevere una retribuzione matura dopo che la prestazione sia stata effettivamente resa, e da ciò si desume la *natura corrispettiva* del contratto di lavoro subordinato (cfr. *retro*, cap. 6).

Tuttavia, parlare di due prestazioni, lavoro e corresponsione di un compenso, legate dal vincolo di corrispettività potrebbe far credere che il dipendente abbia diritto alla retribuzione sempre e solo a condizione di aver effettivamente lavorato. Se, di norma, l'inadempimento della prestazione condiziona la controprestazione anche nel rapporto di lavoro, quest'ultimo conosce numerose eccezioni a tale regola. Si tratta di ipotesi nelle quali il lavoratore, pur non rendendo la propria prestazione, ha ugualmente il diritto di percepire il corrispettivo: è il caso delle sospensioni del lavoro, come, ad esempio, la malattia e l'infortunio, la maternità e la paternità (cfr. *infra*, cap. 13), o delle ferie (cfr. *infra*, cap. 12, § 3). Questa è, vale la pena di ricordare, soltanto una delle numerose ipotesi di deviazione delle regole lavoristiche dal regime ordinario dei contratti a prestazioni corrispettive delineato dal Codice civile.

L'esistenza di tali e rilevanti differenze dalle regole del diritto comune dei contratti ha fatto addirittura dubitare gli studiosi della materia che il contratto di lavoro abbia realmente natura corrispettiva. In ogni caso, basti qui sapere che l'opinione prevalente non ha escluso la natura corrispettiva del contratto di lavoro, e ha qualificato le ipotesi appena richiamate come mere deviazioni dettate dalla necessità di fornire un sostegno al reddito del lavoratore in situazioni di particolare bisogno.

In questo modo, accanto alla funzione di corrispettivo la retribuzione assume anche una *funzione sociale*, secondo una dicotomia prescritta dalla norma costituzionale fondamentale in tema di retribuzione, l'art. 36, in forza del quale il lavoratore ha diritto a una "retribuzione proporzionata alla quantità e qualità del suo lavoro e in ogni caso sufficiente ad assicurare a sé e alla famiglia un'esistenza libera e dignitosa".

Come si ricorderà, abbiamo incontrato l'art. 36 Cost. trattando dei meccanismi di estensione dell'efficacia soggettiva del contratto collettivo (cfr. *retro*, cap. 3, parte II, § 7.1): abbiamo visto in quella sede che la giurisprudenza ha da sempre considerato l'art. 36 come una norma immediatamente precettiva e ha utilizzato i minimi tabellari dei contratti collettivi nazionali come parametro per la determinazione della retribuzione sufficiente. Ciò ha permesso di introdurre anche nel nostro ordinamento, per una via diversa da quella legislativa, una sorta di salario minimo garantito, seppur differenziato per settore produttivo, ma comunque dotato di una sufficiente uniformità sul territorio nazionale, così da prevenire le c.d. gabbie salariali. Tra l'altro, il ruolo della contrattazione collettiva nella determinazione delle tariffe retributive è stato valorizzato da quella legislazione che vi fa riferimento per l'individuazione di particolari trattamenti, anche per evitare pratiche di *dumping* salariale: si pensi, ad esempio, all'art. 1 c. 1 l. 389/1989, secondo cui la base di calcolo dei contributi previdenziali non può essere inferiore alla retribuzione stabilita dai contratti collettivi stipulati dalle organizzazioni più rappresentative sul piano nazionale.

Tale meccanismo di individuazione di una sorta di salario minimo ha presentato, tuttavia, delle criticità laddove, complici la perdurante mancanza di una legge sulla misurazione della rappresentatività dei soggetti firmatari dei contratti collettivi e il principio di libertà sindacale, si è assistito alla proliferazione di contratti collettivi nazionali tutti astrattamente titolati a fungere da parametro per determinare la retribuzione sufficiente, anche in concorrenza tra loro. Questo ha alimentato il fenomeno del c.d. *shopping* contrattuale, che si è tradotto in una vera e propria pratica di *dumping*, consistente nella possibilità astratta per il datore di lavoro di scegliere l'applicazione del contratto collettivo con le retribuzioni tabellari più basse, nell'ottica di ottenere per questa via un vantaggio economico. In sostanza, questa pratica ha messo in atto, talvolta, una competizione al ribasso tra contratti collettivi sul solo costo del lavoro.

Questo fenomeno ha riattualizzato il dibattito italiano sull'introduzione di un salario minimo legale: secondo i sostenitori dell'opportunità di una legge sul salario minimo, infatti, una volta stabilita per via legislativa la retribuzione oraria minima, sarebbe preclusa alla contrattazione collettiva la concorrenza al ribasso su quel solo parametro, potendosi questa concentrare sugli aspetti migliorativi del trattamento economico. Il salario minimo legale avrebbe anche il pregio di stabilire in modo uniforme la retribuzione oraria minima – che ora, ricordiamolo, è diversa in base al campo di applicazione dei contratti collettivi nazionali – e, automaticamente, vincolare anche i datori di lavoro che, per diverse ragioni, come abbiamo visto (cfr. *retro*, cap. 3, parte II, § 7), non sono coperti dalla contrattazione collettiva.

Gli argomenti contrari all'introduzione del salario minimo legale fanno leva, per lo più, su aspetti di natura sindacale: si critica, infatti, la scelta di sottrarre alla sfera di competenza dell'autonomia collettiva, quindi delle organizzazioni sindacali, la materia principale della contrattazione collettiva, col rischio, quindi, di indebolire la stessa e, di conseguenza, il potere contrattuale dei lavoratori in tema di condizioni di lavoro. Inoltre, si perderebbe anche la differenziazione tra settori merceologici, nonché, in definitiva, la possibilità che a individuare il costo del lavoro siano le parti che più di altre sono consapevoli delle dinamiche di domanda e offerta del mercato del lavoro.

Come si vede, gli argomenti sono diversi e il dibattito a oggi è ancora lontano da giungere a una definizione. Anche se, stando alle recenti dichiarazioni delle parti sociali, e a seguito dall'adozione della direttiva 2022/2041/UE del 19.10.2022 sui salari minimi adeguati, è riscontrabile una sorta di convergenza su un meccanismo di rinvio legale ai salari individuati dai contratti collettivi stipulati dai soggetti maggiormente rappresentativi, combinato, appunto, con una legge sulla misurazione della rappresentanza di quegli stessi soggetti.

Tornando alla norma costituzionale, essa introduce anche il principio di *proporzionalità* della retribuzione: questa deve essere, infatti, parametrata sia alla qualità che alla quantità del lavoro prestato, con riguardo evidentemente alle mansioni ricoperte e alle ore di lavoro effettivamente svolte. Anche in questo caso, è la contrattazione collettiva che riempie di significato una formula che altrimenti rischierebbe di rimanere astratta, prevedendo la fissazione della retribuzione minima oraria o mensile e i sistemi di inquadramento professionale (cfr., in tema di mansioni, il cap. 8, § 2 e, in tema di orario, il cap. 12).

Con riferimento al principio di proporzionalità tra retribuzione e qualità professionale della prestazione si è posto il problema dell'esistenza di un principio di parità di trattamento economico tra lavoratori. A una prima lettura, infatti, parrebbe scontata l'affermazione per cui a parità oggettiva di lavoro tutti i dipendenti avrebbero diritto a un'eguale retribuzione, con la conseguenza che un lavoratore che ritenesse di essere retribuito in misura inferiore rispetto a un altro, pur svolgendo lo stesso lavoro, potrebbe rivolgersi all'autorità giudiziaria per far valere tale disparità di trattamento. In altri termini, il principio di parità consentirebbe al giudice di verificare se un determinato trattamento retributivo, previsto dal contratto collettivo, sia o meno proporzionato alla qualità della prestazione.

Ebbene, mentre è sempre stato pacifico il potere del giudice del lavoro di valutare il rispetto del parametro della sufficienza, altrettanto non è avvenuto con riferimento a quello della proporzionalità, per cui non è quasi mai accaduto che un organo giurisdizionale considerasse un trattamento economico sproporzionato rispetto alla qualità del lavoro.

Di conseguenza, quella parte del dettato costituzionale non è considerata direttamente invocabile nei rapporti tra privati: ciò è confermato dalla giurisprudenza, che è costante nel negare l'esistenza di una regola inderogabile di parità di trattamento. Le uniche regole di parità esistenti nel nostro ordinamento, dunque, sono quelle che risultano dai divieti di discriminazione previsti in apposite leggi (cfr. *infra*, cap. 11, § 1), nell'ambito dei quali, ad esempio, si colloca la recente direttiva 2023/970/UE del 10.5.2023 sulla parità salariale tra uomo e donna, che, appunto, mira a contrastare la discriminazione di genere mediante l'adozione di meccanismi di trasparenza retributiva.

Bisogna precisare che nel pubblico impiego privatizzato, al contrario, la regola della parità di trattamento è sancita espressamente dalla legge a tutela dell'imparzialità e del buon andamento della pubblica amministrazione (art. 45 c. 2 d.lgs. 165/2001).

2. *Le fonti di disciplina della retribuzione*

Nel paragrafo precedente abbiamo visto come la fonte di disciplina primaria in tema di retribuzione sia l'art. 36 Cost.

Per quanto riguarda la legislazione ordinaria, invece, la disposizione rilevante è l'art. 2099 c.c., che rimanda in via principale ai contratti collettivi la determinazione in concreto della retribuzione, affidata in subordine all'accordo tra le parti o, in mancanza, al giudice secondo equità. Esistono, invero, diverse disposizioni nel Codice civile in tema di trattamento economico, accomunate dal rinvio, espresso o implicito, alla contrattazione collettiva.

Di conseguenza, pare essere di rilevanza fondamentale la delega al contratto collettivo della competenza normativa in materia di salari, e non è un caso che la fonte contrattuale si occupi di retribuzione a tutti i livelli, tanto che la dottrina più risalente ha sempre considerato quella tariffaria come la funzione principale del contratto collettivo.

Nel dettaglio dobbiamo rilevare che, a un primo e generale livello, sono gli accordi interconfederali a dettare regole comuni sulle dinamiche retributive per tutti i settori produttivi: in passato questi prevedevano e disciplinavano il meccanismo di adeguamento automatico delle retribuzioni al costo della vita, la c.d. scala mobile, ora abolito (cfr. *retro*, cap. 1, §§ 2.2-2.3); successivamente, a partire dal Protocollo Ciampi del 23.7.1993, e fino ad arrivare all'Accordo quadro sulla riforma degli assetti contrattuali del 22.1.2009, questi hanno previsto i criteri generali per i rinnovi dei contratti collettivi di categoria.

L'Accordo interconfederale sulle relazioni industriali del 28.2.2018 costituisce l'ultimo assestamento, in ordine cronologico, dei princìpi per regolare assetti e contenuti della contrattazione collettiva in materia di salari: il punto 5 dell'accordo, infatti, stabilisce che "il contratto nazionale di categoria dovrà individuare il trattamento economico complessivo (TEC) e il trattamento economico minimo (TEM)" (lett. *e*), in un quadro complessivo in cui al contratto nazionale è demandata la "funzione di fonte di regolazione dei rapporti di lavoro e di garante dei trattamenti economici e normativi comuni a tutti i lavoratori del settore, ovunque impiegati sul territorio nazionale" (lett. *c*).

Come è facile intuire, dunque, è centrale il ruolo della contrattazione collettiva nazionale come fonte di disciplina della retribuzione. Ai CCNL spetta, difatti, la determinazione, tendenzialmente ogni 3 anni, dei trattamenti minimi comuni a tutti i lavoratori di ciascun settore produttivo, il c.d. minimo tabellare (o paga base), che rappresenta, come detto, quel parametro di riferimento usato in giurisprudenza per valutare il rispetto del principio della giusta retribuzione *ex* art. 36 Cost. da parte dei trattamenti economici individuali (cfr. *retro*, cap. 3, parte II, § 7.1).

La contrattazione nazionale assolve anche al ruolo di garantire il c.d. valore reale dei salari: l'Accordo interconfederale del 2018 stabilisce, a riguardo, che la dinamica degli aumenti retributivi nei rinnovi triennali debba essere rapportata a un indice previsionale costruito sulla base dell'IPCA (l'indice dei prezzi al consumo armonizzato in ambito europeo), depurato dagli aumenti dei prezzi dei beni energetici importati. È, inoltre, previsto che durante il periodo di vigenza di ciascun CCNL si proceda a una verifica e a un eventuale recupero degli scostamenti rispetto all'inflazione reale. Tale ruolo del contratto nazionale è stato ribadito anche dalla sentenza 178/2015 della Corte costituzionale, che ha sancito l'illegittimità del blocco dei rinnovi dei contratti nel settore del pubblico impiego laddove quel blocco si protragga per un eccessivo lasso di tempo.

Infine, nel caso di ritardato rinnovo del contratto collettivo, è assicurata una copertura economica, da stabilire nei singoli contratti, per i lavoratori in servizio al momento del rinnovo.

Per quanto riguarda, invece, i contratti collettivi di secondo livello, territoriali o aziendali, l'Accordo quadro del 2009 aveva tentato di valorizzarli delegando loro la competenza a prevedere dispositivi di retribuzione variabile. In questo senso si è mosso anche l'Accordo del 2018, il quale fa riferimento al necessario collegamento tra salari e obiettivi di crescita della produttività aziendale, di qualità, di efficienza, di redditività e di innovazione (punto 5 lett. *g*). In argomento, bisogna ricordare come la contrattazione di secondo livello, in particolare, non sia presente in tutte le realtà economiche e come questa assolva, di fatto, un ruolo di differenziazione dei trattamenti economici anche per aree geografiche.

Alla luce di quanto appena detto, possiamo affermare che dall'assetto delle fonti della retribuzione emerge la cifra caratteristica del diritto del lavoro: per ragioni di riequilibrio del potere contrattuale delle parti, infatti, la determinazione delle condizioni economiche del contratto di lavoro è demandata in gran parte all'autonomia collettiva, risultando fortemente ridimensionato il ruolo dell'autonomia individuale.

Le parti, infatti, possono prevedere nel contratto individuale di lavoro solo trattamenti retributivi migliorativi rispetto a quanto stabilito dai contratti collettivi, secondo il principio della inderogabilità *in peius*. Tali eventuali trattamenti sono detti superminimi, proprio in quanto superiori ai minimi tabellari, e sono generalmente tanto più ingenti quanto più elevata è la posizione professionale del dipendente.

Qui, inoltre, risiede un'altra differenza rispetto al lavoro pubblico: in quel settore, infatti, l'inderogabilità della legge e dei contratti collettivi opera in entrambe le direzioni (tanto *in peius*, quanto *in melius*) e, come già segnalato, esiste un principio di parità di trattamento tra i lavoratori, per cui "l'attribuzione di trattamenti economici può avvenire esclusivamente mediante contratti collettivi" (art. 2 c. 3 d.lgs. 165/2001) e non tramite clausole contenute nel contratto individuale.

3. *La struttura della retribuzione*

La retribuzione ha una struttura complessa, comprendente una serie di voci patrimoniali che presentano forme, funzioni e denominazioni diverse. Ne consegue che il salario effettivamente percepito dal lavoratore è composto da più elementi, utili a definire il trattamento economico complessivo a esso corrisposto.

Il primo di tali elementi è costituito dalla c.d. paga base, che, come visto nel paragrafo precedente, si sostanzia in quel minimo tabellare stabilito dai contratti collettivi in base alla categoria e alla qualifica del lavoratore. A ciò si aggiungono, generalmente, gli scatti di anzianità, che consistono in aumenti periodici della retribuzione legati alla permanenza del lavoratore presso il medesimo datore di lavoro.

Il secondo elemento è rappresentato dai trattamenti patrimoniali accessori che, in quanto tali, sono riconosciuti, in modo saltuario o continuativo, in aggiunta alla retribuzione minima, secondo le previsioni dei contratti collettivi o individuali. Queste ulteriori elargizioni possono compensare sia il lavoro effettivamente prestato, come ad esempio le maggiorazioni per lavoro straordinario, sia non avere alcun carattere corrispettivo, come ad esempio le indennità di rimborso spese.

Se è evidente, quindi, che esistono più voci della retribuzione, si pone allo stesso tempo il problema di capire se esista una nozione onnicomprensiva di retribuzione, come tale vincolante anche per l'autonomia collettiva: se così fosse, i contratti collettivi non sarebbero liberi di modulare le basi di computo dei diversi istituti retributivi di matrice contrattuale, includendo alcune voci ed escludendone altre.

Pertanto, al fine di garantire un sufficiente spazio di manovra a quella che è considerata l'autorità salariale per eccellenza, ossia il contratto collettivo, la giurisprudenza ha escluso l'esistenza del principio di onnicomprensività, con la conseguenza di riconoscere ai contratti collettivi la competenza a modulare la base di computo di ciascun istituto contrattuale.

Questo, però, non vuol dire che non esistano limitazioni anche all'autonomia collettiva: ci sono diverse situazioni in cui la legge, tramite l'impiego di determinate espressioni, incide sulla base di calcolo dei vari istituti retributivi, così da configurare ipotesi inderogabili *in peius* anche dai contratti collettivi. Si veda il caso dell'art. 2121 c.c., secondo cui l'indennità sostitutiva del preavviso (cfr. *infra*, cap. 14, § 2) "deve calcolarsi computando le provvigioni, i premi di produzione, le partecipazioni agli utili o ai prodotti ed ogni altro compenso di carattere continuativo, con esclusione di quanto è corrisposto a titolo di rimborso spese", oppure quello, probabilmente meno esplicito, dell'art. 2109 c.c., che parla di "ferie retribuite" senza precisare cosa debba essere calcolato a quel fine.

In quest'ultima ipotesi, analogamente al caso della malattia *ex* art. 2110 c.c. (cfr. *infra*, cap. 13, § 2), si ha a che fare, in sostanza, con previsioni in cui la libertà del contratto collettivo è limitata dalla necessità di non tradire la funzione degli istituti di volta in volta richiamati, i quali, da una parte, non vogliono permettere una contrazione eccessiva del reddito in determinate circostanze, né, dall'altra parte, intendono ammettere una perfetta identità tra la retribuzione percepita durante i periodi di lavoro e quella percepita nei casi di sospensione.

4. *Le forme della retribuzione: la retribuzione a tempo e a cottimo*

Ai sensi dell'art. 2099 c.c., le forme della retribuzione, seppur in linea puramente generale, sono quella a tempo e quella a cottimo. La prima costituisce il sistema classico e più diffuso di remunerazione del lavoro: essa consiste nel riconoscimento di una somma di denaro in rapporto al tempo di lavoro, vale a dire alle ore, ai giorni, ai mesi e agli anni in cui il dipendente effettivamente mette le proprie energie lavorative a disposizione del datore di lavoro e rende la propria prestazione. In questo caso, è fondamentale conoscere l'orario di lavoro effettuato al fine di calcolare l'ammontare del salario.

Il secondo metodo di calcolo dell'ammontare della retribuzione, previsto dall'art. 2099 c.c., è il cottimo: in questo caso si tiene conto non tanto del tempo impiegato per lavorare, quanto del risultato raggiunto, dunque della produttività del lavoro (ad esempio, dei pezzi prodotti). A riguardo, si parla di cottimo puro (ormai in disuso) quando il compenso del dipendente è determinato nella sua totalità usando tale metodo, e di cottimo misto quando è presente comunque una base di salario calcolata a tempo.

L'art. 2100 c.c. stabilisce che il prestatore di lavoro deve essere retribuito a cottimo quando, "in conseguenza dell'organizzazione del lavoro, è vincolato all'osservanza di un determinato ritmo produttivo, o quando la valutazione della sua prestazione è fatta in base al risultato delle misurazioni dei tempi di lavorazione".

4.1. Segue: *la retribuzione variabile*

L'ipotesi da ultimo esaminata della retribuzione a cottimo viene considerata come la forma più risalente di retribuzione variabile. Tuttavia, l'art. 2099 c. 3 c.c. prevede che il prestatore possa essere retribuito, in tutto o in parte, anche con altre modalità, quali la partecipazione agli utili o ai prodotti, o con una provvigione. Quest'ultima, in particolare, consiste in una percentuale sugli affari conclusi dal lavoratore nel caso in cui oggetto della prestazione di lavoro sia la trattazione di affari in nome e per conto del datore di lavoro.

In sostanza, comunque, la previsione di forme di retribuzione variabile, a opera della contrattazione collettiva o individuale, è strettamente alla remunerazione della produttività del lavoratore e/o dell'impresa, o della redditività di questa.

Per la verità, la casistica, soprattutto in relazione alla contrattazione aziendale, è molto varia e spazia dai premi di produzione ad altre forme anche sofisticate di retribuzione di obiettivo e di risultato. Queste rappresentano, inoltre, la principale via con cui si è cercato di rivitalizzare il contratto aziendale non tanto come strumento di erogazione a pioggia di elargizioni economiche, ma come effettivo attore del miglioramento della struttura retributiva, in un'ottica sia di incremento dei livelli salariali, la cui crescita nel corso degli anni è stata giudicata da molti troppo lenta in relazione all'andamento dell'economia, sia di incentivazione di una maggiore produttività aziendale.

Questo obiettivo è stato perseguito tramite la previsione di forme di tassazione agevolata – riconosciute ad esempio dall'art. 1 cc. 182-189 l. 208/2015, e confermate dalle successive leggi di bilancio – dei premi di risultato previsti dai contratti collettivi aziendali o territoriali, la cui corresponsione sia legata a incrementi di produttività, redditività, qualità, efficienza e innovazione, misurabili e verificabili.

Va da sé che, al di là di quanto appena detto, la retribuzione variabile costituisce una delle forme che maggiormente incide sul trattamento economico dei dirigenti, ai quali sono spesso riconosciuti ingenti *bonus* al raggiungimento di determinati risultati aziendali.

4.2. Segue: *la partecipazione azionaria dei lavoratori*

Un'ulteriore forma di retribuzione variabile consiste nella distribuzione ai dipendenti di società per azioni di titoli azionari delle stesse.

Questo fenomeno è, in realtà, diffuso maggiormente per i dirigenti, ai quali sono spesso attribuiti diritti di opzione per l'acquisto di azioni il cui prezzo rimane stabilito al momento della concessione dell'opzione, così che, se il prezzo sale, il dirigente potrà usufruire, esercitando l'opzione, di una plusvalenza che potrà monetizzare vendendo le azioni. In questo modo, il dirigente avrà interesse nello svolgimento del suo lavoro a perseguire quell'incremento di prezzo, con la conseguenza, al contempo, di non far apparire infondata la critica per cui, in questo modo, le figure apicali dell'impresa sarebbero troppo orientate a incrementi del valore delle azioni solo nel breve periodo, perdendo di vista l'interesse più ampio della stessa impresa.

Non sono mancati casi di distribuzione di azioni anche tra impiegati e quadri, al fine evidentemente di creare un più stretto legame di appartenenza all'azienda. Alcuni sindacati, tuttavia, sono contrari alla diffusione dell'azionariato tra i lavoratori, poiché sostengono che esso alimenterebbe la tendenza a far assumere in capo al lavoratore subordinato il rischio d'impresa e perché difficilmente i dipendenti potrebbero arrivare ad assumere posizioni di maggioranza nelle decisioni dell'impresa, pur potendo partecipare alle assemblee sociali.

Ai sensi dell'art. 2102 c.c., meccanismi di partecipazione agli utili possono essere previsti anche a prescindere dalla distribuzione di azioni.

4.3. Segue: *la retribuzione in natura e il* welfare *aziendale*

Il lavoratore subordinato può anche essere retribuito in natura *ex* art. 2099 c. 3 c.c., sotto forma del riconoscimento di determinati *benefit*.

In tale categoria rientra, ad esempio, la concessione di un'auto aziendale, dell'uso di un'abitazione, o, in modo più generico, la concessione di condizioni agevolate per l'acquisto di altri beni o servizi. Di tali trattamenti, se deve esserne misurata l'incidenza sul computo di altri istituti retributivi (come il TFR, del quale si dirà nel paragrafo successivo), deve essere monetizzato il valore.

Pur non contemplando necessariamente l'erogazione di trattamenti in natura in senso stretto, è sempre più diffuso soprattutto nelle aziende più strutturate il c.d. *welfare* aziendale, espressione che allude, evidentemente, a uno strumento di potenziamento dei servizi per i lavoratori, quasi a integrazione del *welfare* pubblico. Ci si riferisce all'erogazione da parte del datore di lavoro, prevista di norma dalla contrattazione aziendale, di varie tipologie di benefici, sia direttamente, che indirettamente tramite convenzioni con apposite imprese erogatrici di tali beni o servizi. È il caso, ad esempio, dei contributi per spese sanitarie o di istruzione dei figli, della messa a disposizione del servizio dell'asilo nido o del pagamento di *voucher* per l'utilizzo del trasporto pubblico locale.

È appena il caso di ricordare che l'istituto del *welfare* aziendale sia andato sempre più diffondendosi, e costituisca nuova linfa per lo sviluppo della contrattazione aziendale, anche grazie a un regime fiscale di particolare favore, che contempla anche l'esenzione dall'imposta sui redditi.

5. *Il trattamento di fine rapporto*

Il trattamento di fine rapporto (TFR) costituisce una forma retributiva particolare e una vera e propria anomalia del nostro ordinamento rispetto a quello di altri Paesi: siamo di fronte, infatti, a un'ipotesi di retribuzione differita, la cui maturazione avviene durante tutto il corso del rapporto di lavoro e che diventa, però, normalmente esigibile solo alla cessazione dello stesso.

L'attuale disciplina del TFR deriva dalle modifiche apportate all'art. 2120 c.c. dalla l. 297/1982, che ha abrogato il precedente istituto dell'indennità di anzianità. La riforma ha cercato di migliorare il meccanismo di calcolo di quell'indennità per renderlo più fedele alla carriera retributiva del lavoratore: con l'entrata a regime del TFR, infatti, a favore di ciascun dipendente viene contabilmente accantonato ogni anno dal datore di lavoro un importo, calcolato dividendo la retribuzione annuale per 13,5, corrispondente a circa una mensilità di retribuzione per anno. Il

TFR matura, pertanto, in modo progressivo man mano che il rapporto di lavoro procede, a differenza di quanto avveniva con l'indennità di anzianità, che era calcolata, invece, moltiplicando l'ultima retribuzione percepita (tendenzialmente la più alta rispetto alla media della carriera lavorativa del singolo) per gli anni di servizio prestati presso l'azienda.

È interessante notare come nel caso del TFR la norma del Codice civile detti un'apposita nozione di retribuzione, corrispondente a ogni somma percepita "a titolo non occasionale" dal lavoratore e salva diversa previsione dei contratti collettivi: in questo caso, dunque, la contrattazione è abilitata a derogare anche *in peius* alla legge, potendo prevedere una nozione più ristretta di retribuzione ai fini del calcolo del TFR. In ogni caso, sono utili ai fini di quel calcolo anche i periodi di malattia e infortunio, maternità e cassa integrazione guadagni *ex* art. 2120 c. 3 c.c.

Le somme accantonate sono rivalutate ogni anno secondo una percentuale ancorata al costo della vita, ma inidonea a recuperare completamente la svalutazione della moneta. Il rendimento, in sostanza, non è diverso da quello di un investimento bancario a basso tasso di interesse.

Nonostante che il TFR venga liquidato in un'unica soluzione al termine del rapporto di lavoro, sono ammesse delle eccezioni nel caso di particolari esigenze del lavoratore. La norma, in questo caso, tenta di bilanciare questi bisogni con la necessità di non gravare eccessivamente sui bilanci delle aziende: come detto, infatti, il TFR viene accantonato secondo un meccanismo contabile, e ammettere la possibilità di avanzare richieste di anticipazione senza particolari limiti potrebbe esporre le imprese a esborsi di denaro insostenibili.

Pertanto, il lavoratore ha diritto a richiedere un'anticipazione del TFR fino a un massimo del 70% del trattamento accantonato sino a quel momento; le richieste sono soddisfatte annualmente, nel limite del 10% degli aventi titolo e comunque per non più del 4% del numero totale dei dipendenti.

Le causali che danno diritto alle anticipazioni, a seguito di debita documentazione, sono, ai sensi dell'art. 2120 c. 8 c.c., le seguenti: necessità di sostenere spese sanitarie per terapie e interventi straordinari; acquisto della prima casa per sé o per i propri figli; infine, sostegno economico durante il periodo di fruizione di un congedo parentale o formativo.

Il lavoratore può ottenere l'anticipazione solo una volta nel corso del rapporto; il relativo ammontare è detratto, a tutti gli effetti, dal TFR accantonato, mentre condizioni di miglior favore possono sempre essere previste dalla contrattazione collettiva, anche aziendale, o da patti individuali.

Inoltre, a causa della sua natura di accantonamento forzato di denaro, in misura tutt'altro che irrisoria, il TFR è al centro della costruzione del c.d. secondo pilastro del sistema previdenziale (la previdenza integrativa o complementare: cfr. *infra*, cap. 18, § 9), basato sui fondi pensione. Questi sono finalizzati a raccogliere contributi versati da imprese e lavoratori per erogare, a determinate condizioni, prestazioni pensionistiche integrative di quelle pubbliche, ormai non più idonee a sostenere il peso della tutela di una popolazione sempre più anziana.

Ebbene, per risolvere il problema del finanziamento di tali forme di previdenza complementare, il d.lgs. 252/2005 ha previsto, a decorrere dall'1.1.2007, la tendenziale destinazione degli accantonamenti per il TFR ai fondi pensione.

Tale destinazione del TFR non viene imposta al lavoratore, ma viene condizionata a un'espressione di consenso di quest'ultimo: entro 6 mesi dall'assunzione, infatti, il dipendente che non voglia destinare il TFR alla previdenza complementare ha l'onere di esprimere formalmente tale volontà e, in caso contrario, il TFR maturando viene devoluto al fondo pensione previsto dalla legge, normalmente quello sindacale della categoria, c.d. chiuso (in quanto riservato ai lavoratori della relativa categoria). Siamo innanzi, evidentemente, a un meccanismo di silenzio-assenso, pensato per agevolare la devoluzione degli accantonamenti ai fondi pensione.

Il lavoratore, che ha diritto di ricevere un'adeguata informazione dal datore di lavoro ai fini della scelta della destinazione del TFR, può ovviamente optare anche per un diverso fondo pensione, come uno di quelli c.d. aperti che operano sul mercato, gestiti da banche o compagnie assicurative.

In ogni caso, una volta operata la scelta di finanziamento della pensione complementare, gli accantonamenti versati alimenteranno il conto contributivo acceso presso il fondo pensione. Tale conto non solo beneficia di determinati rendimenti a seconda dell'impiego delle relative somme, ma può anche essere trasferito da un fondo all'altro a seconda del percorso lavorativo del singolo individuo.

La conseguenza di tale meccanismo di devoluzione è che, al raggiungimento della soglia di età prevista, e non a ogni cessazione del rapporto, si avrà diritto all'erogazione di una pensione complementare, il cui ammontare dipenderà non solo dall'importo dei contributi versati sul conto del fondo pensione, ma anche dai rendimenti finanziari conseguiti dal capitale accumulato e reinvestito dal fondo stesso.

6. *La tutela del credito di lavoro*

Data la rilevanza dell'istituto della retribuzione per il singolo lavoratore, esistono particolari meccanismi di tutela del credito di lavoro.

Il primo è funzionale a garantire la trasparenza dell'assolvimento del principale obbligo posto in capo al datore di lavoro e si sostanzia nelle modalità di pagamento della retribuzione, che può avvenire tramite bonifico bancario o postale, a cadenza mensile. Al dipendente viene consegnata la c.d. busta paga, che contiene analiticamente tutte le voci di cui si compone la retribuzione (compreso il TFR, se si tratta dell'ultima per quel rapporto di lavoro), nonché gli importi prelevati a titolo di contributi previdenziali a carico del lavoratore (circa il 9,19%) e di imposta sul reddito delle persone fisiche (il datore di lavoro opera come sostituto d'imposta del lavoratore). Non è riportata, invece, la quota di contributi previdenziali a carico del datore di lavoro.

La somma della retribuzione lorda percepita dal lavoratore e dei contributi a carico del datore di lavoro individua il c.d. costo aziendale complessivo di quel singolo dipendente. La differenza tra questo costo e lo stipendio percepito al netto di contributi e imposte costituisce il c.d. cuneo fiscale e contributivo, per ridurre il quale è intervenuto, da ultimo, il d.l. 48/2023 conv. l. 85/2023.

Un ulteriore meccanismo di tutela del credito di lavoro è costituito dal regime di prescrizione. Siamo di fronte a un'altra deviazione dal regime ordinario delineato nel Codice civile, dal momento che il credito retributivo è sottoposto alla prescrizione estintiva di 5 anni *ex* art. 2948 n. 4 c.c., con decorrenza dalla cessazione del rapporto di lavoro.

Tale regola è stata elaborata dalla giurisprudenza degli anni Sessanta e Settanta del secolo scorso poiché, se da una parte il diritto alla retribuzione era qualificato come irrinunciabile dall'art. 36 Cost., dall'altra parte il timore di subire una ritorsione da parte del datore di lavoro, soprattutto nella forma del recesso unilaterale, a seguito della rivendicazione dei propri diritti faceva sì che il mero trascorrere del tempo configurasse una rinuncia tacita al diritto in questione.

Questo ragionamento, come si vede, era subordinato al rischio di subire un licenziamento arbitrario, con la conseguenza che il tipo di tutela accordata alle ipotesi di licenziamento illegittimo ha finito per condizionare l'applicazione della regola in esame e configurarne altrettante eccezioni: in sostanza, tutte le volte in cui ricorre una sufficiente garanzia di stabilità del rapporto, come nel caso della tutela reale del posto di lavoro in base al vecchio testo dell'art. 18 dello Statuto dei lavoratori vigente prima della c.d. Riforma Fornero (l. 92/2012), la prescrizione torna a decorrere dal giorno di maturazione del relativo diritto; nel caso, invece, di tutela debole, solo indennitaria, *ex* art. 8 l. 604/1966, il termine di decorrenza rimane quello della cessazione del contratto (sulle tutele in caso di licenziamento illegittimo cfr. *infra*, cap. 14, §§ 7-8).

Il quadro appena delineato, stratificatosi a seguito di diverse sentenze della Corte costituzionale e della Cassazione, è stato ulteriormente complicato dalle ultime riforme del regime sanzionatorio dei licenziamenti illegittimi: a seguito della l. 92/2012, infatti, e poi del d.lgs. 23/2015, che ha introdotto il c.d. contratto a tutele crescenti, lo “spacchettamento” delle tutele ha comportato, nella sostanza, che la reintegrazione nel posto di lavoro ha perso il ruolo di regola generale, con la conseguenza che il lavoratore che intenda far valere un proprio diritto nel corso del rapporto di lavoro non può più contare su un regime protettivo capace di garantirgli la conservazione del posto di lavoro. Da ciò discende che si dovrebbe ritenere nuovamente applicabile la regola della decorrenza differita della prescrizione anche alle ipotesi che ricadono nell'ambito di applicazione dell'art. 18 o della corrispondente tutela prevista per il contratto a tutele crescenti, e quindi, in sostanza, a tutti i lavoratori subordinati.

A favore di quest'ultima opzione si è espressa recentemente la Corte di Cassazione con la sentenza 26246/2022, nonostante negli ultimi anni la giurisprudenza della Corte costituzionale e della stessa Cassazione abbiano ampliato i casi di applicazione della reintegrazione *ex* art. 18 Statuto dei lavoratori.

Sono previste, infine, ulteriori garanzie del credito di lavoro: nel caso di ritardo del pagamento, ad esempio, le somme dovute devono essere automaticamente rivalutate in relazione alla perdita di valore della moneta come misurato dall'indice ISTAT, e su quella somma rivalutata devono essere riconosciuti gli interessi legali.

I crediti di lavoro, inoltre, sono assistiti da un privilegio generale sui beni mobili del datore di lavoro *ex* art. 2751-*bis* c.c.; mentre i crediti degli ultimi 3 mesi di lavoro, qualora tali mesi siano ricompresi nei 12 mesi precedenti l'insorgere dello stato di insolvenza del datore di lavoro, e quelli relativi al TFR dovuto possono essere pagati al lavoratore da un fondo di garanzia costituito presso l'INPS, che poi potrà rivalersi sull'impresa insolvente.

Infine, il credito di lavoro è pignorabile solo in misura limitata, cioè per i soli crediti alimentari nella misura stabilita dal giudice dell'esecuzione, e fino ad un massimo di 1/5 per gli altri crediti. Tale regola vale anche nel caso di compensazione tra credito del lavoratore e quanto da questi dovuto al datore di lavoro, purché per debiti, anche se la giurisprudenza ha escluso il limite del quinto nel caso di debiti originati dal rapporto di lavoro.

Capitolo 10

L'obbligo di sicurezza

di Giulia Frosecchi

SOMMARIO: 1. L'obbligo di sicurezza: le fonti. – 2. L'ambito oggettivo di applicazione del T.U. sicurezza. – 3. L'ambito soggettivo di applicazione del T.U. sicurezza. – 4. Gli obblighi del datore di lavoro. – 5. Gli obblighi speciali in caso di appalto e somministrazione di lavoro. – 6. Le ulteriori figure aziendali adibite alla tutela della salute e della sicurezza nei luoghi di lavoro. – 7. Il diritto all'informazione e alla formazione e gli obblighi del lavoratore. – 8. Il sistema sanzionatorio, la responsabilità del datore di lavoro e l'assicurazione contro gli infortuni sul lavoro e le malattie professionali. – 9. Il *mobbing*.

1. *L'obbligo di sicurezza: le fonti*

Considerati i numerosi fattori di rischio presenti nell'ambiente di lavoro, e la conseguente possibilità che il prestatore possa infortunarsi in occasione del lavoro o cadere in malattia a causa dello svolgimento dell'attività lavorativa, non stupisce che il Codice civile, sin dal suo impianto originario, si sia preoccupato di rispondere alle legittime istanze di tutela della persona del lavoratore con una norma specifica. L'art. 2087 c.c. rimane, tutt'ora – e nonostante la cospicua evoluzione normativa – il pilastro centrale della tutela della salute e della sicurezza del lavoratore.

L'art. 2087 c.c. prevede che il datore di lavoro debba "adottare nell'esercizio dell'impresa le misure che secondo la particolarità del lavoro, l'esperienza e la tecnica, sono necessarie a tutelare l'integrità fisica e la personalità morale dei prestatori di lavoro". Questa disposizione sancisce l'esistenza di un vero e proprio obbligo contrattuale a carico del datore di lavoro: l'obbligo di sicurezza. All'obbligo del datore di lavoro corrisponde un diritto soggettivo perfetto del prestatore di lavoro alla precostituzione di un ambiente di lavoro salubre e sicuro. Pertanto, la responsabilità del datore di lavoro nel caso di eventuali inottemperanze è di natura contrattuale, pur non escludendosi la possibilità per il lavoratore di invocare anche la responsabilità extracontrattuale, dato che il diritto alla salute è riconosciuto e tutelato a livello costituzionale (art. 32) e, pertanto, ha una valenza assoluta che va oltre il rapporto contrattuale.

Il diritto al rifiuto di prestare l'attività lavorativa è espressamente tutelato in caso di "pericolo grave e immediato", nel qual caso è previsto che il lavoratore che si allontani dal luogo di lavoro o da una determinata zona non possa patire alcun pregiudizio o conseguenza dannosa a causa del suo allontanamento (art. 44 d.lgs. 81/2008).

Nel corso degli anni, il legislatore ha contribuito a dare concretezza all'obbligo di sicurezza tramite l'introduzione di una serie di previsioni tecniche finalizzate a delineare misure e procedure di prevenzione, obblighi puntuali e figure specifiche.

La giurisprudenza, dal canto suo, ha fornito una chiave di lettura dell'art. 2087 c.c. che suggerisce un carattere dinamico, oltre che aperto, dell'obbligo di sicurezza, interpretando il contenuto della disposizione alla luce del criterio della *massima sicurezza tecnologicamente fattibile*, secondo cui il datore di lavoro non può limitarsi ad adempiere alle prescrizioni tecniche relative a una certa attività o lavorazione, ma ha l'onere di adottare i più moderni strumenti offerti dallo sviluppo tecnologico al fine di garantire la piena sicurezza dei lavoratori, laddove questo sia necessario e nei limiti di quanto sia ragionevolmente possibile.

I primi regolamenti tecnici tesi a specificare il contenuto dell'obbligo di sicurezza risalgono alla metà degli anni Cinquanta del secolo scorso. Successivamente, un importante impulso alla modernizzazione del sistema di tutela della salute e della sicurezza dei lavoratori è venuto da quella che allora si chiamava Comunità economica europea con la direttiva 89/391/CEE, concernente l'attuazione di misure volte a promuovere il miglioramento della sicurezza e della salute dei lavoratori durante il lavoro. Questa e altre direttive specifiche sono state implementate dal legislatore italiano con il d.lgs. 626/1994, a cui hanno fatto seguito svariati e ulteriori interventi legislativi in materia.

Gli sviluppi normativi che si sono susseguiti sono stati, infine, raccolti e razionalizzati nel d.lgs. 81/2008, il c.d. Testo unico sulla sicurezza (d'ora in avanti, T.U. sicurezza), tutt'ora vigente, che è stato a sua volta oggetto, negli anni successivi, di vari interventi di riforma.

Peraltro, è importante ricordare che, fra il 2020 e il 2023, la materia della tutela della salute e della sicurezza sui luoghi di lavoro è stata fatalmente investita dall'emergenza sanitaria dovuta al propagarsi del SARS-CoV-2. Ne è scaturita una disciplina emergenziale mirata ad integrare la normativa vigente per il perdurare della pandemia.

In questa fase, il legislatore ha deciso di demandare alle parti sociali il compito di elaborare le misure di prevenzione del contagio da SARS-CoV-2 sui luoghi di lavoro tramite la conclusione di Protocolli redatti con il contributo tecnico-scientifico dell'INAIL, con i quali si raccomandava alle aziende interessate l'adozione di specifici protocolli di sicurezza anti-contagio, che assicurassero misure organizzative quali la gestione degli spazi e la formazione e l'informazione dei lavoratori, ma anche l'utilizzo di modalità di lavoro agile (cfr. *infra*, cap. 15, § 7), e misure tecniche, tra cui la sanificazione degli spazi e l'utilizzo dei dispositivi di protezione individuale (DPI), come le ben note mascherine.

Per espressa previsione dell'art. 29-*bis* d.l. 23/2020 conv. l. 40/2020, l'adozione e il mantenimento delle misure di sicurezza previste dai protocolli siglati dalle parti sociali, obbligatori e con efficacia generalizzata, costituivano adempimento dell'art. 2087 c.c.

2. *L'ambito oggettivo di applicazione del T.U. sicurezza*

Il T.U. sicurezza si applica a tutti i settori di attività, privati e pubblici, ad eccezione di alcuni settori espressamente indicati dal legislatore. Tra questi troviamo: le Forze armate e di polizia, il Dipartimento dei vigili del fuoco, del soccorso pubblico e della difesa civile, dei servizi di protezione civile, le strutture giudiziarie e penitenziarie, le università, gli archivi, le biblioteche e i musei. In tali ambiti, l'applicazione delle norme del suddetto decreto deve tener conto delle particolari esigenze connesse al servizio fornito o alle peculiarità organizzative, "ivi comprese quelle per la tutela della salute e sicurezza del personale nel caso di operazioni ed attività condotte dalle Forze armate, compresa l'Arma dei carabinieri" (art. 3 c. 2).

Una tale eccezione, tutt'altro che finalizzata a privare alcuni lavoratori di una piena tutela della salute e della sicurezza, si completa con la previsione dell'obbligo, posto a carico dei Ministeri competenti, di elaborare regolamentazioni specifiche, in grado di rispondere alle peculiari esigenze di ciascun ambito.

Sarebbe, ad esempio, inverosimile una configurazione della prevenzione del rischio nell'ambiente di lavoro delle Forze armate paragonabile a quella prevista per un contesto aziendale. Difatti, il "Testo unico delle disposizioni regolamentari in materia di ordinamento militare" declina, in maniera dettagliata e puntuale, le previsioni del T.U. sicurezza alla luce delle specificità del settore militare, precisando, ad esempio, cosa si debba intendere per "datore di lavoro", "dirigente" e "proposto", o quali siano le procedure previste per la designazione del rappresentante dei lavoratori per la sicurezza nel settore delle Forze armate (d.P.R. 90/2010, Titolo IV, Capo I).

Il presente capitolo farà esclusivo riferimento alle previsioni generali di cui al T.U. sicurezza e non tratterà le regolamentazioni specifiche previste per i singoli settori.

3. *L'ambito soggettivo di applicazione del T.U. sicurezza*

Il destinatario delle previsioni del T.U. sicurezza non è il solo lavoratore subordinato in senso stretto (cfr. *retro*, cap. IV, §§ 2-3), ma qualunque persona che svolga la propria attività lavorativa nell'ambito dell'organizzazione di un datore di lavoro (pubblico o privato), indipendentemente dalla tipologia contrattuale che definisce il rapporto tra le due parti e dall'esistenza di una retribuzione. Difatti, rientrano nell'ambito soggettivo di applicazione del T.U. sicurezza anche coloro che si trovano in un dato ambiente di lavoro "al solo fine di apprendere un mestiere, un'arte o una professione", così come i lavoratori in tirocinio formativo, i collaboratori coordinati e continuativi che svolgano la prestazione nei locali del committente e i soci lavoratori di cooperative di produzione e lavoro o di società. La norma esclude espressamente dall'ambito di applicazione i lavoratori domestici e quelli addetti ai servizi familiari (artt. 2-3).

Dall'altro lato, è il datore di lavoro a essere gravato dai molteplici obblighi connessi alla tutela della salute e della sicurezza e dalla eventuale, e conseguente, responsabilità penale in caso di violazione. Tuttavia, anche in questo caso si adotta una definizione ampia di datore di lavoro, che a tali fini non è solo il titolare del rapporto di lavoro, ma colui che è responsabile "dell'organizzazione stessa o dell'unità produttiva" e che "esercita i poteri decisionali e di spesa", quindi colui che sia concretamente in grado di incidere sull'assetto della tutela della salute e della sicurezza nell'ambiente di lavoro. Specifici obblighi sono, altresì, previsti a carico di dirigenti e preposti. Nelle pubbliche amministrazioni, per datore di lavoro si intende, di regola, il dirigente o il funzionario dotato di autonomia gestionale, che, anche in questo caso, va intesa come autonomia in merito ai "poteri decisionali e di spesa" (art. 2).

Sia in ambito pubblico sia in ambito privato, il datore di lavoro (come individuato ai fini dell'applicazione del T.U. sicurezza) può delegare le proprie funzioni e responsabilità in materia di tutela della salute e della sicurezza sul lavoro. La delega deve risultare da atto scritto ed essere accettata, sempre per iscritto, dal soggetto delegato (che diventa responsabile penalmente delle eventuali violazioni). Inoltre, il delegato deve possedere gli opportuni requisiti di professionalità ed esperienza, oltre ai necessari poteri organizzativi e di autonomia di spesa (art. 16).

Le sole attività che non possono essere delegate sono l'elaborazione del documento di valutazione dei rischi (DVR) e la designazione del responsabile del servizio di prevenzione e protezione dai rischi (art. 17).

4. *Gli obblighi del datore di lavoro*

Il T.U. sicurezza prevede una serie di misure generali di tutela e svariati obblighi specifici a carico del datore di lavoro in merito alla predisposizione dei luoghi di lavoro e alla gestione delle idonee attrezzature e dei dispositivi di protezione individuale (si vedano, ad esempio, gli artt. 64 e 71 del T.U. sicurezza). Tra gli obblighi del datore di lavoro assume un rilievo particolare la valutazione dei rischi e la conseguente redazione del DVR.

Tra le misure generali di tutela, troviamo: la valutazione di tutti i rischi per la salute e la sicurezza; la programmazione della prevenzione; l'eliminazione dei rischi o la loro riduzione al minimo in relazione alle conoscenze acquisite in base al progresso tecnico; il rispetto dei princìpi ergonomici nell'organizzazione del lavoro; la riduzione dei rischi alla fonte; la sostituzione di ciò che è pericoloso con ciò che non lo è, o è meno pericoloso; la limitazione al minimo del numero dei lavoratori che sono, o che possono essere, esposti al rischio; l'utilizzo limitato degli agenti chimici, fisici e biologici sui luoghi di lavoro; il controllo sanitario dei lavoratori; l'informazione e la formazione adeguate per i lavoratori, per i dirigenti e i preposti e per i rappresentanti dei lavoratori per la sicurezza; la partecipazione e la consultazione dei lavoratori e dei rappresentanti dei lavoratori per la sicurezza; le misure di emergenza da attuare in caso di primo soccorso, di lotta antincendio, di evacuazione dei lavoratori e di pericolo grave e immediato; l'uso di segnali di avvertimento e di sicurezza; la regolare manutenzione di ambienti, attrezzature e impianti (art. 15).

Oltre a queste previsioni di ampio respiro, si prevedono – sempre a carico del datore di lavoro (o, in misura minore, del dirigente) – anche obblighi specifici, immediatamente diretti a creare un ambiente di lavoro salubre e sicuro, tra i quali: nominare il medico competente per l'effettuazione della sorveglianza sanitaria; designare preventivamente i lavoratori incaricati dell'attuazione delle misure di gestione dell'emergenza; tenere conto delle capacità e delle condizioni dei lavoratori nell'affidare loro i vari compiti; fornire ai lavoratori i necessari e idonei dispositivi di protezione individuale, sentiti il responsabile del servizio di prevenzione e protezione e il medico competente, ove presente; inviare i lavoratori alla visita medica entro le scadenze previste dal programma di sorveglianza sanitaria; informare prontamente i lavoratori esposti al rischio di un pericolo grave e immediato. Inoltre, nell'ambito dello svolgimento di attività in regime di appalto e di subappalto, il datore di lavoro dovrà munire i lavoratori di apposita tessera di riconoscimento, corredata di fotografia, contenente le generalità del lavoratore e l'indicazione del datore di lavoro (art. 18 e art. 26 c. 8; con riguardo agli ulteriori obblighi previsti in caso di appalto o somministrazione cfr. *infra*, § 5).

L'attività di valutazione dei rischi, che non può essere oggetto di delega, e la conseguente redazione del DVR costituiscono l'obbligo più importante tra quelli gravanti sul datore di lavoro, in quanto finalizzate a fornire un quadro completo dei rischi esistenti nell'ambiente di lavoro, così come delle misure di prevenzione, protezione e miglioramento adottate dal datore di lavoro. La valutazione dei rischi deve essere elaborata entro 90 giorni dall'inizio dell'attività (in caso di nuova impresa) e deve essere immediatamente rielaborata qualora si verifichino modifiche del processo produttivo o dell'organizzazione del lavoro che possano impattare sulla salute e sulla sicurezza dei lavoratori, in relazione al grado di evoluzione della tecnica, della prevenzione o della protezione, a seguito di infortuni significativi o quando i risultati della sorveglianza sanitaria ne evidenzino la necessità (artt. 28 e 29).

In particolare, il DVR deve riportare una valutazione analitica di tutti i rischi per la sicurezza e la salute dei lavoratori, compresi, tra gli altri, quelli collegati allo *stress* lavoro-correlato e quelli relativi alle lavoratrici in stato di gravidanza. Il documento deve contenere, inoltre: l'indicazione delle misure di prevenzione e protezione attuate e dei dispositivi personali di protezione adottati; il programma delle misure necessarie al miglioramento dei livelli di sicurezza e le relative procedure; l'indicazione del nominativo del rappresentante dei lavoratori per la sicurezza, del responsabile di prevenzione e protezione e del medico competente (figure che sono coinvolte anche nella redazione del DVR). Il documento, che deve altresì precisare i criteri adottati per la valutazione dei suddetti rischi, deve essere redatto in maniera semplice, breve e comprensibile, così da renderlo un efficiente strumento operativo di pianificazione aziendale (art. 28).

5. *Gli obblighi speciali in caso di appalto e somministrazione di lavoro*

L'ordinamento è attento anche a estendere la tutela della salute e della sicurezza ai lavoratori c.d. esternalizzati (cfr. *infra*, capp. 15, § 5 e 16), cioè a coloro che non sono alle dirette dipendenze del datore di lavoro committente ma che operano nell'interesse di quest'ultimo, nonché nel relativo ambiente di lavoro.

Al fine di garantire un'ampia protezione anche di tali lavoratori, il T.U. sicurezza prevede una serie di obblighi specifici connessi ai contratti d'appalto d'opera e di somministrazione di lavoro. Di grande rilievo è l'obbligo per il datore di lavoro committente di elaborare un unico DVR, che indichi le misure adottate per eliminare o ridurre al minimo i rischi di interferenze, al fine di promuovere la collaborazione e la cooperazione nell'attuazione delle misure di prevenzione e protezione dei rischi sul lavoro. Il documento deve essere allegato al contratto d'appalto (art. 26).

Inoltre, sia nei contratti di appalto e sub-appalto sia in quelli di somministrazione di lavoro devono essere esplicitati i costi relativi alla sicurezza sul lavoro, in particolare quelli destinati a eliminare o ridurre al minimo i rischi. Per le stazioni appaltanti pubbliche vige l'obbligo di valutare che il valore economico sia adeguato e sufficiente rispetto al costo del lavoro e al costo per la sicurezza (art. 26 c. 6).

6. *Le ulteriori figure aziendali adibite alla tutela della salute e della sicurezza nei luoghi di lavoro*

Tra le attività che il datore di lavoro deve garantire al fine di adempiere al suo obbligo di sicurezza troviamo la sorveglianza sanitaria, che consta di una serie di visite mediche, a cura e a spese del datore di lavoro, comprensive dei necessari esami clinici e indagini diagnostiche.

Il medico competente incaricato dal datore di lavoro deve effettuare: la visita medica preventiva, al fine di accertare l'assenza di controindicazioni allo svolgimento delle mansioni cui il lavoratore è stato adibito; la visita medica periodica, che ricorre, di norma e a meno di disposizioni specifiche legate alla valutazione dei rischi, una volta l'anno; la visita medica richiesta dal lavoratore, se giudicata dal medico competente correlata ai rischi professionali; la visita medica in occasione del cambio di mansione, al fine di valutare l'idoneità alla nuova mansione specifica; la visita medica al momento della cessazione del rapporto, nei casi previsti dalla legge (art. 41). Oltre a svolgere i summenzionati compiti, il medico competente collabora con il datore di lavoro e con il servizio di prevenzione e protezione dei rischi in relazione a una serie di attività ulteriori, tra le quali il T.U. sicurezza include la predisposizione dell'attuazione delle misure di salute e sicurezza, l'attività di formazione e informazione dei lavoratori su salute e sicurezza e l'organizzazione del servizio di primo soccorso (art. 25).

Il servizio di prevenzione e protezione dai rischi si occupa di individuare i fattori di rischio, di effettuare la valutazione dei rischi e di individuare le misure di prevenzione destinate a garantire la sicurezza dell'ambiente di lavoro, così come di proporre i programmi di informazione e formazione dei lavoratori e di assicurare le consultazioni con il rappresentante dei lavoratori per la sicurezza. Il servizio si compone di uno o più addetti e responsabili (a cui è affidato un ruolo quasi esclusivamente organizzativo), che devono essere in numero proporzionato alle dimensioni dell'azienda. Il datore di lavoro organizza il servizio all'interno dell'azienda o dell'unità produttiva, incaricando i dipendenti che possiedono le competenze professionali necessarie. Se non è possibile organizzare internamente il servizio, il datore incarica persone o servizi esterni, generalmente professionisti specializzati. In alternativa, in aziende di piccole dimensioni, e informando preventivamente il rappresentante dei lavoratori per la sicurezza, il datore di lavoro può svolgere direttamente tali compiti (artt. 31-35).

Al fine di favorire la consultazione e la partecipazione dei rappresentanti dei lavoratori, il T.U. sicurezza prevede la designazione di una figura specifica: il rappresentante dei lavoratori per la sicurezza (RLS), istituito a livello territoriale o di comparto, aziendale e di sito produttivo. Nelle aziende o unità produttive fino a 15 dipendenti, il RLS viene, di norma, eletto dai lavoratori al loro interno, mentre, laddove siano impiegati più di 15 lavoratori, esso è eletto o designato dai lavoratori nell'ambito delle rappresentanze dei lavoratori in azienda. Alla contrattazione collettiva è rimessa la regolamentazione di vari profili, tra cui le modalità di designazione o elezione, il tempo di lavoro retribuito a cui il RLS ha diritto per espletare le sue funzioni e l'individuazione degli strumenti necessari (art. 48 ss.).

Fatto salvo quanto stabilito dalla contrattazione collettiva, la legge conferisce al RLS una serie di compiti e responsabilità, tra cui: il diritto a un'adeguata formazione; la possibilità di accedere ai luoghi di lavoro in cui si svolgono le lavorazioni; il diritto di essere consultato preventivamente e tempestivamente in ordine alla valutazione dei rischi, alla individuazione, programmazione, realizzazione e verifica della prevenzione nell'azienda o unità produttiva, nonché in merito alla designazione del responsabile e degli addetti al servizio e alle attività di prevenzione; il diritto a ricevere le informazioni e la documentazione aziendale inerente alla valutazione dei rischi e quelle provenienti dai servizi di vigilanza. A ciò si aggiunge il dovere di promuovere l'elaborazione, l'individuazione e l'attuazione delle misure di prevenzione idonee a tutelare la salute e l'integrità fisica dei lavoratori (art. 50).

Le figure coinvolte nella gestione della sicurezza (quindi: il datore di lavoro o un suo rappresentante, il responsabile del servizio di prevenzione e protezione dei rischi, il medico competente e il RLS) partecipano alla riunione periodica indetta, almeno una volta l'anno, dal servizio di prevenzione e protezione dai rischi (art. 35).

Infine, un'apposita procedura deve essere predisposta per la gestione delle emergenze (art. 43 ss.).

7. *Il diritto all'informazione e alla formazione e gli obblighi del lavoratore*

All'obbligo di sicurezza del datore di lavoro, declinato come abbiamo visto sin qui, corrisponde un vero e proprio diritto alla formazione e all'informazione di cui è titolare il prestatore di lavoro. Il datore di lavoro deve assicurare ai lavoratori un'adeguata e facilmente comprensibile informazione sui rischi per la salute e la sicurezza (compresi i rischi specifici cui il diretto interessato è esposto), sulle procedure di primo soccorso e su quelle relative all'evacuazione dai luoghi di lavoro e sulle misure di prevenzione e protezione adottate (art. 36). Allo stesso modo, il datore di lavoro deve assicurare che venga resa una formazione sufficiente e adeguata con riferimento ai concetti base relativi alla salute e alla sicurezza sul lavoro, ai rischi relativi alle specifiche mansioni e alle misure di prevenzione caratteristiche del settore o del comparto di appartenenza. Laddove la formazione debba avvenire tramite un addestramento specifico, questo deve essere garantito, in particolare, al momento dell'assunzione, del trasferimento o del mutamento di mansioni, così come nel caso di introduzione di nuove attrezzature o tecnologie. Una formazione specifica è altresì prevista per dirigenti, preposti e RLS (art. 37).

In conseguenza della formazione e dell'informazione ricevute (e alle istruzioni e ai mezzi forniti dal datore di lavoro), al lavoratore è affidato un ruolo attivo rispetto alla garanzia della sicurezza ambientale. Difatti, è esso stesso tenuto a "prendersi cura della propria salute e sicurezza e di quella delle altre persone presenti sul luogo di lavoro, su cui ricadono gli effetti delle sue azioni o omissioni" (art. 20).

8. *Il sistema sanzionatorio, la responsabilità del datore di lavoro e l'assicurazione contro gli infortuni sul lavoro e le malattie professionali*

Al fine di dissuadere il datore di lavoro dall'inosservanza delle norme in materia di salute e sicurezza e di reprimere i comportamenti elusivi, il T.U. sicurezza ha previsto una serie di sanzioni amministrative e penali, calibrate secondo la gravità della violazione commessa, che possono giungere sino alla pena dell'arresto. Sanzioni sono previste, altresì, a carico di dirigenti e preposti, del medico competente e dei lavoratori stessi (artt. 55 ss.).

Nel caso in cui si verifichino eventi lesivi a danno della salute o della sicurezza del lavoratore, l'ordinamento si è dotato di strumenti finalizzati a garantire la riparazione delle conseguenze dannose subìte dal prestatore di lavoro. Oltre alla responsabilità di natura extracontrattuale (*ex* art. 2043 c.c.), che si ingenera – come già si è anticipato – a seguito del pregiudizio arrecato al diritto alla salute in quanto diritto assoluto, la lesione della salute e della sicurezza del lavoratore, causata dall'omessa o incompleta adozione delle misure di sicurezza previste per legge, determina una responsabilità di natura contrattuale. Difatti, come già osservato (cfr. *retro*, § 1), l'obbligo di sicurezza è parte integrante del contratto di lavoro, e il lavoratore sarà, quindi, creditore di sicurezza.

La possibilità per il lavoratore di invocare la responsabilità contrattuale implica un'agevolazione del regime probatorio: egli deve unicamente allegare e provare l'inadempimento del datore di lavoro. Il datore di lavoro può liberarsi solo provando che l'inadempimento è stato determinato dall'impossibilità della prestazione, dovuta a causa a lui non imputabile (art. 1218 c.c.).

A seguito dell'azione di responsabilità avviata dal lavoratore, il datore di lavoro sarà, generalmente, obbligato al risarcimento del c.d. danno biologico causato dall'inadempimento, inteso come menomazione dell'integrità psicofisica della persona, del tutto indipendente dai profili patrimoniali.

La responsabilità civile è invece, di regola, esclusa, in quanto il datore di lavoro se ne libera a monte, dovendo assicurare obbligatoriamente il lavoratore presso l'INAIL tramite il pagamento di un premio assicurativo. L'eventuale erogazione della prestazione economica da parte dell'INAIL prescinderà del tutto dall'accertamento della responsabilità civile del datore di lavoro.

In particolare, nel caso di inabilità temporanea, l'INAIL corrisponde al lavoratore vittima di infortunio o di malattia professionale una somma pari alla retribuzione che avrebbe percepito se non fosse stato impossibilitato a lavorare. Se si accerta, invece, che il danno alla salute ha causato un'inabilità permanente, parziale o totale, l'INAIL è tenuta a versare una rendita al lavoratore, proporzionata alla retribuzione percepita. Infine, l'istituto assicurativo si fa carico di ristorare il danno biologico permanente, se questo ha causato un'invalidità superiore all'8%.

Nonostante l'adempimento dell'obbligo assicurativo, qualora in sede giudiziaria venga accertata la responsabilità penale del datore di lavoro (come nel caso di grave violazione degli obblighi di tutela della salute e della sicurezza), riemerge anche la responsabilità civile a carico di quest'ultimo, che può essere fatta valere dal lavoratore, come azione di responsabilità finalizzata a chiedere il risarcimento dei danni non coperti dall'assicurazione, o da parte dello stesso istituto attraverso un'azione di regresso.

9. *Il* mobbing

La tutela della salute e della sicurezza sul lavoro è garantita anche a fronte del verificarsi di una serie di eventi riconducibili alla fattispecie, di creazione giurisprudenziale, del *mobbing*. Questo termine, derivato dal verbo inglese *to mob*, è usato dalla scienza etologica per descrivere taluni comportamenti animali, quali l'atto di accerchiare, attaccare e disturbare, generalmente associati alla condotta di emarginazione di un individuo da parte del gruppo di appartenenza. Successivamente, la sociologia del lavoro ha utilizzato l'espressione *mobbing* per descrivere l'insieme delle condotte vessatorie e persecutorie messe in atto dal datore di lavoro o dai colleghi, tale da mortificare il lavoratore e lederne la dignità.

A ben vedere, gli atti e i comportamenti che integrano quella che, a oggi, indentifichiamo come una condotta di *mobbing* potrebbero essere già di per sé illeciti, se lesivi della dignità del lavoratore. Tuttavia, l'introduzione di un concetto onnicomprensivo ha avuto l'indubbio merito di unificare da un punto di vista giuridico tali condotte, così consentendo di colpire anche comportamenti che, di per sé leciti, uniti ad altri, anche illeciti, da un intento di tipo persecutorio, finiscono per ledere la dignità del lavoratore.

Nonostante il *mobbing*, nell'ordinamento italiano, non trovi esplicito riconoscimento in una disposizione legislativa, esso è stato ricondotto nell'orbita di una precisa fonte normativa. Difatti, gli interpreti hanno fatto riferimento all'art. 2087 c.c. e, per la precisione, alla previsione che pone sul datore di lavoro l'obbligo di tutelare anche "la personalità morale del lavoratore", oltre alla sua integrità fisica. Questa locuzione è stata così attualizzata dalla giurisprudenza, che in essa ha individuato il bene giuridico leso dalla fattispecie del *mobbing*.

In particolare, prendendo le mosse dall'art. 2087 c.c., nel corso degli anni, la giurisprudenza (prevalentemente di Cassazione) ha definito la fattispecie del *mobbing*, delineandone le caratteristiche essenziali.

Queste possono essere sintetizzate come segue: a) la sistematica protrazione nel tempo (almeno per 6 mesi) di una pluralità di atti e/o comportamenti (leciti o illeciti) posti in essere contro la vittima; b) la volontà vessatoria o l'intento persecutorio di chi pone in essere tali atti e/o comportamenti, diretti alla persecuzione o all'emarginazione del lavoratore; c) la lesione arrecata alla salute, alla personalità o alla dignità del lavoratore; d) il nesso causale tra le condotte vessatorie o persecutorie e l'evento lesivo subìto dalla vittima.

Si noti che l'illiceità di un atto o comportamento non costituisce un requisito necessario alla configurazione del *mobbing*, potendo questo essere perpetrato anche solo per mezzo di atti formalmente leciti, come, ad esempio, la negazione di ferie e permessi (entro i limiti di legge) o il ritiro di un *benefit* precedentemente concesso al lavoratore.

L'onere della prova ricade sulla presunta vittima, che dovrà fornire prova precisa e adeguata degli elementi appena enunciati. Ne consegue che colui che ritiene di essere stato vittima di *mobbing* non potrà limitarsi a dimostrare la sussistenza delle condotte descritte, ma dovrà altresì fornire prova dell'elemento soggettivo del dolo (ossia la volontà vessatoria e/o persecutoria del collega o del datore di lavoro) che unifica le suddette condotte. La necessità che ricorra una precisa volontà di vessare o perseguitare il lavoratore è, infatti, un requisito essenziale perché una certa condotta integri la fattispecie del *mobbing*.

Inoltre, i comportamenti devono essere obiettivamente lesivi, non essendo sufficiente la mera percezione di lesività da parte del lavoratore. Il lavoratore, pertanto, dovrà provare il danno patito a seguito della condotta mobbizzante.

Il *mobbing* perpetrato dal datore di lavoro, o da superiori gerarchici, nei confronti di un dipendente viene detto verticale o strategico, mentre quello posto in essere dai colleghi di lavoro è conosciuto come *mobbing* orizzontale, particolarmente difficile da fronteggiare se attuato da un gruppo. Più raro è il caso del c.d. *mobbing* ascendente, messo in atto nei confronti di un superiore, generalmente finalizzato a lederne la reputazione.

In ultimo, la giurisprudenza ha identificato una forma, per così dire, attenuata di *mobbing*, il c.d. *straining*. Questo, che in termini normativi costituisce sempre una violazione dell'art. 2087 c.c., si sostanzia in una situazione di grave *stress* sul lavoro, che, a differenza del *mobbing*, può essere causata anche da una singola azione con effetti duraturi nel tempo, tale da provocare una modifica negativa, constante e permanente delle condizioni di lavoro (ad esempio, un permanente svuotamento di mansioni).

Dato che il fondamento dell'illegittimità del *mobbing* risiede nell'obbligo del datore di lavoro di tutelare la dignità del prestatore di lavoro, per quanto riguarda il profilo risarcitorio la vittima di simili condotte ha diritto al risarcimento dei danni per violazione dell'art. 2087 c.c. Nel caso di *mobbing* verticale, sul datore di lavoro ricade una responsabilità contrattuale diretta. In presenza di *mobbing* orizzontale si configura, invece, una responsabilità contrattuale indiretta del datore di lavoro per omessa vigilanza.

Le vittime di *mobbing* possono chiedere il risarcimento del danno sia patrimoniale, sia non patrimoniale. Conformemente al tradizionale impianto rimediale civilistico, le sofferenze non patrimoniali possono essere risarcite nella forma di: danno biologico, in caso di lesione alla salute psicofisica del lavoratore; danno morale, se le condotte illecite hanno causato un particolare turbamento interiore; danno esistenziale, se dal *mobbing* è derivato un peggioramento delle condizioni di vita quotidiane.

Capitolo 11

La tutela contro le discriminazioni sul lavoro

di Giulia Frosecchi

SOMMARIO: 1. La parità di trattamento e i divieti di discriminazione. – 2. Le discriminazioni per sesso. – 3. Le molestie e le molestie sessuali. – 4. Le discriminazioni per ragioni politiche e di razza, etnia, lingua, cittadinanza, nazionalità, religione, convinzioni personali, handicap, età, orientamento sessuale. – 5. Le azioni positive.

1. *La parità di trattamento e i divieti di discriminazione*

I divieti di discriminazione derivano dall'applicazione del principio di eguaglianza, uno dei principi cardine dell'ordinamento italiano che, come tale, è atto a informare qualsiasi rapporto giuridico tra i cittadini e tra questi e lo Stato.

Il principio fondamentale di eguaglianza è enunciato dall'art. 3 Cost., secondo il quale tutti i cittadini sono eguali di fronte alla legge, senza distinzione di sesso, razza, lingua, religione, opinioni politiche e condizioni personali e sociali (eguaglianza c.d. formale, art. 3 c. 1).

Il secondo comma di tale disposizione prevede un vero e proprio obbligo, per lo Stato, di garantire l'effettività del principio di eguaglianza tramite la rimozione degli ostacoli di carattere economico e sociale che impediscono il pieno sviluppo della persona e la partecipazione dei lavoratori all'organizzazione politica, economica e sociale del Paese (eguaglianza c.d. sostanziale, art. 3 c. 2).

Il principio fondamentale di eguaglianza non è stato declinato, dalla legislazione ordinaria, come parità di trattamento, per così dire, perfetta. Piuttosto, e soprattutto nell'ambito del rapporto di lavoro, il principio di eguaglianza ha trovato – e trova – attuazione nei divieti di discriminazione. Allo stesso tempo si esclude che, nel nostro ordinamento, viga un obbligo imperativo e inderogabile di parità di trattamento, e ciò nonostante le non univoche affermazioni della Corte costituzionale contenute nella sentenza 103/1989, pena la messa in discussione della stessa autonomia contrattuale collettiva nella definizione dei sistemi di inquadramento dei lavoratori (cfr. *retro*, cap. 8, § 2.1), come sostenuto in modo deciso, e a più riprese, dalla Corte di Cassazione negli anni successivi.

I contratti collettivi, infatti, differenziano e classificano le varie figure professionali, sia da un punto di vista normativo che economico, mediante i sistemi di inquadramento e le tabelle retributive (cfr. *retro*, cap. 8, § 2.1). D'altra parte, in un sistema che riconosce il principio della libertà d'impresa e il potere imprenditoriale, è difficilmente immaginabile che il datore di lavoro venga vincolato, nell'espletamento delle sue funzioni gestionali e dei relativi poteri, a prevedere un trattamento, *in primis* economico, eguale per ogni singolo lavoratore. Di conseguenza, sebbene nel rispetto dei doveri generali di correttezza e buona fede, il datore di lavoro potrà, ad esempio, attribuire aumenti retributivi solo ad alcuni dipendenti, senza dover motivare le sue scelte. Tuttavia, avrà sempre l'obbligo di rispettare i divieti di discriminazione, che si caratterizzano per una portata più circoscritta rispetto alla parità di trattamento.

I divieti di discriminazione consistono nella proibizione di adottare trattamenti diversificati, fra lavoratori singoli o gruppi di lavoratori, che siano basati su determinati fattori, indicati dalla legge (sesso, razza, religione, età, convinzioni personali, etc.), sia in fase di selezione del personale, sia in costanza di rapporto. Quindi, sempre a titolo di esempio, il datore di lavoro non potrà prevedere un aumento retributivo destinato solo ad alcuni dipendenti se questi sono selezionati in ragione della loro fede religiosa o del sesso.

Essendo i divieti di discriminazione finalizzati alla tutela di beni costituzionalmente garantiti (la dignità della persona, la libertà religiosa, la libertà di manifestare il proprio pensiero, etc.), un atto discriminatorio è generalmente illecito (cfr. *infra*, § 2). Pertanto, sono nulli tutti gli atti o i patti, posti in essere dal datore di lavoro, che abbiano un effetto discriminatorio. In particolare, nel caso in cui la discriminazione derivi da comportamenti materiali, è prevista, a favore del soggetto danneggiato, la tutela inibitoria, tramite la quale viene imposta la cessazione del comportamento illecito, e/o la tutela risarcitoria. La tutela giudiziaria prevede, altresì, la condanna al risarcimento del danno patrimoniale e/o non patrimoniale eventualmente patito.

Il quadro normativo italiano in materia di discriminazioni sul lavoro si è evoluto negli anni anche grazie all'effetto propulsivo della legislazione europea e della giurisprudenza della Corte di giustizia.

Tra le prime disposizioni antidiscriminatorie approvate dal legislatore nazionale vi è la previsione del divieto di discriminazione per ragioni politiche e sindacali, inserita nello Statuto dei lavoratori (art. 15). A questa si sono aggiunte le norme in materia di discriminazioni per sesso e pari opportunità, infine confluite nel Codice delle pari opportunità tra uomo e donna (d.lgs. 198/2006), nonché i d.lgs. 215/2003 e 216/2003, i quali attuano, rispettivamente, la direttiva 2000/43/CE, per la parità di trattamento tra le persone indipendentemente dalla razza e dall'origine etnica, e la direttiva 2000/78/CE, per la parità di trattamento in materia di occupazione e di condizioni di lavoro.

2. *Le discriminazioni per sesso*

La Carta costituzionale non si limita a prevedere il già ricordato principio di eguaglianza di cui all'art. 3, ma dispone altresì che la donna lavoratrice "ha gli stessi diritti e, a parità di lavoro, le stesse retribuzioni che spettano al lavoratore" (art. 37 Cost.). La norma primaria, a carattere precettivo, è finalizzata al conseguimento di una perfetta parificazione tra lavoratori e lavoratrici, a parità di qualifica e di durata del rapporto, i quali devono essere destinatari del medesimo trattamento sia economico che normativo.

Il principio di parità retributiva fra uomini e donne trova riconoscimento anche nelle fonti europee, sebbene il suo inserimento nel Trattato istitutivo della Comunità economica europea del 1957 rispondesse, in prima battuta, a una finalità economica prima ancora che sociale.

Il primo tentativo del legislatore italiano di rendere effettivi i principi costituzionali in materia di divieti di discriminazione di genere si rinviene nella l. 903/1977, cui hanno fatto seguito svariati interventi di riforma che ora sono consolidati nel vigente Codice delle pari opportunità tra uomini e donne (d'ora in avanti, "Codice"), emanato nel 2006 e più volte oggetto di modifica.

Il Codice, nel vietare le discriminazioni di genere, distingue l'ipotesi della discriminazione diretta da quella della discriminazione indiretta. Entrambe le fattispecie sono illecite, in quanto idonee a causare un effetto discriminatorio a danno della vittima, e, pertanto, sono soggette al medesimo impianto sanzionatorio, ma si distinguono per la tipologia di atto o comportamento che genera il danno.

Per discriminazione diretta si intende "qualsiasi disposizione, criterio, prassi, atto, patto o comportamento (...) che produca un effetto pregiudizievole discriminando le lavoratrici o i lavoratori in ragione del loro sesso e, comunque, il trattamento meno favorevole rispetto a quello di un'altra lavoratrice o di un altro lavoratore in situazione analoga". Costituisce discriminazione diretta anche "l'ordine di porre in essere un atto o un comportamento" avente gli effetti descritti, ossia l'ordine di discriminare (art. 25 c. 1).

In sintesi, ogni qualvolta un datore di lavoro assuma una decisione o adotti un comportamento che abbia l'effetto di realizzare una disparità tra dipendenti, in ragione del sesso di questi ultimi, sta mettendo in atto una discriminazione diretta. Si pensi al caso in cui il datore di lavoro preveda con regolamento aziendale che le lavoratrici siano escluse dal godimento di un certo *benefit*.

L'elemento soggettivo non rileva. Non è, quindi, necessario dimostrare l'intento discriminatorio, cioè l'esistenza di una volontà da parte del datore di lavoro di discriminare la dipendente o il dipendente, ma è sufficiente che sussista l'effetto discriminatorio e che questo sia oggettivamente dimostrabile.

Al fine di determinare se si è in presenza di una discriminazione diretta si deve ragionare in un'ottica comparata. Ossia, è necessario paragonare il trattamento ricevuto dal lavoratore che assume di essere stato discriminato con quello ricevuto da un altro lavoratore che versi in analoga condizione. Allo scopo di favorire l'effettività della tutela, è ormai pacifico che i lavoratori o i gruppi di lavoratori individuati ai fini della comparazione possano anche essere virtuali, cioè non realmente esistenti, purché rispondano a situazioni verosimili.

Una discriminazione indiretta di genere si verifica, invece, se "una disposizione, un criterio, una prassi, un atto, un patto o un comportamento apparentemente neutri mettono o possono mettere i lavoratori di un determinato sesso in una posizione di particolare svantaggio rispetto a lavoratori dell'altro sesso" (art. 25 c. 2). Gli elementi caratterizzanti della discriminazione indiretta sono, quindi, l'apparente neutralità dell'atto o del comportamento e l'idoneità, anche solo potenziale, di tale atto o comportamento a mettere il lavoratore o la lavoratrice in una posizione di particolare svantaggio rispetto a un'altra lavoratrice o a un altro lavoratore.

La stessa disposizione prevede un'eccezione alla regola. I comportamenti apparentemente neutri, ma di fatto discriminatori, sono ammessi se relativi a requisiti essenziali allo svolgimento dell'attività lavorativa. Una tale eccezione è tollerata a condizione che il fine perseguito dal datore di lavoro sia legittimo e i mezzi impiegati per il suo conseguimento siano proporzionati, nel senso di appropriati e necessari (art. 25 c. 2).

Sarà, dunque, illegittimo prevedere una statura minima uguale per uomini e donne come condizione di accesso a un impiego per il cui svolgimento l'altezza sia irrilevante, poiché un simile criterio unificato, che non tiene conto della differenza esistente nella statura media di uomini e donne, "produce effetti concreti proporzionalmente più svantaggiosi per i candidati di sesso femminile" e, pertanto, costituisce discriminazione indiretta a danno delle donne (C. Cost. 2.4.1993 n. 163).

Il Codice estende la tutela antidiscriminatoria anche a tutti quei casi in cui una lavoratrice subisca un trattamento meno favorevole a causa del suo stato di gravidanza, di maternità (anche adottiva) e/o dell'esercizio dei relativi diritti o, parallelamente, un lavoratore subisca un trattamento meno favorevole a causa del suo stato di paternità (anche adottiva) e/o dell'esercizio dei relativi diritti (art. 25 c. 2-*bis*: cfr. *infra*, cap. 13, § 3).

Atti o comportamenti discriminatori sono parimenti vietati nella fase di accesso al lavoro e in relazione alle promozioni, anche se attuati mediante il riferimento allo stato matrimoniale, di famiglia, di gravidanza, di maternità o di paternità (art. 27 c. 2). Nello specifico caso di assunzione da parte delle pubbliche amministrazioni, i bandi per i concorsi pubblici devono sempre riportare l'esatta dicitura "dell'uno o dell'altro sesso" (art. 27 c. 5).

Sono ammesse deroghe ai divieti di discriminazione di genere in ipotesi tassative, espressamente indicate dal Codice, o per lo svolgimento di mansioni particolarmente pesanti, individuate dalla contrattazione collettiva. In particolare, si sancisce che non costituisce discriminazione l'assunzione condizionata all'appartenenza a un determinato sesso in attività della moda, dell'arte e dello spettacolo, se la differenza di trattamento è essenziale alla natura del lavoro (art. 27 cc. 4 e 6).

Il Codice ribadisce il divieto di discriminazione retributiva, sia diretta sia indiretta, in relazione allo stesso lavoro o a un lavoro giudicato di uguale valore. Al fine di favorire il rispetto della parità retributiva, la legge prevede altresì l'obbligo di strutturare la classificazione professionale in modo da eliminare qualsiasi discriminazione (art. 28) e sancisce il divieto di discriminare tra uomini e donne nell'attribuzione di qualifiche, mansioni o progressioni di carriera (art. 29: cfr. *retro*, cap. 8, § 2.1).

In sede giudiziaria, l'onere di provare la sussistenza della discriminazione ricade su chi ritiene di esserne stato vittima. Tuttavia, l'ordinamento ha previsto un'attenuazione del regime probatorio al fine di rafforzare l'effettività della disciplina sostanziale. L'art. 40 del Codice utilizza, difatti, il meccanismo delle presunzioni (*ex* art. 2729 c.c.) e prevede che "Quando il ricorrente fornisce elementi di fatto, desunti anche da dati di carattere statistico relativi alle assunzioni, ai regimi retributivi, all'assegnazione di mansioni e qualifiche, ai trasferimenti, alla progressione in carriera ed ai licenziamenti, idonei a fondare, in termini precisi e concordanti, la presunzione dell'esistenza di atti, patti o comportamenti discriminatori in ragione del sesso, spetta al convenuto l'onere della prova sull'insussistenza della discriminazione".

In altre parole, colui che sostiene di aver subìto una discriminazione sul lavoro non è tenuto a provare i fatti contestati, ma è sufficiente che raccolga elementi precisi e concordanti, tali da far ragionevolmente supporre che vi sia stata una discriminazione. Starà, poi, alla controparte allegare i fatti contrari alla presunzione.

La volontà di garantire una piena ed effettiva tutela contro le discriminazioni di genere ha portato all'istituzione della figura della Consigliera (o del Consigliere) di parità (ora interamente disciplinata agli artt. 12-20 del Codice). Si tratta di una figura che opera a livello provinciale, regionale e nazionale, con funzioni di promozione e di controllo del rispetto della parità di genere. Tra queste funzioni è particolarmente rilevante quella giurisdizionale, che legittima, oltre l'intervento nei procedimenti promossi dalle lavoratrici o dai lavoratori, la proposizione di ricorsi su delega di questi ultimi davanti al giudice del lavoro o al giudice amministrativo, nonché la proposizione di ricorsi contro comportamenti discriminatori di carattere collettivo, anche nel caso in cui le lavoratrici o i lavoratori lesi dalle discriminazioni non siano individuabili (art. 37).

3. *Le molestie e le molestie sessuali*

L'art. 26 del Codice equipara alle discriminazioni le molestie (anche dette "molestie di genere") e le molestie sessuali. Per molestie si intendono quei "comportamenti indesiderati, posti in essere per ragioni connesse al sesso, aventi lo scopo o l'effetto di violare la dignità di una lavoratrice o di un lavoratore e di creare un clima intimidatorio, ostile degradante, umiliante o offensivo" (c. 1). Diverse sono, invece, le molestie c.d. sessuali, consistenti in "comportamenti indesiderati a connotazione sessuale, espressi in forma fisica, verbale o non verbale, aventi lo scopo o l'effetto di violare la dignità di una lavoratrice o di un lavoratore e di creare un clima intimidatorio, ostile degradante, umiliante o offensivo" (c. 2).

A titolo esemplificativo, una frase dispregiativa come: "non puoi dirigere un'azienda, perché, in quanto donna, sei troppo emotiva" rientra nella fattispecie delle molestie; mentre contatti fisici indesiderati o promesse di avanzamento di carriera condizionate a prestazioni sessuali costituiscono molestie sessuali.

Perché vi sia molestia è determinante che il comportamento in questione sia indesiderato. È centrale, pertanto, il punto di vista di chi subisce la condotta e non di chi la pone in essere, ragione per cui non assume rilevanza nel qualificare un comportamento come molestia l'elemento soggettivo e, dunque, l'intenzione da parte del presunto molestatore di ledere la dignità della vittima. La valutazione, in sede giudiziaria, del carattere indesiderato del comportamento dovrà comunque essere ispirata al criterio di ragionevolezza.

Un trattamento meno favorevole collegato al rifiuto da parte del lavoratore o della lavoratrice di accondiscendere a comportamenti che integrano una molestia o una molestia sessuale costituisce, a sua volta, una discriminazione (art. 26 c. 2-*bis*). In tal caso, si avranno più comportamenti discriminatori contestuali, ossia un concorso di illeciti. Inoltre, anche i trattamenti sfavorevoli che il datore di lavoro attua in reazione a un'azione da parte del lavoratore diretta a ottenere il rispetto della parità di trattamento tra uomini e donne sono considerati discriminazioni (art. 26 c. 3).

Per garantire una piena protezione della asserita vittima di molestie e di molestie sessuali, così come l'effettività del diritto alla tutela giudiziaria, è altresì vietato qualsiasi atto o comportamento (come sanzioni, demansionamento, licenziamento, etc.) ritorsivo a danno del lavoratore o della lavoratrice che agisce in giudizio per la dichiarazione delle discriminazioni per molestia o molestia sessuale (art. 26 c. 3-*bis*, introdotto con l. 205/2017).

L'attrazione delle molestie nell'orbita della disciplina delle discriminazioni è stata motivata non tanto da esigenze di natura sistematica, quanto piuttosto dalla volontà di rafforzare la tutela giudiziaria delle vittime, tramite l'estensione, anche a questa fattispecie, dell'applicazione dello speciale regime probatorio attenuato del quale si è già detto, teso a favorire colui o colei che sostiene di aver subìto il comportamento illecito (*ex* art. 40 del Codice, illustrato al § 2).

Prima dell'attuazione della direttiva 2002/73/CE (con il d.lgs. 145/2005, ora confluito nel Codice), la giurisprudenza aveva ricondotto le molestie sessuali all'art. 2087 c.c. (analogamente a quanto avvenuto per il *mobbing*: cfr. *retro*, cap. 10, § 9). Come era augurabile, l'equiparazione normativa delle molestie sessuali alle discriminazioni non ha omesso il riferimento all'obbligo di sicurezza (art. 2087 c.c.), a cui fa espresso rinvio l'art. 26 c. 3-*bis* del Codice (anch'esso introdotto con l. 205/2017).

Il richiamo all'art. 2087 c.c. (cfr. *retro*, cap. 10, § 1) viene arricchito dall'obbligo, posto a carico del datore di lavoro, di assicurare il mantenimento di un ambiente di lavoro rispettoso della dignità dei lavoratori anche attraverso l'organizzazione di opportune iniziative di informazione e formazione, concordate con le organizzazioni dei lavoratori, al fine di prevenire il fenomeno delle molestie sessuali nei luoghi di lavoro (art. 26 c. 3-*ter*). Ciò si sostanzia in un, seppur circoscritto, dovere di vigilanza preventiva, rivolto sia a inibire le condotte passibili di integrare una molestia, sia a informare e formare preventivamente i dipendenti su quali siano i comportamenti corretti da tenere nel luogo di lavoro.

Il lavoratore o la lavoratrice che abbia subìto molestie sul luogo di lavoro può chiedere il risarcimento del danno non patrimoniale derivante dalla lesione della dignità o della libertà, ivi compreso il danno biologico se il comportamento illecito ha causato un danno alla salute.

4. *Le discriminazioni per ragioni politiche e di razza, etnia, lingua, cittadinanza, nazionalità, religione, convinzioni personali, handicap, età, orientamento sessuale*

Come si è già accennato, il principio di non discriminazione è stato per la prima volta attuato nell'ambito dei rapporti di lavoro da una disposizione dello Statuto dei lavoratori, che prefigura la nullità di qualsiasi atto o patto diretto a discriminare il lavoratore a causa della sua affiliazione a un'associazione sindacale, della sua attività sindacale o dell'adesione a uno sciopero. In particolare, sin dal 1970, l'ordinamento non tollera trattamenti differenziati, basati sulle suddette ragioni, nel caso di licenziamenti, assegnazioni di qualifiche o mansioni, trasferimenti, provvedimenti disciplinari e, in generale, di qualunque atto che incida sulla sfera soggettiva del lavoratore. La medesima tutela è ora prevista anche per le discriminazioni attuate in ragione del sesso e per i casi di discriminazione politica, religiosa, razziale, di lingua, di handicap, di età o basata sull'orientamento sessuale o sulle convinzioni personali (art. 15 l. 300/1970, come sostituito dalla l. 903/1977 e successivamente modificato dal d.lgs. 216/2003).

Sono però i già citati d.lgs. 215/2003 e 216/2003, attuativi di importanti direttive europee, ad affrontare compiutamente le discriminazioni legate ai summenzionati fattori (a eccezione di quello del sesso, che, come si è visto, è ora interamente disciplinato dal Codice delle pari opportunità).

Come per le discriminazioni di genere, anche in questi casi il legislatore distingue tra discriminazioni dirette e indirette e include tra i comportamenti discriminatori le molestie, pur con l'ovvia differenza del fattore di discriminazione, che qui non sarà il sesso, ma la razza, l'origine etnica (art. 2 d.lgs. 215/2003), la religione, le convinzioni personali, l'handicap, l'età o l'orientamento sessuale (art. 2 d.lgs. 216/2003).

Si può perpetrare, peraltro, una discriminazione indiretta finanche tramite un algoritmo, come sentenziato da Trib. Bologna 31.12.2020 a seguito di un ricorso promosso congiuntamente da NIdiL, FILCAMS e FILT-CGIL. Il giudice ha ritenuto applicabile la disciplina antidiscriminatoria all'algoritmo usato da Deliveroo, dato che il sistema di *ranking* reputazionale adottato, su cui si basava la distribuzione del lavoro, non teneva conto dei motivi per cui un *rider* non si rendeva disponibile a svolgere la prestazione in un certo *slot* orario o, dopo essersi reso disponibile, ritirava la sua disponibilità, ponendo lavoratori e lavoratrici che non assicurassero un'elevata disponibilità per ragioni familiari, di salute, o sindacali in una "posizione di particolare svantaggio".

Ciò che caratterizza le discriminazioni basate sui suddetti fattori riguarda le ipotesi derogatorie, per le quali la norma prevede solo cause di giustificazione di portata generale, a differenza delle discriminazioni in ragione del sesso che sono ammesse solo in ipotesi tassative.

Il d.lgs. 215/2003 prevede che "[N]el rispetto dei principi di proporzionalità e ragionevolezza, nell'ambito del rapporto di lavoro o dell'esercizio dell'attività di impresa, non costituiscono atti di discriminazione (...) quelle differenze di trattamento dovute a caratteristiche connesse alla razza o all'origine etnica di una persona, qualora, per la natura di un'attività lavorativa o per il contesto in cui essa viene espletata, si tratti di caratteristiche che costituiscono un requisito essenziale e determinante ai fini dello svolgimento dell'attività medesima" (art. 3 c. 3).

Allo stesso modo, il d.lgs. 216/2003 sancisce che "[N]el rispetto dei principi di proporzionalità e ragionevolezza e purché la finalità sia legittima, nell'ambito del rapporto di lavoro o dell'esercizio dell'attività di impresa, non costituiscono atti di discriminazione (...) quelle differenze di trattamento dovute a caratteristiche connesse alla religione, alle convinzioni personali, all'handicap, all'età o all'orientamento sessuale di una persona, qualora, per la natura dell'attività lavorativa o per il contesto in cui essa viene espletata, si tratti di caratteristiche che costituiscono un requisito essenziale e determinante ai fini dello svolgimento dell'attività medesima" (art. 3 c. 3).

Entrambe le norme omettono, quindi, di indicare specificamente i settori in cui un trattamento differenziato basato sui suddetti fattori non debba essere considerato una condotta discriminatoria. Tuttavia, oltre a richiamare i generici principi di proporzionalità e ragionevolezza, esse pongono dei limiti sostanziali, per quanto di portata generale: una certa caratteristica deve essere "essenziale e determinante" per consentire l'esecuzione della prestazione lavorativa.

Inoltre, sono legittime quelle differenze di trattamento che, pur configurandosi come discriminazioni indirette, risultino "giustificate oggettivamente da finalità legittime perseguite attraverso mezzi appropriati e necessari" (art. 3 c. 4 d.lgs. 215/2003 e art. 3 c. 6 d.lgs. 216/2003).

Si indicano, altresì, alcuni casi in cui i trattamenti differenziati in ragioni dell'età, della religione e di convinzioni personali non possono essere considerati atti discriminatori. Così, non integrano una discriminazione "le differenze di trattamento basate sulla professione di una determinata religione o di determinate convinzioni personali che siano praticate nell'ambito di enti religiosi o altre organizzazioni pubbliche o private, qualora tale religione o tali convinzioni personali, per la natura delle attività professionali svolte da detti enti o organizzazioni o per il contesto in cui esse sono espletate, costituiscano requisito essenziale, legittimo e giustificato ai fini dello svolgimento delle medesime attività" (art. 3 c. 5 d.lgs. 216/2003).

Un'ulteriore deroga riguarda le forze armate, a cui non si applicano i divieti di discriminazione *ex* d.lgs. 216/2003, relativamente ai fattori di handicap e di età (art. 3 c. 2), conformemente alla direttiva 2000/78/CE, che prospetta la possibilità di prevedere una simile eccezione.

Qualche parola in più merita il fattore età, la cui portata può essere significativamente ridimensionata nel caso di interventi di politica attiva del lavoro. Nel 2008 il legislatore è intervenuto inserendo nel d.lgs. 216/2003 specifiche disposizioni che chiariscono in quale misura e a quali condizioni è consentito derogare al divieto di discriminazione per età. Si ammettono, così, trattamenti differenziati in ragione dell'età se questi sono finalizzati a favorire l'inserimento professionale o assicurare la protezione di giovani, lavoratori anziani e lavoratori con persone a carico.

Tali eccezioni sono consentite, in particolare, per quanto attiene alla definizione delle condizioni di accesso all'occupazione e alla formazione professionale, così come alle condizioni di lavoro, ivi comprese le condizioni di licenziamento e retribuzione. Sono ammesse, altresì, le differenze di trattamento che si realizzano in previsioni di condizioni minime di età, di esperienza professionale o di anzianità di lavoro per l'accesso all'occupazione o per il godimento di determinati vantaggi e la fissazione di un'età massima per l'assunzione. In ogni caso, affinché i suddetti trattamenti differenziati siano legittimi, è essenziale che siano oggettivamente e ragionevolmente giustificati da finalità legittime, tra le quali si evidenziano gli obiettivi di politica del lavoro, purché siano perseguite con mezzi appropriati e necessari (art. 3 cc. 4-*bis* e 4-*ter*).

Per quanto concerne, infine, la tutela giurisdizionale, entrambi i decreti del 2003 stabiliscono che sono legittimati ad agire contro atti o comportamenti ritenuti discriminatori, a sostegno del soggetto passivo della discriminazione, anche le associazioni e gli enti inseriti in un apposito elenco, nel caso di discriminazioni per razza o origine etnica (art. 5 d.lgs. 215/2003), e le organizzazioni sindacali, le associazioni e le organizzazioni rappresentative dell'interesse leso, negli altri casi di discriminazione sul lavoro (art. 5 d.lgs. 216/2003), previo atto di delega.

Come per le discriminazioni di genere, anche in questi casi è previsto un regime probatorio agevolato a favore di chi ritiene di aver subìto una discriminazione. Pertanto, è sufficiente che il ricorrente fornisca elementi di fatto, relativi anche a dati di carattere statistico, che siano idonei a fondare una presunzione di discriminazione, perché spetti al convenuto l'onere di provare l'insussistenza di detta discriminazione (art. 28 d.lgs. 150/2011).

5. *Le azioni positive*

L'attuazione del principio di eguaglianza sostanziale tra uomini e donne ha indotto il legislatore a sviluppare politiche di pari opportunità anche attraverso la promozione di c.d. azioni positive. Il Codice delle pari opportunità (Capo IV) non indica con precisione in cosa queste azioni debbano o possano consistere, ma fornisce una definizione teleologica indicando le finalità che queste devono perseguire, precisando poi i soggetti che se ne possono fare promotori e le possibilità di finanziamento.

Lo scopo ultimo, nonché generale, delle azioni positive è quello di "favorire l'occupazione femminile e realizzare l'uguaglianza sostanziale tra uomini e donne". In linea con il dettato costituzionale (art. 3 c. 2 Cost.: cfr. *retro*, § 1), il Codice afferma che, perché ciò sia possibile, gli ostacoli che "di fatto" impediscono la realizzazione delle pari opportunità debbano essere eliminati (art. 42 c. 1).

Il legislatore fornisce, altresì, un'indicazione più puntuale circa gli obiettivi che devono porsi le azioni positive. Tra questi troviamo: l'eliminazione delle disparità nella formazione scolastica e professionale e nell'accesso al lavoro; il sostegno alla diversificazione delle scelte professionali delle donne e all'accesso al lavoro autonomo e imprenditoriale; il superamento di condizioni, organizzazione e distribuzione del lavoro che pregiudicano i lavoratori in ragione del sesso in vari momenti del rapporto di lavoro; la promozione dell'inserimento delle donne nei settori professionali dove sono sottorappresentate e dell'equilibrio tra responsabilità familiari e professionali (art. 42 c. 2).

Gli unici soggetti su cui grava un vero e proprio obbligo di predisporre piani di azioni positive, finalizzate a promuovere la piena realizzazione delle pari opportunità tra uomini e donne in ambito lavorativo, sono le pubbliche amministrazioni (art. 48). Al contrario, i datori di lavoro privati, così come le Consigliere e i Consiglieri di parità, i centri di formazione professionale e le organizzazioni sindacali, hanno la facoltà, ma non il dovere, di promuovere tali azioni (art. 43).

Benché il legislatore abbia scelto (per ragioni in certa misura coerenti con il sistema costituzionale italiano) di non imporre ai suddetti soggetti l'obbligo di adottare azioni positive, il Codice si compone di una serie di disposizioni finalizzate a incentivare questa pratica anche nell'ambito del lavoro privato, principalmente attraverso la previsione di finanziamenti mirati.

I datori di lavoro pubblici o privati e le associazioni e le organizzazioni sindacali nazionali e territoriali possono partecipare ad appositi bandi pubblici, che prevedono il rimborso totale o parziale degli oneri finanziari sostenuti per l'attuazione di determinati progetti di azioni positive. Hanno precedenza, nell'accesso ai benefici economici, i progetti frutto di azioni concordate tra i datori di lavoro e le organizzazioni sindacali. Gli incentivi economici alle azioni positive, sia organizzate dai datori di lavoro, sia realizzate tramite mirati progetti di formazione, sono sovente resi possibili tramite l'utilizzo di fondi europei *ad hoc* (artt. 44, 45 e 47).

Il nostro ordinamento non prevede una riserva di quota a favore delle donne, neanche in relazione ad assunzioni o promozioni in settori (sia privati, sia pubblici) in cui il genere femminile è sottorappresentato, e ciò in ragione del rischio concreto che le c.d. quote rosa, invece di eliminare una disparità di trattamento, di condizioni o di opportunità, legittimino una tutela preferenziale in base al sesso, andando, di fatto, a discriminare i lavoratori di sesso maschile e contravvenendo, così, al principio di eguaglianza sostanziale. Se la parità di trattamento possa o, persino, debba essere garantita tramite misure che favoriscano in modo diretto le donne nel raggiungimento di un risultato o ci si debba, invece, limitare a eliminare la disparità di condizioni e possibilità (e quanto, poi, questi due elementi siano scindibili) è una questione che investe anche il diritto dell'Unione europea e che ha portato la stessa Corte di giustizia a esprimersi in proposito (si pensi, ad esempio, ai noti casi *Kalanke* e *Marshall*).

Questa sorta di *diritto diseguale*, che si sostanzia nella previsione di azioni positive ed è giustificato dalla necessità oggettiva di compensare squilibri sistemici, si fa ancora più marcato laddove è finalizzato a garantire il rispetto del principio di eguaglianza sostanziale a favore delle persone con disabilità.

Benché il più volte citato d.lgs. 216/2003, in attuazione della direttiva 2000/78/CE, sancisca anche il divieto di discriminazione per il fattore handicap, esso non prevede disposizioni finalizzate a favorire l'inserimento dei disabili nel mondo del lavoro. Misure di questo genere sono, invece, contenute nella l. 68/1999, recentemente modificata dal d.lgs. 151/2015, che mira a promuovere l'inserimento e l'integrazione lavorativa delle persone disabili attraverso servizi di sostegno e collocamento mirato, nonché attraverso la previsione di un vero e proprio obbligo di assunzione di un certo numero di unità di personale (cfr. *retro*, cap. 5, § 4).

Capitolo 12

L'orario di lavoro

di Francesco Gadaleta

SOMMARIO: 1. Introduzione ed evoluzione della disciplina. – 2. Il tempo di lavoro: l'orario normale, multiperiodale e massimo. – 2.1. *Segue*: l'orario giornaliero e il riposo giornaliero. – 2.2. *Segue*: il lavoro straordinario. – 2.3. *Segue*: il lavoro notturno. – 3. Il tempo di non lavoro: i riposi e le ferie.

1. *Introduzione ed evoluzione della disciplina*

Nel contratto di lavoro subordinato, come si è visto (cfr. *retro*, cap. 6, § 1), solitamente il lavoratore si obbliga a rendere una prestazione lavorativa "di durata", articolata cioè in una serie di prestazioni successive, autonome e continue. Ovviamente, la prestazione di durata viene scandita dal tempo, il quale, a sua volta, è suddiviso in ore: l'insieme delle ore giornaliere in cui si rende la prestazione costituisce la giornata lavorativa. Su queste premesse è facile intuire la rilevanza della disciplina che andremo a esaminare nel presente capitolo: la quantità della prestazione lavorativa resa, da cui deriva proporzionalmente anche la misura della retribuzione (cfr. *retro*, cap. 9), è determinata dall'orario di lavoro, cioè dalla quantità di tempo che, nella giornata, nella settimana, nel mese e nell'anno, il lavoratore dedica a eseguire la prestazione dedotta nel contratto di lavoro.

Tradizionalmente, la disciplina dell'orario di lavoro stabilisce un limite alla durata giornaliera e settimanale della prestazione, al fine di evitare un uso eccessivo delle energie psicofisiche del lavoratore e tutelarne, così, la salute. La Costituzione all'art. 36 dispone una riserva di legge con riferimento alla fissazione della durata massima della giornata lavorativa, limitando così l'autonomia individuale nella determinazione della quantità della prestazione.

Tale impostazione di fondo, per la verità, era presente anche prima dell'entrata in vigore della Costituzione repubblicana: se è vero, infatti, che l'art. 2107 c.c. disponeva semplicemente che "la durata giornaliera e settimanale della prestazione di lavoro non può superare i limiti stabiliti dalle leggi speciali o dalle norme corporative", allo stesso tempo la previgente legislazione speciale stabiliva una durata massima dell'orario di lavoro, tramite l'art. 1 c. 1 del r.d.l. 692/1923, nella misura delle 8 ore giornaliere o delle 48 ore settimanali. La predisposizione di un orario di lavoro inferiore a tali limiti era possibile e costituiva, di fatto, una previsione di miglior favore per i lavoratori: in tale direzione si era mossa la contrattazione collettiva che, tramite l'adozione della c.d. settimana corta, aveva progressivamente abbassato l'orario settimanale fino a 40 ore.

Per lungo tempo tale quadro normativo è rimasto immutato, anche se non sono mancate tendenze evolutive della materia ispirate a ragioni di fondo diverse: in una prima fase, infatti, sulla scia della legge francese c.d. Aubry e del modello delle 35 ore settimanali, si sono sviluppate linee di politica del diritto tendenti a una generalizzata riduzione dell'orario di lavoro, secondo la logica del "lavorare meno per lavorare tutti".

In questo solco si colloca, tra l'altro, il rinnovato dibattito sull'introduzione nel nostro Paese di modelli organizzativi basati sulla c.d. settimana corta, che, in linea teorica, dovrebbe portare a un aumento della produttività e a una più favorevole conciliazione tra lavoro e vita privata. In una seconda fase, poi, si è percorsa la strada della defiscalizzazione dell'orario straordinario (cfr. *infra*, § 2.2), in modo da rendere conveniente il ricorso allo stesso e rispondere così alla critica secondo cui gli orari italiani ed europei sarebbero troppo brevi per competere in un'economia globalizzata.

In ogni caso, il processo di riforma della disciplina del 1923 è ripreso solo a seguito dell'adozione della direttiva 93/104/CE, assorbita oggi dalla direttiva 2003/88/CE, che sollecitava gli Stati membri a rivedere in modo organico le disposizioni in tema di orario di lavoro e il cui recepimento nel nostro ordinamento è stato tutt'altro che semplice: in un primo momento, infatti, si è data attuazione alla direttiva con la l. 196/1997 (c.d. legge Treu), che ha introdotto per via legislativa l'orario settimanale di 40 ore e reso possibile la modulazione flessibile dell'orario su base plurisettimanale; quel processo si è arrestato fino all'approvazione del d.lgs. 66/2003, che ha accorpato in un unico testo legislativo tutte le disposizioni relative all'orario e ai riposi, applicabili anche al pubblico impiego, e ha abrogato tutte le norme precedenti, compreso l'art. 2107 c.c.

Tale *corpus* normativo ha comunque rispettato il tradizionale ruolo della contrattazione collettiva come fonte della disciplina dell'orario, prevedendo varie ipotesi in cui questa può derogare, anche *in peius*, alla disciplina legale, purché i contratti collettivi in parola siano stipulati da "organizzazioni sindacali dei lavoratori comparativamente più rappresentative" (art. 1 c. 2 lett. *m*). Il d.lgs. 66/2003 costituisce, a oggi, la principale fonte di diritto in tema di orario e riposi e, in quanto tale, sarà oggetto di analisi nei paragrafi successivi.

2. *Il tempo di lavoro: l'orario normale, multiperiodale e massimo*

Ai sensi dell'art. 1 c. 2 lett. *a* del d.lgs. 66/2003, l'orario di lavoro è definito come qualsiasi periodo in cui il lavoratore sia al lavoro, a disposizione del datore di lavoro e nell'esercizio della sua attività o delle sue funzioni. Questa definizione, però, da sola non è sufficiente per comprendere tutta la disciplina in materia: è necessario, allora, introdurre anche il concetto di orario normale di lavoro, che consiste nell'estensione temporale ordinaria della prestazione lavorativa e che consente, per converso, di definire come lavoro straordinario tutte le prestazioni che eccedano quel limite ordinario.

Premesso quanto appena detto, il d.lgs. 66/2003 ha come riferimento la settimana lavorativa e detta conseguentemente una disciplina dell'orario di lavoro determinato su base settimanale. Gli aspetti fondamentali della normativa sono i seguenti: in primo luogo, l'art. 3 c. 1 impone che l'orario normale settimanale sia fissato in 40 ore. In secondo luogo, è consentito alla contrattazione collettiva, *ex* art. 3 c. 2, stabilire un regime contrattuale diverso, nel senso di ammettere la fissazione di un orario di lavoro inferiore tramite l'introduzione, ad esempio, della settimana di 36 o 38 ore. Come si vede, in questo caso viene rispettato il principio dell'inderogabilità *in peius* della legge, poiché la contrattazione collettiva, qualificata *ex* art. 1 c. 2 lett. *m* (cfr. *retro*, § 1), può prevedere solo un orario normale settimanale inferiore a quello legale; peraltro, il lavoro prestato oltre tale soglia più bassa, ma pur sempre entro le 40 ore settimanali, è detto lavoro supplementare, mentre, nel caso in cui superi la soglia delle 40 ore, torna a essere lavoro straordinario.

Tuttavia, l'aspetto più interessante di questa disciplina consiste nella possibilità di stabilire un orario multiperiodale, che rappresenta un vero e proprio regime flessibile dell'orario: la contrattazione collettiva, cioè, può fissare un orario settimanale come durata media delle prestazioni di lavoro svolte in un periodo non superiore all'anno. In questo caso l'orario normale settimanale si considera rispettato se viene osservata la media delle 40 ore nell'arco temporale stabilito: di conseguenza, si potranno avere settimane in cui l'orario di lavoro è inferiore a quella soglia e settimane in cui è superiore, con l'importante conseguenza che, nel caso di superamento delle 40 ore, non si ricadrà nel lavoro straordinario e il datore di lavoro non dovrà pagare ai lavoratori la relativa maggiorazione (cfr. *infra*, § 2.2).

Al fine di meglio comprendere anche l'operatività dell'orario multiperiodale, è necessario introdurre adesso la nozione di orario massimo settimanale, da intendersi come comprensivo di orario normale e straordinario: questo rappresenta un limite assoluto all'effettuazione di prestazioni lavorative e, come tale, deve essere rispettato anche nel caso di orario multiperiodale. La legge, pertanto, in base all'art. 4 d.lgs. 66/2003, demanda alla contrattazione collettiva la fissazione di quel tetto, col divieto legale di prevedere in ogni caso il superamento delle 48 ore settimanali. Tuttavia, se questo limite massimo fosse fissato rigidamente residuerebbe poco spazio di operatività per l'istituto dell'orario multiperiodale: la fonte legislativa, quindi, stabilisce che quel limite settimanale debba essere rispettato come media in un periodo non superiore ai 4 mesi, elevabili a 6 o anche 12 dalla contrattazione collettiva per "ragioni obiettive, tecniche o inerenti all'organizzazione del lavoro" (art. 4 c. 4), con la conseguenza che il lavoratore sarà tenuto a rispettare, ad esempio, in taluni periodi un orario settimanale anche di 60 ore, purché sia mantenuta la media delle 48 ore nell'arco temporale dato.

Bisogna precisare, infine, che la legge prevede alcune eccezioni all'applicazione della disciplina dell'orario normale e massimo all'art. 17 c. 5 (si pensi, ad esempio, ai dirigenti). È esentato dal rispetto dell'orario normale, in base all'art. 18 c. 1 della l. 81/2017, anche il lavoratore agile (cfr. *infra*, cap. 15, § 7), al quale si applicano solo i limiti di durata massima dell'orario di lavoro giornaliero e settimanale.

2.1. Segue: *l'orario giornaliero e il riposo giornaliero*

Come abbiamo visto, il d.lgs. 66/2003 è incentrato sulla definizione di un orario su base settimanale e non prevede espressamente una durata massima della giornata lavorativa. Tuttavia, ciò non impedisce che, a ben vedere, dalle disposizioni legislative possa essere ricavato un orario massimo giornaliero, anche alla luce della Costituzione che, all'art. 36, sollecita il legislatore a prevedere una durata massima della giornata lavorativa: l'art. 7 stabilisce, infatti, che il lavoratore abbia diritto a 11 ore di riposo consecutivo ogni 24 ore, con la conseguenza, *a contrario*, che la durata massima della giornata lavorativa non possa superare le 13 ore (o, più precisamente, le 12 ore e 50 minuti, considerando la pausa di almeno 10 minuti alla quale ha diritto il lavoratore che abbia prestato la sua attività per 6 ore consecutive). Inoltre, se il lavoro giornaliero eccede le 6 ore, il lavoratore ha diritto a delle pause per recuperare le energie psicofisiche ed eventualmente consumare il pasto (art. 8).

Merita segnalare che la disposizione appena citata rientra tra quelle che possono essere derogate anche *in peius* dalla contrattazione collettiva *ex* art. 17 c. 1, anche se è più frequente che l'autonomia collettiva preveda un orario normale giornaliero corrispondente al vecchio limite delle 8 ore lavorative massime giornaliere.

2.2. Segue: *il lavoro straordinario*

Come anticipato, secondo l'art. 1 c. 2 lett. *c* d.lgs. 66/2003, costituisce lavoro straordinario quello prestato oltre l'orario normale. Il legislatore presuppone che rendere la prestazione lavorativa oltre l'orario normale comporti un maggiore affaticamento dell'individuo: di conseguenza, secondo questa logica, l'art. 5 dispone che lo straordinario sia computato a parte e compensato con delle maggiorazioni retributive previste dai contratti collettivi oppure, in alternativa o in via cumulativa, con dei riposi compensativi, in aggiunta a quelli a cui il lavoratore avrebbe diritto in via ordinaria.

I contratti collettivi sono chiamati, dunque, a prevedere tali maggiorazioni, che possono oscillare tra il 10% ed il 60% a seconda delle condizioni in cui viene resa la prestazione di lavoro. Bisogna segnalare, inoltre, come il compenso da lavoro straordinario sia assoggettato a un'aliquota fiscale ridotta al 10%.

In ogni caso, al di là del riconoscimento di compensazioni in denaro o in natura, l'utilizzo del lavoro straordinario è sottoposto a dei limiti: in via generale, infatti, l'art. 5 c. 1 impone che il ricorso all'istituto sia "contenuto", mentre il successivo c. 3 impone in modo più stringente il previo accordo tra le parti e il limite massimo delle 250 ore annuali, oltre le quali non si può richiedere a quel determinato lavoratore di rendere la propria prestazione fuori dall'orario normale. Occorre precisare, tuttavia, che tali limitazioni sono derogabili anche *in peius* dalla contrattazione collettiva, visto che l'art. 5 c. 3 contiene l'espressione "in difetto di disciplina collettiva applicabile".

Va da sé, inoltre, che all'istituto in esame si applichino i limiti più generali visti sopra, vale a dire l'obbligo di rispettare l'orario massimo giornaliero di 13 ore e l'orario massimo settimanale di 48 ore, anche se calcolato come media in un determinato periodo di tempo (4, 6 o 12 mesi).

2.3. Segue: *il lavoro notturno*

Nelle grandi aziende, dove è presente un ciclo di lavorazione continuo, non è raro il ricorso al lavoro notturno, corrispondente a una tipologia di lavoro che comporta un maggior affaticamento psicofisico e maggiori sacrifici alla vita affettiva, familiare e di relazione del lavoratore. Non è un caso, infatti, che questo sia considerato come lavoro usurante ai fini del pensionamento anticipato.

Il Codice civile contiene una disciplina relativa agli aspetti puramente economici di tale tipologia di lavoro, prevedendo all'art. 2108 c. 2 che debbano essere riconosciute delle maggiorazioni rispetto al lavoro diurno. Una disciplina organica del lavoro notturno è, invece, contenuta nel d.lgs. 66/2003, che stabilisce le nozioni fondamentali per l'applicazione della relativa normativa.

Dunque, secondo l'art. 1 c. 2 lett. *d* costituisce lavoro notturno quello prestato in un periodo di almeno 7 ore consecutive comprendenti l'intervallo tra la mezzanotte e le 5 del mattino, cioè nel c.d. periodo notturno; il dipendente che, durante il periodo notturno, svolga "almeno una parte del suo orario di lavoro secondo le norme definite dai contratti collettivi" (art. 1 c. 2 lett. *e* n. 2) è qualificato come lavoratore notturno. In assenza di una disciplina collettiva, inoltre, è considerato notturno il lavoratore che renda la propria prestazione per almeno 3 ore del proprio orario normale giornaliero e per un minimo di 80 giorni lavorativi all'anno durante il periodo notturno.

Come si vede, anche in questo caso l'autonomia collettiva ha un ruolo rilevante nella disciplina dell'istituto, sebbene non goda di libertà assoluta e debba rispettare determinate disposizioni legislative riguardo, ad esempio, la durata massima della prestazione: secondo l'art. 13 c. 1, infatti, l'orario di lavoro dei lavoratori notturni non può superare le 8 ore in media nelle 24 ore, salva l'individuazione, da parte dei contratti collettivi, anche aziendali, di un periodo di riferimento più ampio su cui calcolare come media quel limite. Tale durata massima della prestazione non riguarda solo l'attività lavorativa resa nel periodo notturno, ma anche l'orario generale che devono osservare i lavoratori notturni.

In ogni caso, i contratti collettivi possono prevedere non solo riduzioni dell'orario di lavoro normale dei lavoratori notturni, ma anche ingenti maggiorazioni retributive, così come dei requisiti che consentano ai lavoratori di essere esclusi dall'obbligo di effettuare lavoro notturno.

Quest'ultimo aspetto è molto rilevante perché si collega indirettamente alla necessità che lo svolgimento di prestazioni di lavoro notturno non avvenga in danno della salute e dell'integrità psicofisica del lavoratore. Non a caso, il d.lgs. 66/2003 contiene tutta una serie di disposizioni finalizzate alla tutela di quel bene giuridico: l'art. 14, infatti, obbliga il datore di lavoro ad accertare lo stato di salute dei lavoratori notturni attraverso controlli preventivi e periodici; l'art. 15, poi, prevede che, qualora sopraggiungano condizioni di salute che comportino l'inidoneità al lavoro notturno, accertate dal medico competente o dalle strutture sanitarie pubbliche, il lavoratore sia assegnato al lavoro diurno, in altre mansioni equivalenti, se esistenti e disponibili. Viene così a configurarsi un principio generale secondo cui il lavoro notturno non deve essere richiesto ogniqualvolta risulti incompatibile con le condizioni di salute del lavoratore.

Alla medesima *ratio* risponde anche il divieto assoluto, *ex* art. 11 c. 2, di adibire le donne al lavoro, dalle 24 alle 6, dal momento dell'accertamento dello stato di gravidanza e fino al compimento di un anno di età del bambino, mentre non sono obbligati a prestare lavoro notturno, nel senso che il relativo rifiuto non può essere sanzionato, i soggetti elencati all'art. 11 c. 2 lett. *a-c*, tra cui, ad esempio, la lavoratrice madre di un figlio di età inferiore ai 3 anni.

3. *Il tempo di non lavoro: i riposi e le ferie*

Nei paragrafi precedenti ci siamo occupati, sostanzialmente, del tempo di lavoro e dei limiti posti dal legislatore e dalla contrattazione collettiva, ove delegata, alla durata massima della giornata e della settimana lavorativa. Quei limiti, come detto, sono imposti dall'ordinamento a tutela della salute del lavoratore subordinato. Alla stessa logica risponde anche la previsione di tempi di non lavoro. Nella disamina fin qui svolta abbiamo già incontrato la nozione di riposo giornaliero (cfr. *retro*, § 2.1), rilevante con riferimento all'individuazione dell'orario massimo giornaliero, ma il nostro ordinamento conosce ulteriori forme di riposo.

Ai sensi dell'art. 9 d.lgs. 66/2003, infatti, il lavoratore ogni 7 giorni ha diritto a un periodo di riposo di almeno 24 ore consecutive, di regola coincidente con la domenica e cumulativo col riposo giornaliero. Sommando 24 e 11 ore, corrispondenti al riposo settimanale e a quello giornaliero, si arriva, quindi, a un totale di almeno 35 ore consecutive di risposo ogni settimana. Anche in questo caso, però, viene introdotta una dose di flessibilità, dal momento che "il suddetto periodo di riposo consecutivo è calcolato come media in un periodo non superiore a 14 giorni". È bene precisare, infine, come il diritto al riposo settimanale sia irrinunciabile, ai sensi dell'art. 36 c. 3 Cost., e che ogni pattuizione contraria a livello individuale o collettivo sia nulla.

In ogni caso, l'art. 17 prevede la possibilità per la contrattazione collettiva di derogare anche *in peius* alle predette norme, compresa la regola della coincidenza del riposo settimanale con la domenica. In quest'ultima ipotesi, tuttavia, la giurisprudenza considera generalmente il lavoro prestato come particolarmente gravoso e, di conseguenza, richiede che sia compensato con delle maggiorazioni retributive a prescindere dalla fruizione del riposo in un altro giorno della settimana.

L'istituto probabilmente più rilevante in tema di riposi è quello delle ferie annuali, anch'esso previsto già a livello costituzionale: l'art. 36 sancisce, infatti, il diritto del lavoratore subordinato a fruire di ferie annuali retribuite al fine di tutelare l'interesse superiore alla salute e consentirgli di recuperare le energie psicofisiche usurate dal lavoro, nonché di partecipare in modo più incisivo alla vita familiare e sociale. Anche in questo caso siamo di fronte a un diritto irrinunciabile, con la conseguenza che ogni patto contrario è affetto da nullità.

Una disciplina più articolata delle ferie è, invece, contenuta nel d.lgs. 66/2003, da leggere in combinazione con l'art. 2109 cc. 2-3 c.c.: secondo l'art. 10 c. 1, "il prestatore di lavoro ha diritto a un periodo annuale di ferie retribuite non inferiore a quattro settimane". A differenza di quanto visto sopra riguardo al riposo settimanale, i contratti collettivi possono estendere tale periodo, ma non ridurlo, mentre delle deroghe *in peius* tornano a essere possibili con riferimento alla necessità che le ferie siano godute per almeno 2 settimane nel corso dell'anno di maturazione e, per le restanti 2, nei 18 mesi successivi al termine di detto anno. Tutto ciò sul presupposto che la collocazione temporale del periodo di ferie spetti al datore di lavoro, tenuto conto ove possibile degli interessi del lavoratore.

Durante le ferie spetta la normale retribuzione, anche se ciò non vuol dire che il dipendente debba necessariamente percepire tutte le voci di cui si compone il proprio trattamento economico (per una disamina delle diverse forme di retribuzione cfr. *retro*, cap. 9, § 3): il trattamento feriale è, infatti, limitato alla retribuzione base e alle voci più ricorrenti, salve ulteriori determinazioni dell'autonomia collettiva.

Infine, allo scopo di garantire che il riposo annuale assolva realmente al compito di consentire una rigenerazione delle forze del lavoratore, nel nostro ordinamento è stato introdotto il principio dell'effettività del godimento delle ferie: secondo l'art. 10 c. 2, infatti, "il predetto periodo minimo di quattro settimane non può essere sostituito dalla relativa indennità per ferie non godute". Viene così sancita espressamente la necessità della fruizione reale delle ferie e la loro non monetizzabilità. Vi sono due eccezioni a questa regola: le ferie maturate nell'ambito di un contratto a tempo determinato di durata inferiore all'anno e quelle maturate ma non fruite alla cessazione del rapporto di lavoro. In queste ipotesi il lavoratore avrà diritto all'indennità per ferie non godute.

A conclusione dell'esame della disciplina sui riposi annuali si deve segnalare che, quasi a corollario del principio di effettivo godimento delle ferie, la Corte costituzionale, con sentenza 616 del 30.12.1987, ha stabilito che la malattia sopravvenuta durante le ferie ne sospende il relativo decorso, a patto che il lavoratore sia affetto da una malattia tale da impedire in modo apprezzabile la fruizione delle ferie (a titolo di esempio, molti contratti collettivi considerano tale una malattia con prognosi di almeno 3 giorni).

Capitolo 13

Le ipotesi di sospensione della prestazione lavorativa

di Maria Luisa Vallauri

1. *Premessa*

Nel corso del rapporto di lavoro possono verificarsi eventi che impediscono al lavoratore di svolgere regolarmente la propria prestazione lavorativa.

Quando questi eventi determinano una condizione di impossibilità temporanea della prestazione e riguardano interessi inerenti a scelte o condizioni personali del lavoratore che l'ordinamento giudica prevalenti rispetto all'interesse del datore di lavoro a ricevere regolarmente la prestazione lavorativa, l'ordinamento prevede che l'obbligo di prestare l'attività si sospenda e che spetti al datore di sopportare l'assenza del lavoratore per il tempo stabilito dalla legge o dalla contrattazione collettiva.

Il primo nucleo di interessi cui l'ordinamento riserva questa particolare attenzione è individuato dagli artt. 2110 e 2111 c.c.

L'art. 2110 c.c. fa riferimento a un novero di eventi che interessano due beni di matrice costituzionale: la salute (art. 32 Cost.) e la maternità (artt. 31 c. 2 e 37 Cost.).

Con riguardo alla salute, gli eventi menzionati dalla disposizione codicistica sono la malattia e l'infortunio, la cui eziologia può essere professionale o extra-professionale. Con riguardo alla maternità, invece, è fatto riferimento alla gravidanza e al puerperio, ma vedremo che il legislatore è intervenuto a più riprese per specificare ed estendere l'ambito di applicazione di questa tutela (il testo di riferimento, oggi, è il d.lgs. 151/2001, Testo unico delle disposizioni legislative in materia di tutela e sostegno della maternità e della paternità, d'ora in poi T.U.), includendo fra gli interessi protetti quello alla conciliazione vita-lavoro e fra i soggetti coinvolti il padre lavoratore e i genitori adottivi e affidatari.

L'art. 2111 c.c. riguarda, invece, la sospensione della prestazione lavorativa per l'adempimento del dovere prevalente di difesa della nazione sancito dall'art. 52 Cost., che espressamente dispone che l'adempimento del servizio militare (da intendersi oggi come richiamo alle armi) non deve pregiudicare, fra l'altro, la posizione di lavoro del cittadino. Il d.lgs. 66/2010 ha riordinato la materia nel Codice dell'ordinamento militare, abrogando espressamente o implicitamente la legislazione precedente, ma non l'art. 2111 c.c., sui cui principi continua a fondarsi la tutela del lavoratore richiamato alle armi o che svolga volontariamente il servizio militare (o civile).

Ci sono, poi, altri eventi non menzionati nelle due previsioni codicistiche (ad esempio, assistenza di parenti e affini portatori di handicap, gravi motivi personali, studio, violenza di genere), al cui verificarsi il legislatore o la contrattazione collettiva associano permessi, congedi o aspettative disegnati sul medesimo schema concettuale, che contempla: la definizione dell'evento protetto sulla base dell'interesse poziore tutelato dall'ordinamento; il diritto del lavoratore alla sospensione della prestazione e alla conservazione del posto di lavoro per il tempo previsto; la spettanza (o meno) della retribuzione o di un'indennità a carico dell'ente previdenziale; il diritto del datore di lavoro di verificare la sussistenza dell'evento protetto.

L'emergenza pandemica protrattasi da marzo 2020 a maggio 2023 ha reso necessario disciplinare le assenze dal lavoro determinate dal contagio da SARS-CoV-2, sia quelle causate dalla contrazione del virus, sia quelle legate alla necessità di assistere minori in concomitanza con la sospensione dei servizi educativi e scolastici.

L'assenza dovuta alla contrazione del virus è stata fatta ricadere nell'ordinaria disciplina della malattia, potendo tuttavia protrarsi oltre la negativizzazione al virus a fronte di una inidoneità alla mansione per il perdurare di alcuni disturbi. L'assenza è stata giustificata anche in caso di positività asintomatica e in caso di contatto stretto con un soggetto positivo, come misura di distanziamento sociale, e in caso di particolare fragilità, come misura preventiva, pur sempre a condizione dell'impossibilità di svolgere l'attività in modalità agile. La contrazione del SARS-CoV-2 in occasione di lavoro, invece, è stata qualificata in termini di infortunio sul lavoro, con la conseguenza che il relativo certificato doveva essere inviato telematicamente all'INAIL.

Per consentire a lavoratori e lavoratrici di far fronte alle straordinarie esigenze di cura determinate dall'emergenza pandemica sono stati introdotti e disciplinati una serie di istituti funzionali a consentire la temporanea sospensione del lavoro, anche questi da combinare con la possibilità di un ricorso straordinario al lavoro agile o con il ricorso a misure economiche (erogate tramite il Libretto famiglia) previste per l'occasione a sostegno della spesa per l'acquisto di servizi di *baby sitting* o per l'iscrizione a centri estivi, a servizi integrativi per l'infanzia, a servizi socio-educativi territoriali, a centri con funzione educativa e ricreativa e a servizi innovativi per la prima infanzia.

2. *La malattia e l'infortunio del lavoratore: nozioni*

La tutela del lavoratore malato all'interno della relazione contrattuale si fonda, come anticipato, sul riconoscimento della salute quale bene fondamentale della persona, secondo quanto previsto dall'art. 32 Cost.

Il nucleo centrale della disciplina risiede nel già menzionato art. 2110 c.c., che individua in modo generico nella malattia e nell'infortunio del lavoratore gli eventi protetti.

Affinché una malattia o un infortunio possano provocare l'effetto sospensivo della prestazione lavorativa, imputando al datore di lavoro l'onere di sopportare l'assenza del lavoratore (che si accompagna, nei casi che vedremo, a un onere economico), occorre che essi determinino un'impossibilità assoluta e temporanea al lavoro. Quando, invece, l'impossibilità generata dall'evento è permanente, essa determina un'inidoneità al lavoro che giustifica il licenziamento per motivo oggettivo, a meno che sia possibile impiegare il lavoratore in mansioni diverse compatibili con la sua condizione psico-fisica (ma cfr. *infra*, cap. 14, § 4.1.2).

La giurisprudenza ha ricondotto alla tutela in esame anche i casi in cui il lavoratore ha bisogno di sottoporsi a trattamenti terapeutici, così come il tempo della convalescenza necessario al ripristino del normale stato di salute.

Spetta al medico di fiducia del lavoratore stabilire, nei modi che vedremo, se una determinata condizione morbosa impedisce temporaneamente lo svolgimento della prestazione lavorativa, non residuando al datore di lavoro (ma neppure al lavoratore) alcun margine per sindacare tale qualificazione. Questi, tuttavia, potrà eventualmente contestare al lavoratore di tenere un comportamento incompatibile con lo stato di malattia certificato e procedere all'irrogazione di una sanzione disciplinare (ma cfr. *infra*, § 2.1).

La distinzione fra malattia e infortunio riguarda solo l'evento scatenante che li determina, nel primo caso lento e diluito nel tempo, nel secondo improvviso e violento.

Ai fini della determinazione delle tutele spettanti assume, invece, rilevanza l'eziologia della malattia o dell'infortunio, vale a dire la causa – comune o professionale – che li ha provocati.

2.1. *Gli obblighi del lavoratore malato*

In caso di malattia o infortunio sorgono in capo al lavoratore alcuni obblighi. Essi sono stabiliti dalla legge e dalla contrattazione collettiva o discendono dall'obbligo generale di buona fede nell'esecuzione del contratto (art. 1375 c.c.).

In prima battuta, il lavoratore è tenuto a dare al datore di lavoro immediata *comunicazione* dello stato di malattia in cui versa e che gli impedisce di svolgere la prestazione di lavoro. Questo obbligo è solitamente disciplinato dalla contrattazione collettiva, che definisce il termine entro il quale esso deve essere adempiuto. In assenza di espressa previsione, la comunicazione dovrà essere effettuata tempestivamente, vale a dire in modo da consentire al datore di lavoro di riprogrammare l'organizzazione del lavoro.

Alla comunicazione, che può avvenire per iscritto o anche a voce, deve seguire la *certificazione* della malattia.

Al lavoratore, infatti, spetta di recarsi dal proprio medico di fiducia, affinché certifichi l'incompatibilità del proprio stato di salute con lo svolgimento della prestazione lavorativa. La certificazione viene redatta su un modulo informatico e trasmessa dal medico, in via telematica, all'INPS. Al lavoratore è consegnata una copia del certificato o è comunicato il relativo numero di protocollo utile alla visualizzazione del documento sul portale dell'ente previdenziale.

Spetta all'INPS (e non più al lavoratore) di rendere accessibile la certificazione al datore di lavoro, il quale sarà messo a parte della sola prognosi di durata della malattia e non anche della diagnosi, a tutela della riservatezza del lavoratore.

Quando la malattia o l'infortunio siano originate dallo svolgimento del lavoro, entro 24 ore dal momento in cui il lavoratore è stato assistito per la prima volta, il medico di fiducia del lavoratore trasmette il certificato di malattia con le stesse modalità all'INAIL, anziché all'INPS. Al datore di lavoro spetta, invece, di denunciare all'INAIL l'infortunio sul lavoro (entro 2 giorni dal suo avverarsi) e la malattia professionale (entro 6 giorni dal momento in cui è venuto a conoscenza della sua esistenza).

Il datore di lavoro non potrà contestare quanto attestato dal medico, ma potrà accertare tramite l'INPS l'effettività e il perdurare dello stato di inabilità alla prestazione.

Sorge, perciò, in capo al lavoratore l'obbligo di *sottoporsi a una (eventuale) visita medica di controllo.*

Per garantire l'imparzialità del controllo, in ossequio a quanto previsto dall'art. 5 dello Statuto dei lavoratori (cfr. *retro*, cap. 8, § 3.4), tale visita può essere effettuata solo da parte di un medico del Polo unico delle visite fiscali gestito dall'INPS, e non anche da un medico di fiducia del datore di lavoro.

Il lavoratore è tenuto a rendersi reperibile tutti giorni, anche festivi o non lavorativi, presso il proprio domicilio (o altro espressamente comunicato) nelle fasce orarie di reperibilità stabilite dalla legge (per i lavoratori del settore privato 10-12 e 17-19 *ex* art. 5 l. 638/1983, per i lavoratori del settore pubblico 9-13 e 15-18 *ex* art. 55-*septies* c. 2-*bis* d.lgs. 165/2001).

Nel caso in cui risulti assente al momento dell'accesso del medico, il lavoratore subirà una decurtazione per 10 giorni del 100% del trattamento economico che gli spetta. Solo quando risulti assente a un secondo controllo subirà, invece, per i giorni successivi al decimo e fino alla fine del periodo di malattia (così C. Cost. 16.5.2012 n. 120), una decurtazione pari al 50%. Il datore di lavoro potrà, altresì, irrogare una sanzione disciplinare conservativa.

Tali conseguenze non si determinano quando l'assenza dal domicilio sia sorretta da un comprovato giustificato motivo, quale potrebbe essere, per esempio, la necessità di sottoporsi a un trattamento sanitario.

Il medico che effettua la visita fiscale può confermare la prognosi di durata della malattia o allungarla o anche ridurla, nel qual caso il lavoratore dovrebbe anticipare la ripresa del servizio. Qualora non lo faccia perché ritenga la propria patologia invalidante, sarà eventualmente il giudice chiamato a giudicare della legittimità della sanzione disciplinare irrogata per assenza ingiustificata a valutare, con l'ausilio di un consulente tecnico, la corrispondenza della certificazione all'effettivo stato di salute.

Poiché, come si è detto nell'*incipit* di questo capitolo, il verificarsi degli eventi protetti determina la sospensione della prestazione lavorativa e non quella dell'intero rapporto di lavoro, durante l'assenza dal lavoro per malattia o infortunio permangono in capo al lavoratore gli *obblighi che derivano dal contratto di lavoro.* Il prestatore, pertanto, non può svolgere alcuna attività lavorativa in concorrenza con quella del proprio datore di lavoro o divulgare segreti aziendali (cfr. *retro*, cap. 7, § 3). Può, invece, svolgere altre attività, anche lavorative, a condizione che esse non aggravino il proprio stato di salute ritardando la guarigione e la conseguente ripresa del servizio. Il datore di lavoro può verificare, anche ricorrendo a investigatori privati, il comportamento tenuto dal lavoratore durante la malattia, eventualmente contestando al lavoratore a fini disciplinari il mancato rispetto dei c.d. *obblighi preparatori* alla prestazione, che discendono dal ricordato obbligo generale di buona fede nell'esecuzione del contratto.

2.2. *I diritti del lavoratore malato: il trattamento economico …*

Durante il periodo di assenza dal lavoro per malattia il lavoratore ha diritto alla retribuzione o a un'indennità equivalente, nella misura e per il tempo fissati dalla legge o dalla contrattazione collettiva.

La somma spettante al lavoratore ha natura retributiva (in collegamento con l'art. 36 Cost.), dovendosi leggere il c. 1 dell'art. 2110 c.c. come espressione di una deroga all'art. 1463 c.c. Essa, perciò, è soggetta a contribuzione previdenziale.

Quando la legge pone a carico dell'ente previdenziale (generalmente l'INPS, in caso di malattia o infortunio da rischio comune, e l'INAIL, in caso di malattia professionale o infortunio sul lavoro) l'onere economico dell'assenza dal lavoro per ragioni connesse alla salute del lavoratore, il datore di lavoro è comunque obbligato ad anticipare l'indennità, potendo poi recuperare la somma attraverso il meccanismo del conguaglio sui contributi dovuti.

L'indennità erogata dall'ente previdenziale non corrisponde all'intera retribuzione dovuta al lavoratore, così come può essere previsto un c.d. periodo di carenza, durante il quale il lavoratore non ha diritto ad alcuna prestazione economica. I contratti collettivi, tuttavia, possono prevedere un obbligo in capo al datore di lavoro di integrare il *quantum* spettante al lavoratore fino al raggiungimento dell'80% o del 100% della retribuzione.

La durata del trattamento economico (sia esso retributivo o indennitario), in ogni caso, può essere inferiore alla durata del periodo di comporto, e dunque può ricadere sul lavoratore l'onere di una parte del periodo tollerato di assenza dal lavoro.

I periodi di malattia e infortunio sono computati nell'anzianità di servizio, secondo quanto espressamente previsto dal c. 3 dell'art. 2110 c.c., per i fini per i quali essa rileva (ad esempio, ai fini del calcolo del TFR, della maturazione delle ferie o della progressione di carriera che sia svincolata da periodi di servizio effettivo).

2.3. Segue: ... *e la conservazione del posto di lavoro*

Il c. 2 dell'art. 2110 c.c. dispone che il lavoratore malato ha diritto alla conservazione del posto di lavoro per un tempo stabilito "dalla legge, dagli usi o secondo equità", periodo anche detto di "comporto".

In genere la durata del periodo di comporto è fissata dai contratti collettivi. In assenza di una norma collettiva, la durata del periodo di comporto può essere indicata nel contratto individuale, ma resta fermo il potere del giudice di stabilire se il licenziamento intimato dal datore di lavoro sia intervenuto dopo un periodo congruo.

I contratti collettivi prevedono solitamente un periodo di comporto "secco" e un periodo di comporto "frazionato" (o per sommatoria).

Il primo è inteso come periodo consecutivo di assenza per malattia, trascorso il quale è possibile licenziare il lavoratore. Il secondo, invece, è inteso come somma di tutti i periodi di assenza per malattia in un arco di tempo predefinito.

Poiché il primo tipo di comporto è facilmente raggirabile dal lavoratore, che può evitare il rischio di essere licenziato rientrando a lavoro anche solo un giorno prima della sua scadenza, per poi riassentarsi subito dopo, quando il contratto collettivo indica solo il periodo di comporto "secco" il giudice è chiamato a determinare anche il comporto per sommatoria, parametrando il primo a un arco temporale di riferimento.

Con riguardo alla malattia professionale o all'infortunio sul lavoro, i contratti collettivi fissano una durata del comporto più lunga, che può arrivare fino alla guarigione, mentre la giurisprudenza ha affermato il principio in base al quale non si computano ai fini del comporto le assenze dovute a malattie o infortuni che derivano dalla violazione (colposa) da parte del datore di lavoro dell'obbligo di sicurezza stabilito dall'art. 2087 c.c. (su cui v. *retro*, cap. 10).

Trascorso il periodo durante il quale è tollerata l'assenza del lavoratore, il datore potrà recedere dal contratto ai sensi dell'art. 2118 c.c., vale a dire senza dover addurre un giustificato motivo e con il solo obbligo del preavviso (cfr. *infra*, cap. 14, § 3). Il superamento di tale periodo, infatti, costituisce una giustificazione autonoma del licenziamento.

Al fine di evitare il licenziamento, il lavoratore che non sia in grado di rientrare al lavoro alla scadenza del periodo protetto può fruire di un periodo di aspettativa (solitamente non retribuita), se prevista dal contratto collettivo, oppure può chiedere di fruire delle ferie maturate e ancora non godute. In quest'ultimo caso, il datore di lavoro potrà rifiutare di concedere le ferie solo per motivi inerenti all'organizzazione della produzione così gravi da sopravanzare l'interesse del lavoratore alla conservazione del proprio posto di lavoro.

Il licenziamento intimato prima della scadenza del periodo di comporto per una ragione inerente all'assenza per malattia (ad esempio, per un errato computo del comporto) è nullo per violazione di norma imperativa, ma le conseguenze variano a seconda che il lavoratore sia stato assunto prima o dopo il 6.3.2015 (v. Cass. S.U. 22.5.2018 n. 12568). Nel primo caso opera l'art. 18 c. 7 Statuto dei lavoratori, come novellato con l. 92/2012, che individua espressamente nella "tutela ripristinatoria attenuata" prevista dal c. 4 il regime da applicare. Il d.lgs. 23/2015, invece, non contiene un'analoga disposizione, con ciò che ne consegue in termini d'incertezza sulla tutela da riservare ai lavoratori che ricadono nella disciplina del "contratto a tutele crescenti": si può ipotizzare l'applicazione della tutela principale prevista dall'art. 3 c. 1 d.lgs. 23/2015, che consiste in un'indennità determinata dal giudice compresa fra 6 e 36 mensilità, o l'applicazione del regime della nullità di diritto comune, con il conseguente ripristino del rapporto di lavoro e versamento di tutte le retribuzioni perdute. Cass. S.U. 22.5.2018 n. 12568 propende per quest'ultimo rimedio e in questo senso si è orientata la giurisprudenza successiva (ma v. *infra*, cap. 14, §§ 7-8).

Il licenziamento intimato per ragioni diverse dalla malattia e riconducibili a un giustificato motivo di recesso è temporaneamente inefficace e produce i suoi effetti solo al termine della malattia o alla scadenza del periodo di comporto.

Produce, invece, effetto immediato il licenziamento intimato per giusta causa, così come – per una giurisprudenza costante – sono validi il licenziamento determinato dalla cessazione dell'attività e il recesso per scadenza del termine in un contratto a tempo determinato.

3. *La maternità e la paternità*

Originariamente pensata nella sola ottica di garantire alla lavoratrice una tutela durante il periodo della gravidanza e del puerperio, in epoca repubblicana la disciplina protettiva della maternità ha dovuto trovare una composizione dapprima con l'istanza di parità e poi con quella di pari opportunità, entrambe di matrice costituzionale (art. 37, in combinato con art. 3), progressivamente soddisfatte grazie all'evolversi della normativa di contrasto alle discriminazioni per ragioni di sesso (cfr. *retro*, cap. 11, § 2).

Infatti, se per un verso è incontestabile (e incontestata) l'esigenza di offrire alla lavoratrice strumenti che le consentano di conservare il posto di lavoro durante questo delicato periodo, per altro verso si è venuta consolidando l'idea che sia necessario scongiurare il rischio, insito nell'attribuzione di una speciale tutela protettiva, che questa si traduca in un ostacolo all'accesso della donna al lavoro e alla sua progressione di carriera.

La combinazione delle diverse tensioni si è tradotta, nel tempo, in una legislazione orientata a mettere in equilibrio la posizione di lavoratori e lavoratrici all'interno del mercato del lavoro, e ciò principalmente attraverso l'estensione di alcuni istituti protettivi al padre, cui dapprima è stato riconosciuto il ruolo di "supplente" nell'accudimento del figlio (l. 903/1977), poi è stata assegnata la titolarità *iure proprio* del congedo parentale (l. 53/2000) e, più di recente, prima in via sperimentale (art. 4 c. 24 lett. *a* l. 92/2012), poi in via strutturale (art. 1 c. 134 l. 234/2021 e art. 2 c. 1 lett *c* d.lgs. 105/2022), è stato riconosciuto il diritto a un congedo obbligatorio (ma vedremo meglio in che senso "obbligatorio" nel § 3.3) che, oggi, ha la durata di 10 giorni.

Anche l'Unione europea, sebbene solo in un secondo momento, ha fatto propria l'esigenza di conciliare le tensioni appena ricordate e già individuate dai nostri Costituenti.

Infatti, se con la direttiva 92/85/CE – figlia della direttiva 89/391/CE in tema di tutela di salute e sicurezza dei lavoratori (cfr. *retro*, cap. 10, § 1) – ha incoraggiato gli Stati membri a definire adeguati *standard* di protezione della salute della lavoratrice durante la gravidanza e il puerperio, con la direttiva 96/34/CE (e poi con la direttiva 2010/18/UE), sulla scia di quanto anticipato nella Carta dei diritti sociali fondamentali del 9.12.1989 (punto 16 c. 3), e poi disposto nella Carta dei diritti fondamentali dell'Unione europea (art. 33), ha invitato gli Stati membri a predisporre misure adeguate a garantire la conciliazione di vita familiare e vita professionale. L'ultimo passaggio è rappresentato dalla direttiva 2019/1158/UE (recepita dal d.lgs. 105/2022), che ha introdotto a livello europeo un congedo obbligatorio di paternità di almeno 10 giorni, imprimendo una spinta importante nel senso di sollecitare una maggiore condivisione delle responsabilità genitoriali.

3.1. *La tutela della salute della lavoratrice madre*

Dal giorno della comunicazione dello stato di gravidanza e fino al compimento del settimo mese di vita del bambino, la lavoratrice ha diritto a non essere adibita a lavori pericolosi, faticosi e insalubri, ivi compresi i lavori che comportano il sollevamento di pesi. L'individuazione di tali lavori, degli agenti chimici o fisici e dei processi e delle condizioni di lavoro pericolosi è demandata a fonti secondarie (d.P.R. 1206/1976 e relativi decreti ministeriali di aggiornamento), ma i servizi ispettivi del Ministero del lavoro mantengono il potere di accertare, d'ufficio o su istanza della lavoratrice, se le condizioni di lavoro o ambientali rivestano i caratteri della insalubrità rispetto al proprio particolare stato (art. 7 T.U.).

È ricompreso nel divieto il "lavoro operativo" delle appartenenti alla Polizia di stato, al corpo di Polizia penitenziaria e al corpo di Polizia municipale (art. 9 T.U.).

La posizione del personale militare femminile è disciplinata dal Codice dell'ordinamento militare, il cui art. 1493 c. 2 dispone che "Il personale femminile in ferma prefissata in stato di gravidanza, se non può essere impiegato in attività compatibili con tale stato, è collocato in licenza straordinaria a decorrere dalla data di presentazione all'ente di appartenenza della certificazione medica attestante lo stato di gravidanza e fino all'inizio del periodo di licenza di maternità. Il periodo di licenza straordinaria non è computato nel limite massimo previsto per le licenze straordinarie". L'art. 1494, poi, prevede che durante il periodo di gravidanza, e fino a 7 mesi successivi al parto, il personale militare femminile non possa svolgere incarichi pericolosi, faticosi, insalubri, secondo quanto disposto da decreti adottati dal Ministro della difesa, sentito il Consiglio interforze sulla prospettiva di genere, di concerto con i Ministri del lavoro e delle politiche sociali e per le pari opportunità per il personale delle Forze armate, nonché con il Ministro delle infrastrutture e dei trasporti per il personale delle capitanerie di porto, e dal Ministro dell'economia e delle finanze, di concerto con il Ministro del lavoro e delle politiche sociali e per le pari opportunità per il personale del Corpo della Guardia di finanza.

La lavoratrice addetta a lavorazioni insalubri ha diritto a essere adibita a mansioni compatibili con la propria condizione per tutta la durata del divieto. Il datore di lavoro nel destinare la lavoratrice a nuove mansioni deve rispettare quanto previsto dall'art. 2103 c.c. (cfr. *retro*, cap. 8, § 2.2) e, come ultima *ratio*, può adibirla a mansioni inferiori mantenendo inalterato l'inquadramento e il trattamento economico.

Quando non sia possibile questo mutamento di mansioni, la lavoratrice ha diritto all'anticipazione del congedo di maternità.

Sul datore di lavoro grava l'obbligo di compiere la valutazione dei rischi specifici rispetto alla condizione delle lavoratrici in gravidanza e madri (art. 11 e art. 28 c. 1 d.lgs. 81/2008) e di informare le lavoratrici e i rappresentanti per la sicurezza dei risultati della valutazione e delle misure di prevenzione e protezione da adottare.

La lavoratrice ha, altresì, diritto a un numero indefinito di permessi retribuiti per lo svolgimento dei controlli prenatali. La sua assenza pertanto è giustificata, ma a condizione che presenti al datore di lavoro la documentazione che attesti che l'esame clinico si è svolto durante l'orario di lavoro.

3.2. *Il congedo di maternità*

L'art. 16 T.U. sancisce un divieto assoluto in capo al datore di lavoro di adibire la lavoratrice a qualunque attività lavorativa durante i 2 mesi precedenti il parto e i 3 successivi alla nascita del bambino (lett. *a* e *c*), nonché nei giorni intercorrenti fra la data presunta del parto e il giorno del parto (lett. *b*). Il divieto copre, altresì, i giorni non goduti prima del parto nel caso in cui esso avvenga in anticipo rispetto alla data presunta, e ciò anche qualora essi eccedano il limite dei 5 mesi (lett. *d*). L'espressa previsione del recupero dei giorni di congedo *ante partum* persi a causa della nascita anticipata del figlio accoglie la pronuncia della Corte costituzionale 270/1999, che aveva dichiarato la parziale illegittimità costituzionale dell'art. 4 c. 1 lett. *c* l. 1204/1971, nella parte in cui non prevedeva che, in caso di parto prematuro, l'astensione decorresse in modo tale da assicurare un'adeguata tutela a madre e bambino.

Il d.lgs. 80/2015 ha aggiunto l'ulteriore previsione in base alla quale i giorni di congedo di maternità non goduti prima del parto si aggiungono al periodo di astensione anche quando la somma dei periodi di congedo fruito prima e dopo il parto superi la durata di 5 mesi, eventualità che può ricorrere quando il parto avvenga più di 2 mesi prima della data presunta del parto.

La violazione del suddetto divieto è sanzionata penalmente con l'arresto fino a 6 mesi.

La lavoratrice può protrarre la propria attività lavorativa fino al compimento dell'ottavo mese di gravidanza, prolungando di un mese il periodo di congedo *post partum*. La possibilità di articolare in questi termini il congedo di maternità presuppone, però, una doppia certificazione: quella del medico specialista del servizio sanitario nazionale o con esso convenzionato che attesti la compatibilità dello svolgimento dell'attività lavorativa con l'avanzato stato di gravidanza, e quella del medico competente ai fini della prevenzione e della tutela della salute nei luoghi di lavoro che attesti la non pericolosità della posticipazione dell'inizio del congedo per la salute della madre e del nascituro. Restano escluse da questa possibilità di articolazione del congedo di maternità le lavoratrici che siano addette ai lavori gravosi o pregiudizievoli individuati con decreto del Ministero del lavoro e della previdenza sociale di concerto con i Ministeri della salute e per la solidarietà sociale, sentite le parti sociali.

Infine, la legge di bilancio 2019 (l. 145/2018) ha aggiunto all'art. 16 un nuovo c. 1.1, che dispone che la lavoratrice possa posticipare per intero il congedo dopo la nascita del figlio. La lavoratrice può, cioè, rinunciare a fruire del congedo prima del parto, a condizione tuttavia che il medico specialista del servizio sanitario nazionale o con esso convenzionato e il medico competente ai fini della prevenzione e della tutela della salute nei luoghi di lavoro attestino che tale opzione non arrechi pregiudizio alla salute sua e del nascituro.

L'inizio del congedo di maternità è, invece, anticipato al terzo mese prima della data presunta del parto nel caso in cui la lavoratrice sia occupata in lavori gravosi o pregiudizievoli per la salute propria e/o del feto, identificati come tali con decreto del Ministero del lavoro (art. 17) o con provvedimento del Servizio ispettivo del Ministero del lavoro competente per territorio.

Durante il periodo di congedo di maternità alla lavoratrice spetta un'indennità pari all'80% della retribuzione, erogata da parte dell'INPS. Inoltre, la fruizione del congedo dà diritto all'accreditamento della contribuzione figurativa e i periodi di assenza sono computati ai fini dell'anzianità di servizio, del calcolo della tredicesima mensilità o della gratifica natalizia e delle ferie e sono considerati periodi di attività lavorativa ai fini della progressione di carriera.

I genitori adottivi e affidatari sono equiparati ai genitori biologici nella fruizione del congedo. Tanto in caso di adozione nazionale quanto in caso di adozione internazionale la madre ha diritto a fruire del congedo di maternità retribuito per 5 mesi, che decorrono dal giorno successivo all'ingresso del minore in famiglia, nel caso di adozione di minore nato in Italia, o dal giorno successivo all'ingresso in Italia, nel caso di adozione di minore nato in un paese estero (art. 26). In quest'ultimo caso, entrambi i genitori hanno diritto a fruire di un congedo (non coperto da retribuzione o indennità) per recarsi nel paese di origine del figlio, al fine di compiere l'*iter* di adozione e accogliere il minore in famiglia. La durata di tale congedo è corrispondente a tutto il periodo (o alla somma di tutti i periodi, qualora siano necessari più viaggi per completare la procedura) durante il quale i genitori devono soggiornare nel paese estero. La madre, tuttavia, può anche scegliere di anticipare in questa fase una parte del congedo di maternità indennizzato.

3.3. *I congedi di paternità*

Nel caso in cui la madre sia deceduta o gravemente inferma, oppure abbia abbandonato il figlio o questi sia stato affidato esclusivamente al padre, il padre ha il diritto di astenersi dal lavoro per tutta la durata del congedo di maternità, dunque in linea teorica anche fino a 5 mesi, e sicuramente per la parte residua del congedo di maternità *post partum*, di cui la madre lavoratrice non abbia potuto godere a causa del sopraggiunto impedimento (art. 28).

Durante la fruizione di questo congedo, rinominato "congedo di paternità alternativo" dal d.lgs. 105/2022, al lavoratore spetta un'indennità, pari all'80% della retribuzione, erogata dall'INPS.

L'art. 4 c. 24 l. 92/2012, in via sperimentale per il periodo 2013-2015, aveva introdotto un congedo obbligatorio di paternità. La misura, rifinanziata anche per gli anni successivi e fino al 2021, è divenuta strutturale con la legge di bilancio 2022 (l. 234/2021) ed è stata poi trasposta nel T.U. dal d.lgs. 105/2022, che – nel dare attuazione alla direttiva 2019/1158/UE – ha introdotto il nuovo art. 27-*bis* rubricato "congedo di paternità obbligatorio".

Il padre lavoratore dipendente, entro i 5 mesi dalla nascita del figlio, ha diritto a fruire di un periodo di congedo di 10 giorni, previa comunicazione in forma scritta al datore di lavoro almeno 5 giorni prima dell'inizio della sospensione del lavoro. Può fruirne anche durante il congedo di maternità spettante alla madre lavoratrice. Per i giorni di congedo è riconosciuta un'indennità pari al 100% della retribuzione.

A dispetto della denominazione assegnata al congedo in esame, il lavoratore non è obbligato ad assentarsi dal lavoro, non ricorrendo un divieto per il datore di lavoro di sospenderlo dal lavoro come è, invece, previsto per la lavoratrice madre.

Il d.lgs. 105/2022 ha infine esteso la fruizione di questo congedo ai lavoratori dipendenti di amministrazioni pubbliche, rimasti esclusi per ben dieci anni dalla possibilità di ricorrervi a causa della mancata adozione, da parte del Ministro per la pubblica amministrazione e la semplificazione, dell'apposita normativa richiamata dall'art. 1 cc. 7 e 8 l. 92/2012.

I congedi suddetti spettano anche ai padri adottivi. In particolare, il congedo cui all'art. 26 spetta al padre non solo quando la madre non possa accudire il minore, ma anche quando ella decida di non fruirne. Dunque, i genitori adottivi possono decidere chi dei due debba astenersi dal lavoro per prendersi cura del figlio nei primi 5 mesi dall'ingresso in famiglia (o in Italia, se si tratta di adozione internazionale).

3.4. *Il congedo parentale*

L'art. 32 disciplina il congedo parentale, che spetta a ciascun genitore *iure proprio*. Ivi si stabilisce, infatti, che "ciascun genitore ha diritto ad astenersi dal lavoro", secondo le modalità enunciate che ora vedremo, indipendentemente dalla circostanza che l'altro genitore ne abbia diritto.

I genitori possono fruire del congedo parentale anche contemporaneamente, così come il padre può goderne mentre la madre fruisce del congedo di maternità.

Ciascun genitore può fruire al massimo di 6 mesi di congedo, che diventano 7, a guisa di incentivo, per il padre che si assenti per almeno 3 mesi. Tuttavia, complessivamente, padre e madre possono fruire al massimo di 10 mesi di sospensione, elevati a 11 nel caso in cui il padre abbia utilizzato almeno 3 mesi di congedo.

Il congedo deve essere fruito entro il compimento del dodicesimo anno di vita del bambino o, in caso di affidamento o adozione, entro il dodicesimo anno dall'ingresso del minore in famiglia o in Italia, rispettivamente nel caso di affidamento/adozione nazionale o internazionale.

Il genitore solo, invece, ha a disposizione 11 mesi di congedo parentale. In assenza di una definizione, la condizione di genitore solo si può ricavare da quanto previsto dall'art. 28, che fissa le ipotesi in cui il padre ha diritto di fruire del congedo di paternità: morte della madre, grave infermità, abbandono del figlio da parte della madre, affidamento esclusivo del figlio al padre.

Il congedo, così come descritto, spetta ai genitori per "ogni bambino". Ne consegue che, in caso di parto gemellare o plurigemellare, la durata del congedo sarà proporzionata al numero di nati.

Per ogni minore con handicap in situazione di gravità accertata ai sensi dell'art. 4 c. 1 l. 104/1992, la lavoratrice madre o, in alternativa, il lavoratore padre hanno diritto, entro il compimento del dodicesimo anno di vita del bambino, al prolungamento del congedo parentale, fruibile in misura continuativa o frazionata, per un periodo massimo, comprensivo dei periodi di congedo parentale "ordinario", non superiore a 3 anni, a condizione che il bambino non sia ricoverato a tempo pieno presso istituti specializzati, salvo che, in tal caso, sia richiesta dai sanitari la presenza del genitore (art. 33; ma cfr. anche *infra*, § 4.1).

I genitori hanno piena libertà di decidere il periodo durante il quale fruire del congedo, con l'unico onere di fornire al datore di lavoro un preavviso secondo quanto stabilito dai contratti collettivi o, in mancanza, non inferiore a 5 giorni. Il preavviso non è dovuto in caso di oggettiva impossibilità a posticipare la fruizione.

Il congedo può essere fruito in modo continuativo o frazionato e, a partire dal 2012, anche su base oraria. Una regolazione *ad hoc* è riservata dalla legge al personale dei comparti Sicurezza e Difesa, Vigili del fuoco e Soccorso pubblico, in ragione della peculiarità dei servizi svolti. Il godimento del congedo su base oraria da parte di questi lavoratori rimane comunque subordinato all'intervento della contrattazione collettiva, che nel determinare le modalità di fruizione deve tener conto delle peculiari esigenze di funzionalità connesse all'espletamento dei relativi servizi istituzionali.

Il congedo parentale spetta anche in caso di affidamento e adozione nazionale o internazionale. Ciascun genitore affidatario/adottivo ha, dunque, diritto a fruire di un congedo di durata semestrale da utilizzare entro il dodicesimo anno dall'ingresso del figlio in famiglia (in caso di adozione nazionale) o in Italia (in caso di adozione internazionale) e non oltre il raggiungimento della sua maggiore età.

Al lavoratore e/o alla lavoratrice che fruiscono del congedo parentale spetta un'indennità pari al 30% della retribuzione, posta a carico dell'INPS, per un periodo massimo complessivo di 9 mesi, di cui 3 non trasferibili. Essa è dovuta entro il dodicesimo anno di vita del figlio o entro il dodicesimo anno dall'ingresso del minore in famiglia/Italia in caso di affidamento o adozione. L'indennità è dovuta anche per tutto il periodo di prolungamento del congedo quando il minore sia portatore di handicap grave. La legge di bilancio 2023 (l. 197/2022) ha innalzato all'80% l'entità dell'indennità dovuta per il primo mese di congedo, sia esso fruito dalla madre o dal padre.

I periodi di congedo parentale sono computati nell'anzianità di servizio e non determinano riduzione di ferie, di tredicesima mensilità o gratifica natalizia, ad eccezione degli emolumenti accessori connessi all'effettiva presenza in servizio, salvo quanto diversamente previsto dalla contrattazione collettiva.

I periodi di congedo parentale indennizzati, fruiti entro l'ottavo anno di vita o entro l'ottavo anno dall'ingresso in famiglia del minore, inoltre, sono coperti da contribuzione figurativa.

Condizioni economiche di maggior favore sono previste per i genitori il cui reddito individuale sia inferiore a 2,5 volte l'importo del trattamento minimo di pensione a carico dell'assicurazione generale obbligatoria.

La l. 92/2012 aveva introdotto in via sperimentale misure di conciliazione alternative al congedo parentale, quali l'erogazione di *voucher* per l'acquisto di servizi di *baby-sitting* o per fare fronte agli oneri della rete pubblica dei servizi per l'infanzia o dei servizi privati accreditati, ma la previsione dopo il 2018 non è stata più finanziata.

Al fine di agevolare l'equilibrio fra responsabilità parentali e responsabilità professionali, il d.lgs. 80/2015 ha previsto che il genitore lavoratore possa chiedere per una sola volta, in luogo del congedo parentale ed entro i limiti del congedo ancora spettante, di trasformare il rapporto di lavoro a tempo pieno in rapporto di lavoro a tempo parziale (cfr. *infra*, cap. 15, § 3), con una riduzione dell'orario non superiore al 50%. L'art. 18 c. 3-*bis* l. 81/2017, invece, riconosce a lavoratori e lavoratrici con figli minori di dodici anni un diritto di priorità nell'accesso al lavoro agile.

3.5. *I permessi giornalieri e il congedo per malattia del figlio*

Nel corso del primo anno di vita del bambino le lavoratrici hanno diritto a due periodi di riposo, di un'ora ciascuno, anche cumulabili durante la giornata lavorativa. Il periodo di riposo è uno solo quando l'orario giornaliero di lavoro è inferiore a 6 ore. Al fine di fruire di questi periodi di riposo la lavoratrice ha diritto a uscire dal luogo di lavoro, a meno che non siano presenti in azienda un asilo nido o una struttura equivalente alle quali la lavoratrice faccia ricorso, nel qual caso ella dovrà fruire lì del tempo di riposo, che è dimezzato. Tali periodi di sospensione della prestazione sono considerati ore lavorative sia agli effetti della durata della prestazione, sia ai fini della determinazione dell'indennità spettante alla lavoratrice.

In caso di parto plurimo i periodi di riposo sono raddoppiati.

Anche il padre lavoratore è titolare del diritto a fruire di questi periodi di riposo, ma solo in quattro ipotesi: quando i figli siano a lui affidati in via esclusiva; in alternativa alla madre lavoratrice dipendente che non se ne avvalga; quando la madre non sia una lavoratrice dipendente e non abbia diritto a fruirne. In caso di parto plurimo, inoltre, il padre può utilizzare le ore aggiuntive di riposo e ciò anche quando la madre non ne usufruisca, in quanto lavoratrice autonoma, purché avente diritto al trattamento di maternità.

I permessi giornalieri spettano anche ai genitori affidatari e adottivi, che possono fruirne entro il primo anno dall'ingresso del figlio in famiglia o in Italia, se l'adozione è internazionale.

I permessi in esame sono coperti da un'indennità pari all'intero ammontare della retribuzione dovuta per le ore di sospensione della prestazione lavorativa. L'indennità è a carico dell'ente previdenziale, ma viene anticipata dal datore di lavoro che la porta a conguaglio dei contributi dovuti.

A entrambi i genitori, alternativamente, spetta infine un congedo in occasione delle malattie del figlio di età non superiore a 8 anni. Quando il bambino ha meno di 3 anni il genitore può astenersi per un numero indefinito di giorni all'anno, mentre quando il bambino ha un'età compresa fra 3 e 8 anni ciascun genitore può astenersi dal lavoro per soli 5 giorni all'anno. Qualora la malattia del figlio comporti il ricovero ospedaliero, essa interrompe le ferie di cui il genitore stia eventualmente godendo.

Possono fruire di questo congedo anche i genitori adottivi o affidatari sia di minore nato in Italia, sia di minore nato in paese estero. In queste ipotesi, il congedo ha durata illimitata se il figlio ha meno di 6 anni al momento dell'ingresso in famiglia o in Italia, mentre dai 6 agli 8 anni il congedo ha una durata di 5 giorni all'anno. Se, poi, all'atto dell'adozione, il minore ha un'età compresa fra 6 e 12 anni, al genitore spettano 5 giorni all'anno nei primi 3 anni dal momento dell'adozione

La fruizione del congedo è condizionata alla certificazione della malattia da parte del medico del servizio sanitario nazionale che ha in cura il minore. La certificazione è inviata in modalità telematica all'INPS. Tale comunicazione deve contenere l'indicazione del nominativo del genitore che fruisce del congedo, in modo da garantire effettività alla regola della alternatività nel ricorso all'istituto in questione. Per espressa previsione di legge, la malattia del figlio non può essere controllata dal datore di lavoro.

Le assenze per malattia del bambino non sono retribuite o indennizzate, mentre sono computate nell'anzianità di servizio, esclusi gli effetti relativi alle ferie e alla tredicesima mensilità o gratifica natalizia. La contrattazione collettiva può ovviamente stabilire condizioni di miglior favore per i lavoratori, prevedendo in capo al datore di lavoro un onere di corrispondere la retribuzione in tutto o in parte nei giorni di assenza per l'accudimento del figlio.

3.6. *I limiti al potere di recesso del datore di lavoro*

L'effettività delle tutele riservate ai genitori lavoratori (e alla madre in particolare) è garantita dai limiti stringenti posti al potere del datore di lavoro di recedere dal contratto di lavoro (art. 54).

La tutela più serrata è riservata alla lavoratrice madre nel periodo che va dall'inizio della gravidanza al compimento del primo anno di età del bambino. Durante questo periodo, infatti, vige un vero e proprio divieto per il datore di lavoro, sanzionato in via amministrativa, di licenziare la lavoratrice. Esso opera in connessione con lo stato oggettivo della gravidanza, con la conseguenza che il licenziamento intimato durante tale periodo sarà illegittimo a prescindere dalla circostanza che il datore di lavoro sia o meno a conoscenza della condizione della lavoratrice.

La stessa tutela è riconosciuta, durante l'anno che segue l'ingresso del figlio adottivo in famiglia o la comunicazione della proposta d'incontro in caso di adozione internazionale, a chi – fra madre o padre – usufruisca del congedo di maternità.

In caso di licenziamento durante la gravidanza, al fine di ottenere il ripristino del rapporto di lavoro, la lavoratrice è tenuta a presentare il certificato che attesti il suo stato.

Il licenziamento intimato durante il periodo protetto è sanzionato con la nullità, e parimenti nullo è il licenziamento intimato entro il primo anno di vita del bambino nei confronti del padre che fruisca del congedo di paternità ai sensi dell'art. 28 T.U. (c. 7), nonché il licenziamento intimato a causa della fruizione o della richiesta di fruizione da parte di entrambi i genitori, biologici, affidatari o adottivi, di un congedo *lato sensu* parentale (art. 56).

L'accertamento dell'illegittimità del licenziamento per violazione dell'art. 54 determina l'applicazione della tutela ripristinatoria piena di cui all'art. 18 c. 1 Statuto dei lavoratori e art. 2 d.lgs. 23/2015 (cfr. *infra*, cap. 14, §§ 7-8). Il giudice che accerti l'illegittimità del recesso datoriale, pertanto, ordina al datore di lavoro, imprenditore o non imprenditore, la reintegrazione del lavoratore o della lavoratrice nel posto di lavoro, indipendentemente dal motivo formalmente addotto e quale che sia il numero dei dipendenti occupati. All'ordine di reintegrazione si aggiunge la condanna del datore di lavoro al risarcimento del danno subìto dal lavoratore o dalla lavoratrice nella misura di un'indennità commisurata all'ultima retribuzione globale di fatto maturata dal giorno del licenziamento sino a quello dell'effettiva reintegrazione, dedotto l'*aliunde perceptum*, in misura non inferiore a 5 mensilità, con l'obbligo di versamento dei contributi previdenziali e assistenziali.

Una volta trascorso il periodo protetto il datore di lavoro riacquista il pieno potere di licenziare il genitore lavoratore, anche sulla base di fatti verificatisi durante tale lasso temporale, a condizione tuttavia che l'interesse al recesso sia ancora attuale.

Sono, poi, previste alcune eccezioni al divieto di licenziamento.

La prima eccezione riguarda il caso in cui la lavoratrice incorra in una "colpa grave" che costituisca giusta causa per la risoluzione del rapporto di lavoro (cfr. *infra*, cap. 14, § 1). Secondo una giurisprudenza ormai consolidata, affinché il licenziamento sia legittimo è richiesta una colpa soggettivamente più qualificata in relazione alla condizione fisiopsichica della donna durante il periodo protetto, nonché il verificarsi di situazioni più complesse della ordinaria giusta causa, anche diverse da quelle eventualmente previste dai contratti collettivi.

La seconda eccezione riguarda la "cessazione dell'attività dell'azienda" cui la lavoratrice è addetta. Anche su questa ipotesi è stato significativo l'apporto della giurisprudenza, che ha precisato che la cessazione deve essere effettiva, non essendo sufficiente che il datore di lavoro operi solo una ristrutturazione o ravvisi solo il rischio di una chiusura dell'azienda. Inoltre, la cessazione deve riguardare l'intera attività aziendale e non solo un suo ramo o reparto.

Fa eccezione al divieto anche il caso di "ultimazione della prestazione per la quale la lavoratrice è stata assunta o di risoluzione del rapporto di lavoro per scadenza del termine". Le due locuzioni, ultimazione della prestazione e scadenza del termine, sono state intese come un'endiadi, rilevando in definitiva per la derogabilità del divieto la presenza di un termine al contratto di lavoro.

Infine, la quarta eccezione al divieto riguarda l'esito negativo della prova (cfr. *retro*, cap. 6, § 4). Quando il periodo di prova si svolga in concomitanza con lo stato protetto, il regime di libera licenziabilità è temperato sotto due profili: da un lato, il datore di lavoro deve dimostrare che nel momento in cui ha intimato il licenziamento non era a conoscenza dello stato di gravidanza della lavoratrice; dall'altro, deve dar conto delle ragioni del mancato superamento della prova quanto meno per dimostrare che esso non è stato determinato dallo stato di gestazione. Resta salva, in ogni caso, la possibilità per la lavoratrice di denunciare la natura discriminatoria del recesso.

3.7. *Lo speciale regime delle dimissioni e della risoluzione consensuale*

L'art. 55 T.U. dispone che le dimissioni rassegnate dalla lavoratrice durante il periodo di gravidanza e dalla lavoratrice o dal lavoratore durante i primi 3 anni di vita del bambino o nei primi 3 anni di accoglienza del minore adottato o in affidamento, o, in caso di adozione internazionale, nei primi 3 anni decorrenti dalle comunicazioni di cui all'art. 54 c. 9 devono essere convalidate dal Servizio ispettivo del Ministero del lavoro competente per territorio.

La stessa disciplina trova applicazione in caso di risoluzione consensuale del contratto.

La *ratio* della previsione deve ravvisarsi nella volontà di escludere che (in particolare) la lavoratrice possa essere indotta a dimettersi o a firmare una risoluzione consensuale con un datore di lavoro intenzionato ad aggirare i vincoli posti al suo potere di licenziare.

Il contratto di lavoro si risolve nel momento in cui le dimissioni sono rassegnate; tuttavia, la risoluzione rimane sospensivamente condizionata alla convalida del recesso da parte dell'organo competente.

4. *Altre ipotesi di sospensione della prestazione lavorativa*

La legge e la contrattazione collettiva disciplinano ulteriori ipotesi di sospensione della prestazione lavorativa. Si tratta di fattispecie connesse alla soddisfazione di diritti o aspettative personali del lavoratore o strumentali all'espletamento di funzioni pubbliche.

4.1. *I congedi e i permessi per eventi e cause particolari e per l'assistenza di familiari*

I lavoratori del settore privato e pubblico possono fruire, in modo continuativo o frazionato, di permessi retribuiti della durata massima di

3 giorni all'anno in caso di decesso o documentata grave infermità del coniuge o di un parente entro il secondo grado o del convivente (art. 4 c. 1 l. 53/2000). La disciplina specifica del permesso in esame è contenuta nel decreto ministeriale 278/2000.

Il decesso o la documentata grave infermità deve riguardare "il coniuge, anche legalmente separato, o un parente entro il secondo grado, anche non convivente, o un soggetto componente la famiglia anagrafica della lavoratrice o del lavoratore medesimi", o il *partner* all'interno di un'unione civile fra persone dello stesso sesso, secondo quanto disposto dall'art. 1 c. 20 l. 76/2016.

Il permesso deve essere fruito entro 7 giorni dal verificarsi dell'evento (lutto, insorgenza della grave infermità o della necessità di sottoporsi a interventi terapeutici), previa presentazione di adeguata documentazione che lo attesti.

Nei casi di documentata grave infermità, il lavoratore ha diritto di scegliere, in alternativa alla fruizione del permesso, una modalità di espletamento della prestazione più confacente alle proprie esigenze di cura. La diversa modalità di svolgimento della prestazione deve essere concordata con il datore di lavoro e confluire in un accordo in forma scritta a partire dalla proposta avanzata dallo stesso lavoratore. Il d.m. 278/2000 riconosce in capo al datore di lavoro il diritto di accertare periodicamente tale condizione, richiedendo al lavoratore la produzione di idonea certificazione.

I dipendenti di datori di lavoro privati e pubblici hanno diritto, altresì, a chiedere un congedo per gravi e documentati motivi familiari (art. 4 c. 2 l. 53/2000) della durata massima di 2 anni nell'arco dell'intera vita lavorativa.

Anche la disciplina di questo congedo è precisata dal d.m. 278/2000, il quale affida alla contrattazione collettiva il compito di fissare la procedura di richiesta, le modalità e i termini di concessione, assicurando il contraddittorio fra le parti.

I gravi e documentati motivi posti a sostegno della richiesta di congedo devono essere adeguatamente documentati e devono riguardare componenti della propria famiglia anagrafica, soggetti enunciati all'art. 433 c.c.: parenti o affini entro il terzo grado, anche se non conviventi, *partner* all'interno di un'unione civile fra persone dello stesso sesso (art. 1 c. 20 l. 76/2016).

Il datore di lavoro può negare il congedo quando per ragioni organizzative non sia possibile sostituire il dipendente oppure, nell'ambito di rapporti di lavoro a tempo determinato, quando la durata del contratto sia incompatibile con il periodo di congedo richiesto o i congedi già concessi abbiano superato i 3 giorni nel corso del rapporto o il rapporto di lavoro sia stato instaurato per sostituire un altro dipendente in congedo allo stesso titolo.

Il congedo può essere fruito in modo continuativo o frazionato, non è retribuito, né coperto da contribuzione o computato nell'anzianità di servizio.

Durante la fruizione di questo congedo è espressamente fatto divieto al lavoratore di svolgere un'altra attività lavorativa.

L'art. 42 c. 5 d.lgs. 151/2001 estende il diritto a fruire di quest'ultimo congedo anche al caso in cui la persona da assistere sia portatrice di handicap in situazione di gravità accertata ai sensi dell'art. 4 c. 1 l. 104/1992. In questa ipotesi il datore di lavoro non può negare o ritardare la fruizione del congedo e il lavoratore ha diritto alla conservazione del posto di lavoro; il congedo è retribuito e coperto da contribuzione figurativa entro un massimale annuo ivi fissato.

All'esito delle riforme intervenute e delle pronunce della Corte costituzionale sono titolari di questo congedo, nel seguente ordine di priorità: il/la coniuge convivente o il/la *partner* di un'unione civile *ex* l. 76/2016; il padre o la madre, anche adottivi; il figlio convivente; i fratelli e le sorelle conviventi, non solo quando i genitori siano deceduti, ma anche quando siano inabili ad assistere il figlio portatore di handicap; il parente o affine entro il terzo grado convivente; il figlio non convivente, ma che decida di intraprendere la convivenza in un momento successivo alla richiesta. Secondo la giurisprudenza il requisito della convivenza, che rimane essenziale, può anche non tradursi in una coabitazione, ma può (e deve) consistere in un'assistenza continuativa.

Questo congedo può essere fruito in alternativa al permesso disciplinato dall'art. 33 c. 3 l. 104/1992, che regola altri istituti che consentono ai lavoratori dipendenti di prestare la necessaria assistenza ai propri congiunti disabili in condizioni di bisogno.

A tal fine la norma prevede, appunto, un permesso mensile retribuito di 3 giorni (c. 3), ma anche il diritto a scegliere la sede di lavoro più vicina al domicilio o a non essere trasferito senza consenso ad altra sede (c. 5). Questi diritti sono estesi anche al lavoratore maggiorenne portatore di handicap in situazione di gravità (c. 6).

Il permesso di cui all'art. 33 c. 3 spetta al lavoratore dipendente, pubblico o privato, che assista un familiare portatore di handicap in situazione di gravità (accertato da apposite commissioni costituite presso le ASL, ai sensi del c. 4), ossia: coniuge, parente o affine entro il secondo grado, ovvero entro il terzo grado qualora i genitori o il coniuge della persona con handicap in situazione di gravità abbiano compiuto i 65 anni di età oppure siano essi stessi affetti da patologie invalidanti o siano deceduti o mancanti. Fermo restando il limite complessivo di tre giorni, per l'assistenza allo stesso individuo con disabilità in situazione di gravità il diritto può essere riconosciuto, su richiesta, a più soggetti tra quelli sopra elencati, che possono fruirne in via alternativa tra loro. Inoltre, a determinate condizioni, il lavoratore ha diritto di prestare assistenza nei confronti di più persone con disabilità.

Il permesso è retribuito e coperto da contribuzione figurativa. I 3 giorni possono essere fruiti in maniera frazionata (anche a ore) o continuativa. Esso spetta anche al genitore (anche quando l'altro non ne abbia diritto) per ciascun figlio portatore di handicap grave (art. 42 T.U.) fino al compimento del terzo anno di vita (o entro il terzo anno dall'ingresso in famiglia/Italia del minore). In questo caso, è cumulabile con il congedo parentale ordinario o con il congedo per malattia del figlio.

Il c. 2 dell'art. 33 l. 104/1992 prevede, poi, che il genitore, anche adottivo, possa chiedere un permesso giornaliero di 2 ore, retribuito, fino al compimento del terzo anno di vita del figlio minore portatore di handicap, come alternativa al prolungamento fino a 3 anni del congedo parentale previsto dall'art. 33 d.lgs. 151/2001.

Infine, i lavoratori che usufruiscono dei permessi di cui ai cc. 2 e 3 dell'art. 33 hanno diritto di priorità nell'accesso al lavoro agile ai sensi dell'art. 18 c. 3-*bis* l. 81/2017 o ad altre forme di lavoro flessibile.

4.2. *I congedi e i permessi per la formazione*

L'art. 10 Statuto dei lavoratori disciplina il diritto di lavoratori studenti, iscritti o frequentanti corsi regolari di studio, a turni di lavoro che agevolino la frequenza delle lezioni e la preparazione degli esami, esentandoli dal lavoro straordinario durante il riposo settimanale. Sono esclusi da questo diritto gli studenti iscritti a corsi universitari.

Questi ultimi, invece, hanno diritto a fruire dei permessi giornalieri retribuiti per sostenere le prove di esame.

La contrattazione collettiva può prevedere ulteriori permessi per motivi di studio, anche retribuiti.

In aggiunta ai permessi per motivi di studio appena descritti, gli artt. 5 e 6 l. 53/2000 disciplinano i congedi per la formazione e la formazione continua dei lavoratori.

I dipendenti di datori di lavoro pubblici o privati, che abbiano almeno 5 anni di anzianità di servizio presso la stessa azienda o amministrazione, hanno diritto a un congedo formativo per un periodo non superiore a 11 mesi, continuativo o frazionato, nell'arco dell'intera vita lavorativa (art. 5). Siffatto congedo è finalizzato al completamento della scuola dell'obbligo, al conseguimento del titolo di studio di secondo grado, del diploma universitario o di laurea, alla partecipazione ad attività formative diverse da quelle poste in essere o finanziate dal datore di lavoro. Esso non è retribuito, né computabile nell'anzianità di servizio e cumulabile con le ferie, con la malattia e con altri congedi.

Il datore di lavoro può non accogliere la richiesta di congedo per la formazione, ovvero può differirne l'accoglimento, nel caso di comprovate esigenze organizzative, ma è demandata alla contrattazione collettiva la fissazione delle modalità di fruizione del congedo stesso. Ivi può essere determinata una percentuale massima di lavoratori che possono avvalersene, possono essere fissate le ipotesi di differimento o di diniego all'esercizio di tale facoltà e stabiliti i termini del preavviso, che comunque non potrà essere inferiore a 30 giorni.

L'art. 6 disciplina, invece, i congedi per la formazione continua del lavoratore. Si stabilisce che i lavoratori, occupati e non occupati, hanno diritto di proseguire i percorsi di formazione per tutto l'arco della vita, per accrescere conoscenze e competenze professionali. L'offerta formativa è affidata allo Stato, alle Regioni e agli enti locali e deve consentire percorsi personalizzati, certificati e riconosciuti come crediti formativi in ambito nazionale ed europeo. La formazione può corrispondere a un'autonoma scelta del lavoratore ovvero essere predisposta dall'azienda, attraverso i piani formativi aziendali o territoriali concordati tra le parti sociali in coerenza con quanto previsto dall'art. 17 l. 196/1997.

Spetta alla contrattazione collettiva di categoria, nazionale e decentrata, di stabilire il monte ore da destinare a questi congedi, nonché di fissare i criteri per l'individuazione dei lavoratori e le modalità di orario e retribuzione connesse alla partecipazione ai percorsi di formazione.

4.3. *L'aspettativa e i permessi per l'espletamento di funzioni pubbliche*

In attuazione di quanto disposto dall'art. 51 c. 3 Cost., secondo cui "chi è chiamato a funzioni pubbliche elettive ha diritto a disporre del tempo necessario al loro adempimento e di conservare il suo posto di lavoro", l'art. 31 Statuto dei lavoratori prevede che il lavoratore abbia diritto ad un'aspettativa quando sia eletto membro del Parlamento nazionale, di Assemblea regionale, di Commissione circoscrizionale, del Parlamento europeo, sia chiamato ad altra funzione pubblica elettiva, sia presidente, assessore o consigliere di Comunità montana, componente di Comitato regionale di controllo su atti di Comuni e Province, dipendente di ente pubblico non economico. A queste cariche si aggiungono quelle previste dal d.lgs. 267/2000 (T.U. degli enti locali), ossia sindaco, presidente di Provincia (ora Città metropolitana), presidente di Consigli comunali e provinciali.

La durata dell'aspettativa, che non è retribuita ma comporta il decorso dell'anzianità di servizio, è commisurata alla durata del mandato da espletare.

Il lavoratore ha diritto alla conservazione del posto di lavoro, ma è licenziabile al ricorrere di un giustificato motivo o di una giusta causa.

Sempre il d.lgs. 267/2000 disciplina anche i permessi per l'espletamento delle funzioni pubbliche elettive spettanti a lavoratori eletti nei Consigli comunali, provinciali, metropolitani, delle Comunità montane e delle unioni di Comuni, dei Consigli circoscrizionali dei Comuni con popolazione superiore a 500.000 abitanti. I permessi hanno durata coincidente alla durata delle riunioni e sono retribuiti.

Parimenti retribuiti sono i permessi di durata mensile pari a 24 ore per i componenti degli organi esecutivi degli enti locali e per i presidenti dei relativi Consigli e quelli di durata mensile pari a 48 ore per sindaci, presidenti di Province e di Consigli provinciali.

L'onere di questi permessi ricade in capo all'ente o all'organismo presso cui il lavoratore è amministratore, che eventualmente rimborserà il datore di lavoro che abbia anticipato la somma.

4.4. *Il congedo per le donne vittime di violenza*

Come reazione al tragico e ininterrotto susseguirsi di violenze verso le donne il legislatore ha disciplinato un congedo a sostegno delle lavoratrici che siano entrate in un percorso antiviolenza.

L'art. 24 d.lgs. 80/2015 riconosce alla lavoratrice vittima di violenza di genere, inserita nei relativi percorsi di protezione (certificati dai servizi sociali del Comune di residenza o dai centri antiviolenza o dalle case rifugio di cui all'art. 5-*bis* d.l. 93/2013 conv. con mod. l. 119/2013), la possibilità di sospendere temporaneamente la prestazione lavorativa, subordinata o autonoma, con diritto alla conservazione del rapporto di lavoro.

Il congedo garantisce due interessi della lavoratrice: quello a recuperare una condizione di benessere fisico, mentale e relazionale, e quello a proteggersi dall'eventuale perpetrarsi di violenze, trovando riparo in un luogo protetto, senza che ciò comporti ripercussioni sul rapporto di lavoro.

Con riguardo alla struttura, il congedo *de quo* si cala perfettamente nella griglia concettuale classica, consentendo alla lavoratrice che sia avviata a un percorso di protezione (evento sospensivo) certificato dagli organismi indicati (modalità di produzione dell'effetto sospensivo) di sospendere il lavoro con diritto alla conservazione del contratto di lavoro per un periodo massimo (frazionato o intero) di 3 mesi, senza che il mancato svolgimento del lavoro possa essere qualificato come inadempimento (contenuto del diritto), e con diritto a percepire (nel solo caso della lavoratrice subordinata) un'indennità sostitutiva della retribuzione.

Sono destinatarie del congedo in esame tutte le lavoratrici, del settore pubblico o privato, subordinate (c. 1) e autonome (c. 2), comprese le lavoratrici domestiche, inizialmente escluse.

La definizione delle modalità di fruizione del congedo da parte delle lavoratrici subordinate è demandata alla contrattazione collettiva. In subordine, la legge consente la fruizione del congedo su base giornaliera oppure oraria nella misura pari alla metà dell'orario medio giornaliero del periodo di paga quadrisettimanale o mensile immediatamente precedente a quello nel corso del quale ha inizio la sospensione del lavoro.

Il congedo può essere fruito nell'arco temporale di 3 anni, ha durata trimestrale e la lavoratrice ha diritto a un'indennità a carico dell'INPS pari al 100% della retribuzione, anticipata dal datore di lavoro che la recupera con il meccanismo del conguaglio dei contributi.

La lavoratrice è tenuta a fornire un preavviso di 7 giorni, ma il termine è derogabile tutte le volte in cui non sia possibile rispettarlo per ragioni oggettive, ad esempio perché è disposto un ricovero d'urgenza in una struttura protetta o in una località segreta.

5. *Il richiamo alle armi e la ferma obbligatoria*

In caso di *richiamo alle armi* il lavoratore ha diritto alla sospensione del rapporto di lavoro e alla conservazione del posto di lavoro per tutto il tempo necessario (art. 2111 c.c.).

L'art. 990 d.lgs. 66/2010 precisa che alla fine del periodo del richiamo il lavoratore deve porsi a disposizione del datore di lavoro per riprendere la sua occupazione, entro il termine di 5 giorni se il richiamo ha avuto durata non superiore a un mese, di 8 giorni se ha avuto durata compresa fra 1 e 6 mesi, di 15 giorni se ha avuto durata superiore a 6 mesi. Il lavoratore è considerato dimissionario nel caso in cui, senza giustificato impedimento, non si ponga a disposizione del datore di lavoro nei termini appena indicati.

Il lavoratore non può essere licenziato prima di 3 mesi dalla ripresa della occupazione, salvo il ricorrere di una giusta causa (cfr. *infra*, cap. 14, § 3).

La violazione delle suddette previsioni è sanzionata in via amministrativa.

La sospensione del rapporto di lavoro con diritto alla conservazione del posto spetta anche nel caso di *ferma di leva obbligatoria*, per chiamata d'autorità, che si renda necessaria in considerazione delle esigenze di stato di guerra o grave crisi internazionale, in funzione di far acquisire al chiamato la necessaria istruzione militare (art. 2025 d.lgs. 66/2010).

Entro 30 giorni dal congedo o dall'invio in licenza illimitata in attesa di congedo, il lavoratore deve porsi a disposizione del datore di lavoro per riprendere servizio. In mancanza, il rapporto di lavoro si risolve (art. 2048 d.lgs. 66/2010).

La giusta causa rappresenta (e ha sempre rappresentato) in entrambi i casi un'ipotesi di legittima giustificazione del licenziamento del lavoratore sospeso dal lavoro con diritto alla conservazione del posto.

Al lavoratore richiamato alle armi spetta il trattamento economico equivalente alla retribuzione, e il periodo di congedo dal lavoro è computato agli effetti dell'anzianità di servizio e dell'acquisizione di tutte quelle situazioni giuridiche che a essa si ricollegano.

Capitolo 14

L'estinzione del rapporto di lavoro

di Paola Frigo

1. *Introduzione*

Il nucleo originario di regolazione del recesso dal rapporto di lavoro risiede nel Codice civile.

Gli artt. 2118 e 2119 c.c., ancora vigenti ma profondamente mutati in relazione alla loro valenza applicativa a seguito dell'evoluzione che ha avuto la materia, avevano disegnato un sistema che, secondo la logica dei contratti di diritto privato, consentiva a entrambe le parti di recedere liberamente dal contratto di lavoro a tempo indeterminato (c.d. recesso *ad nutum*), con l'unico obbligo di dare un preavviso alla controparte.

L'unica eccezione a questa regola generale era rappresentata dal recesso per giusta causa, ossia dal ricorrere di una causa talmente grave da non consentire la prosecuzione anche temporanea del rapporto di lavoro. In questa ipotesi l'art. 2119 c.c. consentiva, e ancora consente, a entrambe le parti di recedere dal rapporto di lavoro "in tronco", cioè senza rispettare l'obbligo del preavviso.

La legislazione intervenuta a disciplinare la materia a partire dagli anni Sessanta, fortemente influenzata dall'affermazione costituzionale del valore del lavoro, ha segnato un progressivo distacco dall'idea, di stampo liberale, dell'esistenza di una simmetria di poteri fra le parti del contratto di lavoro.

Preso atto della sostanziale debolezza contrattuale del lavoratore subordinato, e della conseguente difficoltà di rivendicare ogni diritto nei confronti del datore di lavoro nel corso del rapporto, si è proceduto pertanto a limitare fortemente il potere datoriale di recedere dal contratto attraverso una legislazione di ordine pubblico, esterna cioè alla regolazione pattizia della relazione contrattuale.

Questa tendenza solo negli ultimi anni è stata invertita da alcuni importanti interventi (l. 92/2012; d.lgs. 23/2015) che hanno reintrodotto elementi di flessibilità nella disciplina, restituendo margini più ampi alla facoltà di licenziare.

2. *Le dimissioni del lavoratore*

Il recesso del lavoratore prende il nome di dimissioni e trova la sua fonte di disciplina nell'art. 2118 c. 1 c.c., secondo il quale "ciascuno dei contraenti può recedere dal contratto di lavoro a tempo indeterminato, dando preavviso nel termine e nei modi stabiliti [dalle norme corporative], dagli usi o secondo equità".

L'unico obbligo al quale è soggetto il lavoratore è, quindi, quello del preavviso, nell'intento di consentire al datore di lavoro di reintegrare l'organico prima che il recesso produca il suo effetto estintivo. Il lavoratore che non dia il preavviso di dimissioni è tenuto a corrispondere al datore di lavoro un'indennità (c.d. di mancato preavviso) pari all'importo della retribuzione che gli sarebbe spettata se avesse lavorato durante tale periodo (art. 2118 c. 2 c.c.).

Un limite a questo diritto di recedere dal contratto può derivare dalla sottoscrizione di un patto *ad hoc*, con il quale il lavoratore s'impegna a rispettare una durata minima del rapporto.

L'art. 2119 c.c. consente al lavoratore di recedere "in tronco", ovvero – come si è detto – senza rispettare l'obbligo del preavviso, qualora si configuri una giusta causa di recesso, ovvero quando il datore di lavoro abbia posto in essere una condotta a danno del lavoratore così grave da non consentire la prosecuzione, anche provvisoria, del rapporto di lavoro. Si pensi al caso in cui il datore di lavoro abbia molestato il lavoratore o la lavoratrice, o non abbia corrisposto la retribuzione per un certo periodo di tempo, o, ancora, abbia messo a repentaglio l'incolumità del lavoratore. In questi casi il lavoratore, oltre a poter recedere dal contratto senza dare il preavviso al datore di lavoro, matura il diritto a percepire da quest'ultimo un'indennità (c.d. di mancato preavviso), che si aggiunge alle altre competenze di fine rapporto.

Fermo restando l'impianto del Codice civile, il legislatore è intervenuto negli ultimi anni, a più riprese, con il fine di garantire che le dimissioni racchiudano la genuina volontà del lavoratore di recedere dal rapporto, così ponendo fine alla diffusa pratica di far sottoscrivere al lavoratore, fin dal momento dell'assunzione, un atto di dimissioni c.d. "in bianco", da utilizzare per estinguere il rapporto di lavoro senza dover superare l'ostacolo rappresentato dai limiti al potere di licenziamento.

L'art. 26 c. 1 d.lgs. 151/2015, in vigore dal 12.3.2016, prevede, infatti, che le dimissioni (e anche la risoluzione consensuale del rapporto di lavoro) possano essere rassegnate esclusivamente per via telematica, mediante la trasmissione al datore di lavoro e alla competente sede dell'Ispettorato del lavoro, con le modalità stabilite dal d.m. 12.12.2015, di un apposito modulo disponibile sul sito del Ministero del lavoro. Tale operazione può essere effettuata dal lavoratore anche tramite patronati, organizzazioni sindacali comparativamente più rappresentative, enti bilaterali, commissioni di certificazione dei contratti di lavoro e consulenti del lavoro (e non anche da altri professionisti).

Il lavoratore ha la facoltà di revocare le dimissioni e la risoluzione consensuale entro 7 giorni dalla data di trasmissione del modulo anzidetto e con le medesime modalità (art. 26 c. 2).

Le modalità sopra descritte non trovano applicazione nei casi in cui le dimissioni o la risoluzione consensuale intervengano nelle sedi di cui all'art. 2113 c. 4 c.c. o avanti a una commissione di certificazione dei contratti di lavoro, in quanto si ritiene che in tali ipotesi la presenza di un soggetto terzo imparziale sia idonea a garantire la genuinità della manifestazione di volontà da parte del lavoratore (in tema cfr. *retro*, cap. 6, § 6). La circolare del Ministero del lavoro 12/2016 ha escluso da questa regola le dimissioni del lavoratore domestico, del lavoratore impiegato nei settori nautico e pubblico e del lavoratore in prova.

Per quanto concerne la lavoratrice madre (e il lavoratore padre), sino al compimento del terzo anno di vita del bambino continua a trovare applicazione il regime che prevede la necessaria convalida delle dimissioni rassegnate, a pena d'inefficacia, presso il servizio ispettivo dell'Ispettorato del lavoro (cfr. *retro*, cap. 13, § 3.7).

3. *Il licenziamento individuale. La regola del preavviso e la sua eccezione*

Il recesso del datore di lavoro prende il nome di licenziamento.

In un primo tempo, esso ha trovato la sua fonte di disciplina nei soli artt. 2118 e 2119 c.c., potendo, perciò essere intimato *ad nutum*, ovverosia senza la necessità di giustificazioni sostanziali, con l'unico obbligo per il datore di lavoro di dare al lavoratore un preavviso. Al pari di quanto già osservato a proposito del recesso dal rapporto di lavoro da parte del lavoratore, anche il datore di lavoro poteva (e, vedremo, ancora può) prescindere dal rispetto dell'obbligo del preavviso al ricorrere di una giusta causa, ossia di un fatto talmente grave da non consentire la prosecuzione anche temporanea del rapporto di lavoro.

Di questo nucleo originario di disciplina sono rimaste invariate la regola del preavviso e la sua eccezione, mentre è venuta meno la regola della libera recedibilità (per le residue ipotesi applicative del recesso *ad nutum* cfr. *infra*, § 4), dovendo il licenziamento essere sempre accompagnato da una ragione giustificativa, soggettiva o oggettiva (cfr. *infra*, § 4.1.1 e 4.1.2), ed essere intimato nel rispetto di precisi vincoli di forma.

Il preavviso, in questo frangente, ha la funzione di evitare che il lavoratore si ritrovi all'improvviso privo di quella che, nella maggior parte dei casi, rappresenta la sua unica fonte di sostentamento.

Al datore di lavoro è, tuttavia, lasciata la possibilità di recedere immediatamente dal rapporto, dunque senza preavviso, qualora ricorra una giusta causa di licenziamento. Sussiste una giusta causa quando a sostegno del licenziamento sono addotti fatti che configurano un'irrimediabile negazione degli elementi essenziali del rapporto di lavoro, la cui gravità pregiudica in modo irreparabile la fiducia che il datore di lavoro deve poter riporre nel dipendente sì da non consentire la prosecuzione neppure provvisoria del rapporto di lavoro.

Come conseguenza dell'evoluzione della disciplina limitativa del potere datoriale di recesso, e in particolare dell'introduzione della regola della necessaria giustificazione del licenziamento (cfr. *infra*, § 4.1), la giusta causa è stata correlata alla nozione di giustificato motivo soggettivo contenuta nell'art. 3 l. 604/1966 (su cui cfr. *infra*, § 4.1.1) e perciò intesa dalla giurisprudenza come un'ipotesi di *notevolissimo* "inadempimento degli obblighi contrattuali del prestatore di lavoro".

Ciononostante, la giurisprudenza ha continuato a ricondurre alla giusta causa anche fatti di oggettiva gravità, riferibili alla sfera extracontrattuale.

Integrano, pertanto, una giusta causa di licenziamento sia inadempimenti agli obblighi contrattuali di eccezionale gravità (si pensi al caso in cui il lavoratore abbia abbandonato un macchinario mettendo a repentaglio la sicurezza di altri lavoratori, o abbia sottratto un bene aziendale d'ingente valore), sia comportamenti che esulano dal rapporto di lavoro, ma che sono comunque idonei a far venir meno la fiducia a cui esso è improntato (si pensi alla commissione di un fatto di reato, come esemplificato da Cass. 19.2.2019 n. 4804, che ha reputato legittimo il licenziamento intimato a un dipendente sottoposto a procedimento penale per acquisto e illecita detenzione di un'ingente quantità di stupefacenti). A quest'ultimo proposito, se è vero che l'elemento fiduciario assume maggiore rilevanza quando il lavoratore ricopre un ruolo apicale o di elevata professionalità, vi sono tuttavia comportamenti che sono idonei a mettere in dubbio l'affidabilità di qualunque prestatore (si pensi al caso, esaminato da Cass. 21.3.2019 n. 8027, di un lavoratore che, dopo aver aperto le bombole del gas nella sua abitazione, ha chiamato le forze dell'ordine minacciando di far esplodere la palazzina e, infine, ha aggredito gli agenti di polizia intervenuti).

Ai fini della qualificazione di un fatto come giusta causa di licenziamento rileva anche il grado di colpevolezza con il quale il fatto è stato commesso.

4. *I requisiti di legittimità del licenziamento*

La legislazione limitativa del potere di recesso del datore di lavoro ha condizionato la legittimità del suo esercizio al rispetto di requisiti formali e sostanziali.

I requisiti formali attengono alla forma e al contenuto dell'atto di recesso, nonché alla procedura di comunicazione dello stesso; quelli sostanziali, invece, impongono che il recesso sia accompagnato da una causa giustificatrice, ossia un giustificato motivo soggettivo (o una giusta causa) o un giustificato motivo oggettivo (art. 1 l. 604/1966).

L'introduzione, da parte della l. 604/1966, della regola generale per cui il licenziamento deve essere sorretto da una causa giustificativa ha reso residuali le ipotesi nelle quali è ancora possibile per il datore di lavoro invocare l'applicazione della disciplina dell'art. 2118 c.c. (recesso *ad nutum*), e dunque licenziare il lavoratore senza esternare la relativa motivazione, nel rispetto quindi del solo obbligo di preavviso. Tali ipotesi residuali riguardano: i lavoratori domestici (art. 4 c. 1 l. 108/1990); i lavoratori in possesso dei requisiti pensionistici; i dirigenti (come si evince, *a contrario*, dagli artt. 10, 3 e 2 c. 4 l. 604/1966; cfr. *retro*, cap. 8, § 2.1); i lavoratori assunti in prova (art. 10 c. 1 l. 604/1966; cfr. *retro*, cap. 6, § 4); i lavoratori assunti con contratto di apprendistato, al termine del periodo di apprendistato (art. 42 c. 4 d.lgs. 81/2015; cfr. *infra*, cap. 15, § 6.1); gli atleti professionisti (l. 91/1981 e d.m. 13.3.1985).

Come vedremo, il mancato rispetto delle disposizioni relative ai requisiti formali e sostanziali produce conseguenze sanzionatorie in capo al datore di lavoro che variano in relazione alle dimensioni aziendali e al momento di stipulazione del contratto di lavoro (cfr. *infra*, §§ 7-8).

4.1. *I requisiti sostanziali*

4.1.1. *Il giustificato motivo soggettivo (e la giusta causa)*

Come si è anticipato introducendo la nozione di giusta causa di licenziamento, il giustificato motivo soggettivo è definito dalla legge come un notevole inadempimento degli obblighi contrattuali da parte del prestatore di lavoro (art. 3 l. 604/1966).

Il legislatore utilizzando il termine "inadempimento" ha circoscritto gli eventi che possono integrare il giustificato motivo soggettivo ai soli fatti o comportamenti del lavoratore attinenti al rapporto contrattuale, escludendo, quindi, i fatti esterni al rapporto di lavoro che, invece, in casi di estrema gravità, possono integrare, si è detto, ipotesi di giusta causa di recesso (cfr. *retro*, § 3).

Gli obblighi contrattuali rilevanti possono derivare dalla violazione di quanto prescritto dagli artt. 2104 e 2105 c.c. (cfr. *retro*, cap. 7, §§ 1-3), dalle previsioni dei contratti collettivi e/o individuali, da regolamenti, direttive, ordini di servizio aziendali (espressione del potere direttivo: cfr. *retro*, cap. 8, § 2), da regole pubbliche (ad esempio, quelle che presiedono all'attività bancaria), da norme tecniche di varia natura.

L'inadempimento deve essere "notevole", vale a dire deve caratterizzarsi per la gravità oggettiva del fatto commesso. Si tratterà, dunque, di un inadempimento meno grave di quello – *notevolissimo* – riconducibile alla giusta causa di licenziamento, ma più rilevante di quello sanzionabile con misure disciplinari conservative, quali, ad esempio, la multa o la sospensione (cfr. *retro*, cap. 8, § 4).

I CCNL contengono esemplificazioni dei principali comportamenti che integrano ipotesi di giustificato motivo soggettivo, come pure di giusta causa. Il giudice deve tenerne conto nel valutare la motivazione del licenziamento secondo quanto disposto dall'art. 3 c. 3 l. 183/2010 senza, tuttavia, esserne vincolato. Secondo la giurisprudenza, infatti, si tratta di "qualificazioni giuridiche di comportamenti ugualmente idonei a legittimare la cessazione del rapporto di lavoro", con la conseguenza che al giudice è consentito convertire il licenziamento per giusta causa in licenziamento per giustificato motivo soggettivo, se al fatto addebitato al lavoratore è attribuita una minore gravità (*ex multis* Cass. 10.8.2007 n. 17604).

Per mera completezza espositiva si ricorda che per i lavoratori pubblici la contrattazione collettiva, al pari di quanto previsto nei contratti collettivi dei lavoratori privati, esemplifica una serie di condotte disciplinarmente rilevanti prevedendo le relative sanzioni conservative o, nelle ipotesi più gravi, espulsive (licenziamento per giusta causa o per giustificato motivo soggettivo). L'art. 55-*bis* d.lgs. 165/2001 ha isolato alcune ipotesi nelle quali la sanzione del licenziamento disciplinare deve comunque essere irrogata. Fra queste si richiamano, a titolo esemplificativo, rinviando alla lettura della citata norma per un'analisi completa della casistica, le ipotesi della falsa attestazione della presenza in servizio (per la quale è stata prevista, con il d.lgs. 116/2016, una procedura disciplinare particolarmente rapida), della condanna penale comportante l'interdizione perpetua dai pubblici uffici e della produzione di un falso certificato medico.

4.1.2. *Il giustificato motivo oggettivo*

Il giustificato motivo oggettivo ricorre quando il licenziamento è intimato per fatti inerenti all'attività produttiva, all'organizzazione del lavoro e al regolare funzionamento di essa (art. 3 l. 604/1966).

La formula impiegata dal legislatore è ampia e perciò capace di ricomprendere tutte le scelte che l'imprenditore può compiere per ridurre o modificare la composizione e l'organizzazione della propria impresa.

Fra le ragioni inerenti all'*attività produttiva* le ipotesi più frequenti di licenziamento sono rappresentate dalla cessazione o dalla riduzione dell'attività aziendale, che mettono il datore di lavoro nella necessità, rispettivamente, di chiudere definitivamente la propria attività imprenditoriale o di procedere a una proporzionale riduzione della forza lavoro, in un'ottica di economica gestione dell'impresa e di riequilibrio del rapporto fra costi e ricavi. La giurisprudenza ha ritenuto che la predetta riduzione possa derivare anche dalla decisione dell'imprenditore di esternalizzare alcune attività aziendali (*ex multis* Cass. 13.3.2013 n. 6346; Cass. 5.9.2008 n. 22535).

Per quanto riguarda l'*organizzazione del lavoro*, l'esigenza di procedere al licenziamento per giustificato motivo oggettivo può essere originata dalla necessità di disporre una riorganizzazione e/o una ristrutturazione dell'azienda in conseguenza dell'introduzione di nuovi macchinari o dell'organizzazione di cicli produttivi più meccanizzati e/o tecnologici.

Infine, fra le ragioni inerenti al *regolare funzionamento dell'organizzazione del lavoro* si annovera la sopravvenuta inidoneità professionale del lavoratore a svolgere le mansioni assegnate.

Al ricorrere di siffatte esigenze, della cui sussistenza e rilevanza deve essere fornita prova rigorosa, la legge consente che la libertà d'iniziativa economica sancita dall'art. 41 Cost. prevalga sull'interesse del lavoratore alla conservazione del posto di lavoro. All'imprenditore è riconosciuto, pertanto, il diritto di rideterminare l'assetto aziendale più confacente alle proprie esigenze produttive, e ciò anche quando la riorganizzazione possa comportare l'intimazione di uno o più licenziamenti. Al giudice, d'altro canto, è precluso il potere di sindacare il merito delle relative scelte, dovendo, però, controllare la reale sussistenza, l'effettività e la non pretestuosità del motivo addotto dal datore di lavoro e verificare che sussista un nesso di causalità fra le ragioni addotte e il licenziamento effettuato (art. 30 c. 1 l. 183/2010).

Fermo restando quanto appena detto, occorre precisare che la giurisprudenza, in una logica di effettivo bilanciamento fra la libertà d'iniziativa economica di cui al c. 1 dell'art. 41 Cost. e i valori sociali di cui al c. 2 della citata norma, ha posto in capo al datore di lavoro l'obbligo di verificare l'impossibilità di un'altra proficua utilizzazione del lavoratore licenziato ovvero l'impossibilità di ricollocarlo in mansioni analoghe a quelle precedentemente svolte (c.d. obbligo di *repêchage*).

Nell'applicazione giurisprudenziale, l'esame delle possibilità di diversa utilizzazione era inizialmente limitato alle mansioni indicate dallo stesso lavoratore. Successivamente, la giurisprudenza si è espressa nel senso che spetta al datore di lavoro l'allegazione e la prova dell'impossibilità del *repêchage* del lavoratore licenziato, in quanto requisito del giustificato motivo di licenziamento stesso, con esclusione di un onere di allegazione al riguardo posto a carico del lavoratore (Cass. 22.3.2016 n. 5592).

Il datore di lavoro dovrà, quindi, effettuare una verifica dell'impossibilità di reimpiegare il lavoratore con riferimento all'intera azienda, non limitando la ricognizione alla sola sede o reparto a cui quest'ultimo era addetto, nonché alle società eventualmente facenti parte del medesimo gruppo imprenditoriale.

Inoltre, egli dovrà tener conto di mansioni riconducibili al medesimo livello di quelle svolte dal lavoratore licenziato, nonché a quelle appartenenti al livello contrattuale immediatamente inferiore (per coordinamento logico con la facoltà che ha il datore di lavoro di demansionare per un livello il lavoratore in caso di riorganizzazione incidente sulla sua posizione: cfr. *retro*, cap. 8, § 2.2).

La giurisprudenza è solita ricondurre al giustificato motivo oggettivo anche fatti attinenti alla sfera del lavoratore, ma a lui non imputabili a titolo di colpa: trattasi di situazioni di oggettiva impossibilità, per il lavoratore, di rendere la prestazione lavorativa. A titolo esemplificativo, si richiamano le ipotesi di sopravvenuta inidoneità fisica permanente alla mansione, la carcerazione preventiva del lavoratore e la revoca di autorizzazioni amministrative (fra i casi più frequenti, la revoca della nomina a guardia giurata e/o il ritiro del porto d'armi da parte dell'autorità pubblica o il ritiro del tesserino aeroportuale).

4.2. *I requisiti formali*

4.2.1. *La comunicazione del licenziamento*

Il datore di lavoro, imprenditore o non imprenditore, deve comunicare per iscritto il licenziamento al lavoratore, anche se dirigente (art. 2 cc. 1 e 4 l. 604/1966). La forma scritta è un requisito *ad substantiam*.

In deroga a questa regola generale, è ammessa la forma orale solo per i licenziamenti dei lavoratori domestici, dei lavoratori ultrasettantenni in possesso dei requisiti pensionistici e dei lavoratori in prova.

La comunicazione deve contenere, ai sensi dell'art. 2 c. 2 l. 604/1966, così come modificato dalla l. 92/2012, la specificazione dei motivi che hanno determinato il recesso.

L'omessa comunicazione per iscritto del licenziamento e dei motivi giustificativi dello stesso comporta l'inefficacia del recesso (art. 2 c. 3 l. 604/1966).

Il licenziamento è un atto recettizio e, come tale, è efficace nel momento in cui è ricevuto dal lavoratore. Tuttavia, ai sensi dell'art. 1 c. 41 l. 92/2012, tanto nel caso del licenziamento per giusta causa o per giustificato motivo soggettivo, quanto nel caso di licenziamento per giustificato motivo oggettivo gli effetti sono anticipati al momento in cui al lavoratore è comunicato l'avvio delle rispettive procedure (cfr. *infra*, §§ 4.2.2-4.2.3); i giorni che seguono tale momento e che vanno fino all'estinzione del rapporto sono considerati giorni di preavviso lavorato e sono, perciò, retribuiti.

La *ratio* di questa previsione deve rintracciarsi nella volontà di disincentivare comportamenti "opportunistici" dei lavoratori che, una volta avviata la procedura, si assentino dal lavoro per malattia sospendendo il preavviso e così posticipando gli effetti dell'intimato licenziamento. La regola non trova, invece, applicazione nei casi di assenza per infortunio sul lavoro e per maternità.

4.2.2. *La procedura per l'intimazione del licenziamento disciplinare*

Il licenziamento motivato dall'inadempimento degli obblighi contrattuali (giusta causa e giustificato motivo soggettivo) da parte del lavoratore è qualificato come disciplinare. Esso rappresenta la più grave sanzione disciplinare adottabile dal datore di lavoro (cfr. *retro*, cap. 8, § 4.1).

La legittimità di questo tipo di licenziamento è subordinata all'osservanza – oltre che dei requisiti prescritti dalla l. 604/1966 – delle previsioni contenute nell'art. 7 Statuto dei lavoratori, che regola il procedimento per l'irrogazione delle sanzioni disciplinari (cfr. *retro*, cap. 8, § 4.3).

Il riferimento contenuto nel c. 4 di quest'ultima previsione alle sole sanzioni conservative ha fatto inizialmente dubitare – come si ricordava –

che il licenziamento potesse rientrare tra le sanzioni disciplinari, e che a esso trovassero dunque applicazione i limiti procedurali stabiliti dall'art. 7.

La questione è stata risolta dalla Consulta, che con la già citata sentenza 204/1982 ha dichiarato l'illegittimità costituzionale dei cc. 1, 2 e 3 dell'art. 7 l. 300/1970 se "interpretati nel senso che siano inapplicabili ai licenziamenti disciplinari, per i quali detti commi non siano espressamente richiamati dalla normativa legislativa, collettiva o validamente posta dal datore di lavoro" (cfr. *retro*, cap. 8, § 4.1). Agli occhi della Corte, appariva paradossale accollare al datore di lavoro il rispetto di un *iter* così complesso per l'irrogazione delle sole sanzioni conservative (richiamo verbale o scritto, multa, sospensione dal lavoro e dalla retribuzione), imponendogli in caso di licenziamento il solo rispetto delle regole di forma di cui alla l. 604/1966.

Sono, pertanto, estese al licenziamento disciplinare le garanzie dell'art. 7 dello Statuto che, dunque, in sintesi, è legittimo se:

a) la fattispecie contestata è prevista nel codice disciplinare, con la precisazione che la pubblicità del codice disciplinare non è necessaria quando il recesso sia intimato per comportamenti che integrano una violazione penale o per comportamenti che si sostanziano in violazioni dei doveri fondamentali connessi al rapporto di lavoro, riconoscibili come tali senza necessità di specifica previsione;

b) l'addebito è formalmente contestato al lavoratore;

c) è data al lavoratore facoltà di difendersi mediante giustificazioni scritte o audizione;

d) è data facoltà al lavoratore di farsi assistere da un rappresentante sindacale.

Il giudice delle leggi (C. Cost. 18-25.7.1989 n. 427) ha dichiarato l'illegittimità costituzionale anche dell'art. 7 cc. 2-3 "nella parte in cui è esclusa la loro applicazione al licenziamento per motivi disciplinari irrogato da imprenditore che abbia meno di sedici dipendenti".

Le garanzie procedimentali sopra descritte si applicano, pertanto, in tutti i casi di licenziamento disciplinare, indipendentemente dalle dimensioni del datore di lavoro, in quanto "principi di civiltà giuridica ed innegabili esigenze di assicurazione della parità di trattamento garantita dal precetto costituzionale (art. 3 Cost.) richiedono che a favore del lavoratore, colpito dalla più grave delle sanzioni disciplinari, qual è quella espulsiva, con perdita del posto di lavoro e lesione della dignità professionale e personale, siano assicurate le garanzie previste dall'art. 7 dello Statuto dei lavoratori (...) prescindendo dal numero dei dipendenti impiegati nell'impresa".

Le descritte garanzie procedimentali trovano applicazione anche nell'ipotesi di licenziamento dei dirigenti "sia quando il datore di lavoro addebiti al dirigente stesso un comportamento negligente (in senso lato colpevole), sia se a base del recesso siano poste condotte tali da recidere il necessario vincolo fiduciario" (Cass. 27.12.2011 n. 28967).

4.2.3. *La procedura per l'intimazione del licenziamento per giustificato motivo oggettivo*

La l. 92/2012 ha riformulato l'art. 7 l. 604/1966 prevedendo che il datore di lavoro sia tenuto a rispettare una procedura anche nel caso di licenziamento per giustificato motivo oggettivo.

Tale disciplina trova applicazione nelle sole imprese che rientrano nell'ambito di applicazione dell'art. 18 Statuto dei lavoratori, ossia imprese il cui organico è superiore a 15 dipendenti per unità produttiva o a 60 complessivamente (ma cfr. *infra*, § 7). Sono esclusi dall'applicazione di questa procedura i licenziamenti per giustificato motivo oggettivo comminati nei confronti dei lavoratori ai quali si applica la disciplina del c.d. "contratto a tutele crescenti" di cui al d.lgs. 23/2015 (ma cfr. *infra*, § 8).

La procedura prevede che, anteriormente al licenziamento, debba essere effettuata una comunicazione di preavviso di licenziamento alla sede dell'Ispettorato del lavoro del luogo ove il lavoratore presta la sua opera e, per conoscenza, al lavoratore. Nella predetta comunicazione, infatti, il datore di lavoro deve dichiarare l'intenzione di procedere al licenziamento per giustificato motivo oggettivo, indicando i motivi e le eventuali misure di assistenza alla ricollocazione del lavoratore (art. 7 c. 2).

L'Ispettorato del lavoro, nel termine perentorio di 7 giorni dalla ricezione della comunicazione, trasmette una lettera di convocazione al datore di lavoro e al lavoratore finalizzata alla realizzazione di un incontro da svolgersi dinanzi alla Commissione provinciale di conciliazione di cui all'art. 410 c.p.c. (art. 7 c. 3).

La comunicazione contenente tale invito è considerata validamente effettuata quando è recapitata al domicilio del lavoratore indicato nel contratto di lavoro o ad altro domicilio formalmente comunicato dal lavoratore al datore di lavoro, ovvero è consegnata al lavoratore che ne sottoscrive copia per ricevuta (art. 7 c. 4).

All'incontro dinanzi alla Commissione le parti possono essere assistite dalle organizzazioni sindacali alle quali sono iscritte oppure da un componente della rappresentanza sindacale dei lavoratori ovvero da un avvocato o da un consulente del lavoro (art. 7 c. 5).

La procedura si conclude entro 20 giorni dal momento in cui l'Ispettorato del lavoro ha trasmesso la convocazione per l'incontro, fatta salva l'ipotesi in cui le parti, di comune avviso, non ritengano di proseguire la discussione finalizzata al raggiungimento di un accordo. Decorso il predetto termine, o comunque fallito il tentativo di conciliazione, il datore di lavoro ha facoltà di comunicare il licenziamento al lavoratore (art. 7 c. 6).

Se la conciliazione ha esito positivo e prevede la risoluzione consensuale del rapporto di lavoro, si applicano le disposizioni in materia di NASpI (Nuova assicurazione sociale per l'impiego: cfr. *infra*, cap. 18, § 6).

La norma prevede, altresì, che, in caso di legittimo e documentato impedimento del lavoratore a presenziare all'incontro, la procedura possa essere sospesa per un massimo di 15 giorni (art. 7 c. 9).

Qualora il recesso intimato al termine della procedura sopra descritta venga impugnato giudizialmente e ne venga accertata l'illegittimità, la norma prevede che il comportamento complessivamente tenuto dalle parti, desumibile anche dal verbale redatto in sede di Commissione provinciale di conciliazione e dalla proposta conciliativa avanzata dalla stessa, sia valutato dal giudice per la determinazione dell'indennità risarcitoria di cui all'art. 18 c. 7 Statuto dei lavoratori (cfr. *infra*, § 7.1.4).

Tale procedura deve essere attivata anche in caso di licenziamenti individuali plurimi, purché non venga superata la soglia di 5 recessi nell'arco temporale di 120 giorni, poiché in tal caso deve essere attivata la diversa procedura prevista dalla l. 223/1991 in tema di licenziamenti collettivi (cfr. *infra*, § 10).

Al contrario, la procedura non trova applicazione in caso di licenziamento per superamento del periodo di comporto, di licenziamento effettuato in conseguenza di cambi di appalto (qualora sia succeduta l'assunzione presso altro datore di lavoro), d'interruzione del rapporto di lavoro a tempo indeterminato per completamento delle diverse fasi lavorative e di chiusura di cantiere nel settore delle costruzioni edili.

5. *Il licenziamento discriminatorio e le altre ipotesi di licenziamento nullo*

Il licenziamento discriminatorio, vale a dire quello intimato in violazione dei divieti di discriminazione di cui si è detto (cfr. *retro*, cap. 11), è disciplinato dal combinato disposto degli artt. 3 l. 108/1990, 4 l. 604/1966 e 15 Statuto dei lavoratori.

Esso rappresenta l'ipotesi più grave di licenziamento illegittimo, in quanto è capace di ledere la dignità della persona del lavoratore tramite la violazione del principio di eguaglianza di cui all'art. 3 Cost.

Per questo motivo, esso è in ogni caso sanzionato con la nullità, a prescindere dal fatto che sia supportato da un giustificato motivo e a prescindere dalle dimensioni dell'organico aziendale o dalla data di assunzione del lavoratore. La tutela applicabile al lavoratore sarà sempre una tutela ripristinatoria piena (ma v. meglio *infra*, §§ 7-8).

Il nostro ordinamento sanziona con la nullità anche tutti i casi in cui il recesso sia intimato in violazione di un divieto posto dalla legge. È il caso, per fare alcuni esempi significativi, del licenziamento intimato in concomitanza del matrimonio (art. 1 l. 7/1963) o del licenziamento intimato nei confronti della lavoratrice nel periodo che va dall'inizio della gravidanza al compimento del primo anno di vita del bambino (art. 54 d.lgs. 151/2001).

È nullo, infine, il licenziamento determinato da un motivo illecito, quale può essere un licenziamento ritorsivo, intimato cioè come reazione rispetto al legittimo esercizio di un diritto da parte di un lavoratore.

6. *L'impugnazione del licenziamento*

Il licenziamento può essere impugnato entro un termine di decadenza fissato dalla legge.

La limitazione temporale del potere d'impugnazione risponde all'esigenza di garantire la certezza nei rapporti, facendo in modo che al lavoratore sia garantito un tempo congruo per esercitare il proprio diritto, trascorso il quale il datore di lavoro avrà la garanzia di non poter più vedere contestata la legittimità del recesso.

A partire dal 2010 il nostro ordinamento contempla due termini di decadenza.

Il licenziamento deve essere impugnato a pena di decadenza entro 60 giorni dalla ricezione della sua comunicazione, anche mediante l'intervento dell'organizzazione sindacale, con qualsiasi atto scritto idoneo a rendere nota la volontà in tal senso del lavoratore. Il lavoratore che abbia rispettato il suddetto termine ha, poi, ulteriori 180 giorni per proporre l'azione giudiziale volta ad accertare l'illegittimità del recesso (art. 6 cc. 1-2 l. 604/1966). I 180 giorni decorrono dalla trasmissione dell'atto scritto d'impugnazione del licenziamento e non dalla scadenza dei 60 giorni previsti per tale impugnazione.

L'azione in giudizio deve essere proposta mediante deposito del ricorso alla cancelleria del tribunale competente in funzione del giudice del lavoro a pena d'inefficacia dell'impugnazione medesima.

Al fine di incentivare il ricorso alle ipotesi conciliative si prevede, altresì, che il lavoratore, dopo aver impugnato il licenziamento entro il termine di 60 giorni, possa avanzare richiesta di conciliazione o di arbitrato ai sensi degli artt. 410 ss. c.p.c., con conseguente sospensione del secondo termine (180 giorni). Qualora la richiesta di conciliazione o di arbitrato non sia accolta, ovvero non si riesca a raggiungere un accordo, torna a operare il termine di decadenza per la proposizione dell'azione giudiziale, che in tal caso non è più di 180 giorni, bensì di 60 dal rifiuto o dal mancato accordo.

Si segnala, infine, che il regime di decadenza sopra descritto si applica anche ai licenziamenti che presuppongono la risoluzione di questioni relative alla qualificazione del rapporto di lavoro (art. 32 c. 3 lett. *a* l. 183/2010). Si pensi al caso in cui un lavoratore autonomo o un collaboratore coordinato e continuativo, cessato il proprio rapporto di lavoro, proponga azione giudiziale volta ad accertare la natura subordinata del rapporto (cfr. *retro*, cap. 4, § 3), contestualmente contestando l'estinzione del rapporto riqualificata come licenziamento.

Il giudizio si svolge secondo le regole previste per le controversie di lavoro di cui agli artt. 409 ss. c.p.c. sia per le ipotesi di licenziamenti regolati dall'art. 18 Statuto dei lavoratori, sia per le ipotesi di licenziamento regolate dal d.lgs. 23/2015, in quanto l'art. 1 cc. 47-69 – che prevedeva la trattazione in primo grado secondo un rito caratterizzato da una prima fase sommaria, introdotta con sostanziale libertà di forma degli atti e tempi e che si concludeva con un'ordinanza, e una seconda fase eventuale, a cognizione piena, sempre davanti al giudice del lavoro, da avviare mediante opposizione da proporre con ricorso contenente i requisiti di cui all'art. 414 c.p.c. a pena di decadenza entro 30 giorni dalla comunicazione dell'ordinanza o dalla notifica, se anteriore – è stato abrogato a decorrere dal 28.2.2023 dal d.lgs. 149/2022.

Per agevolare il lavoratore nel giudizio, l'onere della prova circa la sussistenza del giustificato motivo o della giusta causa incombe sul datore di lavoro.

Qualora il giudice, al termine del giudizio, accerti con sentenza (artt. 409 ss. c.p.c.) che il licenziamento è stato intimato in violazione delle regole procedurali o di forma e/o senza un giustificato motivo o una giusta causa e/o è discriminatorio o nullo, esso statuisce determinate conseguenze sanzionatorie che si differenziano a seconda della ragione dell'illegittimità del licenziamento, delle dimensioni del datore di lavoro, del momento di assunzione a tempo indeterminato del lavoratore licenziato, come si esporrà nei paragrafi che seguono.

7. *Il regime sanzionatorio del licenziamento illegittimo per i lavoratori assunti sino al 6.3.2015*

Sino all'intervento della l. 92/2012 (c.d. Riforma Fornero), che ha modificato l'art. 18 Statuto dei lavoratori, il regime sanzionatorio del licenziamento era relativamente semplice. Si distinguevano due diversi tipi di tutela: una reale e una obbligatoria.

La *tutela reale*, prevista dall'art. 18 Statuto dei lavoratori, era detta "reale" in quanto, in caso di accertamento giudiziale dell'illegittimità del recesso, il rapporto di lavoro veniva ripristinato con conseguente reintegrazione del lavoratore nella compagine aziendale.

La *tutela obbligatoria*, invece, prevista dall'art. 8 l. 604/1966, era (ed è ancora) definita tale in quanto la sentenza del giudice che accerta l'illegittimità del recesso pone a carico del datore di lavoro alternativamente l'obbligo di riassumere il lavoratore o di corrispondergli un'indennità, prevista fra un minimo e un massimo, assegnandogli la scelta fra l'una o l'altra opzione.

La l. 92/2012 ha modificato l'art. 18 Statuto dei lavoratori introducendo una gradazione di tutele a partire da quella reale. La dottrina è stata, perciò, indotta a mutare la terminologia usata per distinguere i due regimi di protezione, contrapponendo al concetto di *tutela forte* (ossia la tutela *ex* art. 18 Statuto dei lavoratori) il concetto di *tutela debole* (ossia la tutela *ex* art. 8 l. 604/1966, già definita tutela obbligatoria).

La tutela forte si applica al datore di lavoro, imprenditore o non imprenditore, che in ciascuna sede, stabilimento, filiale, ufficio o reparto autonomo nel quale ha avuto luogo il licenziamento occupa alle proprie dipendenze più di 15 lavoratori (o più di 5, se imprenditore agricolo). Si applica, altresì, al datore di lavoro, imprenditore o non imprenditore, che nell'ambito dello stesso Comune occupa più di 15 dipendenti e all'impresa agricola che nel medesimo ambito territoriale occupa più di 5 dipendenti, anche se ciascuna unità produttiva, singolarmente considerata, non raggiunge tali limiti. Si applica, infine, al datore di lavoro che, a livello nazionale, occupa complessivamente più di 60 dipendenti (art. 18 c. 8). Il c. 9 indica le modalità di computo del numero dei dipendenti.

La tutela debole è residuale, poiché si applica in tutti gli altri casi.

A prescindere dalle dimensioni aziendali, la tutela forte è espressamente esclusa per i datori di lavoro non imprenditori che svolgono senza fini di lucro attività di natura politica, sindacale, culturale, di istruzione ovvero di religione o di culto (trattasi delle c.d. organizzazioni di tendenza), in ragione della necessità di poter impiegare lavoratori che non siano in contrasto con le ideologie di cui essi sono portatori.

7.1. *La tutela forte*

L'art. 18 Statuto dei lavoratori detta le conseguenze dell'illegittimità del licenziamento intimato nei confronti dei lavoratori assunti con contratto a tempo indeterminato sino al 6.3.2015 da un datore di lavoro avente i requisiti dimensionali sopra descritti.

Come anticipato, prima delle modifiche apportate dalla l. 92/2012, l'art. 18 riconosceva, qualunque fosse il vizio del licenziamento, la reintegrazione del lavoratore licenziato e il ristoro dei danni patrimoniali subìti.

Dal 2012 questa tutela, c.d. reale, è stata circoscritta a determinate ipotesi di licenziamento illegittimo e affiancata, negli altri casi, da una tutela economica, che non impedisce al licenziamento di estinguere il rapporto di lavoro.

Nei paragrafi che seguono esamineremo i differenti regimi di tutela forte.

7.1.1. *La tutela ripristinatoria piena*

La tutela ripristinatoria piena si applica ai licenziamenti affetti da vizi più gravi elencati dall'art. 18 c. 1 Statuto dei lavoratori, e precisamente:

– al licenziamento discriminatorio (art. 3 l. 108/1990);

– al recesso intimato in concomitanza col matrimonio (art. 35 d.lgs. 198/2006, c.d. Codice delle pari opportunità tra uomo e donna);

– al licenziamento intimato in violazione dei divieti previsti in caso di maternità (art. 54 cc. 1, 6, 7 e 9 d.lgs. 151/2001, Testo unico delle disposizioni legislative in materia di tutela e sostegno della maternità e della paternità);

– al licenziamento riconducibile ad altri casi di nullità previsti dalla legge;

– al licenziamento sorretto da un motivo illecito determinante ai sensi dell'art. 1345 c.c.;

– al licenziamento dichiarato inefficace perché intimato in forma orale.

In tali ipotesi il giudice accerta l'invalidità e l'inefficacia del recesso e ordina al datore di lavoro, imprenditore o non imprenditore, di ripristinare il rapporto di lavoro con la reintegrazione del prestatore nel proprio posto di lavoro.

Inoltre, il giudice condanna il datore di lavoro al risarcimento del danno subito dal lavoratore, stabilendo a tal fine un'indennità commisurata all'ultima retribuzione globale di fatto maturata dal giorno del licenziamento sino a quello dell'effettiva reintegrazione, dedotto quanto percepito dal lavoratore nel periodo di estromissione per lo svolgimento di altre attività lavorative (c.d. *aliunde perceptum*). La norma precisa, altresì, che in ogni caso la misura del risarcimento non può essere inferiore a 5 mensilità della retribuzione globale di fatto.

Il datore di lavoro è tenuto, per il medesimo periodo, al versamento dei contributi previdenziali e assistenziali (art. 18 c. 2).

Fermo restando il diritto al risarcimento del danno nella misura sopra indicata, al lavoratore è data la facoltà di chiedere al datore di lavoro, in sostituzione della reintegrazione nel posto di lavoro, un'indennità pari a 15 mensilità dell'ultima retribuzione globale di fatto, la cui richiesta determina l'immediata risoluzione del rapporto di lavoro. La predetta indennità non è assoggettata a contribuzione previdenziale e la relativa richiesta deve essere effettuata entro 30 giorni dalla comunicazione del deposito della sentenza, o dall'invito del datore di lavoro a riprendere servizio, se anteriore alla predetta comunicazione (art. 18 c. 3).

Il rapporto di lavoro deve comunque intendersi risolto quando il lavoratore non abbia ripreso servizio entro 30 giorni dall'invito del datore di lavoro, salvo il caso in cui abbia richiesto l'indennità di cui al c. 3 della norma in esame.

7.1.2. *La tutela ripristinatoria attenuata*

L'art. 18 c. 4 disciplina la tutela ripristinatoria attenuata, che è riconosciuta nei casi in cui il giudice abbia accertato che non ricorrono gli estremi del giustificato motivo soggettivo o della giusta causa addotti dal datore di lavoro, per insussistenza del fatto contestato ovvero perché il fatto rientra tra le condotte punibili con una sanzione conservativa sulla base delle previsioni dei contratti collettivi ovvero dei codici disciplinari applicabili.

Essa è, altresì, applicata dal giudice nell'ipotesi di inidoneità fisica o psichica del lavoratore, ai sensi degli artt. 4 c. 4 e 10 c. 3 l. 68/1999, nei casi di licenziamento intimato a un lavoratore malato o infortunato in violazione dell'art. 2110 c. 2 c.c. e nell'ipotesi in cui esso accerti l'insussistenza del fatto posto a base di un licenziamento per giustificato motivo oggettivo (art. 18 c. 7).

Con riferimento a quest'ultima ipotesi il Giudice delle leggi è intervenuto due volte.

Con il primo intervento (C. Cost. 1.4.2021 n. 59) è stata dichiarata l'illegittimità costituzionale dell'art. 18 c. 7 secondo periodo, "nella parte in cui prevede che il giudice, quando accerti la manifesta insussistenza del fatto posto a base del licenziamento per giustificato motivo oggettivo, «può altresì applicare» – invece che «applica altresì» – la disciplina di cui al medesimo art. 18, quarto comma". La Corte costituzionale ha, così, eliminato l'irragionevole differenza di trattamento con il licenziamento disciplinare, prevedendo che anche in questo caso il giudice *debba*, e non solo *possa*, applicare la tutela ripristinatoria attenuata.

Con il secondo intervento (C. Cost. 19.5.2022 n. 125) è stata dichiarata l'illegittimità costituzionale dell'art. 18 c. 7 secondo periodo con riferimento all'aggettivo "manifesta" attribuito all'insussistenza del fatto posto a base del licenziamento per giustificato motivo oggettivo, aggettivo che deve pertanto essere espunto.

In tutte le ipotesi sopra individuate, dunque, il giudice annulla il licenziamento e condanna il datore di lavoro a reintegrare il lavoratore licenziato nel posto di lavoro e al pagamento di un'indennità risarcitoria, commisurata all'ultima retribuzione globale di fatto, nella misura delle retribuzioni perdute dal giorno del licenziamento sino a quello dell'effettiva reintegrazione, ma comunque non superiore a 12 mensilità, ferma restando la previsione del minimo di 5 mensilità.

Da tale indennità è dedotto quanto il lavoratore ha percepito nel periodo di estromissione per lo svolgimento di altre attività lavorative (c.d. *aliunde perceptum*), nonché quanto avrebbe potuto percepire dedicandosi con diligenza alla ricerca di una nuova occupazione (c.d. *aliunde percipiendum*).

Il datore di lavoro è condannato, altresì, al versamento dei contributi previdenziali e assistenziali dal giorno del licenziamento fino a quello dell'effettiva reintegrazione, maggiorati degli interessi nella misura legale senza applicazione di sanzioni per omessa o ritardata contribuzione, per un importo pari al differenziale contributivo esistente tra la contribuzione che sarebbe maturata nel rapporto di lavoro risolto dall'illegittimo licenziamento e quella accreditata al lavoratore in conseguenza dello svolgimento di altre attività lavorative.

A seguito dell'ordine di reintegrazione, il rapporto di lavoro si intende risolto quando il lavoratore non abbia ripreso servizio entro 30 giorni dall'invito del datore di lavoro.

Al pari di quanto previsto per la tutela ripristinatoria piena, al lavoratore è concessa la facoltà di optare per un'indennità sostitutiva della reintegrazione nel posto di lavoro pari a 15 mensilità.

7.1.3. *La tutela economica*

L'ambito di operatività della tutela economica (o indennitaria forte) è individuato *de residuo* rispetto a quello per il quale opera la tutela ripristinatoria attenuata, in quanto il legislatore per circoscriverlo utilizza la locuzione "*nelle altre ipotesi* in cui non ricorrono gli estremi del giustificato motivo soggettivo o della giusta causa" (art. 18 c. 5) o del giustificato motivo oggettivo (art. 18 c. 7).

In queste ipotesi il giudice, accertata l'illegittimità del licenziamento, dichiara risolto il rapporto di lavoro e condanna il datore di lavoro al pagamento di un'indennità risarcitoria onnicomprensiva determinata tra un minimo di 12 e un massimo di 24 mensilità dell'ultima retribuzione globale di fatto, parametrata all'anzianità del lavoratore e tenuto conto del numero dei dipendenti occupati, delle dimensioni dell'attività economica, del comportamento e delle condizioni delle parti, con onere di specifica motivazione a tale riguardo.

In caso di licenziamento illegittimo per carenza di giustificato motivo oggettivo, l'art. 18 c. 7 precisa che il giudice, al fine di determinare l'ammontare dell'indennità risarcitoria spettante al lavoratore, fra le 12 e le 24 mensilità, deve tener conto, oltre che dei criteri sopra enunciati, anche delle iniziative assunte dal lavoratore per la ricerca di una nuova occupazione e del comportamento delle parti nell'ambito della procedura di cui all'art. 7 l. 604/1966 (cfr. *retro*, § 4.2.2).

7.1.4. *La tutela economica ridotta*

La tutela economica ridotta (o indennitaria debole) è prevista per le ipotesi meno gravi di licenziamento, ovvero quelle in cui il licenziamento sia dichiarato inefficace per violazione del requisito di motivazione di cui all'art. 2 c. 2 l. 604/1966, della procedura di irrogazione del licenziamento disciplinare di cui all'art. 7 Statuto dei lavoratori o della procedura di irrogazione del licenziamento per giustificato motivo oggettivo prevista all'art. 7 l. 604/1966.

In queste ipotesi si prevede l'attribuzione al lavoratore di un'indennità risarcitoria onnicomprensiva, determinata – in relazione alla gravità della violazione formale o procedurale commessa dal datore di lavoro – tra un minimo di 6 e un massimo di 12 mensilità dell'ultima retribuzione globale di fatto, con onere di specifica motivazione in capo al giudice.

Peraltro, qualora il giudice accerti, sulla base della domanda del lavoratore, che, oltre al vizio di motivazione o alla violazione delle procedure di intimazione del recesso, vi è anche un difetto di giustificazione del licenziamento, egli applica, in luogo della tutela economica ridotta, le maggiori tutele di cui ai cc. 4, 5 e 6 dell'art. 18 (cfr. *retro*, §§ 7.1.2 e 7.1.3).

7.2. *La tutela debole*

La tutela debole coincide con la tutela obbligatoria cui già si è fatto cenno (cfr. *retro*, § 7).

Essa si caratterizza per il mero riconoscimento in capo al lavoratore licenziato senza giustificato motivo del diritto a essere riassunto dal datore di lavoro.

L'obbligo di riassunzione è previsto, peraltro, in via meramente alternativa al pagamento da parte del datore di lavoro di un'indennità risarcitoria del danno, di valore predeterminato dalla legge fra un minimo di 2,5 e un massimo di 6 mensilità, parametrate all'ultima retribuzione globale di fatto percepita dal lavoratore (art. 8 l. 604/1966).

La misura massima della predetta indennità può essere maggiorata fino a 10 mensilità, per il prestatore di lavoro con anzianità superiore ai 10 anni, e fino a 14 mensilità, per il prestatore di lavoro con anzianità superiore ai 20 anni, se dipendenti da un datore di lavoro che occupa più di 15 lavoratori.

La scelta fra i due obblighi alternativi spetta al datore di lavoro, che usualmente opta per il pagamento della penale che consente l'estromissione del lavoratore dell'azienda dietro corresponsione di un importo relativamente contenuto.

8. *Il regime sanzionatorio del licenziamento illegittimo per i lavoratori assunti dal 7.3.2015*

Il d.lgs. 23/2015 ha introdotto un nuovo regime sanzionatorio per il caso di licenziamento illegittimo, che trova applicazione nei confronti dei lavoratori che rivestono la qualifica di operai, impiegati o quadri, assunti con contratto di lavoro subordinato a tempo indeterminato (c.d. contratto a tutele crescenti) dopo il 7.3.2015 (data di entrata in vigore del decreto), nonché dei lavoratori il cui contratto a tempo determinato o di apprendistato sia stato convertito in contratto a tempo indeterminato in data successiva al 7.3.2015 (art. 1 d.lgs. 23/2015).

Si prevede, altresì, che il nuovo regime sanzionatorio trovi applicazione nei confronti di tutti i dipendenti, inclusi quelli già precedentemente in forza, ossia assunti prima del 7.3.2015, se il datore di lavoro, in conseguenza di nuove assunzioni a tempo indeterminato avvenute successivamente a tale data, superi la soglia di 15 dipendenti nell'unità produttiva o nel Comune, ovvero quella dei 60 sull'intero territorio nazionale.

La tutela economica crescente si applica anche ai datori di lavoro rientranti nel campo di applicazione della tutela debole: in questo caso, l'importo risarcitorio risulta dimezzato rispetto a quello ordinario (art. 9).

Il legislatore, poi, nell'ottica di ridurre ulteriormente il contenzioso giudiziale, ha previsto che il datore di lavoro possa offrire al lavoratore, a fronte della rinuncia di quest'ultimo a impugnare il licenziamento, una somma non soggetta a imposizione fiscale e a contribuzione previdenziale (cfr. *infra*, § 9).

Si segnala, infine, che il d.lgs. 23/2015 trova applicazione anche nei confronti dei datori di lavoro non imprenditori che svolgono senza finalità di lucro attività di natura politica, sindacale, culturale, di istruzione ovvero di religione o di culto (c.d. organizzazioni di tendenza). Pertanto, a differenza di quanto accade per i licenziamenti ai quali si applica l'art. 18 Statuto dei lavoratori, il recesso illegittimo intimato da un'organizzazione di tendenza può essere sanzionato, in relazione alla consistenza dimensionale del datore di lavoro e al vizio da cui il licenziamento è affetto, con la reintegrazione.

8.1. *La tutela forte*

8.1.1. *La tutela ripristinatoria piena*

L'art. 2 d.lgs. 23/2015 disciplina l'ambito di applicazione e i contenuti della tutela ripristinatoria piena, che spetta nei casi in cui il giudice abbia dichiarato la nullità del licenziamento perché discriminatorio a norma dell'art. 15 Statuto dei lavoratori o perché riconducibile ad altri casi di nullità espressamente previsti dalla legge; ovvero l'inefficacia del recesso perché intimato in forma orale; ovvero l'illegittimità del licenziamento per difetto di giustificazione in relazione alla disabilità fisica o psichica del lavoratore, anche ai sensi degli artt. 4 c. 4 e 10 c. 3 l. 68/1999.

La tutela ripristinatoria piena consiste nella reintegrazione del lavoratore nel posto di lavoro, indipendentemente dalla giustificazione del licenziamento formalmente addotta, alla quale si aggiunge il risarcimento del danno da questi subìto a seguito del licenziamento, ristorato attraverso il pagamento di un'indennità commisurata all'ultima retribuzione di riferimento per il calcolo del trattamento di fine rapporto, corrispondente al periodo che va dal giorno del licenziamento sino a quello dell'effettiva reintegrazione, dedotto l'*aliunde perceptum*, e in ogni caso non inferiore a 5 mensilità. Il datore di lavoro è condannato, altresì, per il medesimo periodo, al versamento dei contributi previdenziali e assistenziali.

Analogamente a quanto previsto dall'art. 18 Statuto dei lavoratori, fermo restando il diritto al risarcimento del danno, al lavoratore è data la facoltà di chiedere al datore di lavoro, in sostituzione della reintegrazione nel posto di lavoro, un'indennità – non assoggettata a contribuzione previdenziale – pari a 15 mensilità dell'ultima retribuzione di riferimento per il calcolo del trattamento di fine rapporto, la cui richiesta determina la risoluzione del rapporto di lavoro.

La richiesta dell'indennità deve essere effettuata entro 30 giorni dalla comunicazione del deposito della pronuncia o dall'invito del datore di lavoro a riprendere servizio, se anteriore alla predetta comunicazione.

A seguito dell'ordine di reintegrazione, il rapporto di lavoro si intende risolto quando il lavoratore non abbia ripreso servizio entro 30 giorni dall'invito del datore di lavoro, salvo il caso in cui egli abbia richiesto l'indennità sostitutiva della reintegrazione.

8.1.2. *La tutela ripristinatoria attenuata*

La tutela ripristinatoria attenuata è limitata alle ipotesi di licenziamento disciplinare (per giustificato motivo soggettivo o per giusta causa) nelle quali sia dimostrata in giudizio l'insussistenza del fatto materiale contestato al lavoratore, rispetto al quale resta estranea ogni valutazione circa la sproporzione del licenziamento.

Il giudice in tali casi annulla il licenziamento e condanna il datore di lavoro alla reintegrazione del lavoratore nel posto di lavoro e al pagamento di un'indennità risarcitoria commisurata all'ultima retribuzione di riferimento per il calcolo del trattamento di fine rapporto, corrispondente al periodo che va dal giorno del licenziamento fino a quello dell'effettiva reintegrazione, dedotto l'*aliunde perceptum* e l'*aliunde percipiendum*.

In ogni caso, la misura dell'indennità risarcitoria relativa al periodo antecedente alla pronuncia di reintegrazione non può essere superiore a

12 mensilità dell'ultima retribuzione di riferimento per il calcolo del trattamento di fine rapporto. Il datore di lavoro è condannato, altresì, al versamento dei contributi previdenziali e assistenziali dal giorno del licenziamento fino a quello dell'effettiva reintegrazione, senza applicazione di sanzioni per omissione contributiva.

Anche in questi casi al lavoratore è attribuita la facoltà di chiedere al datore di lavoro, in sostituzione della reintegrazione nel posto di lavoro, un'indennità sostitutiva della reintegrazione pari a 15 mensilità (art. 3 c. 2).

8.1.3. *La tutela economica*

L'art. 3 c. 1 d.lgs. 23/2015 disciplina, invece, l'ambito di applicazione e la misura della tutela economica, che è accordata in tutti i casi in cui sia accertato dal giudice che non ricorrono gli estremi del giustificato motivo oggettivo o soggettivo o della giusta causa.

In tali ipotesi, il giudice dichiara estinto il rapporto di lavoro alla data del licenziamento e condanna il datore di lavoro al pagamento di un'indennità non assoggettata a contribuzione previdenziale il cui importo, in base all'originaria formulazione della disposizione, era pari a 2 mensilità dell'ultima retribuzione di riferimento per il calcolo del trattamento di fine rapporto per ogni anno di servizio, in misura comunque non inferiore a 6 e non superiore a 36 mensilità. Il minimo e il massimo, inizialmente fissati rispettivamente in 4 e 24 mensilità, sono stati così innalzati dal d.l. 87/2018 conv. l. 96/2018 (c.d. decreto dignità) nel dichiarato intento di rafforzare la tutela del lavoratore illegittimamente licenziato e potenziare la capacità dissuasiva del sistema di tutela.

Nonostante questo intervento, la disposizione è stata oggetto di un'importante pronuncia della Corte costituzionale (26.9.2018 n. 194), che ne ha dichiarato l'incostituzionalità nella parte in cui essa fissava l'automatismo per il calcolo dell'indennità. Secondo la Corte, la definizione dell'indennità sulla base del rigido meccanismo dell'attribuzione di 2 mensilità per ogni anno di servizio non garantisce al lavoratore un adeguato ristoro del danno patito a seguito dell'illegittimo licenziamento, né assicura a sufficienza che il datore di lavoro sia dissuaso dal licenziare ingiustamente.

A seguito di questa pronuncia, pertanto, torna nelle prerogative del giudice il potere di commisurare caso per caso l'ammontare dell'indennità – fermo restando il limite minimo di 6 e quello massimo di 36 mensilità – tenendo conto dell'anzianità di servizio, ma anche di altri criteri, desumibili in via sistematica dall'evoluzione della disciplina limitativa dei licenziamenti, quali il numero dei dipendenti occupati, le dimensioni dell'attività economica, il comportamento e le condizioni delle parti.

8.1.4. *La tutela economica ridotta*

La tutela economica ridotta è riproposta per i licenziamenti affetti da vizi formali o procedurali.

L'art. 4 d.lgs. 23/2015 prevede che, nell'ipotesi in cui il licenziamento sia carente della motivazione ovvero non abbia rispettato la procedura di cui all'art. 7 Statuto dei lavoratori, il giudice dichiara estinto il rapporto di lavoro alla data del licenziamento e condanna il datore di lavoro al pagamento di un'indennità non assoggettata a contribuzione previdenziale il cui importo, in virtù della originaria formulazione della disposizione, era pari a una mensilità dell'ultima retribuzione di riferimento per il calcolo del trattamento di fine rapporto per ogni anno di servizio, in misura comunque non inferiore a 2 e non superiore a 12 mensilità.

La Corte costituzionale, in linea con la ricordata pronuncia del 2018 (cfr. *retro*, § 8.1.3), ha dichiarato l'incostituzionalità anche dell'art. 4, limitatamente alle parole "di importo pari a una mensilità dell'ultima retribuzione di riferimento per il calcolo del trattamento di fine rapporto per ogni anni di servizio" (C. Cost. 16.7.2020 n. 150), restituendo al giudice, pure in quest'ipotesi, il potere di modulare l'entità dell'indennità risarcitoria – entro il minimo e il massimo fissati dal legislatore – in relazione non solo all'anzianità di servizio, ma anche alla gravità delle violazioni, al numero degli occupati, alle dimensioni dell'impresa, al comportamento e alle condizioni delle parti.

L'automatismo per il calcolo dell'indennità, basato sulla moltiplicazione di una mensilità per ogni anno di servizio, è stato perciò superato, con la conseguenza che l'indennità è oggi determinabile dal giudice, pur sempre fra un minimo di 2 e un massimo di 12 mensilità.

Analogamente a quanto previsto dall'art. 18 c. 6 Statuto dei lavoratori, qualora il giudice, su domanda del lavoratore, accerti la sussistenza dei presupposti per l'applicazione delle maggiori tutele economiche o ripristinatorie di cui agli artt. 2 e 3 d.lgs. 23/2015, non troverà applicazione la minor tutela di cui all'art. 4.

8.2. *La tutela debole*

L'art. 9 c. 1 d.lgs. 23/2015 dispone che, ove il datore di lavoro non raggiunga i requisiti dimensionali di cui all'art. 18 cc. 8 e 9 Statuto dei lavoratori, non trova applicazione la tutela ripristinatoria attenuata (art. 3 c. 2), ma soltanto la tutela economica di cui agli artt. 3 c. 1, 4 c. 1 e 6 c. 1.

L'ammontare delle indennità e degli importi di cui ai predetti articoli sono dimezzati e non possono superare il limite di 6 mensilità.

9. *La revoca del licenziamento e l'offerta di conciliazione*

L'art. 5 d.lgs. 23/2015, con formulazione analoga a quella contenuta nell'art. 18 c. 10 Statuto dei lavoratori, prevede e disciplina l'istituto della revoca del licenziamento.

Pertanto, per ogni licenziamento, sia esso relativo a un lavoratore assunto in data antecedente o successiva al 6.3.2015, il nostro ordinamento prevede la facoltà del datore di lavoro di revocarne gli effetti.

La revoca deve essere effettuata entro il termine di 15 giorni dalla comunicazione al datore di lavoro dell'impugnazione del medesimo. Il rapporto di lavoro s'intende ripristinato senza soluzione di continuità, con diritto del lavoratore alla retribuzione maturata nel periodo precedente alla revoca, e non trovano applicazione né i regimi sanzionatori previsti dall'art. 18 Statuto dei lavoratori, né i regimi sanzionatori di cui al d.lgs. 23/2015.

Per le sole ipotesi di licenziamento di lavoratori di cui all'art. 1 d.lgs. 23/2105 è previsto l'istituto dell'offerta di conciliazione.

L'art. 6 del predetto decreto riconosce al datore di lavoro la facoltà, al fine di evitare il giudizio, e ferma restando la possibilità per le parti di addivenire a ogni altra modalità di conciliazione prevista dalla legge, di offrire al lavoratore, entro i termini di impugnazione stragiudiziale del licenziamento, ed esclusivamente in una delle sedi di cui all'art. 2113 c. 4 c.c. o di fronte a una commissione di certificazione dei contratti di lavoro di cui all'art. 76 d.lgs. 276/2003, un importo che non costituisce reddito imponibile ai fini dell'imposta sul reddito delle persone fisiche e che non è assoggettato a contribuzione previdenziale, di ammontare pari a una mensilità della retribuzione di riferimento per il calcolo del trattamento di fine rapporto per ogni anno di servizio, in misura comunque non inferiore a 3 e non superiore a 27 mensilità (importi così innalzati dal c.d. decreto dignità).

L'offerta deve essere effettuata, per espressa previsione normativa, mediante consegna al lavoratore di un assegno circolare.

L'accettazione dell'assegno da parte del lavoratore nelle sedi sopra indicate comporta l'estinzione del rapporto alla data del licenziamento e la rinuncia all'impugnazione dello stesso anche qualora il lavoratore l'abbia già proposta.

Il legislatore ha, altresì, previsto che in sede conciliativa possano essere pattuite ulteriori somme a chiusura di ogni altra pendenza derivante dal rapporto di lavoro, ma l'importo eccedente rispetto a quello determinato secondo i criteri legali è soggetto al regime fiscale ordinario.

10. *I licenziamenti collettivi*

La materia dei licenziamenti collettivi è rimasta a lungo priva di una disciplina legislativa, anche considerato che l'art. 11 c. 2 l. 604/1966 esplicitamente la escludeva dall'ambito di applicazione delle disposizioni in materia di licenziamento individuale. Essa aveva trovato una qualche regolazione all'interno di alcuni accordi interconfederali ed era stata oggetto di taluni interventi da parte della giurisprudenza.

Occorre attendere il 1991 perché il legislatore fornisca alla materia una disciplina completa.

La regolazione disposta con l. 223/1991 recepisce, benché in ritardo e dopo due condanne da parte della Corte di giustizia, la direttiva 129/75/CEE (poi modificata dalla direttiva 92/56/CE e, infine, trasfusa nella direttiva 98/59/CE), che richiedeva agli Stati membri di introdurre una procedura atta a coinvolgere i rappresentanti sindacali nella gestione di operazioni, quali appunto la gestione delle eccedenze di personale, a elevato impatto sociale.

Nel dare attuazione alle indicazioni provenienti dall'Unione europea, il nostro legislatore non si è limitato a recepire in modo pedissequo i contenuti della direttiva, ma ha introdotto ulteriori garanzie a protezione dei lavoratori coinvolti nel processo di ristrutturazione aziendale, prima fra tutte la determinazione di criteri per l'individuazione dei prestatori da licenziare.

Si segnala, infine, che nel recepire la direttiva 98/59/CE, l'ambito di applicazione della l. 223/1991 è stato esteso ai datori di lavoro non imprenditori (cfr. art. 24 c. 1-*bis*, introdotto con l. 110/2004), mentre la più recente l. 161/2014, in ottemperanza alle prescrizioni risultate dalla procedura di infrazione della Commissione UE n. 2007/2652, ha riformulato il c. 1 dell'art. 24 estendendo la procedura in esame anche ai dirigenti.

10.1. *I presupposti*

L'art. 24 stabilisce che si abbia un licenziamento collettivo allorquando:

a) un'impresa o un datore di lavoro non imprenditore occupi almeno 15 dipendenti (compresi i dirigenti);

b) s'intendano effettuare almeno 5 licenziamenti nell'arco di 120 giorni;

c) i recessi intervengano nella medesima unità produttiva, o in più unità produttive nell'ambito del territorio di una stessa Provincia;

d) la volontà di recedere sia determinata dalla riduzione o trasformazione di attività o di lavoro ovvero dalla cessazione dell'attività, fatti salvi i casi dei licenziamenti determinati dalla fine del lavoro negli appalti per costruzioni edili e dalla cessazione degli appalti di servizi.

Qualora non sussistano i suddetti presupposti applicativi della l. 223/1991, il recesso intimato per motivazioni organizzative economiche concernenti l'impresa, anche quando interessa più lavoratori, è considerato licenziamento individuale, e non collettivo, e tecnicamente è utilizzata la locuzione "licenziamento individuale plurimo per giustificato motivo oggettivo".

Non sussiste, infatti, una differenza "ontologica" fra licenziamento collettivo e licenziamento individuale plurimo per giustificato motivo oggettivo, dal momento che entrambi sono riconducibili a ragioni oggettive attinenti all'organizzazione del lavoro, ma solo una differenza "quantitativa" data dal numero di licenziamenti programmati. La *ratio* della disciplina risiede, infatti, nel circondare di particolari cautele una fattispecie capace di determinare importanti ripercussioni sul piano sociale.

10.2. *La procedura*

La procedura del licenziamento collettivo, disciplinata dall'art. 4 cc. 2 ss., si applica a due distinte fattispecie:

a) agli esuberi dovuti a riduzione o trasformazione di attività o lavoro o cessazione di attività, a seguito dei quali il datore di lavoro adotti la decisione di procedere alla riduzione del personale nei termini di cui al precedente paragrafo (art. 24);

b) agli esuberi manifestatisi a causa di un processo di trasformazione o crisi aziendale per il quale sia stato concesso l'intervento della cassa integrazione guadagni straordinaria, nel caso in cui l'azienda ritenga di non poter garantire il reimpiego dei lavoratori (art. 4 c. 1).

La procedura prevede innanzitutto che il datore di lavoro o l'imprenditore debbano, anche per il tramite dell'associazione dei datori di lavoro alla quale l'impresa aderisce o conferisce mandato, dare comunicazione preventiva, per iscritto, dell'intenzione di procedere a una riduzione del personale.

La comunicazione deve essere trasmessa alle rappresentanze sindacali aziendali costituite a norma dell'art. 19 Statuto dei lavoratori, nonché alle rispettive associazioni di categoria. In mancanza delle predette rappresentanze, la comunicazione deve essere effettuata alle associazioni di categoria aderenti alle confederazioni maggiormente rappresentative sul piano nazionale (art. 4 c. 2).

La legge indica in modo analitico i contenuti della lettera di avvio della procedura, la quale deve indicare:

– i motivi che determinano la situazione di eccedenza;

– i motivi tecnici, organizzativi o produttivi per i quali si ritiene di non poter adottare misure idonee a porre rimedio alla predetta situazione ed evitare, in tutto o in parte, il licenziamento collettivo;

– il numero, la collocazione aziendale e i profili professionali del personale eccedente, nonché del personale abitualmente impiegato;

– i tempi di attuazione del programma di riduzione del personale;

– le eventuali misure programmate per fronteggiare le conseguenze sul piano sociale dell'attuazione del programma medesimo;

– il metodo di calcolo di tutte le attribuzioni patrimoniali diverse da quelle già previste dalla legislazione vigente e dalla contrattazione collettiva (art. 4 c. 3).

Una copia della comunicazione deve essere contestualmente inviata all'ufficio provinciale dell'Ispettorato nazionale del lavoro (art. 4 c. 4).

Perfezionatasi la ricezione della lettera di avvio della procedura, segue la fase di consultazione.

Entro 7 giorni dalla data del ricevimento della comunicazione, su richiesta delle rappresentanze sindacali aziendali e delle rispettive associazioni, si procede a un esame congiunto tra le parti allo scopo di esaminare le cause che hanno contribuito a determinare l'eccedenza del personale e le possibilità di una diversa utilizzazione di tale personale, o di una sua parte, nell'ambito della stessa impresa, anche mediante contratti di solidarietà e forme flessibili di gestione del tempo di lavoro. Qualora non sia possibile evitare la riduzione di personale, è analizzata la possibilità di ricorrere a misure sociali di accompagnamento volte ad agevolare la riqualificazione e la riconversione dei lavoratori licenziati (art. 4 c. 5).

L'esame congiunto richiesto dalle organizzazioni sindacali deve concludersi entro 45 giorni – o entro la metà, qualora il numero degli esuberi dichiarati dall'impresa sia inferiore a 10 – dalla data del ricevimento della comunicazione dell'impresa. Del risultato della consultazione e dei motivi del suo eventuale esito negativo deve essere data comunicazione scritta, dall'impresa o dalle organizzazioni sindacali dei lavoratori, alla sede provinciale dell'Ispettorato nazionale del lavoro (art. 4 c. 6).

In caso di mancato raggiungimento dell'accordo, il direttore della competente sede dell'Ispettorato nazionale del lavoro convoca le parti al fine di un ulteriore esame, anche formulando proposte per la realizzazione di un accordo. Tale esame deve comunque esaurirsi entro 30 giorni (o 15 giorni, qualora il numero degli esuberi sia inferiore a 10) dal ricevimento da parte del predetto ufficio dell'esito dell'esame congiunto (art. 4 c. 7).

Raggiunto l'accordo sindacale, ovvero esaurita la procedura di cui ai cc. 6, 7 e 8, l'impresa ha facoltà di licenziare i lavoratori eccedenti nel rispetto dei termini di preavviso.

Entro 7 giorni dalla comunicazione dei recessi, l'elenco dei lavoratori licenziati (con l'indicazione per ciascun soggetto del nominativo, del luogo di residenza, della qualifica, del livello di inquadramento, dell'età, del carico di famiglia, nonché con puntuale indicazione delle modalità con le quali sono stati applicati i criteri di scelta di cui all'art. 5 c. 1: cfr. *infra*, § 10.3) deve essere comunicato, per iscritto a pena d'inefficacia, alla sede territorialmente competente dell'Ispettorato nazionale del lavoro, alla Commissione regionale per l'impiego e alle associazioni di categoria di cui al c. 2 (art. 4 c. 9).

L'art. 4 c. 12 (introdotto dalla l. 92/2012) prevede che gli eventuali vizi della comunicazione di cui al c. 2 possano essere sanati, a ogni effetto di legge, nell'ambito di un accordo sindacale concluso nel corso della procedura di licenziamento collettivo. Da ciò discende l'importanza, per la parte datoriale, di raggiungere un accordo con la parte sindacale al fine di sanare eventuali vizi, che potrebbero costituire motivo di illegittimità del correlato licenziamento individuale (v. *infra*, § 10.4).

10.3. *I criteri di scelta*

Esaurita la fase procedurale, raggiunto o meno l'accordo, il datore di lavoro può procedere – entro il termine di 120 giorni dalla conclusione della procedura (termine differibile solo mediante accordo sindacale) – a disporre i singoli atti di recesso, che devono essere comunicati per iscritto a ciascun lavoratore prescelto, nel rispetto del preavviso dovuto.

L'azione prodromica all'adozione dei singoli atti di licenziamento consiste nell'individuazione dei lavoratori che possono essere inclusi nel licenziamento collettivo.

La scelta deve avvenire secondo i criteri concordati dalle parti sindacali in relazione alle esigenze tecnico-produttive e organizzative del complesso aziendale.

In mancanza di criteri concordati con la parte sindacale, l'individuazione dei lavoratori da licenziare deve avvenire nel rispetto dei criteri, tra loro in concorso, previsti all'art. 5 c. 1 della legge in esame, ovvero:

a) i carichi di famiglia;

b) l'anzianità di servizio;

c) le esigenze tecnico-produttive e organizzative.

L'impresa, inoltre, nell'individuazione dei lavoratori da licenziare non può collocare in mobilità una percentuale di lavoratrici superiore alla percentuale di manodopera femminile occupata nelle mansioni prese in considerazione (art. 5 c. 2).

10.4. *L'impugnazione del licenziamento e il regime sanzionatorio*

Il lavoratore, al quale è stato comunicato il recesso a seguito della descritta procedura di licenziamento collettivo, può contestarne la legittimità per vizio di forma scritta, violazione della procedura e violazione dei criteri di scelta.

Ai fini dell'impugnazione del licenziamento si applicano le disposizioni di cui all'art. 6 della l. 604/1966.

Per effetto dell'entrata in vigore del d.lgs. 23/2015, anche con riferimento ai licenziamenti collettivi illegittimi coesistono due distinti regimi sanzionatori: il regime fondato sull'art. 18 Statuto dei lavoratori (così come modificato dalla l. 92/2012, al quale fa espressamente rinvio l'art. 5 c. 3 l. 223/1991) e il regime di cui all'art. 10 d.lgs. 23/2015.

Per coloro che rientrano nel regime *ex* art. 18 Statuto dei lavoratori, qualora il licenziamento sia intimato senza l'osservanza della forma scritta, si applica il regime sanzionatorio di cui all'art. 18 c. 1 (tutela ripristinatoria piena). In caso di violazione delle procedure richiamate dall'art. 4 c. 12, si applica il regime di cui all'art. 18 c. 7 terzo periodo (tutela economica). Infine, in caso di violazione dei criteri di scelta previsti dal c. 1, si applica il regime di cui all'art. 18 c. 4 (tutela ripristinatoria attenuata).

L'art. 10 d.lgs. 23/2015, prevede, invece, un regime sanzionatorio articolato su due livelli, anziché su tre, meno garantista di quello applicato agli assunti fino al 6.3.2015.

In particolare, esso conferma la tutela ripristinatoria piena per il caso di violazione della forma scritta, ma dispone che si applichi la sola tutela economica tanto nel caso di violazione della procedura sindacale, quanto nel caso di violazione dei criteri di scelta.

11. *Gli ammortizzatori sociali*

Nel nostro ordinamento con l'espressione ammortizzatori sociali si fa riferimento a una serie di strumenti previdenziali di sostegno al reddito del lavoratore, erogati, secondo quanto previsto dall'art. 38 cc. 1, 2 e 4 Cost., in funzione indennitaria, in situazioni in cui il reddito venga a mancare (cfr. *infra*, cap. 18).

Tali misure, fra loro eterogenee, possono distinguersi in due macro categorie: gli ammortizzatori che presuppongono l'estinzione del rapporto di lavoro e che hanno la funzione di garanzia contro la disoccupazione involontaria, come la nuova assicurazione sociale per l'impiego – NASpI – per i lavoratori subordinati e l'indennità di disoccupazione per i collaboratori (DIS-COLL); e gli ammortizzatori che intervengono in costanza di rapporto e che presuppongono, quindi, la sospensione e non l'interruzione dello stesso, aventi lo scopo di prevenire l'insorgere della disoccupazione, come la cassa integrazione guadagni ordinaria (CIGO) o la cassa integrazione guadagni straordinaria (CIGS).

11.1. *Le origini della cassa integrazione guadagni*

In questo paragrafo ci soffermeremo sulla seconda tipologia di ammortizzatori, che trova le proprie origini a metà del secolo scorso, ma la cui disciplina è oggi dettata dal d.lgs. 148/2015, che rappresenta un testo organico delle disposizioni in materia di integrazione salariale ordinaria e straordinaria e di fondi bilaterali di solidarietà.

L'istituto della cassa integrazione guadagni era originariamente sorto a tutela degli operai dell'industria e interveniva nei casi di oggettiva impossibilità della prestazione (d.lgs.lgt. 788/1945). La cassa assicurava l'integrazione della retribuzione nei casi di sospensione parziale o totale del lavoro a causa di eventi non imputabili né agli imprenditori, né agli operai.

Con il tempo l'istituto ha assunto una funzione di sostegno, oltre che del reddito dei lavoratori e dell'occupazione, dell'impresa, intervenendo in casi di semplice difficoltà della stessa quali sospensioni derivanti da situazione temporanee di mercato o scaturenti da scelte discrezionali dell'imprenditore come ristrutturazioni o riconversioni industriali. Negli anni la misura è stata poi estesa anche ad aziende non industriali, quali aziende commerciali, artigiane o appaltatrici di servizi.

L'erogazione del trattamento salariale avveniva all'esito di un procedimento amministrativo avviato con domanda di ammissione da parte del datore di lavoro. Ottenuta l'ammissione al trattamento di integrazione salariale, il rapporto di lavoro veniva sospeso e il datore di lavoro era sollevato, per l'intera durata di concessione del trattamento, dagli obblighi retributivi, mentre il lavoratore beneficiava del trattamento di integrazione salariale erogato dall'INPS.

Il legislatore è poi intervenuto a più riprese ampliando sia le ipotesi di ammissione al trattamento di integrazione salariale, sia le categorie di lavoratori beneficiari, distinguendo due gestioni della cassa, una ordinaria e una straordinaria, definendo le procedure per la concessione, introducendo limiti di durata alla concessione del trattamento e attribuendo alle organizzazioni sindacali un ruolo centrale nella verifica della richiesta del datore di lavoro, sino ad addivenire all'assetto delineato dal succitato d.lgs. 148/2015.

11.2. *La cassa integrazione guadagni ordinaria e straordinaria nel d.lgs. 148/2015*

Il d.lgs. 148/2015 al titolo I (artt. 1-8) detta norme comuni sui trattamenti di integrazione salariale, per poi disciplinarne distintamente – al capo II (artt. 9-18) per la cassa integrazione guadagni ordinaria (CIGO) e al capo III (artt. 19-25-*ter*) per la cassa integrazione guadagni straordinaria (CIGS) – il campo di applicazione, le causali, la durata del trattamento, l'informazione e consultazione sindacale, il procedimento.

Per quanto concerne le disposizioni comuni si osserva che entrambe le casse prevedono quali destinatari dei trattamenti di integrazione salariale tutti i lavoratori subordinati (compresi gli apprendisti, ma esclusi i dirigenti e i lavoratori a domicilio) che alla data di richiesta della concessione abbiano maturato presso l'unità produttiva per la quale si richiede il trattamento un'anzianità non inferiore a 30 giorni di lavoro effettivo (artt. 1-2).

In base all'art. 3, il trattamento di integrazione salariale ammonta all'80% della retribuzione globale che sarebbe spettata al lavoratore per le ore di lavoro non prestate comprese tra zero ore ed il limite dell'orario contrattuale. Il trattamento si calcola tenendo conto dell'orario di ciascuna settimana indipendentemente dal periodo di paga.

Per quanto riguarda la durata massima complessiva, per ciascuna unità produttiva il trattamento ordinario e quello straordinario di integrazione salariale non possono superare la durata di 24 mesi in un quinquennio mobile, fatto salvo quanto previsto dall'art. 22 c. 5, mentre per le imprese industriali e artigiane dell'edilizia e affini, nonché per le imprese di cui all'art. 10 c. 1, lett. *n* e *o*, per ciascuna unità produttiva il trattamento ordinario e quello straordinario non possono superare la durata massima complessiva di 30 mesi in un quinquennio mobile (art. 4).

In ordine alla modalità di erogazione, il pagamento delle integrazioni salariali è effettuato dall'impresa ai dipendenti aventi diritto alla fine di ogni periodo di paga e l'importo delle integrazioni è rimborsato dall'INPS all'impresa o conguagliato da questa secondo le norme per il conguaglio fra contributi dovuti e prestazioni corrisposte (art. 7).

Le due casse, come anticipato, si distinguono per i settori e le imprese ammesse alla loro erogazione (campo di applicazione), i presupposti (c.d. causali) di intervento, le procedure e la durata massima di intervento, nonché per la contribuzione posta a carico delle imprese e dei lavoratori.

Il campo di applicazione della CIGO è delineato dall'art. 10, ove dalla lett. *a* alla lett. *o* sono individuate le tipologie di imprese ammesse all'erogazione delle integrazioni salariali ordinarie. Fra queste si citano, a titolo esemplificativo, le imprese industriali manifatturiere, di trasporto, estrattive, di installazione di impianti produzione e distribuzione dell'energia, acqua e gas.

L'art. 11 individua, poi, le due causali di corresponsione del trattamento per contrazione o sospensione dell'attività produttiva:

a) situazioni aziendali dovute a eventi transitori e non imputabili all'impresa o ai dipendenti, incluse le intemperie stagionali;

b) situazioni temporanee di mercato.

La CIGO ha quindi la funzione di sostenere il reddito dei lavoratori nel caso di contrazioni non volontarie dell'attività produttiva, di natura congiunturale e cioè temporanea, con una programmazione di ripresa della stessa in termini di ragionevole prevedibilità.

Per quanto concerne la durata, le integrazioni salariali ordinarie hanno una durata massima di 13 settimane continuative, prorogabili trimestralmente fino a un massimo complessivo di 52 settimane. Qualora l'impresa abbia fruito di 52 settimane consecutive di integrazione salariale ordinaria, una nuova domanda può essere proposta per la medesima unità produttiva per la quale l'integrazione è stata concessa solo quando sia trascorso un periodo di almeno 52 settimane di normale attività lavorativa. L'integrazione salariale ordinaria relativa a più periodi non consecutivi non può superare complessivamente la durata di 52 settimane in un biennio mobile. Tali limiti di durata non trovano applicazione relativamente agli interventi determinati da eventi oggettivamente non evitabili (art. 12).

Da un punto di vista procedurale, l'art. 14 prevede necessariamente la preventiva informazione e consultazione sindacale.

L'impresa, nei casi di sospensione o riduzione dell'attività lavorativa, è tenuta a comunicare preventivamente alla RSA o alla RSU, ove esistenti, nonché alle articolazioni territoriali delle associazioni sindacali comparativamente più rappresentative a livello nazionale, le cause di sospensione o di riduzione dell'orario di lavoro, l'entità e la durata prevedibile e il numero dei lavoratori interessati.

Alla comunicazione segue, su richiesta di una delle parti, l'esame congiunto, anche in via telematica, avente a oggetto la tutela degli interessi dei lavoratori in relazione alla situazione di crisi.

L'intera procedura deve esaurirsi entro 25 giorni dalla data della comunicazione alle rappresentanze sindacali e alle organizzazioni sindacali, ridotti a 10 giorni nel caso in cui l'impresa occupi fino a 50 dipendenti.

Questa è la regola generale che può essere superata (art. 14 c. 4) allorché, a fronte di eventi non oggettivamente evitabili, la sospensione o la riduzione di orario non possano essere differite: in questo caso, il datore di lavoro deve comunicare alle rappresentanze sindacali e alle organizzazioni sindacali la durata prevedibile della sospensione o della riduzione e il numero dei dipendenti interessati. Quando la sospensione o riduzione dell'orario di lavoro sia superiore a 16 ore settimanali si procede, su richiesta di una delle parti, da presentarsi entro 3 giorni dalla comunicazione datoriale, a un esame congiunto in ordine alla ripresa della normale attività produttiva e ai criteri di distribuzione degli orari di lavoro. La procedura si deve esaurire entro i 5 giorni successivi a quello della richiesta.

Le disposizioni sopra descritte per le imprese dell'industria e dell'artigianato edile e dell'industria e dell'artigianato lapidei si applicano limitatamente alle richieste di proroga dei trattamenti con sospensione dell'attività lavorativa oltre le 13 settimane continuative (art. 14 c. 5).

La domanda di concessione deve essere presentata all'INPS esclusivamente in via telematica entro i 15 giorni successivi all'inizio della sospensione o della riduzione di orario (art. 15). Se non viene rispettato tale termine, il trattamento integrativo non può riguardare periodi anteriori di una settimana rispetto alla data di presentazione. Se dalla omessa o tardiva presentazione deriva un danno ai lavoratori consistente nella perdita totale o parziale del trattamento integrativo, il datore di lavoro risponde del danno causato con una somma da corrispondere agli interessati ed equivalente nell'importo alla integrazione salariale non percepita.

Nella domanda di concessione devono essere indicati la causa della sospensione o riduzione dell'orario di lavoro e la presumibile durata, i nominativi dei lavoratori interessati e le ore richieste.

La CIGS, diversamente dalla CIGO che presuppone la ripresa dell'attività e il mantenimento dell'organico, è volta a dare sostegno a situazioni strutturali idonee a determinare una durevole eccedenza di personale.

L'ambito di applicazione del trattamento di integrazione salariale straordinaria è definito dall'art. 20. Fra le imprese ammesse al trattamento di cassa integrazione guadagni straordinaria si ricordano, a titolo esemplificativo, le imprese industriali, comprese quelle edili e affini, purché nel semestre precedente la data di presentazione della domanda abbiano occupato mediamente più di 15 dipendenti (art. 20 c. 1) e le imprese esercenti attività commerciali, comprese quelle della logistica, purché nel semestre precedente la data di presentazione della domanda abbiano occupato mediamente più di 50 dipendenti (art. 20 c. 2).

L'art. 21 prevede che l'intervento straordinario di integrazione salariale può essere richiesto quando la sospensione o la riduzione dell'attività lavorativa sia determinata da una delle seguenti causali:

a) riorganizzazione aziendale, anche per realizzare processi di transizione individuati e regolati con decreto del Ministero del lavoro e delle politiche sociali sentito il Ministero dello sviluppo economico. Il programma di riorganizzazione aziendale deve presentare un piano di interventi volto a fronteggiare le inefficienze della struttura gestionale o produttiva ovvero a gestire profili di transizione e deve contenere indicazioni sugli investimenti e sull'eventuale attività di formazione dei lavoratori. Tale programma deve, in ogni caso, essere finalizzato a un consistente recupero occupazionale, anche in termini di riqualificazione professionale e di potenziamento delle competenze, del personale interessato dalle sospensioni o dalle riduzioni dell'orario di lavoro.

b) crisi aziendale (ad esclusione, a decorrere dall'1.1.2016, dei casi di cessazione dell'attività produttiva dell'azienda o di un ramo di essa). Il programma di crisi aziendale deve contenere un piano di risanamento volto a fronteggiare gli squilibri di natura produttiva, finanziaria, gestionale o derivanti da condizionamenti esterni. Il piano deve indicare gli interventi correttivi da affrontare e gli obiettivi concretamente raggiungibili finalizzati alla continuazione dell'attività aziendale e alla salvaguardia occupazionale.

c) contratto di solidarietà (difensivo). Il contratto di solidarietà è stipulato dall'impresa attraverso contratti collettivi aziendali ai sensi dell'art. 51 d.lgs. 81/2015, che stabiliscono una riduzione dell'orario di lavoro al fine di evitare, in tutto o in parte, la riduzione o la dichiarazione di esubero del personale anche attraverso un suo più razionale impiego. La riduzione media oraria non può essere superiore al 60% dell'orario giornaliero, settimanale o mensile dei lavoratori interessati al contratto di solidarietà, percentuale elevata all'80% per i contratti di solidarietà stipulati dal 1°.1.2022. Per ciascun lavoratore, la percentuale di riduzione complessiva dell'orario di lavoro non può essere superiore al 70% nell'arco dell'intero periodo per il quale il contratto di solidarietà è stipulato, percentuale elevata al 90% per i contratti di solidarietà stipulati a decorrere dal 1°.1.2022.

L'art. 22 stabilisce i limiti di durata massima per le integrazioni salariali straordinarie differenziati in relazione alla causale di richiesta.

Per la causale di riorganizzazione aziendale, il trattamento straordinario di integrazione salariale può avere una durata massima di 24 mesi, anche continuativi, in un quinquennio mobile.

Per la causale di crisi aziendale, il trattamento straordinario di integrazione salariale può avere una durata massima di 12 mesi, anche continuativi. Una nuova autorizzazione non può essere concessa prima che sia decorso un periodo pari a due terzi di quello relativo alla precedente autorizzazione.

Per la causale del contratto di solidarietà, il trattamento straordinario di integrazione salariale può avere una durata massima di 24 mesi, anche continuativi, in un quinquennio mobile. All'interno di tale arco temporale, entro il limite dei 24 mesi, la durata dei trattamenti derivanti dalla solidarietà è computata per la metà. Di conseguenza, la durata massima può raggiungere i 36 mesi anche continuativi (art. 22 c. 5, disposizione che non trova applicazione alle imprese edili e affini).

L'art. 24 disciplina, poi, la procedura di consultazione sindacale per le causali di riorganizzazione e di crisi aziendale.

L'impresa è tenuta a comunicare, direttamente o tramite l'associazione imprenditoriale cui aderisce o conferisce mandato, alle RSA o alle RSU, nonché alle articolazioni territoriali delle associazioni sindacali comparativamente più rappresentative a livello nazionale: le cause di sospensione o di riduzione dell'orario di lavoro; l'entità e la durata prevedibile; il numero dei lavoratori interessati.

Entro 3 giorni dalla predetta comunicazione è presentata dall'impresa, dalle rappresentanze sindacali o dalle organizzazioni sindacali una domanda di esame congiunto della situazione aziendale. Tale domanda è trasmessa, ai fini della convocazione delle parti, al competente ufficio individuato dalla Regione del territorio di riferimento, qualora l'intervento richiesto riguardi unità produttive ubicate in una sola regione, o al Ministero del lavoro e delle politiche sociali, qualora l'intervento riguardi unità produttive ubicate in più Regioni. In tale caso il Ministero richiede, comunque, il parere delle Regioni interessate.

Costituiscono oggetto dell'esame congiunto, da tenersi anche in via telematica: il programma che l'impresa intende attuare, comprensivo della durata e del numero dei lavoratori interessati alla sospensione o riduzione di orario e delle ragioni che rendono non praticabili forme alternative di riduzioni di orario, nonché delle misure previste per la gestione delle eventuali eccedenze di personale; i criteri di scelta dei lavoratori da sospendere, che devono essere coerenti con le ragioni per le quali è richiesto l'intervento; le modalità della rotazione tra i lavoratori o le ragioni tecnico-organizzative della mancata adozione di meccanismi di rotazione. Salvo il caso di richieste di trattamento presentate da imprese edili e affini, le parti devono espressamente dichiarare la non percorribilità della causale del contratto di solidarietà difensivo.

L'intera procedura di consultazione, attivata dalla richiesta di esame congiunto, si esaurisce entro i 25 giorni (ridotti a 10 nel caso in cui l'impresa occupi fino a 50 lavoratori) successivi a quello in cui è stata avanzata la richiesta medesima.

La domanda di concessione di trattamento straordinario di integrazione salariale è presentata entro 7 giorni dalla data di conclusione della procedura di consultazione sindacale o dalla data di stipula dell'accordo collettivo aziendale relativo al ricorso all'intervento e deve essere corredata dell'elenco nominativo dei lavoratori interessati dalle sospensioni o riduzioni di orario. Tali informazioni sono inviate dall'INPS alle Regioni e Province autonome, per il tramite del sistema informativo unitario delle politiche del lavoro, ai fini delle attività e degli obblighi di cui all'art. 8 c. 1. Per le causali di cui all'art. 21 c. 1, lett. *a* e *b*, nella domanda di concessione dell'integrazione salariale l'impresa comunica, inoltre, il numero dei lavoratori mediamente occupati presso l'unità produttiva oggetto dell'intervento nel semestre precedente, distinti per orario contrattuale.

La sospensione o la riduzione dell'orario, così come concordati tra le parti, ha inizio entro 30 giorni dalla data di presentazione della domanda di concessione del trattamento.

In caso di presentazione tardiva della domanda, il trattamento decorrerà dal trentesimo giorno successivo all'istanza e, qualora dalla omessa o tardiva presentazione della domanda derivi a danno dei lavoratori la perdita totale o parziale del diritto all'integrazione salariale, l'impresa è tenuta a corrispondere agli stessi una somma di importo equivalente alla integrazione salariale non percepita.

11.3. *I fondi di solidarietà*

Infine, in tema di ammortizzatori sociali occorre menzionare che il Titolo II del d.lgs. 148/2015 disciplina i fondi di solidarietà, che hanno quale principale scopo quello di definire forme di integrazione del reddito in costanza di rapporto di lavoro in favore dei lavoratori occupati nei settori per i quali non trova applicazione la normativa in materia di integrazione salariale ordinaria e straordinaria.

Il decreto individua e disciplina tre tipologie di fondi:

a) i fondi di solidarietà bilaterali (art. 26);

b) i fondi di solidarietà bilaterali alternativi, quale modello alternativo a quello previsto dall'art. 26, in riferimento ai settori dell'artigianato e della somministrazione di lavoro in cui erano già presenti, in considerazione dell'operare di consolidati sistemi di bilateralità e delle peculiari caratteristiche del settore, fondi bilaterali all'entrata in vigore del d.lgs. 148/2015 (art. 27);

c) il fondo di integrazione salariale – FIS (art. 29), già fondo di solidarietà residuale (art. 28).

I suddetti fondi sono costituiti mediante accordi o contratti collettivi (a eccezione del fondo residuale – FIS) e sono istituiti presso l'INPS, con decreto del Ministro del lavoro e delle politiche sociali, di concerto con il Ministro dell'economia e delle finanze.

I fondi di cui agli artt. 26 e 27 assicurano, in relazione alle causali previste dalla normativa in materia di integrazioni salariali ordinarie e straordinarie, la prestazione di un assegno di integrazione salariale di importo almeno pari all'integrazione salariale di cui all'art. 3 d.lgs. 148/2015 e stabiliscono la durata della prestazione in misura almeno pari ai trattamenti di integrazione salariale, a seconda della causale invocata e comunque nel rispetto dei limiti massimi di durata previsti dall'art. 4 d.lgs. 148/2015 (art. 30).

Il fondo di integrazione salariale di cui all'art. 28 garantisce, invece, un assegno di solidarietà che può essere corrisposto per un periodo massimo di 12 mesi in un biennio mobile. Ai fini della determinazione della misura dell'assegno di solidarietà per le ore di lavoro non prestate si tiene conto delle previsioni di cui al succitato art. 3 d.lgs. 148/2015 (art. 31).

Capitolo 15

Contratti e modalità di lavoro non standard

di Antonio Riccio

1. *Premessa*

Il diritto del lavoro, italiano e non solo, conosce ormai da tempo una molteplicità di istituti contrattuali diversi da quello che è ancora oggi considerato il tipo *standard*, ossia il lavoro subordinato a tempo pieno e indeterminato. La previsione di contratti d'impiego e modalità di lavoro differenziati è rappresentativa della linea legislativa tendente ad assecondare le esigenze di flessibilità numerica e organizzativa, che mira a consentire alle imprese di rapportare l'organico aziendale, almeno in parte, al variare dei fabbisogni produttivi.

La quasi totalità dei tipi contrattuali (fatta eccezione per il lavoro occasionale: cfr. *retro*, cap. 4, § 4.4) si inscrivono nell'alveo del lavoro subordinato. Per fare un esempio, il contratto di lavoro a termine non è altro che un normale contratto di lavoro subordinato, che si differenzia dal contratto c.d. *standard*, appunto, per avere un termine di scadenza finale. Il contratto a tempo parziale non è altro che un contratto di lavoro subordinato con previsione di un orario ridotto, e così via.

Il margine di flessibilità nella gestione della manodopera, poi, non passa soltanto attraverso la predisposizione di modelli contrattuali diversi da quello *standard* ma anche e sempre di più da regole (come quelle in materia di lavoro agile: cfr. *infra*, § 7) che consentono di svolgere una normale prestazione di lavoro subordinato prescindendo dalla individuazione (grazie soprattutto al progresso tecnologico) di alcuni suoi elementi classici, come il luogo di svolgimento o l'orario normale.

2. *Il lavoro a tempo determinato*

Nel lavoro a tempo determinato le parti appongono al contratto una clausola contenente un termine di durata del rapporto di lavoro. Ciò comporta che, al raggiungimento di tale termine, il rapporto cessa automaticamente, senza necessità di alcuna dichiarazione di volontà delle parti.

Tradizionalmente l'ordinamento italiano ha cercato di contenere il ricorso a questa forma di impiego, considerata un fattore di destabilizzazione del lavoro. Con la l. 230/1962 (che abrogava l'art. 2097 c.c.) il ricorso al lavoro a termine fu consentito soltanto in ipotesi, dette *causali*, tassativamente stabilite dalla legge, sulla premessa che la forma normale di contratto di lavoro dovesse rimanere quella a tempo indeterminato.

Il modello della l. 230/1962, seppur divenuto più flessibile con l'arricchimento delle causali operato da riforme intervenute negli anni Ottanta, è sopravvissuto fino alla fine del secolo scorso.

La materia è stata profondamente riformata con il d.lgs. 368/2001, che ha abrogato la precedente disciplina, anche al fine di recepire le prescrizioni contenute nella direttiva 1999/70/CE, il cui principio cardine è che "i contratti a tempo indeterminato sono e continueranno ad essere la forma comune dei rapporti di lavoro fra i datori di lavoro ed i lavoratori", sebbene i contratti a tempo determinato rispondano, in alcune circostanze, sia alle esigenze dei datori di lavoro che a quelle dei lavoratori.

Il d.lgs. 368/2001, in apparente contrasto con il principio cardine della direttiva 1999/70/CE, aveva eliminato il riferimento alla normalità del contratto a tempo indeterminato, contenuto nella l. 230/1962, poi ripristinato attraverso le modifiche apportate dalla l. 247/2007 e oggi contenuto nel d.lgs. 81/2015. Inoltre, l'intervento del 2001 segna una prima e significativa liberalizzazione del contratto a termine, in particolare per la sostituzione del sistema delle causali tassative con quello della causale generale, ossia delle "ragioni tecniche, organizzative, produttive o sostitutive".

La l. 92/2012 (c.d. Riforma Fornero) ha apportato ulteriori significative modifiche alla disciplina dei rapporti di lavoro a tempo determinato, da una parte introducendo maggiore flessibilità (attraverso l'esonero dal requisito della causale giustificatrice del primo contratto a termine), e dall'altra operando restrizioni alla reiterazione del ricorso del contratto a termine con lo stesso lavoratore.

A segnare una nuova fase di riforma profonda dell'istituto è stato il d.l. 34/2014 conv. l. 78/2014, mediante il quale si è proceduto alla generale eliminazione della necessità della causale giustificativa di fronte alle difficoltà di definire con certezza le causali (fonte di un consistente contenzioso giudiziario), nonché per tentare di rilanciare l'occupazione, seppure temporanea.

Tale assetto ha poi trovato conferma nel d.lgs. 81/2015 (nel quale vengono disciplinate anche le altre tipologie contrattuali "flessibili"), che ha abrogato il d.lgs. 368/2001, e che rappresenta, oggi, la fonte di regolazione dell'istituto negli artt. da 19 a 29.

Pochi anni dopo è intervenuto ad apportare significative modifiche all'impianto normativo il legislatore del 2018 con il c.d. decreto dignità (d.l. 87/2018 conv. l. 96/2018). L'intervento mira essenzialmente a rendere più difficile il ricorso al lavoro a termine, nell'auspicabile, ma non certo scontata, prospettiva di favorire l'assunzione a tempo indeterminato dei lavoratori. Le limitazioni al ricorso al lavoro a termine si concretizzano, principalmente, nella riduzione della durata massima del contratto e nella parziale reintroduzione delle causali giustificatrici del termine.

Da ultimo, le modifiche operate con il c.d. decreto dignità sono state totalmente riviste, in un'ottica di maggiore flessibilità, ad opera del d.l. 48/2023 conv. l. 85/2023, il quale ha sostituito le causali giustificatrici introdotte nel 2018 con altre meno vincolanti, le quali, di fatto, demandano la loro definizione ai contratti collettivi o, in loro assenza e fino al 30.4.2024, alle stesse parti del rapporto di lavoro.

2.1. *La regola base, la forma e i limiti di durata del contratto*

Sulla base dello schema delineato dal d.l. 87/2018, l'art. 19 c. 1 prevede che sia consentita l'apposizione del termine al contratto di lavoro subordinato purché nel rispetto di un limite di durata di 12 mesi. Per la stipulazione di un contratto a termine, entro questi limiti, non è dunque richiesta l'indicazione di una causale.

Tuttavia, al contratto può essere apposto un termine di durata superiore a 12 mesi, comunque non oltre 24 mesi, purché in presenza di determinate causali.

Il d.l. 87/2018 prevedeva che tale possibilità fosse concessa in presenza di peculiari causali tese a rimarcare il necessario carattere temporaneo delle esigenze poste alla base della stipula, ossia:

a) esigenze temporanee e oggettive, estranee all'ordinaria attività, ovvero esigenze di sostituzione di altri lavoratori;

b) esigenze connesse a incrementi temporanei, significativi e non programmabili dell'attività ordinaria;

c) specifiche esigenze previste dai contratti collettivi di cui all'art. 51 (vale a dire contratti collettivi nazionali e territoriali stipulati da associazioni sindacali comparativamente più rappresentative sul piano nazionale e contratti collettivi aziendali stipulati dalle loro RSA o RSU), e ciò fino al 31.9.2022, come previsto dall'art. 41-*bis* d.l. 73/2021 conv. l. 106/2021.

Quanto appena detto, come già anticipato, è stato oggetto di significative revisioni ad opera del d.l. 48/2023 conv. l. 85/2023. Attraverso tale intervento, il legislatore ha disposto l'eliminazione delle causali appena descritte, subordinando l'apposizione del termine (nei limiti temporali già indicati) alle seguenti condizioni:

a) nei casi previsti dai contratti collettivi di cui all'art. 51;

b) in assenza delle previsioni di cui alla lettera a), nei contratti collettivi applicati in azienda, e comunque entro il 30.4.2024, per esigenze di natura tecnica, organizzativa o produttiva individuate dalle parti;

b-*bis*) in sostituzione di altri lavoratori.

Si aggiunge, inoltre, che le disposizioni di cui al c. 1 non si applicano ai contratti stipulati dalle pubbliche amministrazioni, nonché ai contratti di lavoro a tempo determinato stipulati dalle università private, incluse le filiazioni di università straniere, istituti pubblici di ricerca, società pubbliche che promuovono la ricerca e l'innovazione ovvero enti privati di ricerca e lavoratori chiamati a svolgere attività di insegnamento, di ricerca scientifica o tecnologica, di trasferimento di *know-how*, di supporto all'innovazione, di assistenza tecnica alla stessa o di coordinamento e direzione della stessa, ai quali continuano ad applicarsi le disposizioni vigenti anteriormente alla data di entrata in vigore del d.l. 87/2018 conv. l. 96/2018.

L'apposizione del termine deve risultare, direttamente o indirettamente, da atto scritto, a meno che la durata del rapporto di lavoro non superi i 12 giorni lavorativi (art. 19 c. 4), e il datore di lavoro deve consegnare al lavoratore copia dell'atto scritto entro 5 giorni lavorativi dall'inizio della prestazione.

La forma del contratto è *ad substantiam*: in mancanza di forma scritta l'apposizione è inefficace e il contratto si reputa a tempo indeterminato sin dalla sua conclusione.

Nei contratti stipulati fin dall'inizio per una durata superiore ai 12 mesi, l'indicazione scritta deve riguardare anche la causale. Nel caso in cui tale indicazione manchi o, pur presente, sia ritenuta dal giudice non veritiera o non conforme alla definizione di cui ai contratti collettivi menzionati e, in loro assenza, alle definizioni individuate dalle parti del rapporto, il contratto a termine sarà trasformato in un contratto a tempo indeterminato con decorrenza dal superamento dei 12 mesi.

Il contratto, dunque, deve rispettare il limite massimo dei 24 mesi (peraltro derogabile dalla contrattazione collettiva), e tale limite vale sia per un singolo contratto che per una successione di contratti conclusi tra le medesime parti, a condizione che abbiano a oggetto lo svolgimento di mansioni del medesimo livello e categoria contrattuale.

Ciò detto, è possibile la stipulazione di un ulteriore contratto a termine, di durata non superiore a 12 mesi, dinanzi all'Ispettorato territoriale del lavoro competente (art. 19 c. 3).

2.2. *La proroga e il rinnovo del contratto a tempo determinato*

È naturalmente possibile che le parti, prima della scadenza, abbiano l'esigenza di prorogare il termine di durata inizialmente previsto ovvero, scaduto il contratto a termine, di stipulare un nuovo contratto di lavoro a tempo determinato. Inoltre, è possibile che il rapporto di lavoro, scaduto il termine, prosegua di fatto. Il legislatore, tuttavia, ha posto dei limiti a tali facoltà come argine ai rischi di precarizzazione dei lavoratori derivanti da un abuso del ricorso del contratto a termine tra le stesse parti.

Prima della scadenza, dunque, il termine del contratto può essere prorogato, con il consenso del lavoratore, con atto scritto.

La proroga può essere "liberamente" disposta nei primi 12 mesi, mentre, qualora il termine complessivo del contratto ecceda i 12 mesi, può avvenire solo in presenza di una delle causali (che vanno indicate nell'atto di proroga) esplicitate dalla legge (o, sulla base delle nuove disposizioni, dai contratti collettivi menzionati e, in loro assenza, dalle parti) e alle quali si è fatto cenno in precedenza, in relazione alla stipula dei contratti a termine di durata da 12 a 24 mesi.

Anche in questo caso, qualora manchi formalmente e sostanzialmente la causale, il contratto si trasforma in contratto a tempo indeterminato.

Infine, la proroga è consentita a condizione che la durata iniziale sia inferiore a 24 mesi e comunque per un massimo di 4 proroghe nell'arco dei 24 mesi, a prescindere dal numero dei contratti. Le 4 possibili proroghe, quindi, risultano spendibili in relazione all'insieme dei contratti a termine stipulati fra le medesime parti.

Quale conseguenza del superamento delle 4 proroghe, è previsto che "il contratto si trasforma in contratto a tempo indeterminato dalla data di decorrenza della quinta proroga" (art. 21 c. 1).

Il rinnovo (o riassunzione) rappresenta, a differenza della proroga, un nuovo e distinto contratto. L'art. 21 pone limiti alla stipula, dopo la scadenza del termine di durata, di un nuovo contratto a tempo determinato fra le stesse parti avente il medesimo contenuto del primo.

Fermi i limiti di durata massima, la stipula del rinnovo è libera nei primi 12 mesi ed è, successivamente, possibile solo in presenza di una causale.

Nel caso in cui tali condizioni manchino, "il contratto si trasforma in contratto a tempo indeterminato" (art. 21 c. 1).

Inoltre, il datore di lavoro è tenuto al rispetto di un determinato intervallo tra un contratto a termine e la stipula del successivo con il medesimo lavoratore. La legge prevede, infatti, che qualora il lavoratore venga riassunto a tempo determinato entro 10 giorni dalla data di scadenza di un contratto di durata fino a 6 mesi, ovvero 20 giorni in caso di contratto di durata superiore a 6 mesi, il secondo contratto si trasforma in contratto a tempo indeterminato.

Fermi i limiti di durata massima, laddove, invece, il rapporto prosegua di fatto dopo la scadenza del contratto, l'art. 22 stabilisce che il datore di lavoro è tenuto a corrispondere al lavoratore una maggiorazione della retribuzione per ogni giorno di continuazione del rapporto pari al 20% fino al decimo giorno successivo, e al 40% per ciascun giorno ulteriore.

Se il rapporto continua oltre il trentesimo giorno in caso di contratto di durata inferiore a 6 mesi, ovvero oltre il cinquantesimo giorno in caso di durata ultrasemestrale, il contratto si considera a tempo indeterminato dalla scadenza dei predetti termini.

Vale la pena di ricordare, tuttavia, che l'applicazione dei limiti suddetti trova importanti eccezioni. Infatti, non sono soggette ai limiti riguardanti la proroga i contratti stipulati per l'espletamento di attività stagionali (art. 21 c. 1).

Il limite delle 4 proroghe non si applica alle imprese *start-up* innovative di cui all'art. 25 cc. 2 e 3 d.l. 179/2012 conv. l. 221/2012 per un periodo di 4 anni dalla loro costituzione (art. 21 c. 3).

Infine, le regole sugli intervalli minimi di tempo tra la conclusione di due contratti a termine non trovano applicazione nei confronti dei lavoratori impiegati nelle attività stagionali (art. 21 c. 2) e alle imprese *start-up* innovative per un periodo di 4 anni dalla loro costituzione (art. 21 c. 3).

2.3. *I limiti quantitativi*

Oltre ai limiti finora esposti i datori di lavoro devono rispettare anche un tetto percentuale di contratti a termine stipulabili in rapporto all'organico aziendale assunto a tempo indeterminato.

L'art. 23 d.lgs. 81/2015 prevede il limite generale del 20% dei contratti, salva diversa disposizione delle norme collettive e fatta eccezione per i datori di lavoro che occupano fino a 5 dipendenti, per i quali è sempre possibile stipulare un contratto di lavoro a tempo determinato.

A questo limite si affianca un ulteriore limite quantitativo complessivo del 30%, come sommatoria di contratti a termine e contratti di somministrazione di lavoro a tempo determinato.

In caso di violazione della regola sui limiti quantitativi, rispetto alla quale peraltro sono previste svariate eccezioni, per ciascun lavoratore si applica una sanzione amministrativa.

Si prevedono comunque importanti eccezioni ai limiti quantitativi anzidetti. Sono infatti esenti dal limite i contratti a tempo determinato conclusi: a) nella fase di avvio di nuove attività, per i periodi definiti dai contratti collettivi, anche in misura non uniforme con riferimento ad aree geografiche e comparti merceologici; b) da imprese *start-up* innovative, per il periodo di 4 anni dalla costituzione; c) per lo svolgimento delle attività stagionali; d) per specifici spettacoli ovvero specifici programmi radiofonici o televisivi o per la produzione di specifiche opere audiovisive; e) per sostituzione di lavoratori assenti; f) con lavoratori di età superiore a 50 anni; g) tra università private, incluse le filiazioni di università straniere, istituti pubblici di ricerca ovvero enti privati di ricerca e lavoratori chiamati a svolgere attività di insegnamento, di ricerca scientifica o tecnologica, di assistenza tecnica alla stessa o di coordinamento e direzione della stessa; h) con lavoratori impiegati per soddisfare esigenze temporanee legate alla realizzazione di mostre, eventi e manifestazioni di interesse culturale.

2.4. *I divieti*

L'art. 20 d.lgs. 81/2015 stabilisce che l'apposizione del termine non è mai ammessa nei seguenti casi:

a) per la sostituzione di lavoratori che esercitano il diritto di sciopero;

b) presso unità produttive nelle quali si è proceduto, entro i 6 mesi precedenti, a licenziamenti collettivi a norma degli artt. 4 e 24 l. 223/1991, che hanno riguardato lavoratori adibiti alle stesse mansioni cui si riferisce il contratto di lavoro a tempo determinato, salvo che il contratto sia concluso per provvedere alla sostituzione di lavoratori assenti, per assumere lavoratori iscritti nelle liste di mobilità o abbia una durata iniziale non superiore a 3 mesi;

c) presso unità produttive nelle quali sono operanti una sospensione del lavoro o una riduzione dell'orario in regime di cassa integrazione guadagni che interessano lavoratori adibiti alle mansioni cui si riferisce il contratto a tempo determinato;

d) da parte di datori di lavoro che non hanno effettuato la valutazione dei rischi in applicazione della normativa di tutela della salute e della sicurezza dei lavoratori.

Nel caso di violazione di detti divieti la sanzione prevista è la c.d. conversione del contratto a termine in contratto a tempo indeterminato.

2.5. *I diritti del lavoratore a tempo determinato*

Il trattamento economico e normativo del lavoratore a termine è incentrato sul principio di non discriminazione sancito dall'art. 25, da cui discende che egli ha diritto a ogni trattamento riservato dall'impresa ai lavoratori a tempo indeterminato comparabili, seppur in proporzione al periodo lavorativo prestato e sempre che tale trattamento non sia obiettivamente incompatibile con la natura del contratto a termine.

L'art. 26 si limita a rimettere alla contrattazione collettiva la previsione di modalità e strumenti per agevolare l'accesso del lavoratore a termine a un'adeguata formazione.

Inoltre, l'art. 24 disciplina un diritto di precedenza a beneficio del lavoratore a termine in caso di assunzione a tempo indeterminato. Infatti, salve diverse disposizioni del contratto collettivo, il lavoratore che, nell'esecuzione di uno o più contratti a termine presso la stessa azienda, abbia prestato attività lavorativa per un periodo superiore a 6 mesi ha diritto di precedenza nelle assunzioni a tempo indeterminato effettuate dal datore di lavoro entro i successivi 12 mesi dalla cessazione di quel rapporto a termine per lo svolgimento di mansioni già espletate in esecuzione dei rapporti a termine. Il lavoratore assunto a termine per lo svolgimento di attività stagionali, invece, ha diritto di precedenza rispetto a nuove assunzioni a termine da parte dello stesso datore di lavoro per le medesime attività stagionali.

In favore delle lavoratrici che usufruiscono del congedo di maternità è, invece, previsto un diritto di precedenza anche nelle assunzioni a termine (art. 24 c. 2).

Il diritto di precedenza deve essere espressamente richiamato nell'atto scritto da cui risulta l'apposizione del termine, e il lavoratore deve manifestare l'intenzione di avvalersene entro 6 mesi dalla cessazione del rapporto, ridotti a 3 ove si tratti di lavoratore stagionale.

Il diritto di precedenza si estingue entro un anno dalla cessazione del rapporto.

2.6. *Il recesso dal contratto a tempo determinato*

L'implicazione giuridica della clausola del termine è precludere la facoltà di recesso a entrambe le parti del contratto, fatta salva la presenza di una giusta causa (art. 2119 c.c.: cfr. *retro*, cap. 14, § 3). Ciò significa che in caso di recesso *ante tempus*, ossia prima della scadenza del termine, il lavoratore avrà diritto di percepire le retribuzioni relative all'intero periodo fino alla scadenza del contratto (è necessario, però, che il lavoratore abbia messo in mora il datore, offrendo le proprie prestazioni); in caso di dimissioni anticipate, il datore potrà richiedere (sebbene accada raramente) un risarcimento dei danni sofferti a causa dell'interruzione del rapporto di lavoro.

Alla scadenza del termine la risoluzione del rapporto è automatica: non vi è, dunque, necessità di alcuna manifestazione di volontà.

3. *Il lavoro a tempo parziale*

Per lavoro a tempo parziale (o *part-time*) si intende il contratto con il quale le parti concordano un orario di lavoro che risulta comunque inferiore all'orario normale di lavoro di cui al d.lgs. 66/2003 (art. 3 c. 1; cfr. *retro*, cap. 12, § 2), ovvero all'eventuale minor orario normale fissato dai contratti collettivi applicati.

Tale riduzione può articolarsi in diverse soluzioni: si è soliti parlare di lavoro a tempo parziale di tipo orizzontale quando la riduzione di orario è prevista in relazione all'orario normale giornaliero (ad esempio, 4 ore tutti i giorni), verticale quando l'attività lavorativa è svolta a tempo pieno, ma limitatamente a periodi predeterminati nel corso della settimana, del mese o dell'anno (ad esempio, 8 ore spalmate su 2 giorni alla settimana), misto, infine, quello che si svolge secondo una combinazione delle due precedenti modalità (ad esempio, un contratto che prevede lo svolgimento della prestazione per 4 ore di lavoro al giorno per 3 giorni alla settimana).

L'Unione europea ha disciplinato, con la direttiva 81/1997/CE, la materia del *part-time* allo scopo di promuovere l'utilizzo di tale tipologia contrattuale quale strumento della strategia globale europea per l'occupazione, e ciò, in particolare, per la sua attitudine (almeno teorica) a incontrare l'interesse sia dell'impresa che dei prestatori (soprattutto alcune categorie, come studenti o lavoratrici madri).

In Italia, il contratto di lavoro a tempo parziale è stato introdotto con la l. 863/1984 attraverso una regolamentazione piuttosto rigida, tesa a garantire in favore del lavoratore la programmabilità dei tempi di vita e di lavoro. L'evoluzione della disciplina è andata via via arricchendosi di elementi di flessibilità che, secondo alcuni, mettono a rischio la programmabilità dei tempi di vita. Il d.lgs. 61/2000, con il quale era stata data attuazione proprio alla direttiva 81/1997/CE, è stato poi abrogato dall'art. 55 c. 1 lett. *a* d.lgs. 81/2015, che attualmente detta la disciplina dell'istituto agli artt. 4-12.

3.1. *La forma e il contenuto del contratto*

Il contratto di lavoro a tempo parziale deve essere concluso in forma scritta ma soltanto ai fini della prova (art. 5 c. 1 d.lgs. 81/2015). In difetto di prova in ordine alla stipulazione a tempo parziale del contratto, su richiesta del lavoratore può essere dichiarata la sussistenza fra le parti di un rapporto di lavoro a tempo pieno a partire dalla data in cui la mancanza della scrittura sia accertata giudizialmente.

Nel contratto di lavoro a tempo parziale deve esser data puntuale indicazione: a) della durata della prestazione lavorativa; b) della collocazione temporale dell'orario con riferimento al giorno, alla settimana, al mese e all'anno.

L'eventuale mancanza o indeterminatezza delle indicazioni prescritte non comporta la nullità del contratto. Se l'omissione riguarda la durata della prestazione lavorativa, su richiesta del lavoratore può essere dichiarata la sussistenza fra le parti di un rapporto di lavoro a tempo pieno a partire dalla data del relativo accertamento giudiziale. Qualora, invece, l'omissione riguardi la collocazione temporale, il giudice provvede a determinare le modalità temporali di svolgimento della prestazione lavorativa a tempo parziale, tenendo conto delle responsabilità familiari del lavoratore, della necessità di integrazione del reddito derivante dal rapporto a tempo parziale mediante lo svolgimento di altra attività lavorativa, nonché delle esigenze del datore di lavoro (art. 10 c. 2).

3.2. *Le modalità flessibili nel contratto a tempo parziale*

La disciplina del lavoro a tempo parziale prevede una serie di ipotesi che consentono un utilizzo particolarmente flessibile della manodopera, offrendo la possibilità al datore di pretendere dal lavoratore modificazioni nella collocazione temporale della prestazione o una variazione della sua estensione quantitativa.

In primo luogo, è possibile il ricorso al lavoro supplementare (cfr. *retro*, cap. 12, § 2), ossia a prestazioni svolte oltre l'orario concordato fra le parti, ma entro il limite dell'orario normale settimanale (art. 6 c. 1).

Di massima, la disciplina di utilizzo del lavoro supplementare è demandata ai contratti collettivi ma, in assenza di pattuizione collettiva, il datore di lavoro può comunque fare ricorso al lavoro supplementare entro il limite del 25% dell'orario concordato. In tale ipotesi, il lavoratore può rifiutare lo svolgimento del lavoro supplementare solo ove ciò sia giustificato da comprovate esigenze lavorative, di salute, familiari o di formazione professionale. Al lavoratore spetta una maggiorazione della retribuzione del 15% (art. 6 c. 2).

Qualora le prestazioni valichino il limite dell'orario normale si applicherà la disciplina del lavoro straordinario (art. 6 c. 3: cfr. *retro*, cap. 12, § 3).

Nel rispetto di quanto previsto dai contratti collettivi, le parti possono pattuire per iscritto, poi, clausole elastiche relative alla variazione della collocazione temporale della prestazione lavorativa ovvero relative alla variazione in aumento della sua durata. In tali casi, il lavoratore ha diritto a un preavviso di 2 giorni lavorativi, fatte salve le diverse intese tra le parti, nonché a specifiche compensazioni, nella misura e nelle forme determinate dai contratti collettivi (quindi sia compensazioni economiche sia di altro tipo, come ad esempio riposi compensativi o giorni di ferie).

Per quanto riguarda le clausole di variazione in aumento, ciò equivale a esigere l'effettuazione di ore di lavoro supplementare, ma la differenza risiede nel fatto che le prestazioni aggiuntive supplementari sono richieste di volta in volta (e il lavoratore è tenuto a fornirle, salvo che non opponga dei validi motivi di rifiuto descritti), mentre, se viene pattuita una clausola elastica, esse sono dovute una volta per tutte.

Nel caso in cui il contratto collettivo applicato non disciplini le clausole elastiche queste possono essere pattuite per iscritto dalle parti avanti alle commissioni di certificazione. Le clausole devono prevedere, a pena di nullità, le condizioni e le modalità con le quali il datore di lavoro, con preavviso di 2 giorni lavorativi, può modificare la collocazione temporale della prestazione e variarne in aumento la durata, nonché la misura massima dell'aumento, che non può eccedere il limite del 25% della normale prestazione annua a tempo parziale. Le modifiche dell'orario in aumento comportano il diritto del lavoratore a una maggiorazione del 15% della retribuzione.

È sempre possibile revocare il consenso prestato alla clausola qualora si versi in una delle seguenti ipotesi:

a) lavoratore affetto da patologie oncologiche, nonché da gravi patologie cronico-degenerative ingravescenti, per il quale residui una ridotta capacità lavorativa;

b) in caso di patologie oncologiche o gravi patologie cronico-degenerative ingravescenti riguardanti il coniuge, i figli o i genitori;

c) lavoratore che assista una persona convivente con totale e permanente inabilità lavorativa;

d) lavoratore con figlio convivente di età non superiore agli anni 13 o con figlio convivente portatore di handicap;

e) lavoratore studente *ex* art. 10 l. 300/1970.

Il rifiuto del lavoratore di concordare variazioni dell'orario di lavoro non costituisce comunque giustificato motivo di licenziamento.

3.3. *Il trattamento del lavoratore a tempo parziale*

In applicazione del principio di non discriminazione, il lavoratore a tempo parziale non deve ricevere un trattamento meno favorevole rispetto al lavoratore a tempo pieno comparabile (intendendosi per tale quello inquadrato nello stesso livello in forza dei criteri di classificazione stabiliti dai contratti collettivi: cfr. *retro*, cap. 8, § 2.1), fatta salva la commisurazione dello stesso in ragione della ridotta entità della prestazione lavorativa (art. 7 cc. 1-2).

3.4. *La trasformazione del rapporto da tempo pieno a tempo parziale*

Quanto alla trasformazione da tempo pieno a tempo parziale, è necessario un accordo scritto tra le parti. Quindi, il lavoratore non può essere obbligato né, tantomeno, gode di un diritto alla trasformazione.

Un tale diritto (nonché quello alla successiva ri-trasformazione da tempo parziale a tempo pieno) è previsto soltanto per il lavoratore affetto da patologie oncologiche, nonché da gravi patologie cronico-degenerative ingravescenti, per il quale residui una ridotta capacità lavorativa accertata da apposita commissione medica (art. 8 c. 3).

Inoltre, è previsto il diritto di chiedere, per una sola volta, in luogo del congedo parentale o entro i limiti del congedo ancora spettante (cfr. *retro*, cap. 13, § 3), la trasformazione del rapporto di lavoro a tempo pieno in rapporto a tempo parziale, purché con una riduzione d'orario non superiore al 50%. Il datore di lavoro è tenuto a dar corso alla trasformazione entro 15 giorni dalla richiesta.

In altre situazioni, invece, è previsto soltanto un titolo di priorità nella trasformazione, che scatta solo ove il datore ritenga di darvi seguito:

a) in caso di patologie oncologiche o gravi patologie cronico-degenerative ingravescenti che riguardino il coniuge, la parte di un'unione civile o il convivente di fatto, i figli o i genitori del lavoratore o della lavoratrice;

b) nel caso in cui il lavoratore o la lavoratrice assista una persona convivente con totale e permanente inabilità lavorativa e necessità di assistenza continua;

c) qualora il lavoratore abbia un figlio convivente di età non superiore agli anni 13 oppure portatore di handicap.

Sul punto, il d.lgs. 105/2022 ha introdotto la disposizione per cui il lavoratore che richiede la trasformazione del contratto non può essere sanzionato, demansionato, licenziato, trasferito o sottoposto ad altra misura organizzativa avente effetti negativi, diretti o indiretti, sulle condizioni di lavoro. Qualunque misura adottata in violazione di tale disposizione è da considerarsi ritorsiva o discriminatoria e, pertanto, nulla. Ove tale violazione venga rilevata nei 2 anni antecedenti alla richiesta della certificazione della parità di genere di cui all'art. 46-*bis* d.lgs. 198/2006, ciò ne impedisce il conseguimento. È, infine, previsto che, in caso di assunzione di personale a tempo parziale, il datore di lavoro è tenuto a darne tempestiva informazione al personale con rapporto a tempo pieno occupato in unità produttive site nello stesso ambito comunale e a prendere in considerazione le eventuali domande di trasformazione a tempo parziale del rapporto dei dipendenti già occupati a tempo pieno.

4. *Il lavoro intermittente*

Per lavoro intermittente si intende il contratto, anche a tempo determinato, mediante il quale un lavoratore si pone a disposizione di un datore di lavoro, che ne può utilizzare la prestazione lavorativa in modo discontinuo o intermittente.

Il contratto di lavoro intermittente è stato introdotto per la prima volta con gli artt. 33 ss. d.lgs. 276/2003. Attualmente, dopo che l'istituto era stato abrogato (art. 1 c. 45 l. 247/2007) e poi reintrodotto (art. 39 c. 10 lett. *m* d.l. 112/2008 conv. l. 133/2008), la fattispecie è regolata dagli artt. da 13 a 18 d.lgs. 81/2015.

Principalmente si tratta di una figura contrattuale progettata per favorire l'emersione di lavoro sommerso, soprattutto in settori ove ricorre l'esigenza di ricorrere a manodopera in periodi o giorni della settimana particolari.

4.1. *La forma, i presupposti e i limiti del contratto*

La disciplina prevede che il contratto di lavoro intermittente debba essere concluso in forma scritta ai fini della prova dei seguenti elementi: la natura variabile della programmazione del lavoro; la durata e le ipotesi, oggettive o soggettive, che consentono la stipulazione del contratto a norma dell'art. 13; il luogo e le modalità della disponibilità eventualmente garantita dal lavoratore; il trattamento economico e normativo spettante al lavoratore per la prestazione eseguita, con l'indicazione dell'ammontare delle eventuali ore retribuite garantite al lavoratore e della retribuzione dovuta per il lavoro prestato in aggiunta alle ore garantite, nonché la relativa indennità di disponibilità, ove prevista; le forme e le modalità con cui il datore di lavoro è legittimato a richiedere l'esecuzione della prestazione di lavoro e del relativo preavviso di chiamata del lavoratore, nonché le modalità di rilevazione della prestazione; i tempi e le modalità di pagamento della retribuzione e dell'indennità di disponibilità; le misure di sicurezza necessarie in relazione al tipo di attività dedotta in contratto; le eventuali fasce orarie e i giorni predeterminati in cui il lavoratore è tenuto a svolgere le prestazioni lavorative. Il legislatore individua i casi in cui può concludersi un contratto di lavoro intermittente. L'individuazione dei periodi predeterminati nell'arco della settimana, del mese o dell'anno, entro i quali è possibile stipulare contratti di lavoro intermittente, è in generale rimessa alla contrattazione collettiva.

Nei settori in cui non vi è regolamentazione collettiva (e sono la maggior parte) le imprese possono comunque utilizzare tale tipologia attenendosi a quanto previsto dal d.m. 23.10.2004, in cui sono elencate 46 tipologie di attività: impiegati di albergo, camerieri, portinai, fattorini, commessi, etc.

A prescindere dal ricorrere delle esigenze suddette, il contratto può essere concluso, sulla base di un mero requisito soggettivo, con soggetti con meno di 24 anni di età, purché le prestazioni lavorative siano svolte entro il venticinquesimo anno, e con più di 55 anni (art. 13 c. 2).

Inoltre, con eccezione dei settori del turismo, dei pubblici esercizi e dello spettacolo, il limite massimo di ricorso al lavoro intermittente per ciascun prestatore è di 400 giornate di effettivo lavoro nell'arco di 3 anni solari, pena la trasformazione del rapporto in lavoro a tempo pieno e indeterminato.

Infine, la stipulazione di un contratto di lavoro intermittente non è mai ammessa nei seguenti casi:

a) per la sostituzione di lavoratori che esercitano il diritto di sciopero;

b) presso unità produttive nelle quali si è proceduto, entro i 6 mesi precedenti, a licenziamenti collettivi a norma degli artt. 4 e 24 l. 223/1991, che hanno riguardato lavoratori adibiti alle stesse mansioni cui si riferisce il contratto di lavoro intermittente;

c) presso unità produttive nelle quali sono operanti una sospensione del lavoro o una riduzione dell'orario in regime di cassa integrazione guadagni che interessano lavoratori adibiti alle mansioni cui si riferisce il contratto di lavoro intermittente;

d) da parte di datori di lavoro che non hanno effettuato la valutazione dei rischi in applicazione della normativa di tutela della salute e della sicurezza dei lavoratori (art. 14).

Nel caso di violazione di detti divieti la sanzione prevista è la conversione del contratto di lavoro intermittente in contratto a tempo indeterminato.

4.2. *Il lavoro intermittente con o senza obbligo di risposta alla chiamata*

È previsto che il contratto possa contenere o meno l'assunzione di un obbligo di risposta alla chiamata.

Nel primo caso, il lavoratore garantisce la disponibilità al datore di lavoro, percependo in cambio un'indennità, corrisposta mensilmente, nella misura determinata dalla contrattazione collettiva e comunque non inferiore al 20% della retribuzione prevista dal contratto collettivo nazionale applicato (d.m. 10.3.2004).

Il rifiuto ingiustificato di rispondere alla chiamata può comportare la risoluzione del contratto, nonché la restituzione della quota di indennità di disponibilità riferita al periodo successivo all'ingiustificato rifiuto.

Nel caso di contratto senza obbligo di disponibilità, non sussistendo alcun obbligo di risposta alla chiamata, il lavoratore garantisce soltanto una generica e non vincolante disponibilità.

4.3. *Il trattamento del lavoratore intermittente*

Il lavoratore intermittente non deve ricevere, per i periodi lavorati, un trattamento economico e normativo complessivamente meno favorevole rispetto al lavoratore di pari livello, a parità di mansioni svolte, fatto salvo il riproporzionamento in ragione della prestazione lavorativa effettivamente eseguita (art. 17).

5. *La somministrazione di lavoro*

Per lungo tempo l'ordinamento italiano ha vietato, attraverso la l. 1369/1960, l'interposizione nei rapporti di lavoro, principalmente per evitare fenomeni come il caporalato, nei quali un datore fittizio si interpone in un rapporto che intercorre di fatto fra i lavoratori e il datore reale (cfr. *infra*, cap. 16, § 3).

A partire dal 1997, con la l. 196, si è cominciata ad ammettere la possibilità, con limiti e condizioni, di dissociazione tra titolarità del rapporto di lavoro ed effettiva utilizzazione della prestazione lavorativa e, poi, con il d.lgs. 276/2003, si è provveduto all'abrogazione della l. 1369/1960, coniando l'espressione di "somministrazione di lavoro", istituto oggi disciplinato nel Capo IV del d.lgs. 81/2015. Rispetto a una, seppur incostante, tendenza alla liberalizzazione culminata nel 2015, il d.l. 87/2018 conv. l. 96/2018 ha di recente segnato una svolta assoggettando la somministrazione agli stessi irrigidimenti previsti per il lavoro a termine.

In materia, inoltre, si segnala l'interesse del legislatore europeo che, attraverso la direttiva 2008/104/CE, mira a tutelare il lavoro tramite agenzia migliorandone le condizioni.

Il contratto di somministrazione è definito dal d.lgs. 81/2015 come "il contratto, a tempo indeterminato o determinato, con il quale un'agenzia di somministrazione autorizzata, ai sensi del decreto legislativo n. 276 del 2003, mette a disposizione di un utilizzatore uno o più lavoratori suoi dipendenti, i quali, per tutta la durata della missione, svolgono la propria attività nell'interesse e sotto la direzione e il controllo dell'utilizzatore".

La somministrazione realizza, dunque, una relazione trilaterale, che coinvolge il lavoratore, l'agenzia di somministrazione e l'utilizzatore, mediante la stipula di due contratti: quello commerciale di somministrazione (fra utilizzatore e agenzia di somministrazione) e quello di lavoro (fra agenzia di somministrazione e lavoratore).

Per il tempo in cui presta la propria attività a favore dell'utilizzatore, il lavoratore è detto in missione.

5.1. *Le agenzie di somministrazione di lavoro*

Il primo requisito di legittimità del contratto di somministrazione di lavoro è che il somministratore (agenzia di somministrazione) sia un'impresa specificamente autorizzata dal Ministero del lavoro all'esercizio dell'attività di somministrazione e che sia iscritta in un apposito albo (artt. 4 ss. d.lgs. 276/2003).

Ai fini dell'ottenimento dell'autorizzazione le agenzie devono rispettare una serie di requisiti relativi, principalmente, alla disponibilità di idonee strutture, alla consistenza del capitale e a garanzie finanziarie (art. 5 d.lgs. 276/2003).

5.2. *La somministrazione di lavoro a tempo determinato e a tempo indeterminato (*staff leasing*). I limiti quantitativi e la forma del contratto di somministrazione*

Il legislatore prevede due tipologie di somministrazione di lavoro: a tempo determinato e a tempo indeterminato.

La somministrazione a tempo indeterminato (c.d. *staff leasing*) è ammessa, salvo diversa previsione dei contratti collettivi applicati dall'utilizzatore, nel limite del 20% della forza lavoro occupata con contratto di lavoro subordinato a tempo indeterminato alle dipendenze dell'utilizzatore (art. 31 c. 1 d.lgs. 81/2015), esclusi i lavoratori somministrati assunti con contratto di lavoro in apprendistato [1]. La disciplina della sommini-

---

[1] Il medesimo art. 31 c. 1, prevede, a seguito delle modifiche apportate dal d.l.

strazione a tempo indeterminato non trova applicazione nei confronti delle pubbliche amministrazioni (art. 31 c. 4).

A seguito delle modifiche apportate dal c.d. decreto dignità del 2018, per la somministrazione a tempo determinato la legge ora prevede, salvo diversa previsione dei contratti collettivi applicati dall'utilizzatore, un limite quantitativo complessivo del 30%, come sommatoria dei contratti a termine e dei contratti di somministrazione a tempo determinato.

Il contratto di somministrazione deve essere stipulato in forma scritta (*ad substantiam*) e deve contenere l'indicazione di una serie di elementi, tra i quali il numero, le mansioni e l'inquadramento dei lavoratori da somministrare (art. 33 c.1).

5.3. *I divieti di ricorso alla somministrazione di lavoro*

Il ricorso alla somministrazione di lavoro non è mai ammesso nei seguenti casi:

a) per la sostituzione di lavoratori che esercitano il diritto di sciopero;

b) presso unità produttive nelle quali si è proceduto, entro i 6 mesi precedenti, a licenziamenti collettivi a norma degli artt. 4 e 24 l. 223/1991, che hanno riguardato lavoratori adibiti alle stesse mansioni cui si riferisce il contratto di somministrazione di lavoro, a meno che tale contratto sia stipulato per provvedere alla sostituzione di lavoratori assenti o abbia una durata iniziale non superiore a 3 mesi;

c) presso unità produttive nelle quali sono operanti una sospensione del lavoro o una riduzione dell'orario in regime di cassa integrazione guadagni, che interessano lavoratori adibiti alle mansioni cui si riferisce il contratto di somministrazione di lavoro;

d) da parte di datori di lavoro che non hanno effettuato la valutazione dei rischi in applicazione della normativa di tutela della salute e della sicurezza dei lavoratori (art. 32).

5.4. *Il contratto di lavoro somministrato*

Il contratto di lavoro stipulato tra agenzia di somministrazione e lavoratore è di natura subordinata, anche se connotato da rilevanti peculiarità.

48/2023 conv. l. 85/2023, che "è in ogni caso esente da limiti quantitativi la somministrazione a tempo indeterminato di lavoratori di cui all'articolo 8, comma 2, della legge 23 luglio 1991, n. 223, di soggetti disoccupati che godono da almeno sei mesi di trattamenti di disoccupazione non agricola o di ammortizzatori sociali e di lavoratori svantaggiati o molto svantaggiati ai sensi dei numeri 4) e 99) dell'articolo 2 del regolamento (UE) n. 651/2014 della Commissione, del 17 giugno 2014, come individuati con decreto del Ministro del lavoro e delle politiche sociali".

In particolare, il contratto di lavoro può essere concluso:

a) soltanto a tempo indeterminato, in caso di somministrazione di lavoro a tempo indeterminato;

b) a tempo determinato o a tempo indeterminato, in caso di somministrazione a tempo determinato.

Non è prescritto alcun vincolo di forma per il contratto. Tuttavia, qualora questo sia a tempo determinato, trova applicazione il requisito formale previsto dal medesimo d.lgs. 81/2015 in materia di rapporti a termine.

In generale, laddove il prestatore sia assunto con contratto a termine, trova applicazione la normativa sul rapporto di lavoro a tempo determinato (artt. 19-29 d.lgs. 81/2015: cfr. *retro*, § 2), fatta eccezione per le disposizioni in tema di: intervalli tra un contratto e l'altro; proroga del contratto; limiti quantitativi di utilizzo; diritti di precedenza.

Dunque, sono applicabili le regole in tema di limiti temporali, sia riferiti al singolo contratto che complessivi, e quelle relative alle causali per le quali la legge prescrive che "si applicano esclusivamente all'utilizzatore" (art. 2 c. 1-*ter*). Sembra, quindi, che gravi sull'utilizzatore l'indicazione di tali condizioni di utilizzo, da apporre al contratto di lavoro a termine tra agenzia e lavoratore nei casi previsti dalla citata normativa sul contratto a termine.

Quando il lavoratore è assunto a tempo indeterminato si applica la disciplina generale dettata in tema di lavoro subordinato a tempo indeterminato, e il lavoratore può essere destinato a più missioni successive. Negli intervalli tra una missione e l'altra il lavoratore resta a disposizione dell'agenzia e ha diritto a percepire un'indennità di disponibilità nella misura fissata dal contratto collettivo applicato che non può essere inferiore, attualmente, al 20% della retribuzione contrattuale.

Sul tema è recentemente intervenuta la Corte di giustizia dell'Unione europea, la quale, dapprima nella pronuncia del 14.10.2020, C-681/18, *KG*, e successivamente nella pronuncia del 17.3.2022, C-232/20, *Daimler*, ha avuto l'opportunità di prendere posizione in maniera diretta sulla questione relativa al rilievo giuridico, in funzione antielusiva, che la temporaneità assume nell'ambito della disciplina del lavoro tramite agenzia contenuta nella direttiva 2008/104/CE e, dunque, sui relativi obblighi da essa eventualmente scaturenti a carico degli Stati membri in sede di attuazione. Al riguardo, i giudici di Lussemburgo hanno sottolineato il carattere tutt'altro che secondario della temporaneità nel lavoro tramite agenzia[2], spingendosi ad affermare che, nell'ipotesi in cui la normativa

---

[2] Come precisato dalla stessa Corte, tuttavia, il termine "temporaneamente", utilizzato nell'ambito della direttiva in questione, caratterizza non la natura del lavoro o il tipo di posto da coprire presso l'impresa utilizzatrice, ma le modalità di messa a disposizione di un lavoratore presso la stessa.

applicabile di uno Stato membro non abbia previsto una durata precisa oltre la quale una messa a disposizione non può più essere considerata temporanea, è compito dei giudici nazionali stabilirla caso per caso, "alla luce di tutte le circostanze pertinenti, che comprendono in particolare le specificità del settore" (punto 58, C-232/20)[3].

Occorre ricordare, inoltre, che è fatto divieto alle agenzie di esigere o comunque di percepire, direttamente o indirettamente, compensi dal lavoratore e di effettuare indagini sulla base di dati personali (convinzioni personali, affiliazione sindacale o politica, credo religioso, sesso, etc.), che costituiscono per definizione un trattamento discriminatorio (cfr. *retro*, cap. 11), a meno che non si tratti di caratteristiche che incidono sulle modalità di svolgimento dell'attività lavorativa o che costituiscono un requisito essenziale e determinante ai fini dello svolgimento dell'attività lavorativa (art. 10 d.lgs. 276/2003).

Infine, sul somministratore grava l'obbligo di comunicare per iscritto al lavoratore le informazioni contenute nel contratto di somministrazione e la data di inizio e la durata prevedibile della missione secondo le modalità e i termini di cui all'art. 1 c. 2 d.lgs. 152/1997 (vale a dire all'atto dell'instaurazione del rapporto di lavoro e prima dell'inizio dell'attività lavorativa), ovvero prima dell'invio in missione presso l'utilizzatore.

5.5. *Il rapporto di lavoro somministrato: poteri, retribuzione, obblighi di sicurezza, diritti sindacali e assunzione da parte dell'utilizzatore*

Per tutta la durata della somministrazione i lavoratori svolgono la propria attività nell'interesse dell'utilizzatore.

La peculiarità principale del rapporto di lavoro svolto nell'ambito di una somministrazione di lavoro è rappresentata dalla scissione fra la ti-

[3] Sulla scia di tali pronunce, la Corte di cassazione è recentemente intervenuta, con sentenza n. 22861/2022, osservando che il carattere temporaneo del lavoro tramite agenzia, anche quando non espressamente previsto dalla legislazione nazionale (come nel caso del d.lgs. 81/2015, prima della riforma operata dal decreto dignità), deve comunque considerarsi un requisito implicito e strutturale di questa tipologia contrattuale, in conformità con quanto stabilito dalla direttiva 2008/104, alla quale i giudici nazionali sono tenuti a fare riferimento in virtù del principio di interpretazione conforme del diritto nazionale al diritto dell'Unione. Da ciò deriva l'onere, in capo al giudice di merito, di verificare se, nel caso concreto, la reiterazione delle missioni del lavoratore presso l'impresa utilizzatrice abbia costituito il mezzo col quale eludere la regola della temporaneità, tenendo conto, a tal fine, di tutti i contratti di somministrazione succedutisi nel tempo, ivi inclusi quelli per i quali è maturata la decadenza dell'impugnazione, rilevanti come circostanze fattuali utili a stabilire se, nel suo complesso, l'utilizzo del lavoratore tramite somministrazione si sia protratto per un tempo superiore a un limite di durata che possa ragionevolmente considerarsi temporanea.

tolarità formale del rapporto (che resta in capo all'agenzia di somministrazione) e l'esercizio del potere direttivo e di controllo (che spettano, invece, all'impresa utilizzatrice: cfr.: *retro*, cap. 8, §§ 2-3). Il potere disciplinare, invece, estrinsecandosi in atti formali, è esercitato dal somministratore sulla base degli elementi di fatto forniti dall'utilizzatore (cfr. *retro*, cap. 8, § 4).

La prestazione è, dunque, svolta sotto la direzione e il controllo dell'utilizzatore (art. 30), e da ciò consegue che anche lo *ius variandi*, entro i limiti sanciti dall'art. 2103 c.c. (cfr. *retro*, cap. 8, § 2.2), è esercitato dall'utilizzatore, il quale, tuttavia, è tenuto a fornirne comunicazione scritta al somministratore. Nel caso in cui il lavoratore venga adibito a mansioni superiori o inferiori a quelle dedotte in contratto, senza immediata comunicazione scritta al somministratore, l'utilizzatore risponde in via esclusiva per le differenze retributive spettanti al lavoratore occupato in mansioni superiori e per l'eventuale risarcimento del danno derivante dall'assegnazione a mansioni inferiori (art. 35).

Per quanto riguarda gli obblighi retributivi (cfr. *retro*, cap. 9), questi saranno assolti dal somministratore, salvo il rimborso dei relativi oneri da parte dell'utilizzatore. È altresì previsto che l'utilizzatore sia obbligato in solido con il somministratore a corrispondere ai lavoratori i trattamenti retributivi e a versare i relativi contributi previdenziali, salvo il diritto di rivalsa verso il somministratore.

I lavoratori somministrati hanno diritto a condizioni economiche e normative complessivamente non inferiori a quelle dei dipendenti di pari livello dell'utilizzatore, a parità di mansioni svolte.

In materia di obblighi di sicurezza, è previsto a carico del somministratore un obbligo di informazione dei lavoratori sui rischi per la sicurezza e la salute connessi alle attività produttive e un obbligo di formazione all'uso delle attrezzature di lavoro necessarie allo svolgimento dell'attività lavorativa per la quale essi vengono assunti, in conformità al d.lgs. 81/2008 (cfr. *retro*, cap. 10). Tuttavia, il contratto di somministrazione può prevedere che tale obbligo sia adempiuto dall'utilizzatore.

A carico dell'utilizzatore, poi, è sancito il dovere di osservare nei confronti dei prestatori tutti gli obblighi di prevenzione e protezione previsti nei confronti dei propri dipendenti. L'utilizzatore è responsabile per la violazione degli obblighi di sicurezza individuati dalla legge e dai contratti collettivi (art. 35 c. 4).

Per quanto riguarda i diritti sindacali, il lavoratore ha diritto a esercitare presso l'utilizzatore, per tutta la durata della somministrazione, i diritti di libertà e di attività sindacale, nonché a partecipare alle assemblee del personale dipendente delle imprese utilizzatrici (art. 36).

Il legislatore, inoltre, ha previsto la nullità di ogni clausola diretta a limitare, anche indirettamente, la facoltà dell'utilizzatore di assumere il lavoratore al termine della missione (art. 35 c. 8) e ha previsto, ancora, che il lavoratore sia informato dall'utilizzatore dei posti vacanti presso quest'ultimo.

5.6. *Il regime sanzionatorio: la somministrazione irregolare e la somministrazione fraudolenta*

Il regime sanzionatorio è alquanto complesso. Taluni dei vizi della relazione contrattuale incidono soltanto sul contratto di lavoro somministrato, altri giungono fino a ripercuotersi sull'utilizzatore. Tra i primi rientrano i vizi del contratto di lavoro somministrato a termine (requisito della causale oltre i 12 mesi, causale per proroghe e rinnovi, limiti di durata). In queste ipotesi, dunque, il vizio non comporta conseguenze a carico dell'utilizzatore, a differenza delle ipotesi di somministrazione irregolare.

Come abbiamo visto, la somministrazione di lavoro è ammessa nel rispetto dei limiti, formali e sostanziali, indicati nel d.lgs. 81/2015.

In primo luogo, è prevista la nullità del contratto di somministrazione concluso non in forma scritta; i lavoratori sono considerati, in tale ipotesi, alle dipendenze dell'utilizzatore (art. 38 c. 1).

Si ha somministrazione irregolare, poi, qualora essa "avvenga al di fuori dei limiti e delle condizioni di cui agli art. 31, commi 1 e 2, 32 e 33, comma 1, lettera a), b), c) e d)" (38 c. 2). Tali vizi (tra i quali ricordiamo, ad esempio, la violazione dei limiti percentuali e la violazione dei divieti) determinano la possibilità per il lavoratore di chiedere, anche soltanto nei confronti dell'utilizzatore, la costituzione di un rapporto di lavoro alle dipendenze di quest'ultimo, con effetto dall'inizio della somministrazione (art. 38 c. 2). Tale norma non trova applicazione nei confronti della pubblica amministrazione.

L'azione per il riconoscimento del rapporto di lavoro in capo all'utilizzatore è sottoposta al medesimo regime decadenziale (60 giorni per l'impugnazione stragiudiziale più 180 giorni per la proposizione del ricorso in giudizio) previsto per l'impugnazione del licenziamento (cfr. *retro*, cap. 14, § 6), e decorre dalla data in cui il lavoratore ha cessato di svolgere la propria attività presso l'utilizzatore (art. 39 c. 1).

Ove il rapporto sia riconosciuto in capo all'utilizzatore, oltre alla costituzione del rapporto, al lavoratore spetterà un risarcimento del danno nei limiti di un'indennità onnicomprensiva, nella misura compresa tra un minimo di 2,5 e un massimo di 12 mensilità, che ristora per intero il pregiudizio patrimoniale subito dal lavoratore (art. 39 c. 2).

I pagamenti effettuati dal somministratore, a titolo retributivo o contributivo, liberano comunque l'utilizzatore dal debito corrispondente fino a concorrenza della somma effettivamente pagata.

L'esercizio non autorizzato di attività di somministrazione di lavoro configura un'ipotesi di somministrazione "abusiva" (art. 18 d.lgs. 276/2003). Il realizzarsi di tali fattispecie determina l'applicazione di un'ammenda di euro 50 per ogni lavoratore occupato e per ogni giornata di lavoro. Se vi è sfruttamento di minori, la pena è dell'arresto fino a 18 mesi e l'ammenda è aumentata fino al sestuplo.

Per altre irregolarità sono previste anche sanzioni amministrative, di natura pecuniaria, variamente a carico dell'utilizzatore e del somministratore (art. 40 c.1).

Il c.d. decreto dignità ha reintrodotto, inoltre, la fattispecie della somministrazione fraudolenta, che era stata eliminata nella riscrittura dell'istituto nel 2015. È considerata tale la somministrazione di lavoro posta in essere "con la specifica finalità di eludere norme inderogabili di legge o di contratto collettivo applicate al lavoratore". Il somministratore e l'utilizzatore, in tale ipotesi, sono puniti con la pena dell'ammenda di 20 euro per ciascun lavoratore coinvolto e per ciascun giorno di somministrazione (art. 38-*bis*).

6. *Il contratto di apprendistato*

Favorire l'inserimento occupazionale dei giovani è da sempre uno dei principali obiettivi perseguiti dai vari legislatori che si sono cimentati nella regolazione del mercato del lavoro.

Alla realizzazione di tale obiettivo rispondono le misure di puro e semplice incentivo economico all'assunzione, come il *bonus* per l'assunzione dei giovani tra i 18 e 29 anni di età, avviato nel 2013 con esiti insoddisfacenti ma confermato, sebbene con forme diverse, a partire dal 2017, unitamente alla programmazione di misure di riduzione mirata del c.d. cuneo fiscale e contributivo.

Tra le varie misure adottate, poi, emergono quelle connesse al panorama delle tipologie contrattuali offerte dall'ordinamento italiano, che è stato – ed è ancora oggi – caratterizzato dalla presenza di apposite forme contrattuali destinate all'impiego dei giovani. Alcune di queste sono state col tempo superate. È il caso, ad esempio, del contratto di inserimento disciplinato dal d.lgs. 276/2003, o, ancora, del contratto di formazione e lavoro introdotto dalla l. 863/1984, caduto sotto la scure della Corte di giustizia, che ha ritenuto gli incentivi economici ad esso legati come illegittimi aiuti di Stato.

La più nota, antica e importante tra le figure contrattuali destinate all'occupazione giovanile è il contratto di apprendistato.

L'istituto trae origine, nell'ambito delle corporazioni medioevali, dalle forme di addestramento professionale presenti nelle relazioni che si instauravano tra maestro e allievo all'interno delle botteghe artigiane. Il rapporto tra maestro e allievo ruotava intorno alla possibilità per quest'ultimo di apprendere, attraverso l'affiancamento del primo, le conoscenze e le tecniche di lavorazione (il mestiere, per utilizzare un gergo ormai desueto) necessarie per divenire a sua volta un artigiano e poter aprire, nel migliore dei casi, una propria bottega. Nell'Ottocento della Rivoluzione industriale, dopo la caduta del sistema corporativo, il modello di apprendimento sopra descritto non venne accantonato, soprattutto nel settore dell'artigianato, e continuò a essere utilizzato in una struttura che, pur ricalcando, di massima, quella originaria medievale, conteneva in sé elementi del tutto nuovi e che caratterizzeranno l'istituto fino ai nostri giorni.

La prima definizione legale di apprendista risale, comunque, al r.d. 1906/1938 conv. l. 739/1939, in cui si considerava tale "chiunque è occupato in un'azienda industriale o commerciale con lo scopo di acquistare la capacità necessaria per divenire lavoratore qualificato mediante addestramento pratico e la frequenza, ove siano istituiti, dei corsi per la formazione professionale". Questa disciplina fu, poi, integrata dalle norme contenute nel Codice civile del 1942 che, con gli artt. 2130-2134, tratteggiò i lineamenti essenziali dell'istituto.

Con la l. 25/1955, anche alla luce dei principi costituzionali, fu adottata la prima disciplina organica del rapporto di apprendistato, che fu descritto come "uno speciale rapporto di lavoro in forza del quale l'imprenditore è obbligato ad impartire o a far impartire, nella sua impresa, all'apprendista assunto alle sue dipendenze l'insegnamento necessario perché possa conseguire la capacità tecnica per diventare lavoratore qualificato, utilizzandone l'opera nell'impresa medesima".

La disciplina dell'apprendistato venne radicalmente riformata con il d.lgs. 276/2003 che, per la prima volta, ha articolato 3 diverse tipologie di apprendistato: l'apprendistato per l'espletamento del diritto-dovere di istruzione e formazione, rivolto ai giovani di età non inferiore a 15 anni per il conseguimento di una qualifica professionale; l'apprendistato professionalizzante, indirizzato ai soggetti di età compresa tra i 18 e i 29 anni, e finalizzato al raggiungimento di una "qualificazione attraverso una formazione sul lavoro e l'acquisizione di competenze di base, trasversali e tecnico-professionali"; l'apprendistato per l'acquisizione di un diploma o per percorsi di alta formazione.

Nonostante la profonda riscrittura delle regole dell'istituto, volta ad adattarle alle esigenze e necessità derivanti dai mutamenti del sistema economico e produttivo, anche tale tentativo sarà destinato a fallire. Sul mancato successo delle nuove regole, in particolare, peserà non poco la riforma in senso federalista dell'ordinamento costituzionale del 2001, che ha rafforzato le competenze regionali in materia di istruzione artigiana e professionale.

6.1. *L'apprendistato nel d.lgs. 81/2015: la disciplina comune*

Anche l'apprendistato è disciplinato oggi dal d.lgs. 81/2015. L'art. 41 definisce l'apprendistato come il contratto di lavoro a tempo indeterminato finalizzato alla formazione e all'occupazione dei giovani. Il legislatore, in ossequio al consolidato orientamento giurisprudenziale e dottrinario, conferma la natura a tempo indeterminato del contratto di lavoro. Ad essere temporanea è, invece, la parte formativa del contratto stesso, almeno teoricamente circoscritta al limitato periodo di tempo nel quale il giovane deve ricevere le istruzioni necessarie per acquisire competenze e conoscenze sufficienti a svolgere autonomamente le attività rientranti in una certa qualifica professionale.

La coesistenza sotto il tetto del medesimo contratto di questo duplice profilo, da un lato rapporto di lavoro ordinario, dall'altro rapporto di formazione a tempo determinato, rappresenta la ragione della presenza di norme speciali che regolamentano il periodo di realizzazione della fase formativa. La presenza di un obbligo formativo, inoltre, fa dell'apprendistato un contratto di lavoro a causa mista, in cui, cioè, a fronte dello svolgimento della prestazione lavorativa, il datore di lavoro si obbliga a corrispondere all'apprendista non solo la retribuzione, ma anche una formazione professionale.

Lo stesso art. 41, poi, conferma la suddivisione dell'apprendistato in 3 distinte tipologie: l'apprendistato per la qualifica e il diploma professionale, il diploma di istruzione secondaria superiore e il certificato di specializzazione tecnica superiore; l'apprendistato professionalizzante; l'apprendistato di alta formazione e ricerca.

Il d.lgs. 81/2015 detta una serie di regole comuni, destinate cioè a disciplinare tutte le tipologie di apprendistato. È previsto, anzitutto, un requisito di forma scritta, ma soltanto ai fini della prova del contratto (art. 42 c. 1), contratto che deve, altresì, contenere un piano formativo individuale (PFI). Quest'ultimo rappresenta un elemento di grande rilievo nell'economia dell'istituto.

Nel PFI, definito anche sulla base di moduli e formulari previsti dalla contrattazione collettiva o dagli enti bilaterali, infatti, deve essere contenuta l'indicazione dettagliata del percorso formativo dell'apprendista. Tale documento costituisce il principale riferimento ai fini della valutazione della correttezza degli adempimenti in capo al datore di lavoro. È, dunque, un elemento essenziale del contratto di apprendistato, del quale forma parte integrante.

Fatta eccezione per la tipologia dell'apprendistato professionalizzante (in cui la predisposizione è a cura dell'impresa), il PFI deve essere predisposto dall'istituzione formativa con il coinvolgimento dell'impresa sia nel caso di apprendistato per la qualifica e il diploma professionale, il diploma di istruzione secondaria superiore e il certificato di specializzazione tecnica superiore, sia nell'apprendistato di alta formazione e ricerca.

Un particolare interesse rivestono le connessioni tra la durata del rapporto e la disciplina del licenziamento. Come abbiamo visto, l'apprendistato, ferma una durata minima di base non inferiore a 6 mesi e una durata massima variabile della fase formativa, è un contratto a tempo indeterminato. Ciò determina l'applicazione delle regole ordinarie, in tema di licenziamento, previste, appunto, per un normale rapporto a tempo indeterminato. Anche per l'apprendistato vigono, dunque, la regola della giustificazione e le ordinarie sanzioni previste dalla normativa vigente per il licenziamento illegittimo, ivi incluse le regole previste dal d.lgs. 23/2015 in materia di tutele crescenti per i lavoratori assunti con contratto di apprendistato a partire dal 7.3.2015 (cfr. *retro*, cap. 14).

La peculiarità del regime emerge al termine del periodo di apprendistato allorquando alle parti, e in specie al datore di lavoro, è data la facoltà di recedere dal contratto liberamente, *ad nutum*, *ex* art. 2118, c.c., con preavviso decorrente dal medesimo termine (art. 42 c. 4). Perciò, ove il datore di lavoro ritenga di non voler confermare l'apprendista, può licenziarlo, al termine della fase formativa, senza dover motivare e giustificare il recesso. Tuttavia, se nessuna delle parti recede, il rapporto prosegue come ordinario rapporto di lavoro subordinato a tempo indeterminato (art. 42 c. 4).

Comunque, fatta eccezione per le regole di fonte legale appena accennate, e per quelle previste con riguardo a ciascuna tipologia, la disciplina del contratto di apprendistato è rimessa in via generale alla fonte contrattuale collettiva. Nella predisposizione delle regole, ciò nonostante, l'autonomia collettiva deve muoversi all'interno e nel rispetto di una serie di rilevanti principi indicati dallo stesso legislatore. In particolare, si possono ricordare (art. 42 c. 5): il divieto di retribuzione a cottimo; la necessaria presenza di un tutore o referente aziendale; la possibilità del riconoscimento, sulla base dei risultati formativi conseguiti, della qualifica professionale ai fini lavorativi e delle competenze acquisite ai fini del proseguimento degli studi o dei percorsi di istruzione degli adulti; la registrazione della formazione effettuata e della qualificazione professionale acquisita nel libretto formativo del cittadino (ancora da istituire); la possibilità di prolungare il periodo di apprendistato in caso di malattia, infortunio o altra causa di sospensione involontaria del rapporto, di durata superiore a 30 giorni.

Una rilevanza specifica assume poi, tra tali principi, la disposizione destinata a sostanziare il vantaggio, per il datore di lavoro, sul versante retributivo determinato dalla compresenza dell'ulteriore obbligo formativo. La legge prevede, infatti, la possibilità di inquadrare il lavoratore fino a 2 livelli inferiori rispetto a quello spettante, in applicazione del CCNL, ai lavoratori addetti a mansioni che richiedono qualificazioni corrispondenti a quelle al cui conseguimento è finalizzato il contratto, ovvero, in alternativa, la possibilità di stabilire la retribuzione dell'apprendista in misura percentualmente ridotta, tenuto conto dell'anzianità di servizio.

A questo vantaggio tipico del contratto di apprendistato si aggiunge, inoltre, ancora sul piano economico, la cospicua riduzione, al 10%, rispetto a una aliquota contributiva ordinaria media di circa il 30%, dei contributi previdenziali posti a carico del datore e, sul piano normativo, la regola della non computabilità degli apprendisti ai fini della determinazione dei limiti numerici previsti da leggi e contratti collettivi per l'applicazione di particolari normative e istituti (art. 47 c. 3).

Infine, il d.lgs. 81/2015 contiene regole comuni che, da un lato, prevedono una serie di limiti quantitativi di utilizzo e, dall'altro, disciplinano le conseguenze derivanti dall'illegittimo impiego dell'istituto.

Sul primo versante, è previsto che il numero massimo complessivo degli apprendisti che un datore di lavoro può utilizzare non può superare il rapporto di 3 a 2 delle maestranze specializzate e qualificate in servizio presso il datore di lavoro stesso. Tale rapporto, invece, non può superare il 100% laddove il datore occupi sino a 9 lavoratori. Nell'eventualità in cui il datore, poi, non abbia affatto dipendenti qualificati o specializzati, o ne abbia al massimo 2, questi potrà assumere non più di 2 apprendisti (art. 42 c. 7).

Sul secondo versante, viene disposto a carico del datore di lavoro l'obbligo di restituzione all'INPS della differenza tra la contribuzione versata e quella dovuta in relazione al normale livello di inquadramento contrattuale, maggiorata del 100%, in caso di inadempimento nell'erogazione della formazione, di cui il datore sia esclusivo responsabile, che sia tale da impedire la realizzazione delle finalità formative del contratto (art. 47 c. 1). Inoltre, pur in mancanza di una previsione legale specifica, è opinione condivisa che il datore di lavoro gravemente inadempiente all'obbligo formativo sia esposto a un'azione giudiziale del lavoratore per far accertare che non si sia trattato di vero apprendistato, e richiedere, di conseguenza, le differenze retributive non percepite e/o impugnare il licenziamento *ad nutum* disposto dal datore di lavoro al termine del periodo di apprendistato.

6.2. *L'apprendistato del primo tipo*

Questa particolare tipologia contrattuale, finalizzata al conseguimento di una qualifica o di un diploma professionale, di un diploma di istruzione secondaria superiore o di un certificato di specializzazione tecnica superiore, risponde, con più intensa efficacia, all'esigenza di integrare tra di loro l'istruzione e la formazione.

La disciplina di riferimento delimita l'ambito soggettivo di applicazione di tale modello contrattuale, pur lasciando immutati, rispetto alla normativa abrogata, i requisiti anagrafici necessari all'assunzione degli apprendisti: il compimento di 15 anni per l'età minima e di 25 per quella massima (art. 43). A quest'ultimo proposito, è opportuno ricordare che il limite anagrafico minimo, prescritto dalla norma, deroga alla regola generale che, in materia lavoristica, fissa l'acquisizione della capacità di lavoro al compimento del sedicesimo anno di età, facendo, tuttavia, salvo il pieno adempimento dell'obbligo scolastico (cfr. *retro*, cap. 6, § 2).

Per quanto riguarda la durata del tipo in esame, l'art. 43 prevede che essa sia determinabile in base alla natura della qualifica o del diploma da ottenere. Inoltre, è possibile una dilatazione del limite massimo di durata, che passa da 3 a 4 anni, nell'unico caso in cui debba essere conseguito un diploma professionale quadriennale.

È riconosciuta ai datori di lavoro la facoltà di prorogare fino a un anno il contratto di apprendistato tanto per i giovani che abbiano concluso meritevolmente i percorsi enucleati dal c. 1 della norma, laddove si miri al consolidamento e all'acquisizione di ulteriori competenze tecnico-professionali e specialistiche, quanto per quelli che non abbiano conseguito la qualifica, il diploma, il certificato di specializzazione tecnica superiore o il diploma di maturità professionale all'esito del corso annuale integrativo.

Sempre in ordine alla durata si è poi prevista, in termini derogatori rispetto alla previsione generale, la possibilità, per i giovani che frequentano il corso annuale integrativo, di stipulare contratti di apprendistato di primo livello di durata non superiore a 2 anni.

L'instaurarsi di un rapporto di apprendistato di primo livello è subordinato alla sottoscrizione di un protocollo tra il datore di lavoro e l'istituzione formativa cui è iscritto il giovane, per regolamentare gli obblighi del primo, conformemente a quanto previsto dallo schema adottato mediante il d.m. di cui all'art. 46 c. 1.

Quale unico limite generale alla stipulazione è richiesto l'indispensabile possesso, da parte dell'impresa, di taluni requisiti necessari per garantirne l'idoneità a erogare la formazione (tra i quali le capacità strutturali, tecniche e formative; tali requisiti sono enucleati e descritti dall'art. 3 d.m. 12.10.2015).

È necessaria, inoltre, la presenza di un *tutor* aziendale e di un *tutor* dell'istituto formativo, chiamati a collaborare anche nella compilazione di un *dossier* individuale sull'apprendista.

Il PFI è affidato all'istituzione scolastica, che procede con il coinvolgimento dell'impresa.

La formazione esterna all'azienda, impartita nell'istituzione formativa a cui lo studente è iscritto, non può essere superiore al 60% dell'orario ordinamentale per il secondo anno e al 50% per il terzo e quarto anno, nonché per l'anno successivo finalizzato al conseguimento del certificato di specializzazione tecnica.

È prevista, poi, una riduzione fino al 10% della retribuzione spettante al lavoratore per le ore di formazione a carico del datore, fatte salve le disposizioni dei contratti collettivi, e il totale esonero del datore dal pagamento di qualsivoglia obbligo remunerativo per le ore di formazione svolte presso l'istituzione scolastica (art. 42 c. 7).

6.3. *L'apprendistato professionalizzante*

Di gran lunga il più utilizzato tra i tre, l'apprendistato professionalizzante è finalizzato all'apprendimento di un mestiere.

Questo modello contrattuale consente ai giovani compresi tra i 18 (17 per tutti i soggetti in possesso di una qualifica professionale ai sensi del d.lgs. 226/2005) e i 29 anni di essere assunti in qualsivoglia settore di attività, sia pubblico che privato, per il conseguimento di una qualificazione professionale, individuata in base ai profili previsti per ciascun ambito di riferimento dai sistemi di inquadramento delineati dalla contrattazione collettiva.

È rimessa, poi, agli accordi interconfederali e ai CCNL (art. 44 c. 2) la definizione degli aspetti formativi, tra i quali la determinazione della durata e delle modalità di erogazione della formazione per l'acquisizione delle conoscenze tecnico-professionali e specialistiche, oltre alla durata anche minima del periodo di apprendistato che, per espressa previsione normativa, non può essere superiore a 3 anni (5 per le figure professionali riferibili al settore dell'artigianato) né inferiore a 6 mesi.

Quanto al PFI, i contenuti in cui si articola la formazione devono essere riportati – sia pure in forma sintetica – anche nel contratto stipulato dalle parti, sulla base di moduli o formulari già predisposti dai contratti collettivi e dagli enti bilaterali.

Per quanto attiene alla formazione, essa è svolta sotto la responsabilità del datore di lavoro ed è integrata da quella esterna-regionale per un monte ore complessivo particolarmente esiguo (120 ore da distribuirsi in tutto il triennio, finalizzate all'acquisizione di competenze di base e trasversali).

È prevista, poi, la possibilità di assumere con contratto di apprendistato professionalizzante i lavoratori iscritti nelle liste di mobilità e quelli beneficiari di un trattamento di disoccupazione, nonché i lavoratori beneficiari del trattamento straordinario di integrazione salariale di cui all'art. 22-*ter* d.lgs. 148/2015. Nel primo caso, al datore di lavoro si applica una contribuzione ridotta del 10%, per la durata di 18 mesi, come espressamente previsto dalla legge (artt. 8 c. 4 e 25 c. 9 l. 223/1991). In merito al regime contributivo applicabile nella seconda ipotesi, invece, il d.lgs. 81/2015 tace, lasciando presumere che per i percettori di un trattamento di disoccupazione, assunti in apprendistato, continui a operare la disciplina di cui all'art. 2 c. 10-*bis* l. 92/2012.

6.4. *L'apprendistato di alta formazione e ricerca*

L'apprendistato di alta formazione e ricerca, insieme a quello del primo tipo, integra "organicamente, in un sistema duale, formazione e lavoro, con riferimento ai titoli di istruzione e formazione e alle qualificazioni professionali contenuti nel Repertorio nazionale di cui all'art. 8 del d.lgs. 16 gennaio 2013, n. 13, nell'ambito del Quadro europeo delle qualificazioni" (art. 41 c. 3 d.lgs. 81/2015).

Il contratto è rivolto ai giovani di età compresa tra i 18 e i 29 anni ed è finalizzato al conseguimento di titoli universitari e dell'alta formazione, compresi i dottorati di ricerca, di diplomi relativi ai percorsi degli istituti tecnici superiori per attività di ricerca e, infine, può essere stipulato per svolgere il periodo di praticantato obbligatorio per l'accesso alle professioni ordinistiche (art. 45 c. 1).

Il datore di lavoro che intenda stipulare un contratto di apprendistato di alta formazione e ricerca deve sottoscrivere un protocollo con l'istituzione formativa a cui lo studente è iscritto o con l'ente di ricerca, nel quale deve essere stabilita la durata della fase formativa e le modalità, anche temporali, della formazione posta a carico del datore di lavoro. Il protocollo, poi, deve contenere l'indicazione del numero dei crediti formativi riconoscibili a ciascuno studente per la formazione a carico del datore di lavoro in ragione del numero di ore di formazione svolte in azienda.

Naturalmente, per quanto attiene alla formazione esterna, questa sarà svolta a cura dell'istituzione formativa al cui corso di studio lo studente è iscritto e non può, generalmente, essere superiore al 60% dell'orario ordinamentale.

Per quanto riguarda la retribuzione spettante nelle ore di formazione, per la parte di formazione svolta presso l'istituto formativo il datore viene esonerato da ogni obbligo retributivo, fatta salva l'eventuale diversa previsione dei contratti collettivi; mentre, per le ore di formazione di propria competenza, il datore dovrà riconoscere al lavoratore una retribuzione pari al 10% di quella normalmente dovuta per lo svolgimento della prestazione. Questa previsione è evidentemente rivolta ad accrescere l'appetibilità del ricorso al contratto di apprendistato di alta formazione e ricerca, determinando un ulteriore vantaggio economico per le imprese.

Anche in questo caso la responsabilità del PFI è posta in capo all'istituzione formativa che rilascia il titolo di formazione cui il contratto stesso è finalizzato.

La legge assegna un ruolo di fonte integrativa alla normativa regionale, con la partecipazione delle organizzazioni rappresentative e delle istituzioni formative. In assenza delle regolamentazioni regionali, l'attivazione dei percorsi di apprendistato di alta formazione e ricerca è disciplinata dalle disposizioni del d.m. 12.10.2015 (art. 1 c. 1 lett. *a* n. 2 d.lgs. 185/2016).

7. *Il lavoro agile*

Il tradizionale assetto del lavoro subordinato è sempre più messo in discussione da nuove e più flessibili modalità organizzative del lavoro rese possibili, in particolare, dalle innovazioni dei processi e dei mezzi di produzione derivanti dal costante progresso tecnologico. Così, anche la determinazione di un luogo fisso e/o di un orario normale di lavoro non può più essere considerata come un assioma del lavoro subordinato.

Infatti, sono andate affermandosi ipotesi in cui il lavoratore si trova a svolgere la propria prestazione lavorativa, in modo non puramente occasionale, in tutto o in parte fuori dai locali aziendali. È questo il caso del telelavoro e del lavoro agile.

Il telelavoro è definito (dall'accordo interconfederale sottoscritto da CGIL, CISL e UIL e tutte le organizzazioni datoriali il 9.6.2004, che recepisce l'accordo quadro europeo sul telelavoro del 16.7.2002 concluso da CES, UNICE/UEAPME e CEEP) come una forma di organizzazione e/o di svolgimento del lavoro che si avvale delle tecnologie dell'informazione nell'ambito di un contratto o di un rapporto di lavoro in cui l'attività lavorativa, che potrebbe anche essere svolta nei locali dell'impresa, viene regolarmente svolta al di fuori dei locali della stessa. La sua diffusione nel mercato del lavoro italiano è sempre stata alquanto marginale, probabilmente a causa di una serie di rigidità contenute nella relativa disciplina.

Anche per superare tali rigidità, prima alcune grandi aziende (che ne hanno avviato la sperimentazione in assenza di disciplina legale) e poi il legislatore con la l. 81/2017 hanno cominciato a occuparsi di una nuova modalità flessibile di esecuzione del lavoro, finalizzata anche a una migliore conciliazione vita-lavoro, definita lavoro agile (o *smart working*).

Nel lavoro agile "la prestazione lavorativa viene eseguita, in parte all'interno di locali aziendali e in parte all'esterno senza una postazione fissa, entro i soli limiti di durata massima dell'orario di lavoro giornaliero e settimanale, derivanti dalla legge e dalla contrattazione collettiva" (art. 18 c. 1 l. 81/2017).

Non si tratta di uno speciale rapporto di lavoro ma di una particolare modalità di svolgimento di una normale prestazione di lavoro subordinato, caratterizzata:

a) dall'assenza di precisi vincoli di orario o di luogo di lavoro;

b) dall'esecuzione della prestazione lavorativa in parte all'interno dei locali aziendali e in parte all'esterno e, in quest'ultimo caso, senza l'assegnazione di una postazione di lavoro fissa;

c) dall'assenza di un orario normale di lavoro e dalla necessità del rispetto dei soli limiti di durata massima dell'orario di lavoro giornaliero e settimanale derivanti dalla legge e dalla contrattazione collettiva (cfr. *retro*, cap. 12, § 2).

Il lavoro agile, dunque, per la porzione di attività svolta all'esterno dell'azienda, principalmente grazie alla possibilità di utilizzo di strumenti tecnologici, è una modalità che consente, almeno in via generale, lo svolgimento dell'attività lavorativa in qualunque tempo e in qualunque luogo.

Il datore di lavoro è responsabile della sicurezza e del buon funzionamento degli strumenti tecnologici assegnati al lavoratore per lo svolgimento dell'attività lavorativa.

Tale modalità può essere attivata esclusivamente attraverso la conclusione di un accordo scritto tra le parti (accessorio rispetto al contratto di lavoro), contenente la disciplina dell'esecuzione della prestazione lavorativa svolta all'esterno dei locali aziendali, anche con riguardo alle forme di esercizio del potere direttivo del datore di lavoro e agli strumenti utilizzati dal lavoratore.

Nell'accordo, inoltre, le parti: individuano i tempi di riposo del lavoratore nonché le misure tecniche e organizzative necessarie per assicurare la disconnessione del lavoratore dalle strumentazioni tecnologiche di lavoro; disciplinano l'esercizio del potere di controllo del datore di lavoro sulla prestazione resa dal lavoratore all'esterno dei locali aziendali, nel limiti segnati dall'art. 4 Statuto dei lavoratori (cfr. *retro*, cap. 8, § 3); individuano le condotte, connesse all'esecuzione della prestazione lavorativa all'esterno dei locali aziendali, che danno luogo all'applicazione di sanzioni disciplinari (cfr. *retro*, cap. 8, § 4).

L'accordo può essere a termine o a tempo indeterminato. In quest'ultimo caso, il recesso può avvenire con un preavviso non inferiore a 30 giorni, elevati a 90 nel caso di lavoratori disabili. In presenza di un giustificato motivo, tuttavia, ciascuno dei contraenti può recedere prima della scadenza del termine, nel caso di accordo a tempo determinato, o senza preavviso, nel caso di accordo a tempo indeterminato.

Per quanto riguarda il trattamento spettante al lavoratore che svolge la prestazione in modalità di lavoro agile, è sancito il diritto di ricevere un trattamento economico e normativo non inferiore a quello complessivamente applicato nei confronti dei lavoratori che svolgono le medesime mansioni esclusivamente all'interno dell'azienda.

Il datore di lavoro deve garantire la salute e la sicurezza del lavoratore che svolge la prestazione in modalità di lavoro agile (cfr. *retro*, cap. 10), ma l'ampiezza di tale garanzia risulta ridotta in ragione del fatto che il datore non conosce, o comunque non controlla, il luogo ove viene svolta la prestazione. A tal fine, il legislatore ha previsto a carico del datore l'obbligo di consegna al lavoratore e al rappresentante dei lavoratori per la sicurezza, con cadenza almeno annuale, di un'informativa scritta nella quale devono essere individuati i rischi generali e specifici connessi alla particolare modalità di esecuzione del rapporto di lavoro.

Il lavoratore ha, poi, diritto alla tutela contro gli infortuni sul lavoro e le malattie professionali dipendenti dai rischi connessi alla prestazione lavorativa resa all'esterno dei locali aziendali e alla tutela contro gli infortuni sul lavoro occorsi durante il normale percorso di andata e ritorno dal luogo di abitazione a quello prescelto per lo svolgimento della prestazione lavorativa all'esterno dei locali aziendali, quando la scelta del luogo della prestazione sia dettata da esigenze connesse alla prestazione stessa o dalla necessità del lavoratore di conciliare le esigenze di vita con quelle lavorative e risponda a criteri di ragionevolezza.

Si ricorda, infine, che il quadro disciplinare del lavoro agile si è arricchito, nell'ultimo periodo, grazie a un forte coinvolgimento delle parti sociali, sebbene con alcune sensibili differenze tra pubblico e privato. Nello specifico, sul versante del lavoro privato si è giunti, il 7.12.2021, alla conclusione di un accordo tra queste e il Ministero del lavoro riguardante il "Protocollo nazionale sul lavoro in modalità agile", il quale contiene linee di indirizzo per la contrattazione collettiva nazionale, aziendale e/o territoriale.

Sul versante pubblico, si è disposto che la previsione delle modalità attuative del lavoro agile all'interno della singola amministrazione sia affidata al PIAO (Piano integrato di attività e organizzazione), il quale definisce "la strategia di gestione del capitale umano e di sviluppo organizzativo, anche mediante il ricorso al lavoro agile". Al riguardo, il regolamento del PIAO dispone che tale strategia sia delineata in coerenza con la definizione degli istituti del lavoro agile stabiliti dalla contrattazione collettiva nazionale.

Capitolo 16

Il trasferimento d'azienda e l'appalto

di Riccardo Diamanti

1. *Il fenomeno delle esternalizzazioni e le ricadute sui rapporti di lavoro*

Il fenomeno delle esternalizzazioni, unitamente alla frammentazione dell'impresa, costituisce un elemento caratterizzante delle trasformazioni organizzative aziendali degli ultimi trent'anni.

In particolare, le aziende hanno tendenzialmente concentrato la propria attenzione sul *core business*, avvalendosi di imprese terze per la produzione di beni o servizi accessori, sebbene talvolta inerenti al ciclo produttivo.

Il tutto per un verso ha portato a una maggiore flessibilità organizzativa, funzionale a fronteggiare meglio le alterne vicende del mercato produttivo, e per altro verso ha condotto a un miglioramento di alcuni servizi, con diminuzione dei relativi costi, in virtù della particolare specializzazione delle imprese terze incaricate del loro svolgimento.

Gli strumenti giuridici per mezzo dei quali sono attuati questi processi sono, principalmente, il trasferimento di uno o più rami d'azienda a un soggetto imprenditoriale terzo e l'appalto di beni o servizi per la riacquisizione di ciò che originariamente era prodotto internamente.

In questa sede interessa osservare il fenomeno delle esternalizzazioni dal punto di vista delle tutele che sono riservate ai lavoratori in esse coinvolti.

2. *La nozione di trasferimento d'azienda ...*

Il trasferimento d'azienda è regolato dall'art. 2112 c.c. che, al c. 5, così lo definisce: "ai fini e per gli effetti di cui al presente articolo si intende per trasferimento di azienda qualsiasi operazione che, in seguito a cessione contrattuale o fusione, comporti il mutamento nella titolarità di una attività economica organizzata, con o senza scopo di lucro, al fine della produzione e dello scambio di beni e servizi, preesistente al trasferimento e che conserva nel trasferimento la propria identità a prescindere dalla tipologia negoziale o dal provvedimento sulla base del quale il trasferimento è attuato, ivi compresi l'usufrutto o l'affitto di azienda".

Dalla definizione, che è frutto della ricezione della normativa dell'Unione europea (in particolare, della direttiva 2001/23/CE), si ricava in prima battuta che, ai fini dell'applicazione delle tutele previste nei commi precedenti, per trasferimento si intende qualsiasi operazione negoziale da cui derivi il mutamento nella titolarità dell'azienda. Dunque, non solo una cessione della proprietà con un contratto di compravendita, ma anche, ad esempio, un affitto, una fusione o un usufrutto; e anche il caso in cui l'azienda torni all'originario cedente, per cessazione del contratto di affitto.

In secondo luogo, si desume dalla previsione che il suddetto trasferimento deve avere a oggetto un'attività economica organizzata, ai fini della produzione di beni e servizi, dunque – in sostanza – un'impresa, non essendo sufficiente che siano dismessi i soli beni materiali che la compongono.

Tale entità può anche essere dematerializzata, nel qual caso l'organizzazione deve risultare dal coordinamento del lavoro. Essa deve preesistere al trasferimento e mantenere la propria identità all'indomani dello stesso.

2.1. Segue: *... e quella di ramo d'azienda*

Le tutele dei lavoratori trovano applicazione anche quando il trasferimento non riguardi l'intera azienda, bensì un suo ramo, inteso come una "articolazione funzionalmente autonoma di un'attività economica organizzata, identificata come tale dal cedente e dal cessionario al momento del trasferimento" (art. 2112 c. 5 c.c.). Dalla disposizione si ricava pertanto che in questo caso, rispetto all'organizzazione aziendale, il ramo deve avere una propria autonomia funzionale.

Pur nel silenzio della disposizione, secondo l'interpretazione prevalente in giurisprudenza anche il ramo d'azienda deve preesistere al trasferimento. Pertanto, l'identificazione di esso che, secondo la norma, possono compiere cedente e cessionario al momento del trasferimento non può essere disgiunta dalla effettiva sussistenza del ramo.

2.2. *Le tutele in favore dei lavoratori*

A fronte di un trasferimento d'azienda o di ramo d'azienda, così come appena definiti, i rapporti di lavoro che insistono sull'azienda o sul ramo proseguono con l'acquirente e i lavoratori conservano tutti i diritti (art. 2112 c. 1 c.c.). I contratti di lavoro vengono, quindi, ceduti *ex lege* al cessionario, senza il consenso dei contraenti ceduti, che conservano i diritti maturati, nonché l'anzianità di servizio. Questi ultimi possono comunque decidere di dimettersi per giusta causa dal rapporto di lavoro, entro 3 mesi dal trasferimento, qualora le condizioni di lavoro abbiano subìto, a seguito del passaggio, una "sostanziale modifica" (art. 2112 c. 4), modifica che può consistere sia in un mutamento delle mansioni, sia in un trasferimento del lavoratore all'interno dell'impresa. I lavoratori hanno, altresì, diritto a mantenere invariate le condizioni di lavoro, sebbene con alcuni limiti che derivano dalla regola stabilita per la successione dei contratti collettivi applicabili.

Ai sensi dell'art. 2112 c. 3 c.c., infatti, il lavoratore, a seguito di trasferimento d'azienda o di ramo, "ha diritto a vedersi applicati, fino alla loro scadenza, i contratti collettivi nazionali, territoriali e aziendali vigenti alla data del trasferimento".

Tuttavia, ove l'impresa cessionaria applichi un diverso contratto collettivo del medesimo livello di quello applicato dall'impresa cedente, quest'ultimo potrà essere sostituito anche prima della scadenza, ferma restando la possibilità per le parti di concludere accordi di armonizzazione per attenuare l'impatto del mutamento di condizioni.

A garanzia dei crediti maturati dal lavoratore nel rapporto di lavoro alle dipendenze del cedente, e cioè fino al giorno del trasferimento, il c. 2 prevede che sorga una responsabilità solidale in capo a cedente e cessionario. Naturalmente, il cessionario potrà rivalersi internamente sul cedente qualora abbia provveduto a dare soddisfazione alle pretese economiche del lavoratore, mentre questi potrà consentire la liberazione del cedente mediante accordo concluso in una sede protetta.

Infine, la disposizione codicistica prevede che il trasferimento d'azienda non sia un valido motivo di licenziamento. Cedente e cessionario non potranno, pertanto, giustificare un recesso dal rapporto di lavoro con il programmato o avvenuto trasferimento, ma potranno comunque disporre un licenziamento che sia motivato da ragioni diverse, ad esempio per motivi disciplinari o legati a una ristrutturazione dell'impresa.

2.3. *La procedura di consultazione sindacale*

I trasferimenti d'azienda nelle imprese che occupano più di 15 dipendenti devono essere preceduti da una procedura di informazione e consultazione sindacale, che inizia con una comunicazione da inviare almeno 25 giorni prima del trasferimento alle RSU e/o alle RSA presenti in azienda e alle rispettive associazioni sindacali di categoria, o, in loro assenza, alle confederazioni sindacali maggiormente rappresentative sul piano nazionale.

Nella comunicazione devono essere indicati i motivi del trasferimento, le conseguenze economiche e giuridiche per i lavoratori e le eventuali misure previste per questi ultimi.

I sindacati possono chiedere al cedente e al cessionario un esame congiunto della vicenda, che può prolungarsi al massimo per 10 giorni e può concludersi con la sottoscrizione di un accordo sindacale che regoli le conseguenze del trasferimento sui lavoratori.

Qualora non sia trasmessa l'informativa o essa non sia completa, o le parti sindacali che ne abbiano fatto richiesta non siano convocate per il confronto, può essere ravvisato un comportamento antisindacale *ex* art. 28 Statuto dei lavoratori (cfr. *retro*, cap. 3, parte I, § 6.1).

Alla contrattazione collettiva è assegnato un ruolo rilevante nei casi in cui il trasferimento d'azienda o di ramo d'azienda si verifichi nel contesto di una procedura concorsuale (liquidazione giudiziale, concordato preventivo, amministrazione straordinaria), potendo in questi casi essere concordate le condizioni da applicare ai lavoratori coinvolti nel trasferimento, in deroga a quanto previsto dall'art. 2112 c.c., a fronte della salvaguardia dei livelli occupazionali.

Di recente, l'introduzione del Codice della crisi di impresa (d.lgs. 14/2019, entrato in vigore il 15.7.2022) ha modificato l'assetto delle regole applicabili in caso di trasferimento di azienda in crisi, accentuandone la specialità. In particolare, ai sensi dell'art. 47 c. 4-*bis* l. 428/90, nelle ipotesi di concordato preventivo in continuità, di accordi di ristrutturazione che non abbiano carattere liquidatorio e di amministrazione straordinaria con continuazione dell'attività è possibile stipulare accordi collettivi che modificano le condizioni di lavoro del personale in violazione dell'art. 2112 c.c. (ad esempio, è possibile prevedere una riduzione della retribuzione, l'eliminazione di *fringe benefits*, la modifica dell'orario di lavoro), fermo restando il trasferimento al cessionario di tutti i rapporti di lavoro.

Ai sensi del c. 5 dell'art. 47 l. 428/90, invece, nell'ambito di impresa soggette a procedure concorsuali di tipo liquidatorio, è possibile stipulare contratti collettivi che autorizzino la soppressione di una parte dei posti di lavoro, oltre alla deroga delle previsioni contenute nell'art. 2112 c.c.

In questi ultimi casi, inoltre, per un verso è espressamente prevista la disapplicazione del regime di responsabilità solidale tra cedente e cessionario per i crediti maturati dal lavoratore; per altro verso, è garantita al lavoratore l'esigibilità immediata del trattamento di fine rapporto nei confronti del cedente dell'azienda (c. 5-*bis*).

3. *L'appalto*

Si ha contratto di appalto *ex* art. 1655 c.c. quando l'appaltatore fornisce, con organizzazione dei mezzi necessari e gestione a proprio rischio, un'opera o un servizio.

Molte funzioni aziendali sono state da sempre appaltate (facchinaggio, pulizia, trasporto, etc.), altre lo sono state in periodi più recenti nel contesto della ricordata tendenza a frammentare il ciclo produttivo per alleggerire il rischio d'impresa e acquisire lavorazioni più specialistiche (servizi di portineria e di mensa, fasi della produzione, etc.).

Si tratta di un fenomeno di razionalizzazione della produzione che punta all'impiego, nella realizzazione di opere (spesso semilavorati) o servizi, di imprese specializzate, capaci di garantire maggiore accuratezza e costi più contenuti.

Il fenomeno è fisiologico fintanto che l'appalto è genuino, ossia presenta delle caratteristiche tali da escludere che esso nasconda una interposizione di manodopera. Occorre cioè che l'appaltatore del servizio si comporti a tutti gli effetti come un imprenditore, organizzando i mezzi della produzione ed esercitando il potere direttivo nei confronti dei propri dipendenti in vista della realizzazione dello scopo produttivo (art. 29 d.lgs. 276/2003).

Si cade, infatti, in una interposizione di manodopera quando il datore di lavoro impiega nella produzione, esercitando su di essi il potere direttivo, lavoratori che non ha assunto, ma che sono alle dipendenze di un altro soggetto che da questa vicenda trae un vantaggio economico.

Si trattava di una realtà largamente diffusa, soprattutto nel settore agricolo, negli anni Cinquanta del secolo scorso, e che prendeva il nome di caporalato: il cosiddetto caporale, infatti, forniva – previo pagamento di un compenso – manodopera all'imprenditore agricolo, il quale la utilizzava per lo svolgimento della sua attività senza assumerla direttamente (cfr. *retro*, cap. 15, § 5). Peraltro, il fenomeno è tornato di attualità anche in ragione dei molti migranti, specie irregolari, impiegati nelle campagne del sud d'Italia (e non solo); e lo stesso può dirsi anche in relazione ad altri settori, non ultimo quello del *food delivery*, come ha dimostrato l'indagine della Procura di Milano che si è conclusa nel maggio 2020 riconoscendo le condotte di caporalato realizzate da Uber Italy nei confronti di alcuni *rider*, in particolare migranti richiedenti asilo. Al fine di contrastare tale fenomeno è stata emanata di recente una specifica legge (l. 199/2016), che ha modificato la fattispecie del reato di intermediazione illecita e sfruttamento del lavoro di cui all'art. 603-*bis* c.p. introdotta dalla l. 148/2011.

Per lungo tempo il dispositivo normativo di carattere generale per il contrasto all'interposizione di manodopera è stato la l. 1369/1960, rubricata "Divieto di intermediazione ed interposizione nelle prestazioni di lavoro e nuova disciplina dell'impiego di mano d'opera negli appalti di opere e di servizi" (cfr. *retro*, cap. 15, § 5). In particolare, l'art. 1 vietava all'imprenditore di affidare in appalto o subappalto, o in qualsiasi altra forma, anche a società cooperative, l'esecuzione di mere prestazioni di lavoro mediante l'impiego di manodopera assunta e retribuita dall'appaltatore, e di affidare a intermediari, dipendenti, terzi o società (anche cooperative), lavori da eseguire a cottimo da prestatori assunti e retribuiti da intermediari.

Vigeva una presunzione assoluta di illiceità dell'appalto di opere e servizi in tutti i casi in cui l'appaltatore impiegasse capitali, macchine e attrezzature fornite dall'appaltante, quand'anche per il loro impiego venisse corrisposto un compenso all'interponente.

La disciplina operava a prescindere dall'intento fraudolento o dai motivi illeciti che avessero portato alla conclusione dei contratti in oggetto.

A fronte del divieto d'interposizione erano consentiti appalti per l'esecuzione di opere e servizi da svolgersi anche all'interno dell'azienda committente (spesso facchinaggio, pulizia e lavori di manutenzione ordinaria). In questi casi, tuttavia, doveva essere garantita la parità di trattamento tra lavoratori della ditta appaltante e lavoratori della ditta appaltatrice, ed era anche prevista la responsabilità solidale tra committente e appaltatore per tutti gli obblighi contributivi e retributivi relativi ai dipendenti dell'impresa appaltatrice (art. 3 l. 1369/1960).

Infine, erano previsti appalti del tutto svincolati da qualsiasi obbligo di parità e solidarietà, disciplinati dall'art. 5 della legge, e in particolare gli appalti di costruzioni edilizie all'interno dello stabilimento, installazione o montaggio di macchinari, trasporti da e per lo stabilimento, nonché lavori di facchinaggio e pulizia e lavori ordinari realizzati da imprese che utilizzassero personale dipendente presso più aziende contemporaneamente (in questo caso, occorreva autorizzazione dell'Ispettorato del lavoro).

La l. 1369/1960 aveva un approccio molto restrittivo al fenomeno degli appalti e dell'intermediazione anche nella stessa identificazione della fattispecie di appalto illegittimo.

La suddetta regolazione è stata sostituita dall'art. 29 d.lgs. 276/2003, modificato recentemente con l. 49/2017, il quale prevede che "ai fini della applicazione delle norme contenute nel presente titolo, il contratto di appalto, stipulato e regolamentato ai sensi dell'art. 1655 del codice civile, si distingue dalla somministrazione di lavoro per la organizzazione dei mezzi necessari da parte dell'appaltatore, che può anche risultare, in relazione alle esigenze dell'opera o del servizio dedotti in contratto, dall'esercizio del potere organizzativo e direttivo nei confronti dei lavoratori impiegati nell'appalto, nonché per l'assunzione, da parte del medesimo appaltatore, del rischio di impresa".

L'art. 29 prende atto di un'evoluzione della giurisprudenza, che ha distinto tra appalti c.d. *labour intensive*, dove ciò che rileva è la capacità organizzativa dell'appaltatore, che può anche non essere dotato di mezzi particolarmente significativi, in quanto assume rilevanza centrale la capacità di organizzare il lavoro dei propri dipendenti, e appalti dove, invece, l'utilizzo di attrezzature e macchinari da parte dell'appaltatore assume rilevanza decisiva per definire la genuinità dell'appalto.

Viceversa, l'esercizio del potere direttivo da parte dell'appaltante nei confronti dei lavoratori alle dipendenze dell'appaltatore conduce sempre a considerare l'appalto come illecito.

La conseguenza dell'illegittimità dell'appalto è rappresentata dalla possibilità per il lavoratore di chiedere al giudice la costituzione del rapporto di lavoro in capo all'appaltante con decorrenza dall'inizio dell'appalto stesso (art. 29 c. 3-*bis*).

Allo stesso risultato, di imputare i lavoratori alle dipendenze dell'appaltante, si giungerebbe anche considerando gli ordinari indici della subordinazione, tra i quali un ruolo centrale assume l'esercizio del potere direttivo (cfr. *retro*, cap. 4, § 3).

La contestazione dell'illiceità dell'appalto deve avvenire entro il termine di 60 giorni, mentre entro 180 giorni deve essere avviata l'azione in giudizio. I termini decorrono dal momento in cui è cessata l'utilizzazione illecita del lavoratore da parte dell'appaltante.

Inoltre, qualora l'appalto non sia genuino, trova applicazione la regola contenuta nell'art. 38 c. 3 d.lgs. 81/2015 in materia di somministrazione irregolare di lavoro, con la conseguenza che i pagamenti effettuati e gli atti posti in essere dall'appaltatore nei confronti dei lavoratori producono effetto, perciò liberando l'appaltante dai relativi obblighi (cfr. *retro*, cap. 15, § 5-6).

Con l. 49/2017 è stata reintrodotta la responsabilità solidale tra appaltante e appaltatore, già un tempo prevista – come si è detto – dalla l. 1369/1960. In particolare, questi sono obbligati in solido, anche a cascata con gli eventuali subappaltatori, entro il limite di 2 anni dalla cessazione dell'appalto, a corrispondere ai lavoratori i trattamenti retributivi, comprese le quote di TFR, nonché i contributi previdenziali e i premi assicurativi dovuti in relazione al periodo di esecuzione del contratto di appalto.

Capitolo 17

Le ispezioni sul lavoro

di Danilo Papa

1. *L'Ispettorato nazionale del lavoro*

A occuparsi del rispetto della disciplina in materia di lavoro e legislazione sociale è un'agenzia, istituita a far data dal 24.9.2015, denominata Ispettorato nazionale del lavoro.

L'Ispettorato integra i servizi ispettivi già incardinati presso il Ministero del lavoro e delle politiche sociali, l'INPS e l'INAIL e nasce quindi con l'obiettivo di razionalizzare la funzione ispettiva, precedentemente frammentata in capo a più strutture, peraltro con competenze in parte sovrapponibili[1].

Sotto il profilo della *governance*, l'Ispettorato nazionale del lavoro prevede la presenza di un direttore generale, un consiglio di ammini-

---

[1] Prima della riforma del 2015, infatti, l'attività di vigilanza in materia di lavoro e legislazione sociale era affidata anzitutto al personale ispettivo del Ministero del lavoro e al personale dell'Arma dei Carabinieri, cui faceva capo la maggior parte delle competenze ispettive e sanzionatorie. A questi si aggiungevano il personale ispettivo degli istituti previdenziali e assicurativi, con competenze più limitate e legate sostanzialmente alla vigilanza sul corretto adempimento degli obblighi contributivi e, infine, il personale ispettivo delle ASL, competente a vigilare sul rispetto della disciplina in materia di salute e sicurezza sul lavoro.

strazione e un collegio dei revisori (art. 3 d.lgs. 149/2015; art. 3 d.P.R. 109/2016).

Il direttore stipula con il Ministro del lavoro una convenzione che definisce gli obiettivi dell'Ispettorato, con particolare riferimento all'attività di contrasto al lavoro sommerso e irregolare, in un arco non superiore a 3 anni. La convenzione definisce altresì:

– le risorse finanziarie disponibili per il raggiungimento degli obiettivi assegnati all'Ispettorato;

– le strategie per il miglioramento dei servizi;

– le modalità di verifica dei risultati di gestione;

– le modalità per assicurare al Ministro del lavoro la conoscenza dei fattori gestionali interni all'Ispettorato, quali l'organizzazione, i processi e l'uso delle risorse (art. 9 d.P.R. 109/2016).

Sotto il profilo della struttura amministrativa, l'Ispettorato è oggi suddiviso, oltre alla sede centrale dove operano quattro Direzioni (v. da ultimo art. 1 c. 445 l. 145/2018), in 4 Ispettorati interregionali operanti a Milano, Venezia, Roma e Napoli e in 78 Ispettorati territoriali, ubicati in quasi tutte le Province del territorio nazionale.

Il d.P.C.M. 23.2.2016 ha indicato analiticamente i compiti assegnati sia agli Ispettorati interregionali che a quelli territoriali.

In particolare, i primi provvedono principalmente: al coordinamento dell'attività di vigilanza; allo sviluppo dei rapporti con il sistema delle Regioni e degli enti locali e degli altri organismi per la realizzazione di interventi sinergici in materia di salute e sicurezza sul lavoro; alla programmazione e al coordinamento delle attività operative, nell'ambito territoriale di competenza. Inoltre, gli Ispettorati interregionali del lavoro, d'intesa con le Direzioni regionali dell'INPS e dell'INAIL e con il Comando del nucleo dei Carabinieri presso l'Ispettorato del lavoro, possono costituire nel territorio di propria competenza gruppi di intervento straordinario per contrastare specifici fenomeni di violazione di norme poste a tutela del lavoro e della previdenza e assistenza obbligatoria (art. 10 c. 3 d.lgs. 124/2004).

Gli Ispettorati territoriali svolgono, invece, attività soprattutto operative, riconducibili essenzialmente a: coordinamento e razionalizzazione dell'attività di vigilanza; vigilanza e regolazione in materia di lavoro, legislazione sociale e strumenti di sostegno al reddito; tutela, anche civilistica, delle condizioni di lavoro, prevenzione, promozione e informazione per la corretta applicazione della normativa lavoristica e previdenziale; vigilanza sull'applicazione della normativa in materia di salute e sicurezza sul lavoro; mediazione delle controversie di lavoro; certificazione dei contratti di lavoro.

2. *L'integrazione dei servizi ispettivi e l'attività di coordinamento*

La creazione dell'Ispettorato non ha comportato il venir meno dei "servizi ispettivi" preesistenti all'interno di INPS e di INAIL, bensì la loro integrazione all'interno della nuova agenzia, tant'è che il decreto istitutivo (d.lgs. 149/2015) ha rimesso a un apposito d.P.C.M. il compito di individuare "forme di coordinamento tra l'Ispettorato e i servizi ispettivi di INPS e INAIL che comprendono, in ogni caso, il potere dell'Ispettorato di dettare le linee di condotta e le direttive di carattere operativo, nonché di definire tutta la programmazione ispettiva e le specifiche modalità di accertamento". In tale assetto il personale ispettivo di INPS e INAIL era ed è rimasto alle dipendenze dei relativi istituti, vincolato tuttavia a una programmazione e a modalità accertative dettate dall'Ispettorato.

Lo sviluppo delle forme di coordinamento è contenuto, dunque, nel d.P.C.M. 23.2.2016, che assegna anzitutto al direttore dell'Ispettorato diverse prerogative: quella di emanare specifiche direttive finalizzate ad assicurare il coordinamento di tutta l'attività ispettiva, definendo modalità di accertamento comuni ed emanando circolari interpretative e direttive operative vincolanti anche per il personale degli istituti; quella di adottare specifiche linee guida finalizzate alla individuazione delle procedure ispettive necessarie a garantire le corrette modalità di svolgimento degli accessi da parte del personale di vigilanza e ad assicurare un'uniforme valutazione delle fattispecie oggetto di accertamento.

Il d.P.C.M. prevede altresì che, al fine di assicurare l'omogeneità dell'attività di vigilanza, tutte le attività svolte dal personale con qualifica ispettiva siano disposte esclusivamente dalle strutture centrale e territoriali dell'Ispettorato, alle quali spetta l'emanazione dei relativi atti; inoltre, si assegna al direttore e ai dirigenti della struttura centrale e delle strutture territoriali dell'Ispettorato il coordinamento sul piano operativo di tutta l'attività di vigilanza in materia di lavoro e legislazione sociale, definendo periodicamente la programmazione dell'attività del personale ispettivo dell'Ispettorato, dell'INPS e dell'INAIL.

Al fine di qualificare ancor più l'attività di *intelligence* e la successiva programmazione degli accertamenti, a livello centrale e regionale l'Ispettorato ha istituto le Commissioni centrale e regionali di programmazione dove siedono rappresentanti delle tre amministrazioni (v., da ultimo, il protocollo stipulato con INPS e INAIL in data 12.3.2021).

A latere di tale assetto, pur dopo la creazione dell'Ispettorato nazionale del lavoro e al fine di elaborare "orientamenti, linee e priorità dell'attività di vigilanza" (art. 3 d.lgs. 124/2004), continua a operare una Commissione centrale di coordinamento dell'attività di vigilanza, presieduta dal Ministro del lavoro.

Per quanto riguarda il coordinamento con altre strutture che, almeno in parte, si interessano dell'attività di vigilanza in materia di lavoro e legislazione sociale (personale ispettivo di altri istituti previdenziali, personale ispettivo delle ASL, Guardia di Finanza, etc.), il legislatore richiede un "raccordo con la sede centrale e le sedi territoriali dell'Ispettorato" (art. 18 d.P.C.M. 23.2.2016); rispetto ai servizi ispettivi delle ASL e delle ARPA si sollecita, anzi, la stipula di uno o più protocolli d'intesa "che prevedono strumenti e forme di coordinamento" (art. 11 c. 4 d.lgs. 149/2015).

3. *Le competenze ispettive in materia di lavoro e legislazione sociale*

Oggi il personale che opera sotto il coordinamento dell'Ispettorato – *ex* ispettori del Ministero del lavoro, funzionari ispettivi di INPS e INAIL, personale dell'Arma dei Carabinieri – esercita le medesime competenze, sostanzialmente riassumibili in quelle descritte dall'ancor attuale art. 7 d.lgs. 124/2004:

a) vigilare sull'esecuzione di tutte le leggi in materia di livelli essenziali delle prestazioni concernenti i diritti civili e sociali che devono essere garantiti su tutto il territorio nazionale, di tutela dei rapporti di lavoro e di legislazione sociale ovunque sia prestata attività di lavoro a prescindere dallo schema contrattuale, tipico o atipico, di volta in volta utilizzato;

b) vigilare sulla corretta applicazione dei contratti e accordi collettivi di lavoro;

c) fornire tutti i chiarimenti che vengano richiesti intorno alle leggi sulla cui applicazione esso deve vigilare;

d) vigilare sul funzionamento delle attività previdenziali e assistenziali a favore dei prestatori d'opera compiute dalle associazioni professionali, da altri enti pubblici e da privati, escluse le istituzioni esercitate direttamente dallo Stato, dalle Province e dai Comuni per il personale da essi dipendente;

e) effettuare inchieste, indagini e rilevazioni, su richiesta del Ministero del lavoro e delle politiche sociali;

f) compiere le funzioni che a esso vengono demandate da disposizioni legislative o regolamentari o delegate dal Ministro del lavoro e delle politiche sociali.

Inoltre, il personale dell'Ispettorato nazionale del lavoro, dell'INPS e dell'INAIL opera anche in qualità di ufficiale di polizia giudiziaria "nei limiti del servizio cui è destinato e secondo le attribuzioni conferite dalla normativa vigente" (art. 6 d.lgs. 124/2004). Ciò vuol dire che il personale ispettivo ricopre la qualifica di ufficiale di polizia giudiziaria esclusivamente durante l'orario di servizio (a differenza, ad esempio, del personale appartenente all'Arma dei Carabinieri operante presso lo stesso Ispettorato) e solo con riferimento alle ipotesi di reato nelle materie di propria competenza[2].

Per quanto riguarda la materia della salute e sicurezza sul lavoro (cfr. *retro*, cap. 10), il personale dell'Ispettorato nazionale del lavoro ha inoltre recentemente visto ampliare le proprie competenze (art. 13 d.l. 146/2021 conv. l. 215/2021), precedentemente piuttosto limitate in quanto riferite principalmente al settore delle costruzioni edili o di genio civile.

4. *Il potere di accesso e l'indagine ispettiva*

Al personale ispettivo è riservato il potere di accesso nei luoghi di lavoro per assumere dichiarazioni dal personale presente ed esaminare la documentazione eventualmente rinvenuta.

In particolare, il personale ispettivo ha la facoltà "di visitare in ogni parte, a qualunque ora del giorno ed anche della notte, i laboratori, gli opifici, i cantieri, ed i lavori, in quanto siano sottoposti alla loro vigilanza, nonché i dormitori e refettori annessi agli stabilimenti; non di meno essi dovranno astenersi dal visitare i locali annessi a luoghi di lavoro e che non siano direttamente od indirettamente connessi con l'esercizio dell'azienda, sempre che non abbiano fondato sospetto che servano a compiere o a nascondere violazioni di legge" (art. 8 c. 2 d.P.R. 520/1955).

L'attività fondamentale svolta nel corso dell'accesso in azienda è quella relativa alla acquisizione delle dichiarazioni da parte del personale rinvenuto al suo interno. Le informazioni che scaturiscono dalle dichiarazioni raccolte sia dai lavoratori che da altri soggetti presenti in azienda (datore di lavoro, rappresentanti sindacali, etc.), sebbene di per sé non possano costituire prova della violazione, risultano infatti determinanti ai fini sanzionatori se riscontrate con elementi oggettivi ricavabili dalla documentazione esaminata o da altre dichiarazioni rese da lavoratori o da terzi.

---

[2] Si ricorda che, ai sensi degli artt. 347 ss. c.p.p., la polizia giudiziaria è tenuta a svolgere un'attività certamente più complessa e impegnativa rispetto a quella svolta dai semplici pubblici ufficiali, giacché alla stessa è richiesto, tra l'altro: di riferire senza ritardo al pubblico ministero la notizia di reato, indicando le fonti di prova e le attività compiute e allegando la relativa documentazione; di comunicare le generalità, il domicilio e quanto altro valga alla identificazione della persona nei cui confronti vengono svolte le indagini eseguendo, ove occorra, rilievi dattiloscopici, fotografici e antropometrici; di ricercare le cose e le tracce pertinenti al reato nonché la loro conservazione; di ricercare le persone in grado di riferire su circostanze rilevanti per la ricostruzione dei fatti, etc.

Ad esempio, la dichiarazione di un lavoratore di svolgere abitualmente lavoro straordinario (cfr. *retro*, cap. 12, § 2.2), di cui però non si rinvenga traccia nella documentazione aziendale, assumerà dignità di prova se confermata dalle dichiarazioni di altri lavoratori relative alla sua presenza in azienda oltre il normale orario di lavoro.

L'assunzione delle dichiarazioni costituisce, peraltro, il primo atto dell'indagine ispettiva in tutti i casi in cui la stessa abbia luogo a seguito di "richiesta di intervento", e cioè a seguito della dichiarazione di chi lamenta la violazione dei propri diritti.

L'assunzione delle dichiarazioni è, dunque, fra le attività che, insieme ad altre (identificazione delle persone presenti, descrizione delle lavorazioni svolte, etc.), caratterizzano la procedura ispettiva.

L'assunzione delle dichiarazioni avviene "di norma" durante il primo accesso sul luogo di lavoro, al fine di evitare che il protrarsi degli accertamenti possa in qualche modo interferire sulla completezza e sulla genuinità delle stesse.

Quanto, invece, ai soggetti da cui sono normalmente acquisite le dichiarazioni, questi sono i lavoratori e il datore di lavoro, ma nulla toglie che, al fine di una maggiore completezza delle informazioni, ove necessario, possano essere acquisite anche le dichiarazioni degli esponenti delle RSA, delle RSU, del Comitato pari opportunità (CPO), ove costituito e, in relazione agli accertamenti in materia di salute e sicurezza sul lavoro, del RLS. Non esistono, tuttavia, limitazioni di carattere soggettivo nel rilascio di dichiarazioni, purché il personale ispettivo si rivolga a chi, almeno presumibilmente, possa essere a conoscenza di elementi utili all'indagine.

Normalmente le dichiarazioni sono assunte sul luogo di lavoro ma, in alcuni casi, può essere opportuno acquisire le dichiarazioni di lavoratori non trovati al lavoro al momento dell'accesso.

Le dichiarazioni sono acquisite dai lavoratori singolarmente, rivolgendo loro domande chiare e comprensibili, tali da non dar luogo a dubbi interpretativi. I lavoratori, inoltre, al fine di preservare la genuinità delle dichiarazioni rese, sono ascoltati senza che sia presente il datore di lavoro o il professionista.

Nell'ipotesi in cui il datore di lavoro o il professionista, come talvolta avviene, non intenda allontanarsi dal luogo in cui il personale ispettivo è intento a raccogliere le dichiarazioni del lavoratore, gli sarà impartito un ordine in tal senso. Il mancato rispetto dell'ordine può essere sanzionato penalmente con l'arresto sino a tre mesi e l'ammenda sino a Euro 206 ai sensi dell'art. 650 c.p., il quale punisce "chiunque non osserva un provvedimento legalmente dato dall'Autorità per ragione di giustizia o di sicurezza pubblica o d'ordine pubblico o d'igiene".

5. *Le verbalizzazioni*

Al termine del primo accesso gli ispettori devono redigere il c.d. verbale di primo accesso, da consegnarsi al datore di lavoro o ad altro soggetto presente fisicamente all'ispezione. Il contenuto del verbale di primo accesso è analiticamente indicato dal legislatore all'art. 13 d.lgs. 124/2004; in particolare, in esso devono essere indicati:

– l'identificazione dei lavoratori trovati intenti al lavoro e la descrizione delle modalità del loro impiego;

– la specificazione delle attività compiute dal personale ispettivo;

– le eventuali dichiarazioni rese dal datore di lavoro o da chi lo assiste, o dalla persona presente all'ispezione;

– ogni richiesta, anche documentale, utile al proseguimento dell'istruttoria finalizzata all'accertamento degli illeciti.

Al verbale di primo accesso segue il verbale unico di accertamento e notificazione, nel quale è contenuta, oltre l'eventuale ammissione alla procedura di regolarizzazione a seguito di diffida (cfr. *infra,* § 8), la contestazione delle violazioni amministrative; anche in relazione al verbale di accertamento sono indicati dal legislatore i contenuti:

– gli esiti dell'accertamento, con indicazione puntuale delle fonti di prova degli illeciti rilevati;

– la diffida a regolarizzare gli inadempimenti sanabili;

– la possibilità di estinguere gli illeciti ottemperando alla diffida e provvedendo al pagamento della somma in misura "minima", ovvero pagando la medesima somma nei casi di illeciti già oggetto di regolarizzazione;

– la possibilità di estinguere gli illeciti non diffidabili;

– l'indicazione degli strumenti di difesa e degli organi ai quali proporre ricorso, con specificazione dei termini di impugnazione.

Il verbale deve essere notificato, come prevede l'art. 14 l. 689/1981, entro 90 giorni decorrenti dal momento in cui si sono conclusi gli accertamenti nel loro complesso. Ai termini previsti per la notificazione delle violazioni va posta la massima attenzione, in quanto è previsto che "l'obbligazione di pagare la somma dovuta per la violazione si estingue per la persona nei cui confronti è stata omessa la notificazione nel termine prescritto" (art. 14 c. 6 l. 689/1981).

Occorre, dunque, riflettere sul momento dal quale cominciano a decorrere i termini per la notificazione delle violazioni (c.d. *dies a quo*), individuato nel giorno della conclusione degli accertamenti. In proposito il Ministero del lavoro, richiamando una pronuncia della Suprema Corte (Cass. 17.2.2004 n. 3115), ha chiarito che "l'accertamento non coincide con la generica e approssimativa percezione del fatto nella sua materialità ma con il compimento di tutte le indagini necessarie che garantiscano la piena conoscenza di tutti gli elementi oggettivi e soggettivi dell'infrazione medesima". Pertanto, la legittimità della durata degli accertamenti "va valutata (...) in relazione al caso concreto e sulla base della complessità delle indagini" e "la mera notizia del fatto materiale non coincide con la nozione di accertamento, ma quest'ultimo si realizza solo quando l'organo di vigilanza acquisisce la piena conoscenza dell'illecito idonea a giustificare la redazione del rapporto e, conseguentemente, l'adozione del provvedimento sanzionatorio" (Ministero del lavoro, lett. circ. 897/2004).

6. *Specificità di poteri e procedure: la conciliazione monocratica*

Nell'ambito degli accertamenti in materia di lavoro e legislazione sociale il personale ispettivo esercita specifici poteri volti a risolvere le problematiche da accertare o accertate, sia attraverso procedure di carattere conciliativo, sia attraverso richiami al ripristino della legalità.

Un primo strumento è la conciliazione monocratica, volto a risolvere le controversie tra datore di lavoro e lavoratore che, in caso di esito positivo, impedisce l'attivazione o la prosecuzione degli accertamenti ispettivi (art. 11 d.lgs. 124/2004).

La conciliazione monocratica può attivarsi attraverso due forme:

– preventiva, quando c'è una richiesta d'intervento ispettivo da parte del lavoratore o dell'organizzazione sindacale che lo rappresenta;

– contestuale, quando si svolge nel corso di un accesso ispettivo.

La conciliazione preventiva può essere attivata a fronte di una richiesta di intervento ispettivo del lavoratore o dell'organizzazione sindacale. In tal caso, il personale ispettivo convoca gli interessati per effettuare un tentativo di conciliazione fra lavoratore e datore di lavoro.

Si può procedere alla conciliazione se le questioni che rilevano attengono a diritti patrimoniali del lavoratore, di origine contrattuale o legale, e anche in occasione di richieste di intervento plurime o multiple, vale a dire che coinvolgano più lavoratori, purché le singole posizioni individuali vengano considerate separatamente[3].

Le parti possono farsi assistere durante la procedura di conciliazione da propri rappresentanti sindacali ovvero da consulenti del lavoro o dagli altri professionisti abilitati, muniti di mandato specifico. In caso di

---

[3] Non possono viceversa essere oggetto di conciliazione monocratica le richieste d'intervento caratterizzate dalla denuncia di irregolarità "significativamente gravi e incisive" (Ministero del lavoro, circ. 36/2009; Ministero del lavoro, nota 7165/2012), vale a dire quelle che: rivestano diretta ed esclusiva rilevanza penale; interessino altri lavoratori oltre al denunciante; riguardino fenomeni di elusione diffusi sul territorio di riferimento; abbiano ad oggetto solo profili di natura contributiva, previdenziale ed assicurativa.

accordo, il verbale, sottoscritto dal funzionario, acquisisce piena efficacia ed estingue il procedimento ispettivo, a condizione che il datore di lavoro provveda al pagamento delle somme dovute al lavoratore e al versamento dei contributi previdenziali e dei premi assicurativi riferiti alle somme concordate in sede di conciliazione[4]. L'accordo conciliativo deve prevedere, in ogni caso, il riconoscimento di un periodo lavorativo intercorso tra le parti; non possono concludersi, quindi, conciliazioni monocratiche a carattere novativo, che si risolvano nella corresponsione di una somma di denaro da parte del datore di lavoro a mero titolo transattivo (Ministero del lavoro, circ. 36/2009).

La mancata ottemperanza all'obbligo del versamento delle somme concordate consente al lavoratore l'attivazione della procedura esecutiva innanzi all'organo giudiziario, sulla base dell'accordo raggiunto. Infatti, il verbale di conciliazione è dichiarato esecutivo con decreto del giudice competente, su istanza della parte interessata.

La conciliazione contestuale può essere attivata, invece, nel corso dell'attività di vigilanza nelle medesime ipotesi che condizionano l'attivazione della conciliazione monocratica preventiva. In tal caso, il personale ispettivo è tenuto ad acquisire il consenso delle parti, mediante apposita verbalizzazione, anche successiva al verbale di primo accesso ispettivo.

In entrambe le fattispecie di conciliazione monocratica, l'attivazione della procedura interrompe i termini per la contestazione della violazione di cui all'art. 14 l. 689/1981, fino alla conclusione del procedimento conciliativo ovvero, in caso di esito positivo, fino al momento del pagamento delle somme al lavoratore e del versamento dei contributi e premi a INPS e INAIL.

In caso di mancato accordo o di mancata presentazione delle parti, o se le parti non acconsentono alla conciliazione, l'accertamento ispettivo prosegue il suo *iter*.

7. Segue: *la diffida accertativa per crediti patrimoniali*

Qualora nell'ambito dell'attività di vigilanza emergano inosservanze alla disciplina contrattuale da cui scaturiscono crediti patrimoniali in favore dei prestatori di lavoro, il personale ispettivo può diffidare il datore

---

[4] Qualora la conciliazione sia definita con la previsione del versamento in misura differita o rateizzata delle somme spettanti al lavoratore, il procedimento ispettivo si estingue esclusivamente con il pieno soddisfacimento del credito concordato. È onere del datore di lavoro dimostrare l'integrale adempimento entro il termine ultimo stabilito nel verbale di accordo.

di lavoro a corrispondere gli importi risultanti dagli accertamenti. La diffida trova altresì applicazione nei confronti dei soggetti che utilizzano le prestazioni di lavoro, da ritenersi solidalmente responsabili dei crediti accertati (art. 12 d.lgs. 124/2004). È possibile adottare la diffida accertativa anche nell'ambito dei rapporti di lavoro autonomo (ad esempio, di collaborazione coordinata e continuativa: cfr. *retro*, cap. 4, § 4.2), nei casi in cui l'erogazione dei compensi sia legata a presupposti oggettivi e predeterminati che non richiedano complessi approfondimenti in ordine alla verifica dell'effettivo raggiungimento o meno dei risultati dell'attività. Ai fini della sua emanazione il personale ispettivo è tenuto ad accertare sia l'*an* che il *quantum* del diritto patrimoniale spettante al lavoratore, che può ricondursi a:

– crediti retributivi da omesso pagamento;
– crediti di tipo indennitario, da maggiorazioni, TFR, etc.;
– retribuzioni di risultato, premi di produzione, etc.;
– crediti retributivi derivanti da un non corretto inquadramento della tipologia contrattuale;
– crediti legati al demansionamento o alla mancata applicazione di livelli minimi retributivi richiesti esplicitamente dalla Costituzione o derivanti dall'accertamento di lavoro sommerso.

In seguito alla diffida, il datore di lavoro e l'obbligato in solido possono promuovere, nel termine perentorio di 30 giorni dalla notifica dell'atto, un tentativo di conciliazione presso l'Ispettorato, nelle forme della conciliazione monocratica.

In caso di conciliazione la diffida accertativa perde efficacia e il credito vantato dal lavoratore è pari alla somma concordata in sede conciliativa. Sotto il profilo contributivo e assicurativo però, a differenza di quanto avviene per la conciliazione monocratica, che non presuppone alcun accertamento da parte dell'organo di vigilanza, i versamenti non possono essere inferiori al minimale di retribuzione imponibile, col pagamento delle eventuali sanzioni civili e degli interessi legali.

Decorso inutilmente il termine per esperire la conciliazione, oppure quando l'accordo fra le parti non venga raggiunto in sede conciliativa, la diffida accertativa acquista valore di accertamento tecnico, con efficacia di titolo esecutivo. Ciò comporta che il lavoratore può agire mediante atto di precetto al fine della soddisfazione dei crediti retributivi, potendo fondare le proprie pretese su un provvedimento amministrativo avente natura di titolo esecutivo.

Entro il medesimo termine di 30 giorni, in alternativa, il datore di lavoro e l'obbligato in solido possono promuovere ricorso avverso il provvedimento di diffida al direttore dell'ufficio che ha adottato l'atto. Il ricorso, notificato anche al lavoratore, sospende l'esecutività della diffida ed è deciso nel termine di 60 giorni dalla presentazione.

8. Segue: *la diffida obbligatoria e la disposizione*

In caso di constatata inosservanza delle norme di legge o di contratto collettivo in materia di lavoro e legislazione sociale, e qualora il personale ispettivo rilevi inadempimenti dai quali derivino sanzioni amministrative, lo stesso personale provvede a diffidare il trasgressore e l'eventuale obbligato in solido alla regolarizzazione delle inosservanze materialmente sanabili entro il termine di 30 giorni dalla data di notificazione del verbale.

La diffida costituisce dunque una condizione di procedibilità in ipotesi di illeciti amministrativi accertati e sanabili (v. Ministero del lavoro, circ. 9/2006). Sono, viceversa, escluse dall'ambito della diffida tutte le violazioni in cui l'interesse sostanziale protetto dalla norma non è in alcun modo recuperabile, come avviene ad esempio nel caso di superamento dell'orario massimo di lavoro settimanale (cfr. *retro*, cap. 12, § 2).

In caso di ottemperanza alla diffida, il trasgressore o l'eventuale obbligato in solido è ammesso al pagamento di una somma pari all'importo della sanzione nella misura del minimo previsto dalla legge o nella misura pari a un quarto della sanzione stabilita in misura fissa, entro 15 giorni dal termine previsto per la regolarizzazione. Il pagamento dell'importo estingue il procedimento sanzionatorio limitatamente alle inosservanze oggetto di diffida e a condizione dell'effettiva ottemperanza alla diffida stessa.

L'adozione della diffida interrompe i termini di notificazione degli illeciti amministrativi riscontrati (art. 14 l. 689/1981), nonché i termini per ricorrere al Comitato per i rapporti di lavoro (cfr. *infra*, § 12), fino al termine per la regolarizzazione e il versamento della sanzione minima. Se il trasgressore o l'obbligato in solido non prova al personale ispettivo l'avvenuta regolarizzazione e il pagamento delle somme previste, il verbale unico produce gli effetti della contestazione e notificazione degli addebiti accertati nei confronti del trasgressore e della persona obbligata in solido ai quali sia stato notificato.

Con la disposizione il personale ispettivo dell'Ispettorato nazionale del lavoro (è, infatti, un potere esclusivamente riservato a detto personale) impone al datore di lavoro di adeguarsi agli obblighi in materia di lavoro e legislazione sociale, la cui inosservanza non sia già soggetta a sanzioni penali o amministrative (art. 14 d.lgs. 124/2004). È, inoltre, prevista la possibilità di imporre, attraverso la disposizione, un obbligo nuovo che viene a specificare quello genericamente previsto dalla legge (art. 10 d.P.R. 520/1955).

L'inottemperanza alla disposizione del personale ispettivo è soggetta a sanzioni amministrative e penali a seconda che le disposizioni impartite riguardino violazioni di natura lavoristica ovvero riguardino la materia della salute e sicurezza sul lavoro (art. 14 d.lgs. 124/2004 e artt. 10-11 d.P.R. 520/1955).

Avverso la disposizione è ammesso ricorso, entro 15 giorni, al direttore dell'Ispettorato territoriale, il quale decide entro i successivi 15 giorni. Decorso inutilmente il termine previsto per la decisione, il ricorso si intende respinto (c.d. silenzio-rigetto). Il ricorso non sospende l'esecutività della disposizione.

9. Segue: *la prescrizione obbligatoria*

Il potere di prescrizione obbligatoria è attribuito al personale ispettivo dell'Ispettorato e delle ASL e, in linea di massima, rappresenta uno strumento analogo alla diffida, ma che, a differenza di quest'ultima, trova applicazione con esclusivo riferimento a illeciti penali puniti con la sanzione dell'arresto o dell'ammenda o della sola ammenda.

La prescrizione obbligatoria è regolamentata dagli artt. da 19 a 25 d.lgs. 758/1994 e, con riferimento alla procedura in essi descritta, il d.lgs. 124/2004 ha esteso l'ambito di applicazione, precedentemente limitato alla violazione delle sole norme in materia di sicurezza e igiene del lavoro.

In riferimento a tali inosservanze il personale ispettivo, nell'esercizio delle funzioni di polizia giudiziaria, impartisce al contravventore un'apposita prescrizione, fissando per la regolarizzazione un termine non eccedente il periodo di tempo tecnicamente necessario, non superiore a 6 mesi eventualmente prorogabili. Resta, tuttavia, fermo l'obbligo dell'organo di vigilanza di riferire al pubblico ministero la notizia di reato inerente alla contravvenzione, ai sensi dell'art. 347 c.p.p.

Entro e non oltre 60 giorni dalla scadenza del termine fissato nella prescrizione il personale ispettivo verifica se la violazione è stata eliminata secondo le modalità e nel termine indicati.

Quando risulti l'adempimento alla prescrizione, l'organo di vigilanza ammette il contravventore a pagare in sede amministrativa, nel termine di 30 giorni, una somma pari a un quarto del massimo dell'ammenda stabilita per la contravvenzione commessa. Entro 120 giorni dalla scadenza del termine fissato nella prescrizione l'organo di vigilanza comunica al pubblico ministero l'adempimento alla prescrizione, nonché l'eventuale pagamento di tale somma.

Nel caso in cui, invece, non risulti l'adempimento della prescrizione, l'organo di vigilanza ne dà comunicazione al pubblico ministero e al contravventore entro 90 giorni dalla scadenza del termine fissato nella prescrizione.

Il procedimento penale è sospeso dal momento dell'iscrizione della notizia di reato nel registro di cui all'art. 335 c.p.p. fino al momento in cui il pubblico ministero riceve la comunicazione concernente l'adempimento o meno alla prescrizione.

La sospensione del procedimento non preclude, tuttavia, la richiesta di archiviazione né impedisce l'assunzione delle prove con incidente probatorio, gli atti urgenti di indagine preliminare e il sequestro preventivo ai sensi degli artt. 321 ss. c.p.p.

Se il contravventore adempie alla prescrizione impartita dall'organo di vigilanza nel termine stabilito e provvede al pagamento della somma pari a un quarto del massimo dell'ammenda, la contravvenzione si estingue e il pubblico ministero richiede l'archiviazione.

L'adempimento in un tempo superiore a quello indicato nella prescrizione, ma che comunque risulta congruo, ovvero l'eliminazione delle conseguenze dannose o pericolose della contravvenzione con modalità diverse da quelle indicate dall'organo di vigilanza sono invece valutate ai fini dell'applicazione dell'art. 162-*bis* c.p. (oblazione nelle contravvenzioni punite con pene alternative). In tal caso, la somma da versare è ridotta a un quarto del massimo dell'ammenda stabilita per la contravvenzione commessa.

Il procedimento prescrittivo trova applicazione anche:

– nelle ipotesi "a condotta esaurita", e quindi non soltanto in riferimento a reati permanenti ma anche, ad esempio, a fronte di adempimenti formali espletati in ritardo rispetto ai termini previsti;

– nelle ipotesi in cui "il trasgressore abbia autonomamente provveduto all'adempimento degli obblighi di legge sanzionati precedentemente all'emanazione della prescrizione" (art. 15 c. 3 d.lgs. 124/2004).

10. Segue: *la sospensione dell'attività imprenditoriale*

Al personale ispettivo compete il potere di sospendere l'attività di impresa qualora:

– sia accertato che almeno il 10% dei lavoratori presenti sul luogo di lavoro risulti occupato, al momento dell'accesso ispettivo, senza preventiva comunicazione di instaurazione del rapporto di lavoro ovvero inquadrato come lavoratori autonomi occasionali in assenza delle condizioni richieste dalla normativa;

– a prescindere dal settore di intervento, siano accertate gravi violazioni in materia di tutela della salute e della sicurezza del lavoro indicate all'Allegato I al d.lgs. 81/2008.

Il provvedimento può dunque essere adottato anzitutto in caso di una presenza significativa di lavoratori "in nero" e cioè, come chiarito dal Ministero del lavoro (circ. n. 33/2009):

– tutti quei lavoratori rispetto ai quali non è stata effettuata la prevista comunicazione al Centro per l'impiego ovvero non siano stati effettuati gli adempimenti previsti dall'art. 23 d.P.R. 1124/1965;

– tutti i soggetti comunque riconducibili all'ampia nozione di lavoratore di cui all'art. 2 c. 1 lett. *a* d.lgs. 81/2008 (cfr. *retro*, cap. 10, § 3) rispetto ai quali non si sia provveduto a formalizzare il rapporto, comprendendovi anche i soggetti che, pur risultando indicati nella visura della Camera di commercio, in quanto titolari di cariche societarie, svolgono attività lavorative a qualsiasi titolo, nonché i lavoratori autonomi occasionali non genuini per i quali dalla documentazione fiscale non si evinca che il versamento sia stato effettuato in loro favore.

L'adozione del provvedimento di sospensione è possibile altresì a fronte delle violazioni gravi, in materia di salute e sicurezza del lavoro, indicate nell'Allegato I al d.lgs. 81/2008, fra le quali rientrano la mancata elaborazione del documento di valutazione dei rischi, la mancata elaborazione del piano di emergenza ed evacuazione, la mancata formazione e addestramento, la mancata costituzione del servizio di prevenzione e protezione e nomina del relativo responsabile, etc.

Il provvedimento di sospensione ha effetto "in relazione alla parte dell'attività imprenditoriale interessata dalle violazioni" o, alternativamente, in relazione ai lavoratori interessati dalle violazioni della mancata formazione e addestramento e della mancata fornitura del dispositivo di protezione individuale contro le cadute dall'alto. Gli effetti del provvedimento vanno dunque circoscritti alla singola unità produttiva rispetto alla quale sono stati verificati i presupposti per la sua adozione oppure ai singoli lavoratori interessati dalle citate violazioni di carattere prevenzionistico.

Sotto il profilo temporale, si prevede inoltre che, in ogni caso di sospensione, gli effetti della stessa possono essere fatti decorrere dalle ore 12 del giorno lavorativo successivo ovvero dalla cessazione dell'attività lavorativa in corso che non può essere interrotta, salvo che non si riscontrino situazioni di pericolo imminente o di grave rischio per la salute dei lavoratori o dei terzi o per la pubblica incolumità.

Sono condizioni per la revoca del provvedimento:

a) la regolarizzazione dei lavoratori non risultanti dalle scritture o da altra documentazione obbligatoria anche sotto il profilo degli adempimenti in materia di salute e sicurezza;

b) l'accertamento del ripristino delle regolari condizioni di lavoro nelle ipotesi di violazioni della disciplina in materia di tutela della salute e della sicurezza sul lavoro;

c) la rimozione delle conseguenze pericolose delle violazioni nelle ipotesi di cui all'Allegato I al d.lgs. 81/2008;

d) nelle ipotesi di lavoro irregolare, il pagamento di una somma aggiuntiva pari a 2.500 euro, qualora siano impiegati fino a cinque lavoratori irregolari, e pari a 5.000 euro, qualora siano impiegati più di cinque lavoratori irregolari;

e) nelle ipotesi di cui all'Allegato I al d.lgs. 81/2008, il pagamento di una somma aggiuntiva di importo pari a quanto indicato nello stesso Allegato I con riferimento a ciascuna fattispecie.

Su istanza di parte, la revoca è altresì concessa subordinatamente al pagamento del 20% della somma aggiuntiva dovuta. L'importo residuo, maggiorato del 5%, deve essere versato entro 6 mesi dalla data di presentazione dell'istanza di revoca. In caso di mancato versamento o di versamento parziale dell'importo residuo entro detto termine, il provvedimento di accoglimento dell'istanza costituisce titolo esecutivo per l'importo non versato.

11. *Il contrasto al lavoro sommerso: la c.d. maxisanzione*

L'attività di contrasto al lavoro sommerso – vale a dire al lavoro instaurato nell'ambito dell'economia informale e la cui esistenza è ignorata, in tutto o solo in parte (ad esempio, con riferimento agli aspetti contributivi o fiscali), dall'autorità pubblica – sotto un profilo strettamente repressivo, fa affidamento in particolare sulla c.d. maxisanzione.

La sanzione, che colpisce l'impiego di lavoratori subordinati senza preventiva comunicazione di instaurazione del rapporto di lavoro, prevede i seguenti importi:

a) da euro 1.800 a euro 10.800 per ciascun lavoratore irregolare, in caso di impiego del lavoratore sino a 30 giorni di effettivo lavoro;

b) da euro 3.600 a euro 21.600 per ciascun lavoratore irregolare, in caso di impiego del lavoratore da 31 sino a 60 giorni di effettivo lavoro;

c) da euro 7.200 a euro 43.200 per ciascun lavoratore irregolare, in caso di impiego del lavoratore oltre 60 giorni di effettivo lavoro.

Le somme indicate sono state così rimodulate in ragione di un aumento del 20%, a partire dal 2019, degli iniziali importi. Inoltre, le stesse maggiorazioni sono raddoppiate ove, nei 3 anni precedenti, il datore di lavoro sia stato destinatario di sanzioni amministrative o penali per i medesimi illeciti.

È possibile il pagamento del minimo della sanzione qualora il datore di lavoro adempia alla diffida emanata dal personale ispettivo la quale prevede, in relazione ai lavoratori irregolari ancora in forza presso il datore di lavoro, e fatta salva l'ipotesi in cui risultino regolarmente occupati per un periodo lavorativo successivo, la stipulazione di un contratto di lavoro subordinato a tempo indeterminato, anche a tempo parziale con riduzione dell'orario di lavoro non superiore al 50% dell'orario a tempo pieno, o con contratto a tempo pieno e determinato di durata non inferiore a 3 mesi, nonché il mantenimento in servizio degli stessi per almeno 3 mesi.

L'adempimento alla diffida costituisce elemento oggettivo di applicabilità della sanzione in misura minima che, in qualche misura, bilancia gli oneri sostenuti dal datore per il mantenimento del rapporto di lavoro (Ministero del lavoro, nota 20549/2015). Pertanto, in assenza di un effettivo mantenimento del rapporto di lavoro per almeno 3 mesi, qualunque ne sia la ragione e dunque anche per cause non imputabili al trasgressore, non può ritenersi adempiuta la diffida obbligatoria (INL, nota 4441/2017).

L'impiego di lavoratori subordinati senza preventiva comunicazione di instaurazione del rapporto di lavoro è, inoltre, soggetto al pagamento di una sanzione civile, in ragione di anno, pari al 30%. La sanzione non può essere comunque superiore al 60% dell'importo dei contributi o premi non corrisposti entro la scadenza di legge (art. 116 c. 8 l. 388/2000).

12. *I ricorsi amministrativi*

Avverso le sanzioni adottate dal personale dell'Ispettorato nazionale del lavoro è possibile ricorrere in via amministrativa, oltre che, ovviamente, in via giurisdizionale

I ricorsi amministrativi sono disciplinati dagli artt. 16 e 17 d.lgs. 124/2004, peraltro modificati proprio in occasione della istituzione dell'Ispettorato nazionale del lavoro.

Ai sensi del predetto art. 16, "al fine di garantire l'uniforme applicazione delle disposizioni in materia di lavoro, legislazione sociale, nonché in materia contributiva e assicurativa", nei confronti dei relativi atti di accertamento adottati dagli ufficiali e agenti di polizia giudiziaria diversi da quelli che operano nell'ambito dell'Ispettorato, è ammesso ricorso davanti al direttore della sede territoriale dell'Ispettorato nazionale del lavoro entro 30 giorni dalla notifica degli stessi.

Il ricorso va inoltrato alla sede territoriale competente dell'Ispettorato del lavoro ed è deciso, nel termine di 60 giorni dal ricevimento, sulla base della documentazione prodotta dal ricorrente tempestivamente trasmessa dall'organo accertatore. Decorso inutilmente il termine previsto per la decisione, il ricorso si intende respinto.

Tale procedura, come evidenziato dalla disposizione, vuole dunque consentire una maggiore uniformità nella valutazione delle violazioni accertate grazie proprio alla possibilità di ricondurre ad un unico soggetto – l'Ispettorato del lavoro – la valutazione sulla correttezza degli accertamenti.

L'art. 17 d.lgs. 124/2004 prevede invece la costituzione, presso le sedi territoriali dell'Ispettorato, del c.d. Comitato per i rapporti di lavoro, composto dal direttore della sede territoriale dell'Ispettorato nazionale del lavoro, che la presiede, dal direttore dell'INPS e dal direttore dell'INAIL del capoluogo di Regione dove ha sede l'Ispettorato competente.

Il Comitato è competente a ricevere tutti i ricorsi avverso gli atti di accertamento dell'Ispettorato nazionale del lavoro e gli atti di accertamento degli enti previdenziali e assicurativi che abbiano a oggetto la sussistenza o la qualificazione dei rapporti di lavoro. I ricorsi sono inoltrati entro 30 giorni dalla notifica degli stessi alla sede territoriale competente dell'Ispettorato e sono decisi, con provvedimento motivato, dal Comitato nel termine di 90 giorni dal ricevimento, sulla base della documentazione prodotta dal ricorrente e di quella in possesso dell'Ispettorato. Decorso inutilmente il termine previsto per la decisione, il ricorso si intende respinto.

13. *L'attività di prevenzione e promozione*

Al fine di contrastare il lavoro irregolare non è da sottovalutare anche l'attività, diversa da quella specificatamente repressiva, di prevenzione e promozione svolta dalle sedi dell'Ispettorato nazionale del lavoro.

In particolare, l'art. 8 d.lgs. 124/2004 prevede che gli Ispettorati del lavoro sono tenuti a organizzare, mediante il proprio personale ispettivo, attività di prevenzione e promozione, su questioni di ordine generale, presso i datori di lavoro, finalizzate al rispetto della normativa in materia lavoristica e previdenziale. Nell'esercizio di tali funzioni il personale ispettivo non esercita la qualifica di ufficiale di polizia giudiziaria.

La medesima disposizione prevede, altresì, che gli Ispettorati, anche d'intesa con gli enti previdenziali, propongono a enti, datori di lavoro e associazioni, attività di informazione e aggiornamento, da svolgersi, a cura e spese degli stessi, mediante stipula di apposita convenzione; trattasi tuttavia di un'attività, quest'ultima, mai effettivamente avviata in assenza di un decreto ministeriale cui è demandata l'introduzione del *facsimile* della convenzione.

Capitolo 18

Elementi di diritto della sicurezza sociale

di Francesco Falso

1. *La sicurezza sociale nelle fonti internazionali ed europee*

L'espressione "sicurezza sociale" esprime un concetto di ampia portata, indicando in genere l'insieme degli strumenti e delle provvidenze economiche finalizzate a garantire la protezione di coloro che si trovano in uno stato di bisogno. Il significato e i contenuti del diritto alla sicurezza sociale non sono uniformi nelle diverse fonti normative e, quantomeno a livello dell'Unione europea, la Corte di giustizia ha avuto modo di affermare che le modalità di finanziamento di una prestazione e, in particolare, il fatto che la sua attribuzione non sia subordinata ad alcun presupposto contributivo sono irrilevanti per la sua qualificazione come prestazione di sicurezza sociale (CGUE 24.10.2013 C-177/12, punto 32; CGUE 21.6.2017 C-449/16).

La protezione sociale si configura, seppure con sfumature diverse, come un diritto inviolabile universalmente riconosciuto, previsto in fonti di diritto internazionale ed europeo e, naturalmente, anche nel nostro ordinamento.

La Dichiarazione universale dei diritti dell'uomo, adottata a Parigi dall'Assemblea Generale delle Nazioni Unite il 10.12.1948, contempla la protezione sociale quale diritto inviolabile, prevedendo espressamente all'art. 22 che "Ogni individuo, in quanto membro della società, ha diritto alla sicurezza sociale, nonché alla realizzazione attraverso lo sforzo nazionale e la cooperazione internazionale ed in rapporto con l'organizzazione e le risorse di ogni Stato, dei diritti economici, sociali e culturali indispensabili alla sua dignità ed al libero sviluppo della sua personalità".

Anche nelle fonti di diritto europeo la protezione sociale dell'individuo rappresenta uno dei valori fondamentali che trova riscontro, in primo luogo, nella Carta dei diritti fondamentali dei cittadini dell'Unione europea del 2000, c.d. Carta di Nizza, il cui art. 34 è espressamente dedicato alla "Sicurezza sociale e assistenza sociale". La disposizione contiene delle importanti statuizioni di principio, e anche in questo caso si può affermare che la protezione sociale viene riconosciuta come un diritto inviolabile, attraverso la garanzia del diritto di accesso alle prestazioni di sicurezza sociale e ai servizi sociali in casi quali la maternità, la malattia, gli infortuni sul lavoro, la dipendenza o la vecchiaia, oltre che in caso di perdita del posto di lavoro, secondo le modalità stabilite dal diritto dell'Unione europea e dalle legislazioni e prassi nazionali. In base al c. 2 della disposizione, ogni individuo che risieda o si sposti legalmente all'interno dell'Unione europea ha diritto alle *prestazioni di sicurezza sociale* e ai *benefici sociali* conformemente al diritto dell'Unione europea e alle legislazioni e prassi nazionali. Il c. 3 dell'art. 34 della Carta prevede, infine, che, al fine di assicurare la tutela contro l'esclusione sociale e la povertà, è riconosciuto il diritto all'assistenza sociale e all'assistenza abitativa volte a garantire un'esistenza dignitosa a tutti coloro che non dispongano di risorse sufficienti, secondo le modalità stabilite dal diritto dell'Unione europea e dalle legislazioni e prassi nazionali.

Nei vari Trattati europei, a cominciare dal Trattato istitutivo della Comunità europea, la sicurezza sociale dei cittadini e dei lavoratori è espressamente riconosciuta, in primo luogo, attraverso il richiamo ai valori e ai principi espressi dalla Carta di Nizza, l'adesione alla Convenzione europea dei diritti dell'uomo, nonché mediante disposizioni normative specifiche riguardanti il tema dell'occupazione e delle politiche sociali in generale, tra le quali quelle contenute nel TFUE e, in particolare, il Titolo IX, dedicato all'occupazione, e il Titolo X, riguardante la politica sociale.

In attuazione dei regolamenti 883/2004 e 987/2009, e sulla base della Decisione E7 della Commissione amministrativa dal 3.7.2019, è divenuto operativo il sistema europeo EESSI (*Electronic Exchange Social Security Information*) per lo scambio telematico dei dati tra le istituzioni previdenziali europee, e in particolare tra l'INPS e le istituzioni degli altri Stati (Stati UE, Stati SEE e Svizzera) che, applicando la normativa dell'Unione europea, sono coinvolti nel sistema EESSI in materia di sicurezza sociale. Il sistema di scambio elettronico dei dati tra le istituzioni previdenziali interessate riguarda tutti i settori della previdenza sociale (pensioni, ammortizzatori sociali ed entrate e recuperi di contributi e prestazioni indebite), ciascuno dei quali è identificato come un distinto ambito di applicazione della previdenza sociale (*social security*).

2. *La sicurezza sociale nell'ordinamento italiano*

Nella Costituzione italiana la disposizione di riferimento è l'art. 38, che individua due diversi ambiti di intervento statale: l'assistenza sociale e la previdenza sociale.

Il c. 1 dell'art. 38 individua quale soggetto protetto il "cittadino", il quale, se sprovvisto dei mezzi necessari per vivere, ha diritto all'assistenza sociale. Il termine "cittadino" deve essere interpretato in senso molto ampio, dovendo lo stesso essere riferito a tutti i soggetti legalmente soggiornanti nel territorio italiano. Dunque, oltre ai cittadini italiani e dell'Unione europea, l'assistenza sociale si rivolge anche cittadini di Paesi terzi che soggiornano legalmente in Italia.

Nel c. 2 dell'art. 38 Cost. si fa riferimento, invece, ai "lavoratori", lasciando intravedere subito il diverso ambito di operatività della tutela previdenziale rispetto a quella assistenziale di cui al c. 1. In questo caso, infatti, la protezione si rivolge a soggetti che hanno (o hanno avuto) in essere un rapporto di lavoro e, conseguentemente, una posizione assicurativa-contributiva finalizzata alla tutela di una serie di eventi che possono generare una situazione di bisogno nell'arco della vita.

L'art. 38 c. 2 Cost. contempla solo alcuni degli eventi che necessitano di protezione: la malattia, l'infortunio, l'invalidità, la vecchiaia, la disoccupazione involontaria. Oltre a questi eventi, nel corso del tempo la tutela è stata estesa anche ad altre situazioni generatrici di bisogno: si pensi, ad esempio, alla tutela contro l'insolvenza del datore di lavoro oppure alla tutela dei lavoratori nei casi di sospensione del rapporto di lavoro per cassa integrazione guadagni.

Accanto al sistema previdenziale pubblicistico l'art. 38 contempla, al c. 5, anche l'assistenza privata, rimettendo alla libera volontà dei soggetti la scelta di incrementare il livello di tutela rispetto a quello assicurato dagli organi pubblici, necessariamente limitato a fronte della scarsezza delle risorse finanziarie disponibili. Anche se nella disposizione citata si utilizza il termine "assistenza", in realtà il riferimento è da intendersi piuttosto a forme di previdenza integrativa cui può accedere il soggetto al fine di assicurarsi, specie sotto il profilo pensionistico, un livello di protezione più elevato (cfr. *infra*, § 9).

Nell'ambito della sicurezza sociale un'altra disposizione di rango costituzionale che assume rilievo è l'art. 32, che disciplina la tutela della salute quale diritto fondamentale dell'individuo. Essa si realizza in primo luogo attraverso il sistema sanitario nazionale e ha quali destinatari non solo i cittadini, ma tutti coloro che soggiornano nello Stato. Il suo campo di applicazione travalica, pertanto, l'ambito previdenziale, essendo espressione di un principio universalistico.

Nel vigente ordinamento esistono, dunque, forme di tutela che sfuggono al sistema dell'assicurazione sociale obbligatoria (cfr. *infra*, § 3), collocandosi al di fuori dell'ambito della previdenza sociale e rientrando, invece, in quello dell'assistenza sociale, garantita dallo Stato nei limiti delle risorse finanziarie disponibili: si pensi all'assistenza sanitaria o alle varie forme di protezione dei soggetti indigenti, o ancora alle misure volte a favorire l'integrazione sociale degli emarginati. A tal proposito, è utile segnalare la riforma del sistema dell'assistenza sociale operata dalla l. 328/2000, la quale ha previsto una serie di interventi volti a contrastare fenomeni di povertà e di esclusione sociale, valorizzare e sostenere le responsabilità familiari, incentivare misure di sostegno per le persone anziane non autosufficienti, promuovere progetti individuali per le persone disabili.

L'assistenza sociale è sempre stata tradizionalmente contrapposta alla previdenza sociale, individuandosi nella seconda la tipica forma di realizzazione dell'assicurazione sociale, la cui disciplina si caratterizza per la cooperazione nel finanziamento delle categorie di soggetti beneficiari delle prestazioni e per una stretta correlazione tra contributi previdenziali e reddito di lavoro. Ed è proprio in riferimento a tali caratteristiche che si usa distinguerla dall'assistenza sociale quale forma di protezione di tipo universalistico e rivolta gratuitamente a tutti i soggetti con i relativi oneri finanziari a carico esclusivo dello Stato e/o degli enti locali.

Oltre all'assegno sociale (già pensione sociale) sono da segnalare nel campo dell'assistenza sociale una serie di prestazioni introdotte nell'ordinamento negli ultimi anni sull'onda della grave crisi economica e del lavoro, con lo scopo di far fronte a rilevanti situazioni di bisogno economico e aventi quali destinatari i singoli individui e le famiglie in situazioni di povertà: si pensi, ad esempio, al sostegno per l'inclusione attiva (SIA) di cui alla l. 208/2015, poi sostituito dal reddito di inclusione (REI), disciplinato dal d.lgs. 147/2017, oppure al reddito di cittadinanza introdotto con d.l. 4/2019 conv. l. 26/2019, che ha sostituito il reddito di inclusione e, infine, all'assegno di inclusione introdotto dal d.l. 48/2023 conv. l. 85/2023, che è subentrato al reddito di cittadinanza.

Altri esempi di misure istituite dallo Stato per il sostegno economico dei nuclei familiari, con erogazione sempre a carico dell'INPS, sono: il premio alla nascita, il *bonus* asilo nido (art. 1 c. 355 l. 232/2016), l'assegno di maternità di base, detto anche "assegno di maternità dei Comuni", prestazione assistenziale concessa dai Comuni e pagata dall'INPS (art. 74 d.lgs. 51/2001), così come l'assegno al nucleo familiare dei Comuni, concesso sempre in via esclusiva dai Comuni e pagato dall'INPS (la prestazione è rivolta alle famiglie, anche straniere, che hanno figli minori e che dispongono di patrimoni e redditi limitati).

In tale ambito, con l. 46/2021 è stata approvata la delega al Governo per riordinare, semplificare e potenziare le misure a sostegno dei figli a carico attraverso l'istituzione dell'assegno unico e universale, basato sul principio universalistico ed esteso progressivamente a tutti i nuclei familiari con figli a carico. L'assegno unico sostituirà a regime le varie misure di sostegno previste a favore dei nuclei familiari (assegni familiari, assegni per il nucleo familiare, *bonus* bebè e detrazioni per figli a carico). Nelle more dell'attuazione dei decreti legislativi delegati, con il d.l. 79/2021 conv. l. 112/2021 il Governo ha introdotto delle misure immediate di intervento prevedendo un incremento dell'importo degli assegni per il nucleo familiare in essere e l'introduzione di un assegno temporaneo per i nuclei familiari che non possiedono i requisiti per accedere agli assegni già in vigore.

Esistono, poi, nell'ordinamento prestazioni che hanno natura mista e si inseriscono a metà strada tra la previdenza sociale e l'assistenza sociale, rappresentando una sorta di *tertium genus* rispetto alla classica distinzione tra prestazioni previdenziali e prestazioni assistenziali (v. *infra*, § 10).

Tra le misure la cui natura è certamente ibrida viene in considerazione l'assegno sociale di disoccupazione di cui all'art. 16 d.lgs. 22/2015, prestazione, poi sostituita dal reddito di inclusione, che poteva essere riconosciuta a un soggetto con qualifica di "lavoratore" disoccupato che non riusciva, al termine della percezione della indennità di disoccupazione (NASpI), a trovare un lavoro e presentava condizioni reddituali inferiori a una certa soglia limite.

Di fronte al variegato panorama di strumenti previsti dall'ordinamento al fine di assicurare la protezione sociale dei soggetti rimane sempre attuale la distinzione classica tra previdenza sociale e assistenza sociale. Le misure che rientrano nel *genus* dell'assistenza sociale vengono riconosciute ai soggetti sulla base di requisiti amministrativo-costitutivi che esulano dall'esistenza di un rapporto assicurativo e dal possesso dei contributi previdenziali (c.d. requisito contributivo). Le risorse finanziarie per far fronte a tali benefici, stanziate dallo Stato con cadenza annuale, alimentano appositi fondi, mentre le relative prestazioni sono erogate dall'INPS.

Al fine di circoscrivere la platea dei beneficiari delle suddette prestazioni assistenziali, anche in considerazione della limitatezza delle risorse finanziarie che lo Stato può mettere in campo, si utilizza generalmente il requisito reddituale attraverso la fissazione di soglie al di sopra delle quali si resta esclusi dalla tutela. In tema di misure di assistenza sociale la scelta legislativa riguardante i livelli di tutela risulta difficilmente sindacabile. Diversamente, per quanto attiene invece alla individuazione dei soggetti beneficiari la scelta legislativa potrebbe essere oggetto di scrutinio di costituzionalità in relazione alla portata soggettiva di una norma attributiva di una determinata prestazione assistenziale. Così si è verificato con riferimento alle prestazioni da riconoscere anche in favore degli stranieri a prescindere dal titolo legittimante la permanenza in Italia, purché questa non sia episodica o di breve durata (fra le altre, cfr. C. Cost. 30.7.2008 n. 306; 23.1.2009 n. 11; 28.5.2010 n. 187; 15.3.2013 n. 40).

3. *Le forme di realizzazione della sicurezza sociale: l'assicurazione sociale obbligatoria*

La sicurezza sociale, come detto, si fonda sul diritto soggettivo alla protezione sociale, ma essa si pone anche come dovere sociale per lo Stato, che esercita le funzioni proprie della previdenza e dell'assistenza sociale attraverso enti pubblici costituiti *ad hoc*. Il legislatore determina anche i limiti di azione stabilendo le modalità di tutela, i settori di intervento, il finanziamento delle prestazioni erogate.

Il principale strumento di realizzazione delle varie forme di protezione della persona umana è rappresentato dal sistema dell'assicurazione sociale, che riveste carattere obbligatorio. Si tratta, quindi, di un meccanismo di tipo assicurativo che, però, assume dei caratteri del tutto peculiari, attesa la rilevanza pubblicistica degli interessi perseguiti. L'eliminazione dello stato di bisogno avviene, infatti, attraverso l'organizzazione di un servizio pubblico, e l'erogazione delle prestazioni previdenziali è affidata dallo Stato a enti, i quali reperiscono le risorse necessarie per la realizzazione del loro fine istituzionale attraverso i contributi previdenziali posti a carico dei soggetti protetti, dei soggetti che si trovano in un determinato rapporto con loro, nonché attraverso interventi finanziari dello Stato.

Generalmente si è sempre studiato il fenomeno previdenziale prendendo in esame il tipo classico di rapporto assicurativo-contributivo che si costituisce al momento stesso in cui si instaura un rapporto di lavoro subordinato (cfr. *retro*, cap. 4, §§ 2-3). In tale ipotesi, gli attori del rapporto assicurativo vengono così individuati: il soggetto protetto, obbligato *pro quota* al versamento dei contributi previdenziali (lavoratore), il soggetto tenuto al versamento dei contributi previdenziali (datore di lavoro), anche per la parte posta a carico del lavoratore, e l'ente pubblico destinatario della contribuzione previdenziale ed erogatore delle prestazioni.

Nel corso del tempo, come si è visto, accanto al modello classico si sono sviluppate tipologie di contratti di lavoro diverse, che presentano comunque delle analogie con il rapporto di lavoro subordinato (si pensi, ad esempio, ai contratti di collaborazione coordinata e continuativa: cfr. *retro*, cap. 4, § 4.2), e anche in relazione a tali fattispecie contrattuali il rapporto assicurativo è stato modellato sulla falsariga del meccanismo applicabile al rapporto di lavoro subordinato, con la previsione dell'obbligo di versamento dei contributi previdenziali a carico del committente anche per la parte a carico del collaboratore.

Quando si parla del sistema della previdenza sociale generalmente si fa riferimento all'insieme dei vari rapporti intercorrenti tra i soggetti che partecipano alla realizzazione dei fini cui si ispira la previdenza sociale, avendo particolare riguardo al rapporto che si instaura tra il soggetto protetto e l'ente previdenziale. In tale ottica tradizionalmente si è accomunato il rapporto giuridico previdenziale al contratto di assicurazione privata, teoria che è stata oggetto di superamento attesa la diversità di struttura delle due forme assicurative.

La tutela previdenziale si estende a tutte le categorie di soggetti che svolgono un'attività economica e, dunque, ai liberi professionisti, agli artigiani, ai commercianti, agli imprenditori agricoli, agli associati in partecipazione, ai lavoratori autonomi occasionali e così via. Le caratteristiche dei vari sistemi di assicurazione sono tuttavia diverse, anche in termini di livelli di protezione.

4. *L'automatismo delle prestazioni previdenziali e l'indisponibilità dell'obbligazione contributiva*

Tra gli elementi di diversità che contraddistinguono l'assicurazione sociale obbligatoria rispetto al contratto di assicurazione di diritto comune non può non farsi riferimento al principio dell'automatismo delle prestazioni previdenziali, caratteristica tipica (solo) dell'assicurazione sociale obbligatoria che, in qualche modo, mette in crisi la teoria classica fondata sulla ricostruzione dell'assicurazione sociale alla stregua dell'assicurazione regolata dal diritto comune. Il principio dell'automatismo quale connotato fondamentale del sistema dell'assicurazione sociale obbligatoria esclude la caratteristica fondamentale tipica di un contratto di diritto comune, ivi compreso il contratto di assicurazione, e cioè il principio di corrispettività delle obbligazioni (versamento dei contributi ed erogazione della prestazione).

Nell'assicurazione privata il mancato versamento dei contributi (premio) esclude l'intervento dell'assicuratore qualora si verifichi l'evento protetto. Diversamente, nel sistema pubblico dell'assicurazione sociale l'art. 2116 c.c. stabilisce che le prestazioni sono dovute al lavoratore anche quando il datore di lavoro non ha versato i relativi contributi. È bene evidenziare che il principio non è da intendersi in senso assoluto, e la conferma si ricava sia dalla clausola di salvezza contenuta nell'art. 2116 c. 1 c.c., sia indirettamente dal c. 2 della medesima disposizione, che configura una responsabilità in capo al datore di lavoro nei casi in cui, per effetto dell'omissione contributiva, l'istituto di previdenza non è tenuto a corrispondere in tutto o in parte la prestazione dovuta.

L'interesse del lavoratore alla regolarità della propria posizione contributiva e al corretto assolvimento degli obblighi contributivi integra un vero e proprio diritto soggettivo alla posizione assicurativa distinto dal diritto dell'ente previdenziale di riscuotere i contributivi, ed è pertanto tutelabile dinanzi all'autorità giudiziaria richiedendo la regolarizzazione della propria posizione assicurativa nei confronti del datore di lavoro e dell'ente previdenziale.

Il principio dell'automatismo non opera riguardo a tutte le forme di assicurazione obbligatoria, essendo escluso con riferimento alle gestioni cui fanno capo i lavoratori autonomi, gli artigiani, i commercianti, i coltivatori diretti, salvo specifiche disposizioni di legge. Tale principio non opera neppure per le forme di previdenza dei liberi professionisti.

Un altro fondamentale principio che caratterizza l'assicurazione sociale obbligatoria è quello dell'indisponibilità dell'obbligazione contribuiva a opera delle parti private. L'interesse pubblico sotteso alla realizzazione della tutela previdenziale implica l'impossibilità per le parti private di poter "incidere" sull'esistenza e sulla misura dell'obbligo contributivo. Eventuali patti privati diretti a eludere gli obblighi relativi alla previdenza e all'assistenza sono nulli (art. 2115 c. 3 c.c.). Il principio è stato ripetutamente affermato anche dalla giurisprudenza di legittimità, confermando l'autonomia del rapporto previdenziale e l'indisponibilità dei diritti sociali fondamentali rispetto alle pattuizioni di natura privatistica tra datore di lavoro e lavoratore.

A tale principio si collega quello della retribuzione minima imponibile ai fini previdenziali sancito dall'art. 1 d.l. 338/1989 conv. l. 389/1989, per effetto del quale la retribuzione imponibile ai fini previdenziali non può essere inferiore all'importo della retribuzione stabilito da leggi, regolamenti e contratti collettivi.

5. *L'intervento dello Stato e degli altri enti pubblici nel sistema di sicurezza sociale*

Il principio solidaristico che caratterizza il sistema della previdenza sociale si realizza, dunque, con l'intervento dello Stato attraverso gli enti previdenziali che assumono la qualifica di enti pubblici non economici e svolgono un pubblico servizio, in quanto la loro attività è diretta alla realizzazione di interessi pubblici, attraverso la tutela degli interessi dei singoli individui in favore dei quali vengono erogate le prestazioni previdenziali. Come detto, lo Stato interviene nel sistema previdenziale non solo attraverso la creazione (o soppressione) degli enti previdenziali, ma anche con il finanziamento degli stessi.

Nell'ultimo ventennio si è assistito a una razionalizzazione degli enti previdenziali e al conseguente trasferimento delle loro funzioni all'INPS, che oggi assume un ruolo di primo piano nell'intero sistema previdenziale, avendo nel corso degli anni assorbito le funzioni e i compiti di altri enti previdenziali: SCAU, IPOST, INPDAI, ENPALS e, da ultimo, INPDAP, al quale erano iscritti i lavoratori del settore pubblico.

L'Istituto nazionale della previdenza sociale, in origine denominato Cassa nazionale di previdenza per l'invalidità e vecchiaia degli operai, è nato nel 1898 e ha assunto l'attuale denominazione nel 1943.

La struttura e l'attività amministrativa dell'INPS è attualmente disciplinata dalla l. 88/1989, con la quale il legislatore ha provveduto alla ristrutturazione dell'ente. La l. 88/1989 disciplina gli organi dell'ente e le gestioni assicurative che allo stesso fanno capo, dotate di autonomia economico-patrimoniale: il fondo pensione dei lavoratori dipendenti, la gestione delle prestazioni temporanee dei lavoratori dipendenti, la gestione dei coltivatori diretti, mezzadri e coloni, la gestione degli artigiani, la gestione dei commercianti. L'art. 26 l. 335/1995 ha istituito presso l'INPS la gestione separata (c.d. quarta gestione), alla quale sono iscritti i lavoratori parasubordinati e i lavoratori autonomi non iscritti ad altre forme di assicurazione sostitutive. Con la soppressione dell'ENPALS e dell'INPDAP lo Stato ha attribuito all'INPS anche la gestione previdenziale dei lavoratori dello spettacolo e dei dipendenti pubblici.

Come già segnalato in precedenza, all'INPS compete anche l'erogazione di prestazioni di natura assistenziale attraverso un'apposita gestione assicurativa denominata "gestione degli interventi assistenziali e di sostegno alle gestioni previdenziali" (art. 37 l. 88/1989), il cui finanziamento fa capo allo Stato attraverso trasferimenti di risorse finanziarie con cadenza annuale.

Per quanto riguarda la tutela contro gli infortuni sul lavoro e le malattie professionali, questa è stata demandata dallo Stato all'INAIL, ente istituito nel marzo 1933, nel quale è confluito nel 2007 l'IPSEMA (istituto di previdenza per il settore marittimo).

6. *I diritti sociali oggetto della tutela previdenziale*

L'ente previdenziale è deputato all'erogazione della prestazione previdenziale nel momento in cui si realizza l'evento protetto. Il rapporto giuridico previdenziale sorge nel momento stesso in cui si instaurano il rapporto di lavoro e il rapporto contributivo, con il conseguente obbligo di versamento dei contributi previdenziali da parte del soggetto tenuto per legge (datore di lavoro, committente, lavoratore autonomo, etc.). Tuttavia, sul punto occorre evidenziare che, secondo la dottrina maggioritaria, il rapporto giuridico previdenziale sorge solo nel momento in cui si verifica l'evento protetto che determina una situazione di bisogno, salvo l'assolvimento di una serie di oneri che la legge pone in capo al richiedente la prestazione, primo fra tutti la necessità di presentare la richiesta (attraverso domanda amministrativa telematica) della prestazione, come si vedrà più avanti.

Vi è comunque da dire che, già nel momento in cui si instaura un rapporto di lavoro, e sorge di conseguenza il rapporto contributivo, sussiste un primo interesse qualificato del soggetto protetto in relazione alla regolarità della propria posizione assicurativa previdenziale, interesse che può essere oggetto di autonoma tutela.

Sotto il profilo soggettivo si deve evidenziare la progressiva estensione della tutela realizzatasi nel corso del tempo, anche in relazione a tipologie di rapporti di lavoro che prima ne erano esclusi. Tra i soggetti protetti sono da ricomprendere anche i cittadini di Paesi terzi che svolgono una regolare attività lavorativa in Italia.

I profili e l'oggetto della tutela sono, anzitutto, quelli espressamente indicati nella Costituzione.

Nel nostro ordinamento tra gli eventi protetti figurano in primo luogo quelli ricollegabili alla tutela della salute, all'interno della quale si collocano le prestazioni (economiche e sanitarie) previste in caso di infortunio sul lavoro, malattia professionale, malattia comune, tubercolosi, invalidità derivante non da causa di lavoro di cui alla l. 222/1984 (da non confondere con la tutela dell'invalidità civile, tipica espressione del sistema dell'assistenza sociale).

Vengono, poi, in considerazione una serie di prestazioni collegate alla perdita (o alla sospensione) del posto di lavoro, che rientrano nell'ambito della tutela contro la disoccupazione involontaria, la quale trova fondamento nella Carta costituzionale all'art. 38.

In tale ambito si collocano, anzitutto, una serie di misure introdotte dal legislatore qualora si verifichino eventi che incidono (negativamente) sul rapporto di lavoro, determinandone la cessazione o la sospensione. Con riferimento ai casi di perdita involontaria del posto di lavoro, il lavoratore può aver diritto all'indennità di disoccupazione, attualmente denominata NASpI. La NASpI ha sostituito la "vecchia" indennità di disoccupazione per effetto delle modifiche introdotte con il d.lgs. 22/2015, già oggetto di una prima modifica a opera della l. 92/2012 (c.d. Riforma Fornero). Sino al 31.12.2016 nell'ordinamento figurava anche l'indennità di mobilità disciplinata nella l. 223/1991 che, tuttavia, è stata soppressa per effetto di quanto previsto dalla l. 92/2012. Tale forma di tutela è stata estesa nel corso del tempo anche a forme di lavoro assimilato al lavoro subordinato e, in particolare, a favore dei lavoratori con contratti di collaborazione coordinata e continuativa (cfr. *retro*, cap. 4, § 4.2), all'inizio attraverso interventi economici provvisori del legislatore sino alla definitiva regolamentazione normativa della prestazione DIS-COLL, avvenuta con il d.lgs. 22/2015 (art. 15).

La tutela previdenziale opera anche nei casi di sospensione del rapporto di lavoro per cause indipendenti dalla volontà del lavoratore. Si tratta di prestazioni che vengono ricondotte nell'alveo dei c.d. ammortizzatori sociali (si pensi soprattutto alla cassa integrazioni guadagni, che come si ricordava si distingue in una cassa ordinaria e in una straordinaria) quale insieme di strumenti di intervento per far fronte a crisi temporanee dell'impresa dovuta a fattori (c.d. causali di intervento) espressamente previsti dalla normativa, dai quali scaturisce la sospensione dei rapporti di lavoro. La materia è stato oggetto di una profonda riforma a opera del d.lgs. 148/2015 (cfr. *retro*, cap. 14 §§ 11-11.2).

Per i soggetti esclusi dall'ambito di operatività delle integrazioni salariali il d.lgs. 148/2015 ha ripreso la disciplina dei fondi di solidarietà introdotti dalla l. 92/2012 al fine di assicurare forme di sostegno al reddito dei lavoratori appartenenti a settori produttivi per i quali non è previsto l'intervento di integrazione salariale ordinario e straordinario. Il legislatore ha delineato un sistema di intervento misto pubblico-privato che si articola attraverso tre modelli alternativi: i fondi di solidarietà bilaterali, i fondi di solidarietà alternativi e il fondo di integrazione salariale. L'istituzione di tali fondi presso l'INPS è rimessa all'iniziativa delle parti private (organizzazioni sindacali dei lavoratori e dei datori di lavoro) e avviene attraverso la costituzione di un'apposita gestione finanziaria separata (cfr. *retro*, cap. 14 § 11.3).

L'erogazione delle prestazioni previdenziali a tutela della disoccupazione è affidata a un'apposita gestione costituita presso l'INPS che è alimentata con contributi posti a carico del datore di lavoro e dello Stato.

Oltre all'erogazione di prestazioni economiche dirette ad alleviare lo stato di bisogno derivante dalla perdita temporanea o definitiva della retribuzione sono previsti nell'ordinamento strumenti di politica attiva, volti a favorire il reimpiego dei lavoratori o l'acquisizione di nuove professionalità, misure il cui rispetto è condizione per poter beneficiare delle prestazioni economiche. In tale ottica si inserisce anche l'assegno di ricollocazione di cui all'art. 23 d.lgs. 22/2015, che consiste in un *voucher* da utilizzare presso i Centri per l'impiego o i soggetti privati accreditati al fine di ottenere un servizio di assistenza nella ricerca di un nuovo lavoro (cfr. *retro*, cap. 5, §§ 2-3).

Come detto in precedenza, recentemente il legislatore ha introdotto ulteriori misure di sostegno alla disoccupazione con la previsione di altre prestazioni economiche la cui natura giuridica tuttavia appare controversa.

Si pensi, ad esempio, all'assegno di disoccupazione disciplinato dall'art. 16 d.lgs. 22/2015, previsto in favore di coloro per i quali perduri lo stato di disoccupazione al termine del periodo indennizzato con la NASpI e che si trovino in una condizione economica di bisogno. In questo caso, alla tutela di natura previdenziale si affianca una forma di tutela di tipo assistenziale, assumendo rilevanza non solo lo stato di disoccupazione, ma anche la mancanza di un reddito secondo la misura fissata dal legislatore.

Alla tutela contro la disoccupazione si può affiancare in qualche modo la tutela contro l'insolvenza del datore di lavoro, anch'essa generatrice di uno stato di bisogno economico nei casi in cui il datore di lavoro, a causa di uno stato di difficoltà economica, non riesca a far fronte al pagamento in favore del lavoratore di emolumenti tipici del rapporto di lavoro, quali il trattamento di fine rapporto e la retribuzione (cfr. *retro*, cap. 9).

In tali casi, il legislatore ha previsto l'istituzione presso l'INPS di un fondo di garanzia che, a determinate condizioni, si sostituisce al datore di lavoro erogando al lavoratore il trattamento di fine rapporto e le retribuzioni non percepite nei limiti delle ultime 3 mensilità non versate. I presupposti e i limiti dell'intervento del fondo di garanzia sono espressamente disciplinati dalla l. 297/1982, e dal d.lgs. 80/1992 per quanto concerne i crediti di lavoro.

Tra gli eventi generatori di uno stato di bisogno rientra la vecchiaia, che rappresenta la prima forma di tutela previdenziale rispetto a un evento "certo" che riguarda tutti i lavoratori. In via di estrema sintesi, al raggiungimento dell'età prevista il soggetto consegue un trattamento economico che ha lo scopo di far fronte alla mancanza del reddito derivante dall'esercizio dell'attività lavorativa. Esistono diversi regimi pensionistici originariamente caratterizzati da regole diverse: accanto a quello generale che fa capo all'INPS vi sono regimi esclusivi, speciali o sostitutivi, che, tuttavia, nel corso del tempo sono stati interessati da processi di armonizzazione diretti a uniformare le diverse disposizioni speciali vigenti nei differenti regimi assicurativi.

Al fine di assicurare l'erogazione di un trattamento pensionistico minimo, che si possa ritenere sufficiente ad alleviare lo stato di bisogno, realizzandosi in tal modo una tipica funzione sociale, il legislatore ha previsto delle misure integrative della pensione (c.d. integrazione al minimo), qualora questa non raggiunga la soglia minima fissata per legge. Come pure sono state previste delle maggiorazioni per i familiari a carico e la perequazione automatica del trattamento pensionistico, ovverosia l'adeguamento della pensione rispetto alle variazioni del costo della vita.

La tutela si estende anche ai superstiti del lavoratore (pensionato) in caso di morte dello stesso, dal che si presume l'esistenza di uno stato di bisogno dei familiari superstiti, secondo una nozione di famiglia più estesa rispetto a quella tradizionale: essa si rivolge, infatti, oltre che al coniuge e ai figli, anche ad altri familiari del lavoratore defunto, ove questi provvedesse al loro sostentamento. Con l'entrata in vigore della l. 76/2016, a decorrere dal 5.6.2016 il diritto alla pensione ai superstiti è riconosciuto anche in favore del componente superstite dell'unione civile.

La tutela previdenziale, oltre che ai lavoratori, si rivolge anche alla famiglia, come appena visto a proposito della protezione dei superstiti. Rientrano nel medesimo ambito anche l'assegno per il nucleo familiare, nonché le misure a sostegno della genitorialità: indennità economiche riconosciute in occasione della maternità, permessi e congedi. Nel corso del tempo, la tutela è stata estesa anche ai lavoratori autonomi, ai liberi professionisti e ai lavoratori parasubordinati (cfr. *retro*, cap. 13, § 3).

7. *Le forme di tutela nell'ambito dell'assistenza sociale*

Il sistema dell'assistenza sociale, posta a carico dello Stato, delle Regioni, delle Province e dei Comuni, integra quello della previdenza sociale e si rivolge a tutti cittadini italiani e dell'Unione europea, nonché ai cittadini stranieri regolarmente soggiornanti nello Stato italiano. La l. 328/2000 ha cercato di colmare le lacune normative introducendo una regolamentazione organica dei servizi socioassistenziali e attribuendo dei diritti soggettivi ai soggetti protetti e ai nuclei familiari con il coinvolgimento degli enti locali, delle Regioni e dello Stato, che provvede al finanziamento del Fondo nazionale per le politiche sociali. Le diverse misure di protezione rientranti in questo ambito si caratterizzano per il fatto che il principale criterio di selezione per accedere alle prestazioni è rappresentato dal requisito reddituale.

Tra le misure che assumono rilevanza viene, anzitutto, in considerazione la tutela prevista in favore dei minorati civili. Gli interventi consistono in provvidenze di natura non economica (quali assunzioni privilegiate presso enti pubblici o privati, assistenza sanitaria, agevolazioni per l'istruzione scolastica, addestramento e qualificazione professionale, eliminazione delle barriere architettoniche) e in provvidenze di natura economica che vengono erogate in forma di pensioni, assegni o indennità.

Per quanto riguarda la funzione di concessione dei trattamenti economici spettanti ai minorati civili, questa originariamente era affidata al

Ministero dell'interno, che la esercitava attraverso le Prefetture. Successivamente è stata demandata alle Regioni e, infine, per effetto di successivi interventi normativi (art. 10 d.l. 203/2005 conv. l. 248/2005 e art. 20 d.l. 78/2009 conv. l. 102/2009), è subentrato l'INPS, al quale fa capo l'intero procedimento amministrativo di concessione delle prestazioni economiche sin dalla fase di presentazione della domanda amministrativa.

L'accertamento del requisito sanitario continua a essere effettuato dalle Commissioni per l'invalidità civile presenti presso le ASL, la cui valutazione è successivamente ratificata dalla Commissione medica superiore presente presso l'INPS.

Per quanto concerne le prestazioni economiche, esse si diversificano a seconda del grado di invalidità e sono: l'assegno mensile di assistenza, che spetta agli invalidi parziali di età compresa tra i 18 e i 67 anni, con una riduzione della capacità lavorativa compresa tra il 74% e il 99%; la pensione di inabilità, che spetta agli invalidi totali di età compresa tra i 18 e i 67 anni, con una riduzione della capacità lavorativa del 100%; l'indennità mensile di frequenza, per l'inserimento scolastico e sociale dei minori con disabilità fino al compimento della maggiore età; la pensione per i ciechi civili assoluti, per i ciechi civili parziali "ventesimisti" e per i sordi.

Generalmente l'erogazione di tali prestazioni è subordinata al possesso, oltre che del requisito sanitario, anche di determinati requisiti amministrativi, e in particolare del requisito reddituale.

Oltre alle prestazioni appena citate va segnalata anche l'indennità di accompagnamento di cui all'art. 1 l. 18/1980, che viene concessa a coloro che sono invalidi in misura pari al 100% e che sono impossibilitati al compimento degli atti del vivere quotidiani e/o impossibilitati a deambulare senza l'aiuto di un accompagnatore.

Nell'ambito dell'assistenza sociale rientrano altre misure, anche di tipo non economico, quali ad esempio quelle previste a tutela dell'handicap (l. 104/1991) e della disabilità (l. 68/1999: cfr. *retro*, cap. 5, § 4).

Tra le prestazioni di natura assistenziale rientra anche l'assegno sociale, che ha sostituito dal 1996 la pensione sociale e che può essere richiesto dai cittadini in condizioni di gravi difficoltà economiche in possesso di redditi non superiori alle soglie stabilite annualmente dalla legge.

Come già segnalato in precedenza, nel corso degli anni sono state introdotte misure destinate a combattere la povertà e l'esclusione sociale, via via sostituite da altre prestazioni.

Si possono, infine, citare nuovamente ulteriori esempi di misure istituite dallo Stato per il sostegno economico dei nuclei familiari, con erogazione sempre a carico dell'INPS: il premio alla nascita, il *bonus* asilo nido, l'assegno di maternità di base e l'assegno al nucleo familiare dei Comuni (cfr. *retro*, § 2); come si ricordava, le varie misure previste a sostegno dei nuclei familiari sono destinate a essere sostituite dall'assegno unico di cui si è detto.

8. *Il procedimento di erogazione delle prestazioni previdenziali e assistenziali*

I diritti previdenziali sono da ritenersi diritti fondamentali dell'individuo e, in quanto tali, sono inviolabili, irrinunciabili e indisponibili. Tuttavia, l'erogazione delle prestazioni previdenziali e assistenziali è generalmente subordinata all'iniziativa del soggetto in stato di bisogno, il quale è tenuto alla presentazione di una domanda da inviare in modalità telematica agli enti preposti.

Il principio della domanda amministrativa è uno dei principi basilari del sistema previdenziale e costituisce il presupposto anche dell'eventuale domanda giudiziaria: il difetto della preventiva presentazione della domanda rende improponibile l'eventuale azione giudiziaria diretta al conseguimento di una prestazione previdenziale. La mancata presentazione della domanda amministrativa può anche essere causa della perdita del diritto, laddove non venga presentata nel rispetto dei termini all'uopo fissati dal legislatore.

La maggior parte delle prestazioni esaminate in precedenza è erogata dall'INPS all'esito di un procedimento amministrativo che si instaura con la presentazione dell'istanza. Solitamente, a corredo della domanda, il soggetto deve dimostrare la presenza dei diversi requisiti richiesti per ciascuna prestazione, attraverso l'allegazione di documenti, anche sotto forma di autocertificazione, salve le informazioni che sono già in possesso dell'ente o che, comunque, possono essere acquisite da altre pubbliche amministrazioni.

Qualora la domanda non venga accolta sono previste specifiche procedure contenziose di tipo amministrativo (ricorsi amministrativi) e giudiziario. Per queste ultime, stante la rilevanza degli interessi coinvolti, il legislatore ha introdotto delle disposizioni specifiche dedicate al contenzioso in materia di previdenza e assistenza obbligatoria che si rinvengono nel Capo II, Titolo IV, del libro II del Codice di procedura civile (artt. 442 ss. c.p.c.). Non si tratta, tuttavia, di una disciplina autonoma, in quanto l'art. 442 c.p.c. rinvia espressamente alle norme che regolano le controversie individuali in materia di lavoro.

9. *Cenni al sistema di previdenza complementare*

L'esigenza di affiancare al tradizionale sistema previdenziale pubblico forme di previdenza integrativa o complementare è stata da sempre avvertita e, come detto, la stessa Costituzione garantisce la libertà dell'assistenza e della previdenza privata (art. 38 c. 5 Cost.). Le ragioni trovano fondamento, in particolare, nella possibilità di conseguire un livello di protezione maggiore rispetto a quello assicurato dalle forme di previdenza obbligatorie.

In linea di principio, la previdenza complementare può riguardare gli stessi eventi protetti dai regimi dell'assicurazione generale obbligatoria (invalidità, inabilità, morte), tuttavia la predetta esigenza è stata sentita in relazione alla tutela della vecchiaia e con riferimento a quelle prestazioni pensionistiche che vengono erogate nel momento di cessazione dell'attività lavorativa, con l'obiettivo di poter mantenere lo stesso tenore di vita goduto nel periodo in cui veniva svolta l'attività lavorativa. La medesima esigenza si è avvertita anche riguardo alle prestazioni dirette a tutelare la salute (si pensi ai fondi integrativi sanitari).

Il legislatore già nel Codice civile aveva introdotto delle norme che prevedono la possibilità di costituire, da parte del solo imprenditore, dei fondi speciali di previdenza destinati a erogare delle prestazioni all'atto della cessazione del rapporto di lavoro (artt. 2117 e 2123 c.c.).

Le riforme pensionistiche che si sono succedute sin dagli anni Novanta del secolo scorso hanno comportato una riduzione progressiva dell'entità dei trattamenti pensionistici attraverso l'introduzione, tra l'altro, di un diverso e più stringente meccanismo di calcolo (si è passati dal sistema retributivo al sistema contributivo), rendendo ancora più urgente l'intervento del legislatore. E infatti proprio in quegli stessi anni Novanta è stato emanato il d.lgs. 124/1993, oggetto di successive modifiche e integrazioni e poi sostituito dal d.lgs. 252/2005. L'obiettivo è quello di realizzare il c.d. secondo pilastro del sistema pensionistico, introducendo delle forme di previdenza integrative o complementari gestite da soggetti collettivi e operatori privati (banche, assicurazioni, società di intermediazione mobiliare), operanti secondo un sistema a capitalizzazione (a differenza della previdenza obbligatoria, riconducibile al c.d. primo pilastro del sistema pensionistico, che opera invece secondo il classico sistema a ripartizione).

I destinatari di tale concorrente forma di tutela, ad adesione volontaria, sono tutti i lavoratori, sia del settore privato che del settore pubblico, già titolari di una forma di previdenza obbligatoria. Il meccanismo incentivante l'utilizzo della previdenza complementare per la vecchiaia fa leva sul TFR quale modalità di finanziamento della stessa (cfr. *retro*, cap. 9, § 5), e per tale ragione risultano maggiormente interessati i lavoratori dipendenti del settore privato e del settore pubblico. Tuttavia, in linea generale essa si applica a tutti i lavoratori, anche a quelli autonomi, parasubordinati, liberi professionisti, soci delle cooperative, purché destinatari di una forma di previdenza di base.

Il finanziamento ricade naturalmente sugli stessi destinatari della tutela complementare, nonché sui datori di lavoro e committenti attraverso il versamento della relativa contribuzione, soggetta a forme di agevolazione fiscale e la cui entità è determinata secondo modalità e limiti minimi stabiliti in sede di contrattazione collettiva. Come si è già detto, la modalità di finanziamento che il legislatore ha privilegiato è quella dell'accantonamento annuale del TFR.

I fondi pensione possono essere esercitati previa autorizzazione di un'apposita Commissione, la COVIP, che svolge anche un'attività di vigilanza e controllo sul loro operato.

Le prestazioni che vengono erogate dai fondi sono determinate dalle stesse fonti istitutive e secondo i requisiti ivi stabiliti. Generalmente ai lavoratori sono garantiti il trasferimento e il riscatto della propria posizione individuale (c.d. portabilità), entrambi espressione del principio della libera scelta che caratterizza l'accesso alle forme di previdenza complementare.

10. *Dal reddito di cittadinanza all'assegno di inclusione*

Nel 2019, come si ricordava, il legislatore ha introdotto un'importante misura di protezione sociale: il reddito di cittadinanza. Anche questa misura può farsi rientrare nel c.d. *tertium genus* (cfr. *retro*, § 2), trattandosi di un beneficio che presenta caratteristiche miste (C. cost. 25.1.2022 n. 19).

Il d.l. 4/2019 conv. l. 26/2019, istitutivo del RdC, definiva il beneficio come misura di contrasto alla povertà, ma anche di "politica attiva del lavoro", volta ad accompagnare i beneficiari nel periodo di ricerca di un'occupazione in funzione del perseguimento dell'autonomia economica.

L'art. 1 c. 74 l. 234/2021 ha precisato che il RdC "si configura come sussidio di sostentamento a persone comprese nell'elenco dei poveri ai sensi dell'articolo 545 del codice di procedura civile".

Per i nuclei familiari composti esclusivamente da uno o più componenti di età pari o superiore a 67 anni il RdC assumeva la denominazione di "pensione di cittadinanza", quale misura di contrasto alla povertà delle persone anziane.

Il beneficio veniva erogato dall'INPS attraverso una carta di pagamento elettronica, la Carta reddito di cittadinanza, per una durata di 18 mesi, eventualmente prorogabile.

La corresponsione era condizionata, oltre al possesso di determinati requisiti reddituali e patrimoniali, alla dichiarazione di immediata disponibilità al lavoro, resa dai componenti del nucleo familiare, e alla successiva sottoscrizione del Patto per il lavoro presso il competente Centro per l'impiego. Nel caso in cui nel nucleo non fossero presenti componenti disoccupati da meno di due anni o in situazione similare era, invece, prevista la sottoscrizione del Patto per l'inclusione sociale.

Il RdC è stato oggetto di sostanziali modifiche, sia ad opera della legge di bilancio per l'anno 2023 (l. 197/2022), sia – e soprattutto – del d.l. 48/2023 conv. l. 85/2023.

Oltre ad essere prevista la cessazione a decorrere dal 2024 della misura, che viene sostituita da una nuova prestazione denominata assegno di inclusione, in forza di quanto disposto dalla legge di bilancio per l'anno 2023 i cosiddetti "occupabili", ovvero i cittadini di età compresa tra i 18 ed i 59 anni, nel 2023 riceveranno il beneficio per soli 7 mesi. Ciò ad eccezione dei nuclei familiari al cui interno vi siano persone con disabilità, minorenni o persone con almeno sessant'anni di età.

La l. 197/2022 ha, inoltre, previsto che dal 1°.1.2023 i soggetti beneficiari del RdC devono essere inseriti, per un periodo di 6 mesi, in un corso di formazione o di riqualificazione professionale. In caso di mancata frequenza del programma assegnato, il nucleo familiare del beneficiario del RdC decade dal diritto alla prestazione. Le Regioni sono tenute a trasmettere all'ANPAL gli elenchi dei soggetti che non rispettano l'obbligo di frequenza. Per i beneficiari appartenenti alla fascia di età compresa tra 18 e 29 anni che non hanno adempiuto all'obbligo di istruzione, l'erogazione del RdC è subordinata anche all'iscrizione e alla frequenza di percorsi di istruzione degli adulti di primo livello, o comunque funzionali all'adempimento del predetto obbligo di istruzione.

Con il d.l. 48/2023 conv. l. 85/2023, nell'ottica di una ridefinizione complessiva degli strumenti di protezione sociale, è stato previsto che dal 1°.1.2024 sarà operante, in luogo del RdC, un nuovo strumento denominato assegno di inclusione.

Per quanto riguarda i requisiti per la fruizione della misura, fermi restando quelli di natura soggettiva (residenza), reddituale e patrimoniale, l'assegno di inclusione avrà caratteristiche diverse a seconda della condizione di "occupabilità" dei beneficiari. Chi è ritenuto in grado di lavorare dovrà affrontare un percorso di politiche attive del lavoro e decadrà dal beneficio alla prima offerta di lavoro rifiutata.

Per i nuclei con persone over 60, minori o con disabilità è prevista l'erogazione di un assegno mensile, di importo non inferiore a 480 euro all'anno esenti dall'IRPEF, erogato dall'INPS attraverso uno strumento di pagamento elettronico, per un periodo massimo di 18 mesi continuativi, con la possibilità di un rinnovo per ulteriori 12 mesi.

Per i nuclei familiari formati da sole persone occupabili, anche monocomponente, invece, è prevista la decadenza dal beneficio nel caso di rifiuto di una offerta di lavoro a tempo pieno o parziale che presenti determinate caratteristiche.

Viene, altresì, previsto un nuovo strumento, chiamato Supporto per la formazione e il lavoro, rivolto ai soggetti tra 18 e 59 anni in condizioni di povertà assoluta e senza i requisiti per accedere all'assegno di inclusione. Con il Supporto per la formazione e il lavoro sarà possibile ricevere un assegno mensile di 350 euro per 12 mesi, e intraprendere percorsi di attivazione lavorativa.

Finito di stampare nel mese di settembre 2023
nella Stampatre s.r.l. di Torino
Via Bologna, 220